KB135629

성숙 과정과 촉진적 환경

The Maturational Process and The Facilitating Environment
-Studies in the Theory Emotional Development-
by D. W. Winnicott

Copyright © The Winnicott Trust, 1984
by arrangement with Mark Paterson

Translation copyright © 2000
by Korean Institute for Contemporary Psychoanalysis
    (Previously, Korea Psychotherapy Institute)

성숙 과정과 촉진적 환경

발행일   2000년 6월 20일
지은이   도널드 위니캇
옮긴이   이재훈
펴낸이   이준호
펴낸곳   현대정신분석연구소 (구 한국심리치료연구소)
주소   서울시 종로구 새문안로5가길 28, (적선동, 광화문플래티넘) 918호
전화   02) 730-2537~8
팩스   02) 730-2539
홈페이지   www.kicp.co.kr
E-mail   kicp21@naver.com
등록   제22-1005호(1996년 5월 13일)

정가   25,000원
ISBN   87279-17-0 (93180)

도널드 위니캇의 정서 발달 이론

성숙 과정과 촉진적 환경

The Maturational Process and
The Facilitating Environment

도널드 위니캇 지음

이재훈 옮김

현대정신분석연구소
Korean Institute for Contemporary Psychoanalysis

역자 서문

마침내 도널드 위니캇의 불후의 명저 「성숙과정과 촉진적 환경」이 우리말로 번역 출간된 것을 참으로 기쁘게 생각합니다. 이 책이 앞으로 많은 사람들에게 커다란 유익을 끼치리라고 생각됩니다. 어쩌면 이 책의 출간이 한국의 현대 심리치료사에 또 하나의 이정표를 세우는 사건이 되지 않을까라는 예감이 들기도 합니다.

이 책 「성숙과정과 촉진적 환경」은 위니캇이 1957년부터 1964년 어간에 발표한 스물 세 편의 주옥같은 논문들로 이루어져 있습니다. 이 책은 총 열 여섯 권에 달하는 위니캇의 저서 중에 가장 깊고 창조적이며 풍부한 사상을 담고 있는 책으로 평가받고 있기도 합니다.

특히 이 책의 내용 중에는 유아가 어머니의 도움을 받아 한 사람의 건강하고 창조적인 개인으로 성장하고 발달하는 과정을 소상하게 설명해주는 내용이 있습니다. 이 내용은 이 땅의 모든 어머니들과 자녀를 키우는 모든 부모들에게 크게 도움이 되는 지혜를 담고 있습니다. 뿐만 아니라 이 책에는 한 사람의 병리가 어떻게 치유되어 가는지에 대한 설명도 있는데, 이 부분은 어린이들을 치유하고자 하는 모든 상담가, 교육가, 놀이치료가, 미술치료가, 음악치료가, 아동복지가, 사회사업가, 종교교육가뿐만 아니라, 청소년과 성인들을 치유하는 모든 상담 전문가들에게 크게 도움이 되리라고 생각합니다.

위니캇의 저서 중에 「놀이와 현실」, 「그림놀이를 통한 어린이 심리치료」가 각각 1997년과 1998년에 본 연구소에서 우리말로 출간되었으며, 그의 사상 전체를 요약해서 소개해준 책인 「울타리와 공간」 또한 1997년에 우리말로 출간되어 위니캇의 사상세계를 이해하는데 도움을 주고 있습니다. 이제 이 책의 출간과 함께 더 많은 사람들이 치유와 해방과 신명을 주는 위니캇의 세계와 좀더 깊이 있게 만날 수 있게 되었습니다.

이 책이 나오기까지 많은 수고를 아끼지 않으신 분들께 깊은 감사를 드립니다. 초역과정에서 도움을 주신 박영란님, 편집과 교열 및 교정을 맡아주신 이은경님과 신은정님 그리고 본 연구소를 뒤에서 밀어주시고 기도해주시는 모든 분들께 감사를 표합니다.

2000년 6월 10일
반포동에서

목 차

서 론

　이 책에 수록되어 있는 논문들은 프로이트의 정신분석 이론을 유아기 정서 발달과정에 적용시킨 것들이다. 프로이트는 걸음마 시기에 형성되는 대인관계 안에 정신신경증의 기원이 있다는 사실을 증명했다. 나는 정신병적 장애들이 유아기의 정서 발달실패와 관련되어 있다는 생각을 탐구해왔고, 이러한 연구 결과를 근거로 정신분열증적 질병이 유아기와 초기 아동기의 성숙과정이 잘못되었음을 보여주는 증상이라는 결론을 얻었다.

　초기 유아기에 있어서 의존은 아주 중요한 현실이다. 따라서 나는 이 책에서 의존의 문제를 성격발달 이론에 포함시키고자 했다. 자아심리학은 의존의 문제와 원초적 정신기제 및 정신과정에 대한 연구뿐만 아니라, 유아기 연구에 확고하게 기초해 있어야만 의미 있는 것이 될 수 있다.

　자아의 발달은 어머니가 제공하는 자아지원에 거의 절대적으로 의존하고 있는 초기 상태에서 시작되며, 차츰 어머니의 조심스럽고 점진적인 적응 실패를 거치게 된다. 이것이 내가 '충분히 좋은 어머니됨'이라고 부른 것의 일부이다. 이런 식으로 환경은 의존의 본질적인 특성들의 일부를 이루고 있으며, 그 환경 안에서 유아는 원초적 정신기제들을 사용할 수 있는 상태로 발달하게 된다.

환경의 실패에 따른 자아 발달의 장애는 성격 안에 해리(解離)를 가져오며, 이 성격의 해리는 참자기와 거짓자기의 문제와 관련된 '경계선 사례'에서 심각하게 드러난다. 나는 건강한 사람과 건강한 삶에서 나타나는 (친밀한 삶을 위한 사적인 자기와 사회화를 위해 적응적인 공적인 자기를 지닌 사람에게서 발견되는) 거짓자기와, 병리적인 거짓자기 문제의 탐구를 통해서 이 주제를 내 나름대로 발전시켜 왔다. 한 쪽 극단에서 나는 순응적 거짓자기 안에 깊이 숨겨진, 보호된 채 잠재적 가능성으로서만 남아 있는 참자기가 존재한다는 사실을 발견했다. 이때 이 거짓자기는 다양한 자아장치의 기능과 돌보는 자기의 기술에 기초해서 세워진 방어조직에 지나지 않는다. 또한 이것은 관찰하는 자아(observing ego)의 개념과 관련되어 있다.

가장 초기 유아기의 절대적 의존에 대한 이해를 바탕으로, 나는 새로운 방식의 분류를 시도하고자 한다. 여기서 나의 의도는 성격 유형에 이름을 붙이려는 것이 아니라 분석적 관계와 분석 상황 안에서 환자의 의존 욕구에 적응해주는 정신분석 기술의 측면들에 대한 사고와 연구를 촉진시키려는 것이다.

나는 이 책에서 반사회적 경향성의 기원에 대한 견해를 제시하고 있다. 반사회적 경향성은 박탈(deprivation) 경험에 대한 반응이며, 절대 박탈(privation)의 결과는 아니라고 생각한다. 여기서 나는 처음부터 잘못된 경우는 절대 박탈로, 그리고 처음에는 모든 것이 순조롭다가 나중에, 즉 상대적 의존 단계에서 잘못되는 경우를 박탈로 구별하고 있다. 반사회적 경향성은 상대적 의존 단계에서 발생한 것이다. 아동발달에서 반사회적 경향성의 기원점은 심지어 잠재기까지 연장될 수 있다. 그때까지 아동의 자아는 자율성을 향해 발달해왔기 때문에 그의 자아기능의 발달이 처음부터 왜곡되었다기보다는 그의 자아가 외상을 입은 것이라고 생각할 수 있다.

이 모든 것을 토대로 생각해볼 때, 정신병적인 장애들은 환경적 요인과 밀접히 관련된 것으로 보이는 반면에 정신신경증은 본질적으로 자연스런 것인 개인적인 갈등의 결과로 보인다. 그리고 이 정신신경증은 만족스런 유아 돌봄에 의해 피할 수 있는 것이 아니라고 간주된다. 이 새로운 고찰들을 경계선 사례들의 치료에서 어떻게 임상적으로 적용할 수 있는지에 대한 논의는 계속되어야 할 것이다. 왜냐하면 실로 이런 환자들의 치료야말로 유아기와 유아에 대한 가장 유용하고 정확한 정보를 제공해줄 수 있기 때문이다.

제 1 부
발달에 관한 논문

1
정신분석과 죄책감[1]
(1958)

지금으로부터 2백년 전에 버크(Burke)는 '의도 안에 죄책감 (guilt)이 존재한다'는 견해를 피력했다. 내가 버크의 진술보다 더 심오한 진술을 할 수 없을지도 모른다. 그러나 거장들의 직관적 인 번득임이나 시인들과 철학자들의 정교한 개념들이라고 해서 그것들이 모두 임상에 적용되는 것은 아니다. 정신분석은 이미 버크가 피력한 견해와 같은 고상한 언어들 속에 갇혀 있던 많은 것들을 사회에 적용할 수 있는 것으로 또는 개인의 치료를 위해 사용할 수 있는 것으로 만들었다.

죄책감의 문제에 접근할 때, 정신분석가는 한 인간이 환경과 의 관련 속에서 발달을 성취해 나가는 성장과정에 관하여 생각 하게 된다. 분석가에게 있어서 죄책감의 연구는 개인의 성숙과 정서발달에 대한 연구를 의미한다. 사람들은 일반적으로 죄책감

---

1 1956, 4월 Friends' House에서 프로이트의 출생 100주년 기념 행사의 한 부분으로 기획된 강의이다. 「정신분석과 현대 사상」, J. D. Sutherland 편 (London : Hogarth, 1958)에서 처음 출판되었음.

을 종교적 가르침이나 도덕적인 교훈에서 온 것으로 생각한다. 하지만, 나는 여기에서 주입된 것으로서의 죄책감이 아니라 인간 발달의 한 측면으로서의 죄책감을 생각하고자 한다. 물론 죄책감 은 문화적인 영향을 매우 크게 받는다. 이런 문화적인 영향은 무수히 많은 개인적 유형들이 모여서 형성된 것으로 간주할 수 있다. 다른 말로 하면, 사회 심리학 및 집단 심리학의 실마리는 개인 심리학에 있다는 것이다. 도덕성을 주입되는 것으로 생각하는 사람들은 자신들의 견해에 따라 어린 아동들에게 도덕성을 가르치려고 한다. 그러나 그들은 인격적이고 개인을 존중해주는 좋은 환경에서 성장하는 아동들이 자연스럽게 도덕성을 발달시키는 것을 바라보는 즐거움을 결코 맛볼 수 없을 것이다.

도덕성에 관한 논의를 위해 구태여 선천적인 변인들을 조사할 필요는 없을 것이다. 왜냐하면 실제로 한 사람이 생리적인 결함이 없이 태어났다면 그가 도덕성을 발달시킬 수 없는 선천적인 장애를 가졌다는 증거를 전혀 찾아볼 수 없기 때문이다. 이것은 다만 도덕성의 발달에 성공하느냐 실패하느냐의 문제일 뿐이며, 나는 이러한 도덕성 발달의 변인들을 설명하고자할 것이다. 아동들과 성인들 가운데 죄책감이 발달되지 않은 사람들이 있다는 것은 의심할 여지가 없다. 그리고 그와 같은 죄책감 발달의 장애는 지적인 능력이나 무능력과는 별로 상관이 없다.

나는 죄책감의 문제를 세 가지로 나누어 생각해보겠다.

  (1) 성숙한 죄책감의 능력이 발달된 개인들의 죄책감
  (2) 개인의 정서발달이 시작되는 초기 단계의 죄책감
  (3) 죄책감이 전혀 없는 개인들의 문제

끝으로 나는 죄책감 능력의 상실과 회복에 대해 언급할 것이다.

1. 죄책감의 능력에 대한 가설

죄책감의 개념은 어떤 식으로 정신분석 이론 안에 자리잡고 있는가? 나는 죄책감의 문제에 대한 프로이트의 초기 연구는 죄책감의 능력을 갖고 있는 사람들에 대한 연구였다고 생각한다. 따라서 나는 먼저 건강한 무의식적 죄책감의 의미와 병리적인 죄책감의 의미에 대한 프로이트의 견해에 관해 설명하겠다.

프로이트의 연구는 진정한 죄책감이 어떻게 무의식적인 의도 안에 존재하는지를 보여준다. 그에 따르면, 범죄자가 죄책감을 갖는 것은 실제로 범죄를 저질렀기 때문이 아니다. 오히려 그의 범죄는 죄책감의 결과이다. 여기서 죄책감은 범죄의 의도 안에 속해 있다. 법적 죄책감이 단지 범죄를 뜻하는 반면, 도덕적인 죄책감은 내적 현실을 나타낸다. 프로이트는 이런 역설을 의미 있는 것으로 만들었다. 그는 초기의 이론 형성과정에서 본능적인 욕동을 뜻하는 원본능(id)과, 환경과 관련된 전체 자기의 부분을 뜻하는 자아(ego)에 관심을 가졌다. 자아는 원본능을 만족시키기 위해 환경을 수정하며, 또한 환경이 제공하는 것을 가장 유용하게 사용하기 위해, 다시 말해 원본능 만족을 위해 충동을 억제한다. 후(1923)에 프로이트는 원본능을 통제하기 위해 자아가 수용한 부분을 초자아(superego)라고 불렀다.

여기서 프로이트는 리비도의 심리경제라는 측면에서 인간의 본성을 다루고 있으며, 이론을 도출하기 위해 문제를 의도적으로 단순화하고 있다. 이 모든 연구에는 결정론이 내포되어 있으며, 또 인간의 본성을 객관적으로 관찰할 수 있고, 물리학적 법칙들을 적용해서 연구할 수 있다는 가정이 내포되어 있다. 자아-원본능의 관점에서 죄책감은 특수한 성질을 띤 불안으로 볼 수 있다.

여기서 불안은 사랑과 증오 사이의 갈등 때문에 생기는 것이다. 죄책감은 양가감정을 감당할 수 있다는 것을 의미한다. 죄책감이 사랑과 증오가 동시에 일어남으로써 생기는 개인적 갈등과 밀접한 관계가 있다는 사실을 받아들이는 것은 어렵지 않다. 그러나 프로이트는 그 갈등의 뿌리까지 추적하여 죄책감은 본능적 생활과 관련되어 있음을 보여주었다. 현재 우리가 잘 알고 있듯이, 프로이트는 성인의 분석(정신병보다는 신경증의)에서 분석 받는 사람은 반복해서 자신의 초기 아동기로 되돌아가 감당하기 어려운 불안을 느끼며, 사랑과 증오의 충돌로 인해 갈등을 겪는다는 것을 발견하였다. 오이디푸스 콤플렉스라는 집약된 용어가 의미하는 것은 건강한 한 소년이 본능과 관련되어 있으며, 꿈에서 어머니와 사랑에 빠지는 관계를 성취하였다는 사실을 말해준다. 또한 이것은 아버지의 죽음에 대한 꿈으로 이끌며, 그 꿈은 다시 아버지에 대한 공포와 아버지가 그 아동의 본능적 잠재력을 파괴시킬 것이라는 공포를 만들어 낸다. 이것이 거세 콤플렉스이다. 동시에 거기에는 아버지에 대한 소년의 사랑과 존경이 있다. 아버지를 증오하고 해치고 싶은 본성의 한 측면과 아버지를 사랑하는 본성의 다른 한 측면 사이의 갈등은 그 소년을 죄책감에 사로잡히게 한다. 죄책감은 그 소년이 갈등을 견딜 수 있고 유지할 수 있다는 것을 의미하는데, 그것은 사실 본래적인 갈등이며 건강한 삶에 속한다.

이것은 아주 단순한 사실이다. 그러나 프로이트 이전에는 이와 같은 사실, 즉 건강한 경우에 불안과 죄책감이 절정에 이르는 시기가 있다는 것, 다시 말해 어린 아동이 가정에서 생물학적으로 결정된 본능을 가지고 최초의 삼각관계를 경험하는 결정적으로 중요한 첫 계기를 갖는다는 사실을 인식하지 못했었다(이 진술은 의도적으로 단순화되었으며, 나는 여기서 형제간의 관계에서 발생하는 오이디푸스 콤플렉스에 대해 아무런 언급도 하지 않고 있다. 또한 부모와 떨어져서 양육되거나 보육 기관에서 양육된 아동의 오이디푸스 콤플렉스 경험에 대해서도 언급하지 않고 있다).

초기 정신분석 이론 안은 사랑의 충동 속에 있는 파괴적인 목적과, 건강한 경우에 성애적인 것과 완전히 융합되는 공격성에 대해서 거의 언급하지 않았다. 그러나 이제는 이 모든 것을 마침내 죄책감의 기원에 관한 이론 안으로 가져올 필요가 생겼다. 후에 나는 그런 발달과정에 대해 살펴볼 것이다. 우선, 죄책감은 사랑과 증오의 충돌에서 생기며, 그 충돌은 사랑에 속해 있는 본능적 요소를 포함하기 위해서 불가피한 것이라고 말할 수 있다. 그리고 이 일은 걸음마 시기에 발생한다.

모든 정신분석가들은 증상을 보다 정상적인 발달로 대체하고 죄책감과 그 죄책감을 만들어내는 환상의 내용을 점증적으로 의식하고 수용하도록 돕는 작업을 과제로 삼고 있다. 죄책감이 얼마나 비논리적으로 보이는가! 리차드 버튼(Richard Burton)의 책 「우울증 해부」(Anatomy of Melancholy)에는 죄책감이 얼마나 모순적인지를 보여주는 좋은 사례들이 있다. 오랫동안 심층적인 분석을 받은 환자들은 모든 것에 대해, 심지어 분석가가 우연한 현상으로 쉽게 구별할 수 있는 초기 환경의 불운한 요인에 대해서도 죄책감을 느낀다. 다음의 간략한 사례를 보자.

여덟 살의 한 소년은 밀려오는 불안을 못 이겨 결국 학교에서 뛰쳐나갔다. 그는 자신이 태어나기 몇 해 전에 형제 중의 하나가 죽었던 사건 때문에 견딜 수 없는 죄책감으로 고통받고 있었다. 소년은 최근에 이 사건에 대해 들었으며, 부모들은 소년이 그 이야기를 듣고 충격을 받았다고는 미처 생각하지 못했다. 그 소년은 오랫동안 분석 받을 필요는 없었다. 단지 몇 번의 치료 면담을 통해서 자기 형제의 죽음에 대한 소년의 치명적인 죄책감이 전치된 오이디푸스 콤플렉스 감정이었음을 발견했다. 그는 지극히 정상적인 소년이었으므로, 이 정도의 도움으로 학교로 돌아갈 수 있었고 다른 증상들도 깨끗이 사라졌다.

초자아

초자아 개념의 도입(1923)은 정신분석학적 초심리학의 발달과정에서 한 걸음을 내디딜 수 있는 큰 사건이었다. 프로이트는 세상이 아동들의 본능적 삶에 관심을 갖고 떠들썩할 때 그 어려움에 맞서서 선구자적인 연구를 해내었다. 점차 다른 연구자들이 정신분석적 기술을 사용하게 되었고, 프로이트가 초자아라는 용어를 사용할 시점에는 많은 동료들을 갖게 되었다. 이 새로운 개념과 함께, 프로이트는 원본능을 다루는 자아가 그 자체의 이름을 가질 만한 어떤 힘을 사용한다는 사실을 지적하였다. 즉 아동은 점차 본능을 통제하는 힘을 획득하게 된다. 오이디푸스 콤플렉스를 아주 간단히 설명한다면, 소년은 존경하면서도 두려운 아버지를 내사(introjection)한 것이다. 따라서 아동은 아버지에 대한 지각과 느낌을 토대로 본능을 통제하는 자아의 힘을 형성한다. 이 내사된 아버지 상은 고도로 주관적이며 실제 아버지가 아닌 다른 아버지 상들과의 경험에 의해 그리고 가족의 문화적 양식에 의해 채색된다(내사라는 말은 단순히 심리적이고 정서적인 수용을 의미하며, 이 용어는 흡입[incorporation]이라는 말에 비해 기능적 의미가 덜하다). 따라서 죄책감은 자아가 초자아와의 관

계에서 느끼는 불안을 의미하며, 이 불안이 성숙하여 죄책감이
된다.

초자아의 개념에서 볼 때, 죄책감은 내적 현실의 문제라는 것
과 그것은 의도 안에 존재한다는 주장이 이해될 수 있다. 또한
일반적으로 여기에 자위행위 및 자체성애적 행동들과 관련된 죄
책감의 가장 깊은 이유들이 있다. 자위행위 그 자체는 범죄가 아
니지만, 자위행위라는 전체 환상 속에서 모든 의식적, 무의식적
인 의도가 한데 모이기 때문에 죄책감이 형성된다.

앞서 예로 든 소년의 심리에 대한 간단한 진술에서, 정신분석
학은 소년과 소녀 모두에게 존재하는 초자아의 발달, 즉 초자아
의 형성, 양심의 양태, 그리고 죄책감 능력의 발달에서 나타나는
남성과 여성의 차이점을 연구하고 검토할 수 있었다. 차츰 초자
아의 개념으로부터 많은 것이 발달해 나왔다. 아버지 상의 내사
개념이 지나치게 단순화된 것으로 밝혀졌다. 즉 각 개인에게는
초자아의 초기 역사가 있다는 사실이 드러났다. 새로운 발견에
따르면, 오이디푸스 단계에서의 내사를 통해서 아동은 인간처럼
되고 아버지같이 되지만, 보다 초기 단계에서 원본능 충동과 그
소산들을 통제하기 위해 사용된 초자아 내사들은 인간 이하의
모습을 띠고 있으며, 실제로 극도로 원시적인 형태를 띠고 있다.
따라서 우리는 죄책감 연구에서 각 유아와 어린이 개인이 겪는
원초적 공포로부터 존경받는 인간 존재, 즉 이해하고 용서할 수
있는 존재와의 관계로 발달해 가는 과정이 있다는 사실을 발견
하게 되었다(개인적으로 아동 안에 있는 초자아의 성숙과 초기
유태인의 역사에서 발달했던 유일신 개념 사이에 유사성이 있음
이 지적된 바 있다).

죄책감의 기초가 되는 과정들을 개념화하는 과정에서 우리는
죄책감이 무의식적이고 분명히 비합리적인 것이라 하더라도, 그

것은 어느 정도의 정서적 성장과 자아 건강 그리고 희망을 의미한다는 사실을 발견하게 되었다.

죄책감의 정신병리

죄책감으로 인하여 커다란 부담을 느끼고 실제로 그것 때문에 고통받는 사람들을 흔히 발견할 수 있다. 그들은 천로역정에서 등에 짐을 지고 다니는 기독교인처럼 죄책감을 지고 다닌다. 우리는 이런 사람들에게는 건설적인 노력을 할 수 있는 잠재력이 있음을 알고 있다. 그들이 건설적인 일을 할 수 있는 적절한 기회를 발견할 때, 죄책감은 더 이상 그들을 방해하지 않으며 그들은 그 일을 잘 해낸다. 하지만 그 기회를 살리지 못하고 실패할 때에는 견딜 수 없는 죄책감으로 되돌아간다. 우리는 여기서 비정상적인 초자아를 다루고 있다. 죄책감에 억눌린 개인들에 대한 성공적인 분석에서, 우리는 이런 부담이 점차 감소하는 것을 발견한다. 이 죄책감에 대한 부담의 감소는 억압이 완화되거나 오이디푸스 콤플렉스에 대한 환자의 접근 방식이 변화될 때, 또는 환자가 오이디푸스 콤플렉스에 관련된 증오와 사랑의 감정을 책임있게 수용할 때 일어난다. 이것은 결코 환자들이 죄책감의 능력을 상실하는 것(초기 환경에서 비정상적인 방식으로 유래된, 아주 강력하고 권위적인 영향 아래서 거짓된 초자아를 발달시킨 경우를 제외하고)을 의미하는 것이 아니다.

우리는 실제로 사회의 가장 가치 있는 구성원들인 정상인에게서 발견되는 과도한 죄책감을 연구할 수도 있겠지만, 그보다는 우울증이나 강박신경증과 관련해서 이 문제를 생각하는 것이 더 쉬울 것이다. 이 두 병리들 사이에는 상호관계가 존재하는데, 우리는 두 병리 사이를 반복적으로 오가는 환자들을 발견한다.

강박신경증 환자는 항상 무엇이든 똑바로 놓으려고 한다. 그러나 그를 바라보는 모든 사람은 물론 환자 자신도 그가 성공하지 못할 것이라는 것을 분명히 안다. 우리는 맥베드 부인이 손을 씻음으로써 과거를 없애거나 그녀의 악의를 제거할 수 없다는 것을 안다. 강박신경증에서 우리는 때때로 마치 자신이 믿는 신이 죽었거나 일시적으로 부재하기라도 한 듯이, 신을 조종하려 하는 일그러진 종교의 모습을 보여주는 의례행위(ritual)를 보게 된다. 강박적 사고의 특징은 하나의 생각으로써 다른 하나의 생각을 없애 버리고자 하는 것이지만, 그 어느 것도 성공하지 못한다. 이 전체 과정 뒤에는 항상 혼동이 존재하고 있다. 그리고 환자가 아무리 정돈을 잘 한다고 할지라도 그 혼동을 변경시킬 수는 없다. 왜냐하면 그 혼동은 그대로 유지되고 있기 때문이다. 그 혼동은 환자가 알지 못하는 어떤 특정한 상황에서, 증오가 사랑보다 더 강력하다는 사실을 숨기기 위해 무의식적으로 유지된다.

나는 파도 속에서 살려 달라고 소리치는 사람을 본 이후로 해변에 갈 수 없었던 한 소녀의 사례를 인용하겠다. 그 사건 이후에 그녀는 견딜 수 없는 죄책감으로 인해 항상 주위에서 구조를 기다리는 사람이 없는지 경계를 늦추지 않고 확인해야 했다. 그녀의 증상은 해변의 사진 엽서조차도 볼 수 없을 정도로 심했다. 그녀가 진열장에서 우연히 그런 사진을 보게 된다면, 그녀는 누가 그 사진을 찍었는지 밝혀내야만 했다. 그녀는 그 사진이 몇 달 전에 혹은 몇 년 전에 찍은 것이라는 사실을 아주 잘 알고 있었음에도 불구하고, 그녀는 누군가가 익사하는 것을 보았고 그래서 구조를 준비해야 한다고 믿었기 때문이다. 아주 병이 깊었던 이 소녀는 치료를 통해서 비합리적인 죄책

감으로부터 훨씬 더 자유로워졌고 상당히 정상적인 생활을 할
수 있게 되었다. 그러나 치료는 오랜 기간 지속되었다.

우울증은 거의 모든 사람에게 있을 수 있는 것으로서 우울한
기분이 조직화된 것이다. 한 우울증 환자는 죄책감으로 인해 마
비되었고, 몇 년 동안 세계대전이 자신 때문에 일어났다고 자책
하면서 주저앉아 있었다. 그때 그에게 어떤 말을 해도 아무런 소
용이 없었다. 이 사례에서 환자 자신의 증오가 사랑보다 더 크다
는 생각에서 비롯된 환자의 공포 때문에 모든 세상 사람들의 죄
책감을 자기에게로 끌어 모은다는 사실이 분석되었을 때 그의 우
울증은 치료되었다. 그런 질병은 환자를 불가능한 일에 매달리게
만든다. 그 환자는 일반적인 재앙에 대한 책임이 자신에게 있다는
어처구니없는 주장을 했다. 그러나 그렇게 함으로써 그는 자신 안
에 있는 개인적인 파괴성을 직면하는 과제를 회피했던 것이다.

다섯 살 된 어린 소녀가 사고로 죽은 아버지의 죽음에 대해
깊은 우울증으로 반응했다. 소녀가 아버지를 사랑할 뿐 아니라
증오하기도 하는 양가감정의 시기를 겪고 있을 때, 아버지는
차를 샀다. 실제로 그때 그녀는 아버지가 죽는 꿈을 꾸었다. 그
리고 그가 그녀를 차에 태워주려고 했을 때 그녀는 그에게 차
를 운전하지 말라고 애원했다. 그는 종종 아동들은 그런 악몽
을 꾼다고 생각했기 때문에, 딸의 이야기에 귀를 기울이지 않
았다. 가족들이 모두 차를 타고 한 바퀴 돌러 나갔는데 그때
사고가 일어났다. 차가 전복되었고 그 소녀만 아무런 부상도
입지 않았다. 그녀는 길에 쓰러져 있는 아버지에게로 가서 깨
우려고 발로 찼다. 그러나 그는 이미 죽어 있었다. 나는 이 소
녀가 아주 무감정한 상태에서 심한 우울증을 앓고 있다는 것

을 알 수 있었다. 그녀는 몇 시간 동안이나 우두커니 방에 서 있곤 했다. 어느 날 그녀는 면담 중에 죽은 아버지를 깨우기 위해 아버지를 찼던 그 발로 아주 살짝 벽을 찼다. 나는 아버지를 발로 찼던 그녀의 행동이 한편으로는 그녀의 분노를 표현하고 있지만, 다른 한편으로는 자신이 사랑하는 아버지가 깨어나길 바라는 소망 때문이었다고 말로 표현해주었다. 벽을 발로 차는 순간부터 그녀는 점차 삶으로 돌아왔고 약 일년 남짓 치료한 후에 다시 학교에 다니게 되었으며 정상적인 생활을 할 수 있게 되었다.

정신분석과 상관없이도, 죄책감과 강박적이고 우울한 질병에 대한 직관적 이해가 가능하다. 그러나 프로이트가 창안한 정신분석이라는 도구와 그 파생물을 통하여 죄책감의 진정한 기원을 찾을 수 있게 되었다고 말할 수 있다. 정신분석학에서 죄책감은 양가감정 또는 사랑과 증오의 감정이 공존하는 것과 관련된 특별한 형태의 불안으로 이해된다. 이처럼 한 개인이 양가감정을 경험하고 견딜 수 있다는 것은 상당한 정도의 성장과 건강을 획득했음을 의미한다.

2. 죄책감의 기원

나는 이제 죄책감을 가질 수 있는 능력의 기원에 대해 논의할 것이다. 멜라니 클라인(Melanie Klein, 1935)이 '우울적 자리'라고 이름 붙인 아주 중요한 정서발달 이론은 분석가들의 관심을 끌었다. 죄책감의 능력의 기원에 대한 클라인의 이론은 프로이트의 연구 방법을 계속해서 적용함으로써 얻은 중요한 결과였다. 이 짧은 글에서 복잡한 우울적 자리의 개념을 정의하기는 어렵지만, 아주 간략하게나마 설명해 보겠다.

정신분석의 초기 연구가 사랑과 증오 사이의 갈등에, 특히 세 몸 또는 삼각관계의 상황에 머물러 있었던 반면에, 멜라니 클라인은 특히 어머니에 대한 유아의 단순한 두 몸 관계에서의 갈등에 대한 이론을 더 발달시켰다. 여기서 갈등은 사랑의 충동을 동반하는 파괴적인 생각으로 인해 일어난 것이다. 자연히 개인의 발달에서 이 시기는 오이디푸스 콤플렉스의 시기보다 더 이르다.

이제 강조점이 변하였다. 이전의 연구에서는 유아가 본능적 경험에서 얻는 만족에 강조점이 있었지만, 이제 본능의 목적이 점차 나타남에 따라 강조점은 그 목적에로 옮겨가게 되었다. 클라인은 유아가 좋은 것을 간직하고 있다고 믿고 어머니의 모든 것을 빼앗기 위해 무자비하고 철저하게 어머니를 파괴하고자 한다고 한다. 이때, 물론 본능적 경험이 만족을 가져온다는 단순한 사실을 부인하는 것은 아니다. 또 그 목적은 그 이전의 정신분석 이론에서 전적으로 무시되었던 것도 아니다. 그러나 클라인은 원시적인 사랑 충동은 공격적인 목적을 갖고 있기 때문에 유아는 여러 가지 파괴적인 생각들을 지니고 있다고 간주했다. 이런 생각들은 생의 아주 초기에 한정될 수 있다. 우리가 관찰하고 있는 유아는 관심이라는 것을 가질 수 있는 시기보다 더 이전의 아기들이다. 여기서 관심은 발달과정에서 아동이 본능적 충동을 표현할 때, 어머니가 그 표현을 사랑으로 감당해 주는 결과로 얻어지는 것이다. 만일 어머니가 자연스럽게 고도의 적응적인 방식으로 행동한다면, 유아는 차츰 자신의 무자비한 공격 대상이 어머니이며, 그 어머니가 유아 돌봄 상황에 책임이 있는 사람이라는 사실을 받아들일 수 있다. 유아는 두 가지 관심, 즉 어머니를 공격한 데 따른 결과에 대한 관심과, 그것이 만족이든지 아니면 좌절과 분노이든지 유아 자신에게 돌아오는 결과에 대해 관심을 갖게 된다(나는 원시적인 사랑 충동이란 표현을 사용하고 있지만, 클라인은 아동이 현실의 요구에 의해 영향받기 시작할 때 불가피하게 수반되는 본능적 만족의 좌절과 관련된 공격성에 대해 언급하였다).

여기에서 여러 가지를 가정해 볼 수 있다. 예를 들어, 우리는 아동의 자기가 차츰 하나의 단일체를 형성하게 되며, 그때 그 아동은 어머니를 한 사람의 인간으로 지각할 수 있게 된다고 가정한다. 우리는 또한 아동에게 본능적 흥분의 절정에서 대상을 발견할 수 있는 능력뿐만 아니라, 공격적인 본능과 성애적인 본능 요소 모두를 가학적으로 사용하는 능력이 있다고 가정한다. 이 모든 발달들은 그 초기 단계에서 잘못될 수 있다. 그 단계는 생후 아주 초기를 말하며, 발달은 그 초기 단계 동안에 어머니가 아동을 자연스럽게 잘 다루어주는 것에 달려있다. 우리는 초기 단계에서 건강한 발달이 이루어졌다는 가정 하에서만 죄책감의 기원에 대해서 말할 수 있다. 우리가 우울적 자리라고 부르는 단계에 유아가 도달할 때, 유아는 그 전 단계에 비해 자신을 안아주는 어머니의 단순한 능력에 그렇게 많이 의존하지 않는다. 대신에 아기는 복잡한 경험들을 거치는 기간 동안 자신을 돌보아주는 어머니의 보다 세련된 능력에 의존한다. 만일 시간—아마 몇 시간 정도—이 주어지면, 유아는 본능적 충동 경험의 결과를 잘 넘길 수 있을 것이다. 만약 유아가 자신이 공격해서 파괴시킨 것을 회복시키려는 자연스런 충동을 갖고 있다면, 그리고 어머니가 거기에 조용히 존재하면서 그것을 이해하고 받아들일 수 있다면, 모든 것이 순조로울 것이다. 그러나 이 단계에서 유아는 특

히 어머니의 장기간의 부재나 돌보는 사람들이 자꾸 바뀌는 것
에 대처할 수 없다. 유아는 어머니 또는 돌보는 사람의 지속적인
현존 하에서만 자신의 구강기적 가학성을 수용할 수 있게 된다.
그리고 구강기적 가학성이 유아의 미숙한 자아에 의해 수용된다
면, 유아는 보상과 회복의 욕구를 표현할 수 있는 기회를 갖게
된다. 이러한 사실에 대한 발견은 클라인이 이 분야에 끼친 두
번째 공헌이다.

　　보울비(Bowlby, 1958)는 모든 어린 아동이 외적 관계에서 어
느 정도 신뢰성과 연속성을 필요로 한다는 사실을 대중에게 인
식시키는데 특별한 관심을 가졌다. 17세기에 리차드 버튼은 우울
증의 원인들 중에 유모로부터 주어지는 '불필요한, 외적인, 우발
적 자극들'이 포함된다고 주장하였다. 그는 부분적으로 유모가
우유를 먹이면서 해로운 것들을 동시에 전달한다고 생각했다. 예
컨대, 그는 "상황이 어떠하던지 아동을 결코 유모에게 맡기지 않
고 스스로 양육하는 모든 어머니 … 그 어머니는 어느 노예 여자
나 고용된 여인들보다도 더욱 주의 깊게 아동을 사랑하며 돌볼
것이다. 세상은 이 사실을 알고 있다"라는 아리스토텔레스의 말
을 인용하였다.

　　관심의 기원에 대한 연구는 직접적인 유아 관찰을 통해서보다
는 어린이나 성인의 분석을 통해서 더 잘 이루어진다. 물론 우리
는 분석 상황을 보고하는 과정에서 어쩔 수 없이 왜곡과 이론적
정교화가 발생한다는 사실을 인정할 필요가 있다. 그러나 우리는
인간의 가장 중요한 발달인, 죄책감 능력의 기원에 대한 연구를
통해서 하나의 중요한 통찰을 얻을 수 있다. 그것은 유아가 자신
의 공격을 어머니가 살아남으며 또한 자신의 보상의 몸짓을 그
녀가 받아들인다는 사실을 점차 알아감에 따라, 이전에 무자비했
던 본능적 충동 대신에 자신의 충동에 대한 책임성을 발달시킨

다는 사실이다. 이때 유아의 무자비함은 아동의 연민이 되며, 무
관심은 관심으로 변한다.

분석에서 우리는 '염려'가 차츰 죄책감으로 바뀌는 것을 알
수 있다. 이것은 점진적으로 확립되는 과정이다. 분석가에게 있
어서 원시적 사랑 충동 안에 존재하는 공격적 요소들을 감당할
수 있는 개인의 능력이 점차 확립되는 것을 관찰하는 것보다 더
매혹적인 경험은 없다. 내가 전에 말했듯이, 이것은 아동이 사실
과 환상의 차이 및 본능적 충동의 순간에 살아남는 어머니의 능
력을 점차로 인식하는 것과, 어머니가 아동의 진정한 회복의 몸
짓을 이해하고 받아들인다는 사실을 경험하는 것을 통해서 이루
어진다.

이런 중요한 발달단계는 일정 기간 동안 같은 경험이 무수하
게 반복됨으로써 이루어진다. 여기에는 (1) 본능적 충동의 경험,
(2) 죄책감이라고 불리는 책임감의 수용, (3) 극복과정 그리고
(4) 진정한 회복의 몸짓 등으로 이어지는 선순환이 있다. 이것은
만약 어떤 것이 한 시점에서 잘못되면, 이 전체 과정은 거꾸로
악순환으로 변할 수 있다. 우리는 이런 경우에 죄책감의 능력이
해체되고, 본능적 충동을 억압하거나 또는 대상을 좋거나 나쁜
것으로 나누는 분열 등의 원시적인 형태의 방어기제로 대체되는
것을 볼 수 있다. 여기에서 확실히 물어야 할 질문은 다음과 같
다. 아동의 정상적인 발달과정에서 죄책감의 능력이 어느 시기에
확립되는가? 나는 유아의 생후 첫 1년 그리고 사실상 유아가 어
머니와 두 몸 관계를 형성하고 있는 전체 기간 동안이라고 생각
한다. 이런 일들이 더 초기에 일어나는 것이 가능할 수도 있겠지
만, 그렇게 주장할 필요는 없다. 즉 6개월 된 유아가 고도로 복잡
한 심리를 갖고 있는 것으로 보일 수도 있으며, 이 시기에 우울
적 자리가 시작될 수도 있다. 정상적인 유아의 경우, 죄책감의 기

원에 대한 시기를 고정시키는 것은 아주 어렵다. 그리고 비록 그 물음에 대한 답변이 큰 관심사이기는 하지만, 정신분석의 실제 작업에서는 그다지 중요한 문제가 아니다.

이 외에도 내가 이 글에서 다 서술할 수 없을 만큼 많은 멜라니 클라인의 연구들이 있다. 특히 그녀는 철학에서 유래한 개념인 프로이트의 내적 실재와 환상 사이의 복잡한 관계에 대한 우리의 이해를 향상시켰다. 클라인은 자기(self) 안에 있는 세력들이나 대상들이 선하게 또는 악하게 느껴지는 측면들을 연구하였다. 인간의 내적 본성 안에서 일어나는 영원한 투쟁의 문제는 그녀가 이 특정 분야에서 이룬 세 번째 공헌이다. 유아와 아동의 내적 실재의 성장에 대한 그녀의 연구를 통해서, 우리는 종교와 예술의 형태에서 드러나는 가장 깊은 갈등과 우울한 기분, 우울적 질병 사이의 관계에 대해 이해할 수 있게 되었다. 그 중심에는 의심(doubt)이 있다. 즉 좋은 세력과 악한 세력 사이의 투쟁의 결과로서, 또는 정신의학적 용어로 성격의 내부와 외부에 있는 선한 요소와 박해적 요소 사이의 투쟁의 결과로서 생겨나는 의심이 있다. 우리는 유아나 환자가 우울적 자리에 도달하기까지의 정서발달과정에서, 본능적 경험이 만족스러운가 아니면 좌절을 주는가에 따라 좋은 대상과 나쁜 대상이 확립되는 것을 본다. 좋은 대상은 나쁜 대상으로부터 보호되며, 내부와 외부에 있는 혼돈에 대한 방어 체계를 형성하는데, 이로써 고도로 복잡한 개인적 성격 양식이 확립된다.

초기 정신분석의 진술이 건강과 신경증적 불건강에 관한 것인데 반해, 나는 개인적으로 클라인의 연구가 정신분석 이론에 개인이 갖는 가치에 대한 생각을 포함시켰다고 생각한다. 가치는 죄책감의 능력과 밀접한 관계를 갖고 있다.

3. 죄책감이 헌저하게 결핍된 경우

나는 이제 내 글의 세 번째 부분에 이르렀다. 여기서 나는 우선 도덕감의 결핍에 대해 간단히 언급할 것이다. 의심할 바 없이, 어떤 사람들에게는 죄책감의 능력이 결여되어 있다. 이처럼 관심의 능력이 전혀 없는 극단적인 경우는 드물지만, 부분적으로만 건강하게 발달하였거나 어느 정도 관심이나 죄책감 또는 후회감을 갖지 않는 사람들을 발견하는 것은 어렵지 않다. 물론 여기에는 체질적 요인이 결코 무시될 수는 없지만, 이 무능력을 체질적 요인으로 설명하고자 하는 것은 분명히 하나의 유혹이다. 정신분석은 체질적인 요인과는 다른 설명을 제공한다. 다시 말해 도덕감이 결여된 사람들은 그들의 발달 초기 단계에서 죄책감의 능력을 발달시킬 수 있는 정서적, 신체적인 여건을 경험하지 못했던 사람들이라는 것이다.

모든 유아가 죄책감을 발달시킬 수 있는 잠재력을 가지고 태어난다는 사실은 부인할 수 없다. 적절한 신체적 건강과 돌봄이 주어지면, 걷는 것과 말하는 것은 발달의 시기에 따라 나타난다. 그러나 죄책감 능력이 발달하기 위해서는 적절한 환경적 조건이 필수적이다. 그 환경적 조건은 실로 자연스럽고 신뢰할 수 있는 돌봄을 포함하며, 그 순서 또한 매우 복잡하다. 개인의 정서발달의 가장 초기 단계에서 우리는 죄책감을 말할 필요가 없다. 그 시기의 자아는 원본능 충동에 대한 책임성을 받아들일 정도로 충분히 강하지 않으며, 그렇게 조직되어 있지도 않다. 그 시기의 유아는 거의 절대적으로 환경에 의존되어 있다. 최초의 단계에서 발달이 만족스럽다면, 관심 능력을 촉발시키는 자아통합이 이루어진다. 점차 호의적인 상황에서 유아의 죄책감의 능력은 어머니와의 관계를 통해서 형성된다. 그리고 이것은 회복의 기회와 밀접하게 관련되어 있다. 관심에 대한 능력이 형성되면, 아동은 오이디푸스 콤플렉스를 경험하게 되며, 모든 인간들 사이에서처럼 삼자관계에 관련된 후기 단계에서 나타나는, 양가감정을 감당할 수 있는 심리적 자리에 도달하게 된다.

이런 맥락에서 나는 다만 어떤 사람들에게 가장 초기 단계의 정서적 발달과정에 문제가 있었으며, 그 결과로서 도덕감이 결여되었다는 사실을 확인하고자 한다. 그리고 개인적인 도덕감이 결여될 경우, 사람들은 도덕적 규범을 주입하는 것이 필수적이라고 생각하기 쉽다. 그러나 그러한 주입의 결과로써 얻어진 사회화는 결코 튼튼한 것이 못된다.

창조적인 예술가

창조적인 예술가가 죄책감과 이와 관련된 보상적이며 회복적인 활동 없이도 건설적인 작업의 기초가 되는 일종의 사회화에 도달할 수 있다는 사실은 흥미롭다. 창조적인 예술가나 사상가는 실제로 덜 창조적인 사람이 가지고 있는 관심의 느낌을 이해하지 못하거나, 심지어 그것을 경멸할 수도 있다. 예술가들 중에서 어떤 이들은 죄책감을 갖고 있지 않지만, 뛰어난 재능을 통해 사회화를 성취한다. 보통 죄책감에 시달리는 사람들은 이 사실을 이해하기가 힘들다. 그러나 죄책감에 시달리는 그들은 사실상 죄책감을 전혀 느끼지 않는 사람들이 지닌 무자비성(ruthlessness)에 대해 남몰래 부러워한다. 왜냐하면 그들이 죄책감 없는 무자비성 덕택에 더 많은 것들을 성취하기 때문이다.

죄책감의 상실과 회복

우리는 반사회적인 아동 및 성인들의 치료에서 죄책감 능력의 상실이나 회복에 관한 사항을 자세히 관찰할 수 있다. 그리고 우리는 종종 이런 반사회적인 문제를 야기하는 환경적 신뢰성의 결핍에 관련된 다양한 요소들에 접근할 수도 있다. 우리는 도덕감의 상실과 회복이라는 관점에서 청소년 비행과 상습적 범죄행동의 문제를 연구할 수 있다. 프로이트는 1915년에 (마침내 사회적으로 적응할 수 있게 되었던, 아동과 청소년들의 도둑질, 사기, 그리고 방화 등의 행동을 언급하면서) 다음과 같이 말했다. "분석 작업은 … 그와 같은 행동이 원칙적으로 금지되어 있기 때문에, 그리고 그들이 그런 행동을 함으로써 정신적 안도감을 얻기 때문에 행해진다는 놀라운 사실을 발견했다. 그들은 기원을 알지 못하는 억압된 죄책감의 느낌으로 고통 당하고 있다. 그 억압은 그들이 나쁜 짓을 저지르고 난 후에 완화된다. 왜냐하면 그들의 죄책감은 최소한 어느 것엔가 부착되기 때문이다"(Freud, 1915, p. 332). 이것은 비록 프로이트가 후기 발달 단계에 관해서 언급한 것이지만, 아동들에게도 적용될 수 있는 것이다.

분석 작업에서 우리는 반사회적인 행동을 대체로 두 종류로 나눌 수 있다. 첫 번째는 건강한 아동들에게 흔히 나타나는 일반적인 못된 행동들, 즉 훔치기, 거짓말하기, 파괴하기 그리고 오줌싸기 등이다. 다시 말해서 이런 행동들은 죄책감을 의미 있게 만들기 위한 무의식적 시도에서 행해지는 것들이다. 성인에게도 쉬운 일이 아니지만 어린이에게는 죄책감의 근원에 도달한다는 것은 불가능한 일이다. 그리고 죄책감이 설명될 수 없다는 사실은 미칠 것 같은 느낌을 만들어낸다. 반사회적인 개인은 억압된 환상 속에서 제한된 범죄를 궁리함으로써 자신의 죄책감으로부터 안도감을 얻는데, 이 환상은 본래 오이디푸스 콤플렉스에 속한 것이다. 이것이 반사회적인 개인이 오이디푸스 콤플렉스에 속하는 양가감정에 가장 가까이 도달할 수 있는 방식이다. 처음에는 이와 같은 대체 범죄나 대체 비행이 범법자에게 만족스러운 것이 아니지만, 같은 행동이 반복되면서 그는 이차적 습득(secondary gain)이라는 부산물을 얻게 된다. 치료는 이차적 습득으로 확장되기 이전에 하는 것이 보다 더 효과적이다. 이런 일반적인 종류의 반사회적인 행동을 이해하는데 중요한 것은, 그러한 개인에게 억압된 죄책감이 존재한다는 사실보다는 죄책감을 만들어 내는 환상이 존재한다는 사실을 인식하는 것이다.

이와는 대조적으로, 보다 심각하고 드문 반사회적인 개인의 경우, 문제가 되는 것은 바로 상실된 죄책감의 능력이다. 여기서 우리는 가장 추악한 범죄를 발견한다. 범죄자는 사실 죄책감을 느끼려고 필사적으로 시도하지만, 그는 결코 성공하지 못한다. 그런 사람에게는 죄책감의 능력을 발달시키기 위해 필요한 전문화된 환경이 주어져야 한다. 실제로 우리는 그에게 정상적인 유아가 필요로 하는 것과 같은 환경을 제공해야 한다. 물론 유아의 무자비성과 충동성에서 오는 모든 긴장들을 처리할 수 있는 그런 환경을 제공하는 것은 몹시 어려운 일이다. 왜냐하면 우리는 심리적으로는 유아를 다루고 있지만, 실상 그 유아는 성인이 갖는 힘과 교활함을 갖고 있는 성인 환자이기 때문이다.

반사회적인 행동의 일반적인 유형을 관리하는 데 있어서, 우리는 자주 환경을 재배치해줌으로써 훌륭한 치료를 제공할 수 있다. 그리고 이런 생각은 프로이트가 우리에게 제공한 이해에 기초한 것이다.

나는 학교에서 남의 물건을 훔쳤던 한 소년의 사례를 설명하겠다. 그가 다니는 학교의 교장 선생님은 그를 벌주는 것 대신에 치료를 받아야 할 대상이라고 생각했기 때문에 그의 부모에게 그를 위한 상담치료를 권유하였다. 아홉 살 된 이 소년은 발달 초기에 발생한 박탈의 문제를 가지고 씨름하고 있었다. 그리고 그에게 필요했던 것은 한동안 집에서 지내는 것이었다. 그의 가족은 다시 뭉치게 되었고 이것이 그에게 새로운 희망을 주었다. 나는 그 소년이 그에게 명령하는 마법사의 소리에 따라 남의 것을 훔치는 강박증을 갖고 있다는 것을 알게 되었다. 집에서 그는 병이 났고 아기처럼 의존적으로 되었으며 무감각해졌고 야뇨증을 갖게 되었다. 그의 부모는 그의 퇴행 욕구에 부응해주었고 그가 아픈 아동이라는 것을 인정했다. 결국 그들의 노력은 그의 병이 자연적으로 회복되는 것으로 보상을 받았다. 1년 후에 그는 기숙학교로 돌아갈 수 있었고 그후로 깨끗이 치료되었다.

이 소년을 회복으로 인도했던 길에서 빗나가게 하는 것은 쉬운 일이었을 것이다. 물론 그는 자신의 질병 뒤에 존재하는 보다 자연스런 초자아의 조직화가 이루어졌어야 할 자리에 마법사를 불러들일 수밖에 없게 만들었던 자신의 외로움과 공허함을 깨닫지 못했다. 이런 외로움은 그가 다섯 살 때 가족과 헤어졌던 시기에 일어났다. 만약 그가 매를 맞았거나 교장 선생님이 그에게 나쁜 아동이라고 말했다면, 아마도 그는 마법사와 보다 확실하게 공고화되고 조직화된 동일시를 형성했을 것이다. 그리하여 그는 거만하고 반항적이며 결국 반사회적인 개인이 되었을 것이다. 이것이 어린이 심리치료 사례의 일반적인 유형이라고 할 수 있다. 내가 이 사례를 택한 이유는 이 사례가 이미 출판된 책에 수록되어 있으며 그 책에 더 상세한 내용이 담겨 있다는 단순한 이유 때문이다(Winnicott, 1953; 역주—

이 책은 1999년도 한국심리치료연구소에서 「그림놀이를 통한
어린이 심리치료」라는 제목으로 번역 출판되었다).

우리는 비행적이 된 수많은 사람들을 전부 다 치유할 수는 없
을 것이다. 그러나 반사회적인 경향성을 어떻게 예방할 수 있는
지를 이해하는 것은 매우 희망적이다. 우리는 예방활동을 통해서
최소한 어머니와 아기 사이에서 발달하고 있는 관계가 방해받는
것을 피할 수는 있다. 이런 원칙을 보통의 어린이 양육에 적용한
다는 것은, 우리가 아동 자신의 죄책감이 아직 원시적이고 미숙
할 때 보다 엄격한 관리를 제공해 주는 것을 의미한다. 어느 정
도의 금지를 통해서 우리는 아동으로 하여금 건강에 속하는, 그
리고 아동의 충분한 자발성을 담고 있는 어느 정도의 못된 행동
을 할 수 있는 기회를 제공할 수 있다.

프로이트의 생각은 반사회적인 행동과 범죄 행동을 무의식적
인 의도의 결과로 그리고 어린이 돌봄의 실패에 따른 증상으로
이해할 수 있도록 예비시켜 주었다. 이점에서 프로이트는 사회
심리학에 엄청난 공헌을 하였다.

2
홀로 있을 수 있는 능력[1]
(1958)

나는 한 사람이 홀로 있을 수 있는 능력을 갖는 것이 정서발
달에서 성숙의 가장 중요한 신호 중의 하나라고 믿는다. 이 홀로
있을 수 있는 능력은 검토해볼 만한 가치가 있는 주제이다.

정신분석 치료에서는 거의 예외 없이 환자의 홀로 있을 수 있
는 능력이 중요해지는 순간이 있다. 임상적으로 이것은 침묵의
단계 또는 침묵의 시간으로 나타난다. 그리고 이런 침묵은 저항
을 의미하는 것이 아니라, 환자 쪽에서 어떤 것을 성취하게 되었
음을 의미한다. 아마도 환자는 이 때 처음으로 홀로 있을 수 있
는 경험을 하고 있을 것이다. 분석과정에서 환자가 홀로 있는 경
험을 하게 되는 전이의 측면에 대해서 살펴보자.

지금까지 정신분석 문헌에서 홀로 있을 수 있는 능력에 대한
논의는 별로 없었으며, 그보다는 홀로 있는 것에 대한 공포 또는

---

1 1957년 7월 24일 영국 정신 분석 학회의 과학 모임에서 발표된 논문에 기
 초한 것으로서, 이 논문은 Int. F. Psycho-Anal., 39. pp. 416-20에 최초로 실
 렸음.

홀로 있고자 하는 소망에 대해 더 많이 논의되어 왔다. 자신이 박해를 받을 것이라는 기대를 가지고 방어를 조직화한 사람의 철수된 상태에 대해서는 상당히 많은 연구가 이루어졌다. 그에 비해서 홀로 있을 수 있는 능력의 긍정적인 측면에 대한 논의는 시기적으로 너무 늦은 감이 있다. 정신분석 문헌에서 홀로 있을 수 있는 능력을 진술하려는 특정한 시도가 있었는지에 대해서는 별로 알려진 바가 없다. 나는 프로이트가 말하는 대상에 대한 비성적인 애착관계(anaclitic relationship)의 개념(1914)이 이러한 시도 중의 하나였다고 생각한다(위니캇, 1956a 참조).

세 몸 관계와 두 몸 관계

릭크맨(Rickman)은 우리에게 세 몸과 두 몸 관계에 관한 생각을 소개했다. 우리는 종종 오이디푸스 콤플렉스를 세 몸 관계가 경험의 영역을 지배하는 단계로 언급한다. 두 사람에 관한 오이디푸스 콤플렉스를 묘사하려는 시도는 어떠한 것이든 실패할 것이다. 그럼에도 불구하고 두 몸 관계들은 존재하며 이것들은 개인의 역사에서 세 몸 관계보다 상대적으로 더 초기에 속한다. 이런 본래의 두 몸 관계는 어머니의 특성들을 알아보고 아버지에 대한 생각이 형성되기 이전에 유아와 어머니 또는 대리모 사이에서 발생하는 관계이다. 클라인의 우울적 자리의 개념이 바로 이러한 두 몸 관계로 묘사될 수 있다. 사실상 두 몸 관계는 우울적 자리 개념의 본질적인 특징이다.

세 몸과 두 몸 관계들에 관한 생각보다 한 단계 더 깊이 들어가 한 몸 관계를 말하는 것이 자연스럽지 않겠는가! 처음에 자기애는, 그것이 이차적 자기애의 초기 형태이든 일차적 자기애이든, 한 몸 관계인 것처럼 보인다. 그러나 나는 두 몸 관계에서부터 한 몸 관계로의 이런 도약은 사실상 우리가 분석 작업을 통해서 그리고 어머니들과 유아들의 직접적인 관찰을 통해서 알고 있는 많은 것들과 상충된다고 생각한다.

실제로 홀로 있음

나는 여기에서 실제로 홀로 있는 것을 논의하고자 하는 것이 아니다. 한 사람이 독방에 감금되어 있다고 하자. 만약 그가 홀로 있을 수 있는 능력이 없는 사람이라면, 그가 얼마나 큰 고통을 겪어야 하는가는 상상을 초월한다. 그러나 많은 사람들은 아동기 이전부터 고독을 즐길 수 있다. 그리고 그들은 심지어 그 고독을 가장 귀중한 소유물로서 평가하기도 한다.

홀로 있을 수 있는 능력은 개인의 발달과정에서 아주 정교화된 현상, 즉 세 몸 관계의 성립 이후에 도달할 수 있는 것이거나, 또는 정교화된 외로움의 기초를 이루기 때문에 특별히 연구할 만한 가치가 있는 초기 삶의 현상이다.

역설

이 논문의 요점은 다음과 같이 진술될 수 있을 것이다. 홀로 있을 수 있는 능력을 형성하려면 많은 유형의 경험들이 포함되지만, 그 중에서도 가장 기본적인 것이 있다. 그것이 충분하지 않으면 홀로 있을 수 있는 능력은 생기지 않는다. 이 경험은 유아 또는 어린 아동이 어머니와 함께 있으면서 홀로 있는 경험이다.

따라서 홀로 있을 수 있는 능력의 기초는 하나의 역설이다. 그것은 누군가가 곁에 있을 때 홀로 있는 경험이기 때문이다.

여기에서 말하는 것은 혼자 있는 아동이 신뢰할 만한 어머니 또는 대리모와의 관계에서 경험하는 특별한 관계 유형에 관한 것이다. 물론 이 대리모는 잠시 동안 아기 침대나 유모차 또는 환경 분위기에 의해 대치될 수도 있다.

개인적으로 나는 자아 관계성이란 용어를 즐겨 사용한다. 그것은 자아의 삶에 복잡한 문제를 일으키는 원본능 관계성이란 용어와 아주 분명하게 대조를 이룬다는 이점을 갖는다. 자아 관계성은 두 사람 사이의 관계를 말하며 적어도 그들 중 한 사람은 홀로 있다. 아니 아마도 두 사람 모두 홀로 있을 것이다. 그러나 각각의 현존은 서로에게 중요하다. 나는 '좋아한다(like)'라는 말과 '사랑한다(love)'라는 말의 의미 비교에서, 좋아하는 것은 자아 관계성의 문제이고 사랑하는 것은 직접적이거나 승화된 형태의 원본능 관계성의 문제라고 생각한다.

나는 이와 같은 방식으로 이 두 개념을 발달시키기 전에 이미 알려진 정신분석 이론에서 홀로 있을 수 있는 능력을 어떻게 언급하고 있는지를 독자들에게 상기시키고자 한다.

성교 후에

만족스런 성교 후에 부부는 각자 홀로 있으며 홀로 있음에 만족한다고 말할 수 있다. 홀로 있는 다른 사람과 함께 홀로 있음을 즐기는 것은 그 자체가 건강의 표현이다. 성교 후 원본능 긴장이 없는 상태는 불안을 낳을 수도 있다. 그러나 성격 통합 차원 중의 하나인 시간의 통합은 개인으로 하여금 원본능 긴장이 자연스런

상태로 되돌아갈 수 있도록 허용해주며, 우리가 '철수된 상태'라
고 부르는 특성과는 다른 차원의 고독을 즐길 수 있게 해준다.

원색 장면

개인의 홀로 있을 수 있는 능력은 원색 장면에 의해 자극된
느낌들을 다룰 수 있는 능력에 의존한다고 말할 수 있다. 원색적
인 장면에서 부모의 흥분된 관계가 그에게 지각되거나 상상된
다. 그리고 이것은 미움을 극복할 수 있으며, 또한 자위를 위해
그것을 사용할 수 있는 건강한 아동에 의해 수용된다. 자위행위
과정에서 의식적이고 무의식적인 환상에 대한 전체적인 책임은
개개의 아동에 의해 수용된다. 이때 그 아동은 세 몸 관계나 삼
각관계에서 세 번째 사람이다. 이런 상황에서 홀로 있을 수 있
는 것은 성애적 발달, 곧 남성의 생식기의 능력이나 그에 상응
하는 여성의 수용성의 성숙을 의미한다. 그것은 공격적인 충동
및 생각과 성애적인 충동 및 생각의 융합을 의미하며 양가감정
을 감당할 수 있다는 것을 의미한다. 이런 과정을 통하여 개인
은 각각의 부모와 동일시하는 능력을 자연스럽게 형성하게 될
것이다.

이 과정은 어떤 용어로 진술하더라도 아주 복잡한 서술이 될
수 있다. 왜냐하면 홀로 있을 수 있는 능력은 정서적 성숙과 거
의 같은 의미를 갖기 때문이다.

좋은 내적 대상

나는 이제 또 다른 언어, 즉 멜라니 클라인의 연구로부터 온 용어를 사용해서 설명해 보겠다. 홀로 있을 수 있는 능력은 개인의 심리적 실재 안에 좋은 대상이 존재하는 것에 달려있다. 그것은 좋은 내적 젖가슴이나 좋은 페니스 또는 좋은 내적 관계들이 충분히 잘 확립되어 있으며, 개인이 (어느 기간 동안) 현재와 미래를 확신할 수 있다는 것을 의미한다. 개인의 내적 대상과의 관계는 이 확신에 의해 충분한 삶의 에너지를 제공받기 때문에 그는 적어도 일시적으로 외적 대상들과 그들로부터 오는 자극이 없더라도 만족스럽게 편히 존재할 수 있다. 성숙과 홀로 있을 수 있는 능력은 충분히 좋은 어머니의 돌봄을 통해 좋은 환경에 대한 믿음을 확립할 수 있는 기회를 가졌다는 것을 의미한다. 이런 믿음은 만족스러운 본능 충족을 반복해서 경험함으로써 확립된다.

이 설명에서 우리는 개인의 발달에서 고전적인 오이디푸스 콤플렉스 단계보다 더 초기의 단계를 언급하고 있다. 그럼에도 불구하고 여기에는 상당한 정도의 자아 성숙이 가정되어 있다. 즉 개인이 하나의 단위를 이룰 만큼 통합된 상태에 있다고 가정된다. 그렇지 않으면 내면과 외면에 대해 언급하는 것, 또는 내부의 환상에 특별한 중요성을 부여하는 것은 무의미할 것이다. 부정적인 용어로 말한다면, 그는 적어도 박해 불안으로부터 비교적 자유로워야 한다. 긍정적인 용어로 말한다면, 그는 자신의 성격 내면 세계에 좋은 내적 대상들을 형성했으며 적절한 순간에 투사하기 위해 그것들을 사용할 수 있어야 한다.

미성숙한 상태에서 홀로 있음

이 시점에서 제기 되는 질문은 이런 것이다. 아동 또는 유아가 여기서 말하는 홀로 있다는 묘사를 사용할 수 없는 아주 초기 단계에서, 과연 그들이 미숙한 자아 상태로 홀로 있을 수 있는 가? 우리는 정교화되지 않은 홀로 있음의 상태가 있다는 사실을 인정할 필요가 있으며, 비록 진정으로 홀로 있을 수 있는 능력이 고도로 정교화된 것이라 할지라도, 이 진정으로 홀로 있을 수 있는 능력은 누군가가 곁에 있으면서 홀로 있었던 초기의 경험을 토대로 한다는 것이 나의 주장이다. 누군가가 곁에 있으면서 홀로 있는 경험은 유아의 미성숙한 자아가 어머니에게서 제공된 자아 지원에 의해 자연스럽게 균형을 이룰 때인 아주 초기 단계에 발생한다. 시간이 흐르면서 그 개인은 자아 지원적인 어머니를 내사하고 그럼으로써 어머니 또는 어머니의 상징물과 관계없이 홀로 있을 수 있게 된다.

'나는 홀로 있다'

나는 '나는 홀로 있다(I am alone)'라는 말을 고찰함으로써 이 주제를 다른 각도에서 다루어 보려 한다.

먼저 많은 정서적 성장이 이루어졌음을 의미하는 '나'라는 말이 있다. 이 말은 개인이 한 단위로서 형성되어 있고 이미 통합이 이루어졌음을 뜻한다. 그리고 한 개인에게 있어서 (나-아닌 것으로) 거부된 외적 세계가 있을 때 내적 세계의 형성이 가능하다. 이것은 자아 핵의 조직체로서의 성격이 이루어졌음에 대한 지형학적인 진술이다. 한 개인이 이런 시점에 도달했을 때,

비로소 자기 자신의 삶을 살아간다고 말할 수 있을 것이다.

　다음으로 개인의 성장에서의 하나의 단계를 나타내는 '나는 이다(I am)'라는 말이 온다. 이 말에 의해서 개인은 자신의 형태 뿐 아니라 자신의 삶을 갖게 된다. '나는 이다'에 도달할 때 개인은 아직 방어가 없는 상태이며, 취약하고 잠재적으로 편집적인 상태이다. 개인은 보호해주는 환경이 존재하기 때문에 '나는 이다'의 단계를 성취할 수 있다. 여기서 보호해주는 환경이란 어머니가 유아에게 몰두해 있으며, 유아와의 동일시를 통해 유아의 자아 요청을 향해 열려 있음을 말한다. 이 단계에서 유아에게 어머니에 대한 인식을 가정할 필요는 없다.

　다음에 '나는 홀로 있다(I am alone)'라는 말을 생각해보자. 내가 주장하고 있는 이론에 따르면, 이 단계는 실제로 유아 쪽에서 어머니의 지속적인 존재에 대한 인식을 갖는 것과 관련되어 있다. 여기에서는 반드시 의식적인 정신인 자각(awareness)을 의미하지는 않는다. 그러나 나는 '나는 홀로 있다'라는 것은 '나는 이다'에서 발달한 것이며, 그것은 믿을 수 있는 어머니가 지속적으로 존재한다는 유아의 인식으로부터 온다고 생각한다. 이때 어머니에 대한 신뢰로 인해 유아는 제한된 기간 동안 홀로 있을 수 있으며, 홀로 있음을 즐길 수 있게 된다.

　이런 식으로 홀로 있을 수 있는 능력은 누군가가 곁에 있으면서 홀로 있는 경험에 기초해 있으며, 이러한 경험이 충분하지 않을 때 홀로 있을 수 있는 능력이 발달할 수 없다는 역설이 설명될 수 있다.

'자아 관계성'

만일 이러한 나의 역설적인 생각이 옳은 것이라면, 유아와 어머니 관계의 본질을 조사하는 것은 흥미로운 일일 것이다. 이 논문의 목적을 위해 나는 그것을 자아 관계성이라 부른다. 내가 이 자아 관계성에 중요한 의미를 부여한 이유는 바로 그것으로부터 우정이 발달한다고 생각하기 때문이며, 또한 그것이 전이의 모체 (matrix of transference)라고 믿기 때문이다.

내가 이 자아 관계성의 문제에 특별한 중요성을 부여하는 데는 또 다른 이유가 있지만, 나의 논지를 분명히 하기 위해 잠시 접어두겠다.

나는 여러분이 원본능 충동이 자아의 삶에 담겨 있을 때에만 의미를 갖는다는 생각에 동의할 것이라고 생각한다. 원본능 충동은 약한 자아를 파괴시키기도 하고 강한 자아를 강화시키기도 한다. 원본능 관계가 자아 관계성의 틀에서 발생할 때 그것은 자아를 강화시킨다. 이 견해가 받아들여진다면, 그 다음에는 홀로 있을 수 있는 능력을 이해하는 것이 훨씬 수월해진다. 홀로 있을 때만(누군가 곁에 있으면서), 유아는 자신의 개인적 삶을 발견할 수 있다. 그렇지 못할 때 나타나는 병리적인 현상은 외적 자극에 대한 반응 위에 세워진 거짓 삶이다. 홀로 있을 때, 오직 홀로 있을 때에만 유아는 성인의 편히 쉼과 같은 상태를 즐길 수 있다. 유아는 통합되지 않은 채로 있을 수 있으며, 빈둥댈 수 있고, 아무런 방향 인식도 없는 상태로 편히 있을 수 있다. 또한 외적인 침범에 대해 반응할 필요도 없고 흥미나 운동 지향적인 활동과 상관없이 잠시 동안 그냥 존재할 수 있다. 이 단계는 원본능 경험을 위한 준비 단계이다. 시간이 흐르면서 그는 감각이나 충동에 도달한다. 이런 상황에서 감각이나 충동은 그에게 실제적인 것으로 느껴지며 그것은 진정으로 개인적인 경험이 될 것이다.

　사용할 수 있는 누군가(요구하지 않으면서 존재하는)가 있다는 것이 왜 중요한지 이제 알 수 있을 것이다. 홀로 있는 상태에서 충동이 생길 때, 그 원본능 경험은 결실을 맺을 수 있게 되며, 그때 대상은 거기에 있는 사람, 즉 어머니의 부분이나 전체가 될 수 있다. 즉 이런 상황에서만 유아는 대상을 생생하게 느끼는 경험을 가질 수 있다. 이러한 많은 경험들이 허망감 대신에 현실감 있는 삶의 토대를 형성한다. 홀로 있을 수 있는 능력을 발달시킨 개인은 끊임없이 개인적인 충동을 재발견할 수 있으며, 그 개인적 충동은 결코 낭비되지 않는다. 왜냐하면 그에게는 홀로 있는 상태가 항상 누군가가 거기에 있다는 것(비록 역설적이지만)을 의미하기 때문이다.

　시간이 흐르면서 개인은 어머니나 어머니 상이 실제로 존재하지 않더라도 잘 지낼 수 있게 된다. 이것은 그에게 '내적 환경'이 형성되었음을 말해준다. 그것은 '내사된 어머니' 라는 용어를 사용할 때보다 더 초기에 발생하는 현상이다.

자아 관계성의 절정(climax) 경험

　이제 나는 자아 관계성과 이 관계 안에서의 경험과 관련해서, 좀 더 심층적으로 자아 오르가즘의 개념에 관해 살펴보고자 한다. 물론 나는 본능적 경험이 억압된 사람들은 자아 오르가즘을 특별히 발달시키려는 경향이 있으며, 따라서 자아 오르가즘의 경향성이 갖는 병리도 있다는 것을 알고 있다. 그러나 지금은 몸 전체를 부분대상(남근)과 동일시하는 것과 같은 이런 병리적 현상에 관한 논의는 나중으로 미뤄두고, 다만 자아 오르가즘의 황

홀경에 대해서 생각하는 것이 바람직할 것이다. 정상적인 사람이 연주회나 극장에서, 또는 우정을 통해서 얻을 수 있는 것과 같은 아주 만족스러운 경험에 대하여 우리는 자아 오르가즘과 같은 용어를 사용할 만하다고 생각한다. 물론 오르가즘이란 말이 이런 상황에서 사용되는 것이 타당하지 않다고 생각하는 사람들도 있 겠지만, 만족스러운 자아 관계성에서 발생하는 절정 경험에 대해 논의할 수 있는 여지는 얼마든지 있다. 우리는 이렇게 질문할 수 있다. 아동이 놀이하고 있을 때, 놀이 전체를 원본능 충동의 승화 로 인한 산물로 볼 수 있을까? 놀이의 원초적 토대가 되는 본능 과 삶의 만족을 주는 놀이를 비교할 때, 거기에는 원본능의 양뿐 만 아니라 그것의 질에도 차이가 있다고 생각할 수 있지 않을까? 승화 개념은 온전히 받아들여지고 있으며 커다란 가치를 갖고 있지만, 아동들의 행복한 놀이와 강제성을 띤 성적 흥분 및 본능 적 경험 사이에 존재하는 커다란 차이를 프로이트가 언급하지 않은 것은 매우 유감스러운 일이다. 아동의 행복한 놀이에서조차 도 모든 것이 원본능 충동의 측면에서 해석될 수 있을 것이다. 물론 이것은 우리가 상징적으로 말하기 때문에 가능하다. 그리고 우리가 상징주의를 사용함으로써 모든 놀이를 원본능 관계로 이 해하고 있다는 것은 의심의 여지가 없다. 그럼에도 불구하고 우 리는 아동의 놀이가 신체적인 절정 상태에서 느끼는 몸의 흥분 으로 인해 방해를 받을 때, 그 놀이가 행복하지 않다는 것을 기 억해야만 할 것이다.

소위 정상적인 아동은 부분적인 흥분에 따른 신체적 오르가즘 에 의해 위협받는 느낌없이 놀이할 수 있으며, 놀이하면서 흥분 할 수 있고, 그 놀이에서 만족을 느낄 수 있다. 대조적으로 반사 회적인 경향성을 지닌, 어머니의 사랑을 박탈당한 아동이나 또는 심한 조적 방어(manic defense)로 인해 안절부절하는 아동은 몸의 흥분으로 인해 놀이를 즐길 수 없다. 그에게는 신체적인 절정이 필요하며 대부분의 부모들은 그가 키스해주는 것과 같은 성적 자극 없이는 놀이를 짜릿한 상태에서 끝낼 수 없다는 것을 안다. 비록 그것은 아동에게 거짓 절정을 제공하는 것이지만, 적어도 그런 아동을 다루는 사람들에게는 아주 유용한 것이다. 아동의 행복한 놀이와 음악회에서의 성인의 경험을 성적 경험과 비교한다면, 그 차이는 아주 엄청나서 사실상 비교하는 것이 불가능하다. 달리 표현해보자면, 그 경험들에서 사용되는 무의식적 상징주의가 어떤 것이든 간에, 어떤 경험에선 신체적 흥분이 극히 적을 수도 있고 다른 경험에선 최고의 신체적 흥분을 느낄 수도 있다. 우리는 이런 방식으로 승화의 기초가 되는 개념들을 포기하지 않으면서도 자아 관계성 그 자체의 중요성에 관해 말할 수 있다.

요 약

홀로 있을 수 있는 능력은 고도로 정교화된 현상이며, 많은 긍정적인 요소들을 갖고 있다. 그리고 그것은 정서적 성숙과 밀접하게 관련되어 있다.

홀로 있을 수 있는 능력은 누군가가 곁에 있는 상태에서 홀로 있는 경험에 기초해 있다. 이런 식으로, 유아는 약한 자아 조직을 갖고 있음에도 불구하고 믿을 수 있는 부모의 자아 지원 때문에 홀로 있을 수 있다.

유아와 자아 지원적 어머니의 관계 유형은 특별히 연구할 만한 가치를 지니고 있다. 비록 지금까지는 다른 용어들이 사용되어 왔지만, 특히 자아 관계성이란 용어는 매우 유용한 것이라고 생각된다.

자아 관계성의 틀 안에서 원본능 관계가 발생하는 것이 자연스런 순서이며, 그때 본능은 미숙한 자아를 붕괴시키지 아니하고 강화시킨다.

점차 자아 지원적 환경은 내사되고 개인의 성격으로 확립되어 홀로 있을 수 있는 실제적인 능력이 된다. 그렇더라도 이론적으로는, 항상 누군가가 거기에 있으며 그 누군가는 궁극적으로 그리고 무의식적으로 어머니와 동일시되는 사람이다. 그 사람은 초기 몇 일 또는 몇 주 동안에 일시적으로 유아와 동일시되고 한동안 유아를 돌보는 일에만 몰두했던 사람이다.

3
부모-유아 관계 이론[1]
(1960)

이 논문의 주된 요점은 아마도 정신분석과정에서 발생하는 전이 연구와 유아 연구를 비교함으로써 잘 파악될 것이다.[2] 나의 진술을 일차적으로 정신분석에 관한 것이 아니라 유아에 관한 것이라고 말할 수는 없다. 이것은 본질적인 문제이기 때문에 명확하게 이해할 필요가 있다. 만약 이 논문이 건설적인 방향으로 공헌하지 못한다면, 개인 발달의 개인적이고 환경적인 영향의 중요성을 드러내기보다는 이미 이 문제가 갖고 있던 혼란을 심화시키게 될 것이다.

우리가 알고 있는 것처럼, 정신분석학에서 개인의 전능성과 상관없이 발생하는 외상이란 없다. 결국 모든 것은 자아의 통제

1 이 논문은 같은 주제로 필리스 그리네이커(Phyllis Greenacre) 박사가 쓴 논문과 함께 1961년 에딘버그에서 열린 제 22회 국제 정신분석 대회의 토론 주제였으며 Int. F. Psycho-Anal., 41, pp. 585-95에 최초로 출판됨.
2 나는 '원시적인 정서 발달'(1945)에서 보다 자세한 임상적 시각으로 이것을 논의했다.

하에 놓이게 되며, 따라서 정신의 이차과정과 관련되게 된다. 만약 분석가가 환자에게 '당신의 어머니는 좋은 어머니가 아니었군요' … '당신의 아버지는 실제로 당신을 유혹했어요' … '당신의 아주머니는 당신을 바닥에 떨어뜨렸군요' 등과 같이 말한다면, 그 분석가는 환자를 전혀 도울 수 없을 것이다. 외상적 요소가 환자 자신의 방식으로 그리고 환자의 전능성 안에서 정신분석 자료가 될 때, 그 자료는 분석될 수 있고 따라서 변화가 나타날 수 있다. 변화를 가져오는 해석들은 환자가 치료자에게 투사할 때에 가능하다. 이 원리는 만족으로 인도하는 긍정적인 경험들에도 적용된다. 모든 것은 개인의 사랑과 양가감정이라는 측면에서 해석될 수 있다. 그리고 분석가는 이런 종류의 작업이 정확하게 이루어질 수 있도록 오랜 시간 동안 기다릴 수 있어야 한다.

그러나 유아기에는 유아가 감당할 수 있는 범위를 훨씬 넘어서는 좋은 일과 나쁜 일들이 유아에게 생긴다. 사실 유아기는 외적인 요소들을 유아의 전능성 영역 안에 모을 수 있는 능력이 형성되는 시기이다. 모성적 돌봄의 자아지원으로 인해 유아는 환경에서 경험하는 좋은 것과 나쁜 것을 통제할 수 없고 책임을 느낄 수 없음에도 불구하고, 자신의 삶을 살아갈 수 있으며 발달할 수 있다.

이런 가장 초기 단계의 사건들이 억압되기도 한다. 그러나 그렇다고 해서 그 억압된 것들이 없어지는 것은 아니다. 또한 억압의 세력을 감소시키는 작업이 있은 후에 그것들이 다시 나타나리라고 기대할 수도 없다. 프로이트가 일차적인 억압이란 용어를 사용했을 때, 그는 이런 현상들을 인정하려고 노력했던 것 같다. 그러나 이것은 여전히 논쟁의 여지가 많다. 분명한 것은 여기서 논의하고 있는 문제들이 많은 정신분석학적 문헌에서

당연한 것으로 취급된다는 것이다.[3]

정신분석적 문제로 돌아가서, 나는 환자가 (투사로 해석하는 것이 가능한) 환경적 요소들을 제시할 수 있을 때까지 분석가는 기다릴 수 있어야 한다고 생각한다. 사례들에서 드러나는 사실은 이런 기다림은 확신할 수 있는 환자의 능력에서 오며, 그것은 분석가에 대한 신뢰성과 전문적 환경에서 재발견되는 것이다. 때로 분석가는 아주 오랜 기간 기다릴 필요가 있으며, 고전적인 정신분석이 적합하지 않은 사례일 경우에, 분석가에 대한 신뢰성은 무엇보다도 (또는 해석보다) 중요한 요소이다. 왜냐하면 환자는 자신의 유아기 동안에 어머니의 돌봄 안에서 이런 신뢰성을 경험하지 못했던 사람이기 때문이다. 그리고 환자가 이런 신뢰성을 사용하려면, 무엇보다 먼저 분석가의 행동에서 그것을 찾을 수 있어야 한다. 이것은 정신분석가가 정신분열증이나 다른 정신병을 치료할 때 꼭 필요한 기초적인 조사에 속한다.

경계선 환자의 사례에서 분석가의 기다림은 언제나 유익하다. 시간이 흐르면서 환자는 투사를 사용하게 되고 따라서 근본적인 외상에 대한 정신분석적 해석을 사용할 수 있게 된다. 그는 환경에서 경험하는 좋은 요소를 자신의 타고난 잠재력에서 유래하는 단순하고 튼튼한 존재 요소들로서 받아들일 수 있다.

유아가 환경에서 경험하는 좋은 것과 나쁜 것은 사실상 투사된 것이 아니라는 주장은 역설이다. 왜냐하면 개인 유아가 건강하게 발달하기 위해서는, 그가 경험하는 모든 것이 그에게 투사처럼 보여져야 하기 때문이다. 여기서 우리는 유아기 초기의 전능성과 쾌락원리가 작용하는 것을 발견한다. 그리고 이런 발견에

---

3 나는 깊이 퇴행되어 있던 한 여성 환자의 사례에서 그녀가 이 문제의 어떤 측면들을 경험했다고 보고했다(1954).

우리가 덧붙일 수 있는 것은 진정으로 '나-아닌 것'에 대한 인식은 지적인(intellect) 문제이며 매우 정교화된 개인의 성숙에 속한다는 것이다.

프로이트의 저술에 나오는 유아기에 관한 대부분의 공식들은 성인 분석 연구에서 나온 것이다. 아동에 관한 관찰 자료로는 '실타래' 자료(1920)와 어린 한스의 분석(1909) 정도가 있을 뿐이다. 얼핏 보기에는 많은 정신분석 이론이 초기 아동기와 유아기에 관한 것 같지만, 어떤 점에서 프로이트는 유아기의 중요성을 간과했다고 할 수 있다. 이것은 「정신 기능의 두 가지 원칙에 대한 이론」의 각주에 나타나 있다(1911, p. 220). 거기에서 그는 아동기의 중요성을 당연한 것으로 여기고 있다. 그는 성인 환자들의 유아기를 재구성하는 그의 관행을 따라, 쾌락원리로부터 현실원리로의 발달과정을 추적한다. 그는 각주에서 다음과 같이 기술하고 있다.

쾌락원리만을 따르면서 외적 세계의 현실을 무시하는 유기체란 한 순간도 살아 있을 수 없으며, 따라서 존재 자체가 성립될 수 없다고 정당하게 주장할 수 있다. 그러나 이러한 가설은 그 유아가—어머니로부터 충분한 돌봄을 받음으로 해서—하나의 심리체계를 가지고 있다는 사실을 고려할 때에만 정당화될 수 있다.

여기서 프로이트는 모성적 돌봄의 기능이 갖는 중요성을 전적으로 존중했으며, 이 주제를 단지 자신이 그것의 의미에 관해 논의할 준비가 되어 있지 않았기에 따로 남겨 두었다고 가정할 수 있다. 그의 각주는 다음과 같이 계속된다.

유아는 아마도 자신의 내적 욕구를 충족시키기 위해 어떤 환각을 만들어 낼 것이다. 그는 자극이 증가하고 만족감이 없을 때, 팔과 다리를 흔들고 소리를 지름으로써 자신의 불쾌감을 방출시킨다. 그때 유아는 자신이 환각적으로 불러일으켰던 욕구가 충족되는 만족을 경험한다. 후에 더 큰 아동이 되었을 때 그는 이런 방출을 자신의 감정을 표현하는 수단으로서 의도적으로 사용하는 것을 배운다. 후기의 아동 돌봄은 유아 돌봄의 모델을 따르기 때문이다. 아동은 부모로부터 심리적으로 완전히 분리되기 전까지는 쾌락원리의 지배를 받는다.

'만일 유아가 어머니에게서 충분한 돌봄을 받는다면'이란 구절은 이 연구의 맥락에서 커다란 중요성을 갖는다. 유아와 모성적 돌봄은 함께 하나의 단위를 이룬다.[4] 부모-유아 관계의 이론을 연구하기 위해서는, 의존이라는 말이 갖는 진정한 의미에 대해서 분명한 인식을 가질 필요가 있다. 환경이 중요하다는 인식만으로는 충분하지 않다. 아주 초기에 유아와 모성적 돌봄이 서로에게 속해 있으며, 따로 분리될 수 없다는 사실을 인정하지 않는 사람이 있다면, 부모-유아 관계 이론에 대한 논의에서 아무런 일치된 견해에 도달할 수 없을 것이다. 건강한 경우, 유아와 모성적 돌봄, 이 둘은 차츰 서로에서 벗어나 분리되기 시작한다. 그리고 그 건강이라는 말은 유아 또는 자라나는 아동이 모성적 돌봄으로부터 독립적이 되어간다는 것을 의미한다. 이 생각은 각주 맨 끝에 나오는 "아동은 부모로부터 심리적으로 완전히 분리되

---

4 나는 전에 '유아란 없다'고 말한 적이 있다. 물론 그 의미는 우리가 유아를 발견할 때면 언제든지 모성적 돌봄을 발견하며, 모성적 돌봄이 없으면 유아도 존재할 수 없음을 뜻하는 것이다(1940년 경 영국 정신분석학회의 학술 모임에서 발표). 내가 나도 모르는 사이에 프로이트의 이 각주에서 영향을 받은 것일까?

어 나오기 전까지는 쾌락-원리의 지배를 받는다"라는 프로이트
의 말에서도 언급되고 있다(이 각주의 중간 부분은 다음 장에서
논의하겠지만, 이 프로이트의 말을 아주 초기 단계에 대한 언급
으로 취급하는 것은 부적절하며 오도된 생각이다).

'유아' 라는 말

이 논문에서 유아라는 말은 아주 어린 아동을 일컫는다. 프로
이트의 저술에서 이 말은 때때로 오이디푸스 콤플렉스 시기를
통과하는 아동을 포함하는 것 같기에, 이 점을 지적할 필요가 있
다. 실제로 유아란 말은 '말을 못함(infans)'을 의미한다. 이처럼
유아기를 말로 표현하기 이전, 즉 언어의 상징을 사용하는 시기
보다 앞선 단계로 생각하는 것이 유용하다. 유아기는 언어표현에
의해서 이해 받기보다는 모성적 공감에 기초해서 돌봄을 받는
단계를 말한다.

이것은 본질적으로 자아발달의 시기이며, 통합은 이런 발달의
주요 특징이다. 이때 원본능 세력들은 요란하게 주의를 끈다. 처
음에 그것들은 유아에게 외적인 것으로 여겨진다. 건강한 경우에
원본능은 자아를 위해 봉사하며, 자아는 차츰 원본능을 통제한
다. 따라서 원본능 만족은 자아를 강화시키는 요소가 된다. 이것
은 건강한 발달과정에서 이룩되는 성취이며, 유아기는 이런 성취
의 상대적인 실패를 가져오는 많은 변인들이 발생하는 시기이다.
건강하지 못한 유아기를 보냈을 경우에, 이런 종류의 성취는 극
히 적게 이루어지거나 또는 전혀 이루어지지 못할 수도 있다. 유

아 정신병(또는 정신분열증)에서 원본능은 자아에게 상대적으로 또는 전적으로 '외적'인 것으로 남아 있다. 그리고 원본능 만족은 신체적인 것으로 남아 있으며, 정신병적인 방어가 조직화될 때까지 자아 구조를 위협하게 된다.[5]

나는 이러한 유아발달에 있어서 유아가 대체로 원본능을 극복할 수 있게 되고 자아가 원본능을 포함할 수 있게 되는 주된 이유는 모성적 자아가 유아의 자아를 지원해줌으로써 유아의 자아를 강력하고 안정된 자아로 만들어주기 때문이라고 생각한다. 우리는 이것이 어떻게 발생하는가, 또한 어떻게 유아의 자아가 결국 어머니의 자아-지원으로부터 자유로워지는가, 그렇게 함으로써 유아가 어머니로부터 정신적인 분리, 즉 독립된 개별적 자기로서의 구별을 어떻게 성취하는가 등의 문제들을 조사할 필요가 있다.

부모-유아 관계를 조사하기 위해서, 먼저 유아의 정서발달 이론에 대해 간단한 진술하겠다.

역사적 개관

초기 정신분석 이론은 원본능과 자아의 방어기제에 관심을 가졌다. 그 이론 안에서 원본능은 아주 처음부터 등장하는 것으로 이해되었고, 성기기의 환상과 놀이 그리고 꿈에서 발견되는 퇴행

---

5 나는 '정신병과 어린이 돌봄'(위니캇, 1952)에서 이 가설을 정신병 이해에 어떻게 적용시킬 수 있는지 보여주고자 했다.

적 요소들에 기초한 전성기기 성에 대한 프로이트의 묘사가 주
요 특징을 이루었다.

　점차 자아의 방어기제들에 관한 이론이 형성되었다.[6] 이 기제
들은 본능 긴장이나 대상 상실에서 오는 불안 때문에 조직화된
다고 가정되었다. 정신분석 이론의 이 부분은 자기의 분리와 자
아의 구조화가 이미 이루어졌고 개인적인 몸 체계를 이미 이룬
개인을 대상으로 삼고 있다. 그러나 이 글이 취급하고 있는 아동
의 발달단계에서 이러한 것은 아직 가정될 수 없다. 이 글은 이
단계의 아동에게 본능 긴장이나 대상 상실로부터 불안이 생겨나
는 것을 가능하게 하는, 자아의 구조가 확립되었는가에 대한 논
의에 집중할 것이다. 이 초기 단계의 불안은 거세불안이나 분리
불안이 아니다. 그것은 자기멸절의 불안이다(Ernest Jones가 말하
는 aphanisis 불안을 참조하라. 역주—자신의 존재가 내부에서부
터 텅 비워지는 것에 대한 불안).

　정신분석 이론에서 말하는 자아의 방어기제는 대체로 독립성
과 개인의 고유한 방어 조직을 갖고 있는 아동에게 해당되는 것
이다. 멜라니 클라인의 연구는 이 지점에서 원시적인 불안과 방어
기제의 상호작용을 명료화시킴으로써 프로이트 학파의 이론을 더
욱 발전시켰다. 그리고 그녀는 아주 초기 유아기의 공격적이고 파
괴적인 충동의 중요성에 관심을 불러일으켰다. 그것은 좌절에 대

6 안나 프로이트의 자아와 방어기제(1936) 이후에 나온 방어기제에 대한 연
　구들은 다른 경로를 통해서 유아 돌봄과 초기 유아발달에서 어머니됨의
　역할을 재평가하는 데 도달했다. 안나 프로이트(1953)는 그 문제에 대한 자
　신의 견해를 재평가했다. 윌리 호퍼(Willi Hoffer, 1955)는 또한 발달에서 이
　영역에 관한 관찰을 하였다. 이 논문에서 내가 강조하고자 하는 것은 유아
　의 발달에서 초기 부모라는 환경의 역할을 이해하는 것이 중요하다는 것
　과 이것이 정서적이며 특징적인 장애를 갖고 있는 사례의 어떤 유형을 다
　룰 때에 임상적으로 매우 중요하다는 것이다.

한 반응이나 증오 및 분노보다 더 깊은 곳에 뿌리를 두고 있다. 또한 그녀의 연구는 원시적 불안, 즉 정신 조직의 첫 단계에 속하는 불안에 대한 초기 방어들(분리, 투사, 내사)을 정밀하게 검토했다.

멜라니 클라인의 연구에서 묘사된 것은 확실히 유아의 가장 초기의 삶에 속한 것이며, 본 논문이 관심을 갖고 있는 의존의 시기에 속한 것이다. 그녀는 이 시기에 환경이 중요하며 그리고 모든 단계에서 환경이 여러 모로 중요하다는 것을 분명히 밝혔다.[7] 그러나 나는 클라인과 그녀의 동료들이 '… 만일 유아가 어머니에게서 충분한 돌봄을 받는다면 …' 이라고 한 프로이트의 말에 담겨있는 절대적 의존의 주제를 발달시키지 않고 그대로 방치했다고 생각한다. 클라인의 연구에 절대적 의존이라는 생각을 반대하는 내용이 전혀 없는 것은 사실이지만, 그럼에도 불구하고 거기에는 유아가 모성적 돌봄만으로 존재하는 단계가 있다는 것이나, 어머니와 함께 하나의 단위를 이루는 단계가 있다는 것에 대하여 특별한 언급이 없는 것도 사실이다.

나는 여기에서 분석가가 의존이라는 현실을 수용하는 것과 전이 상황에서 드러나는 의존의 문제를 실제로 다루는 것 사이에는 차이가 있음을 지적하고자 한다.[8]

자아의 방어기제들에 관한 연구는 연구자를 전성기기적인 원본능 표현으로 인도하고, 반면에 자아심리학의 연구는 의존의 문제로, 즉 모성적 돌봄-유아라는 문제로 인도하는 것 같다.

부모-유아 관계에 대한 이론의 절반은 유아와 관련되어 있고 다른 절반은 모성적 돌봄과 관련되어 있다. 유아와 관련된 부분은 절대적인 의존에서부터 상대적인 의존을 거쳐 독립으로, 그리

---

7 나는 두 논문(위니캇, 19954 b와 이 책의 1장)에서 이 분야에서의 M. K의 연구에 대한 나의 이해를 자세히 설명하였다. 클라인(1946, p 297)을 보라.
8 임상 사례를 위해서 나의 논문 '철수와 퇴행'(p 954)을 보라.

고 쾌락원리에서 현실원리로, 그리고 자체성애에서 대상관계로
나아가는 유아의 여정에 대한 이론이며, 모성적 돌봄에 관한 부
분은 유아의 특수한 발달적 욕구에 부응해 주는 어머니의 자질
과 그 변화에 관한 이론이다.

A. 유아

이 부분의 연구에서 핵심 단어는 의존이다. 유아는 특정한 조건
없이는 존재하지 못한다. 이 조건들은 유아심리학의 한 부분이다.
유아들은 그 조건들이 호의적인가 아닌가에 따라 다르게 존재하
게 된다. 그 조건들이 유아의 잠재력에 의해 결정되는 것은 아니
다. 유아의 잠재력은 타고난 것으로서, 만일 이 잠재력이 모성적
돌봄과 연결되지 않으면 유아 자신의 것이 될 수 없다는 점에서,
이 타고난 잠재력은 독립된 주제로서 연구할 필요가 있다.

타고난 잠재력은 성장과 발달의 경향성을 말한다. 모든 정서적
성장의 단계는 그 발달 시기가 대략적으로 정해져 있다. 모든 발
달단계는 각각 해당되는 시기를 갖고 있다. 그럼에도 불구하고,
이런 발달 시기들은 아동마다 다르며, 심지어 그 시기들이 미리
알려져 있다 하더라도 그것들은 다른 요인, 즉 모성적 돌봄때문에
아동의 실제 발달을 예측할 수는 없다. 만일 그 알려져 있는 발달
시기를 아동의 실제 발달을 예측하는데 사용하려면, 그것은 아동
에게 적절한 모성적 돌봄이 전제되었을 때에만 의미있는 것이 된
다(이것은 신체적인 의미에서만이 아니라 정서적인 의미에서도
적절한 돌봄을 받는다는 것을 의미한다. 이런 맥락에서 모성적 돌

봄의 적절성과 부적절성의 문제가 아래에서 논의될 것이다).

타고난 잠재력과 그 운명

여기에서 유아가 타고난 잠재력을 발달시켜 한 사람의 독립된 존재인 아동이 될 때, 이 타고난 잠재력에 어떤 일이 일어나는가를 간단히 진술할 필요가 있다. 이 진술은 만족스런 모성적 돌봄이 제공된다는 것이 전제되어야 한다. 만족스런 부모의 돌봄은 서로 겹쳐지지만, 대략 다음의 세 단계로 분류된다.

(a) 안아주기.
(b) 어머니와 유아가 함께 살기. 여기서 유아는 아직 아버지의 기능(어머니를 위한 환경이 되어주는)을 알지 못한다.
(c) 아버지와 어머니, 그리고 유아 셋이 함께 살기.

여기서 '안아주기'란 용어는 유아를 신체적으로 안아주는 것뿐만 아니라 전체적인 환경 제공을 의미한다. 이 시기는 유아가 나 아닌 존재로서의 엄마와 함께 사는 것을 인식하게 되는 시기보다 앞선다. 다시 말해, 안아주기는 시간과 공간 관계의 차원이 점차로 생겨나는 과정에 해당된다. 이것은 대상관계를 결정하는 본능적 경험과 중복되기도 하지만, 그것에 앞서 발생한다. 그것은 과정의 완성(또는 미완성)을 위해 본래적으로 요청되는 것으로서 경험의 관리(management of experiences, 역주—주로 아기의 신체를 돌보아주는 어머니의 태도와 관련되어 있으며, 이때 아기는 어머니의 돌봄이 어떤 것인가에 따라 자신의 신체 감각을 좋거나 나쁜 것으로 경험하게 된다)를 포함한다. 이 과정은 겉보기에는 전적으로 신체와 관련된 것처럼 보이지만, 유아의 복잡한 심리적 영역 안에서 발생하는 것이다. 그리고 이 모든 일은 유아에 대한 어머니의 인식과 공감 능력에 의해 결정된다(이 안아주기 개념은 아래에서 더 깊이 논의될 것이다).

'함께 살기(living with)'라는 용어는 대상관계를 포함하며, 어머니와 융합된 상태로부터 유아가 독립된 존재로서 출현하는 것과 외적인 대상을 지각하는 것을 포함한다.

이 연구는 특히 모성적 돌봄에 있어서 '안아주기' 단계와 관련되어 있으며, 이 단계와 관련된 유아의 정서발달에서 발생하는 복잡한 사건들에 관한 것이다. 그러나 한 단계를 다른 단계로부터 분리하는 것은 인위적이며, 단지 이론적 정의를 위해 채택된 것임을 기억해야 한다.

안아주기 단계에서 유아의 발달

이 단계에서 유아발달의 몇가지 특징들을 열거하면 다음과 같다.

일차과정
일차적 동일시
자체성애
일차적 자기애

이 단계에서 자아가 통합되지 않은 상태로부터 구조화된 통합

상태로 옮겨가면, 유아는 해체불안을 경험할 수 있게 된다. 이때
자아 통합이 일어나기 전에는 의미를 가질 수 없었던, 해체라는
개념이 차츰 의미를 갖기 시작한다. 이 단계에서의 건강한 발달
과정은 유아가 통합되지 않은 상태를 재경험할 수 있는 능력을
보유하는 것이다. 이것은 신뢰할 만한 모성적 돌봄에 달려 있으
며, 유아가 모성적 돌봄을 점차 신뢰할 만한 것으로 지각하는 기
억을 형성하는 데 의존한다. 이 단계에서 유아의 발달과정이 건강
하다면, 유아는 하나의 '단위'로 불릴 수 있는 상태에 도달한다. 즉
유아는 한 사람의 인간이 되며, 자신의 권리를 가진 개인이 된다.

이러한 성취는 유아의 정신 신체적 존재와 관련하며, 그것은
개인적 형태를 띠기 시작한다. 나는 이것을 몸 안에 정신이 거주
하는 상태라고 언급해왔다.[9] 이런 거주의 토대는 유아의 정신이
운동감각 및 신체와 결합을 이루는 새로운 상태에 도달함으로써
마련된다. 유아가 더욱 발달하게 됨에 따라, 그에게는 차츰 제한
막(a limiting membrane)이라 불리는 것이 생겨난다. 그것은 건
강한 경우에 어느 정도 피부의 표면과 유사하게 유아의 '나'와
'나 아닌 것' 사이에 위치하며, 따라서 유아는 내부와 외부, 그리
고 신체 윤곽에 대한 감각을 가지게 된다. 그럼으로써 심리적 내
용을 안으로 들이고 밖으로 내보내는 기능이 의미를 갖게 된다.
뿐만 아니라, 유아가 개인적이거나 내적인 정신 실재를 갖는다는
주장이 의미를 갖게 된다.[10]

안아주는 단계 동안 다른 과정들이 시작된다. 가장 중요한 것
은 지능의 시작이며, 정신(psyche)과 구별되는 것으로서의 생각

---

9 이 문제에 대한 나의 초기 진술을 이해하기 위해서는 나의 논문 '정신 그
리고 그것의 정신-신체와의 관계' (1949 c)를 보라.

10 여기서 멜라니 클라인이 밝혀준 풍부하고 복잡한 일차적 환상에 대한 연
구를 적용하는 것은 매우 적절한 시도가 될 것이다.

(mind)이 시작된다는 것이다. 이것에서부터 이차과정, 상징기능, 그리고 꿈이 형성되어 나오며, 살아 있는 관계의 기초를 형성하는 개인적인 심리 내용과 관련된 모든 것들이 뒤따라 나온다.

동시에 유아에게서 나오는 충동적 행동의 두 가지 뿌리가 하나로 결합되기 시작한다. 즉 운동과 근육성애(muscle erotism)에 속하는 산만한 요소들이 성감대의 절정 기능과 융합되기 시작한다. 이 융합 개념은 우리에게 탈융합(defusion)의 반대 개념으로 더 잘 알려져 있다. 탈융합은 어느 정도 융합이 성취된 후에 성애적 경험으로부터 분리된 공격성에서 드러나는 복잡한 방어기제이다. 이 모든 발달은 안아주는 환경적 상황에서 발생하며, 만약 충분히 좋은 안아주기가 없다면, 이런 단계는 성취되지 못하거나 또는 일시적으로 성취된다 하더라도 확고한 것이 되지 못하고 곧 붕괴되고 만다.

다음에 이어지는 발달 내용은 대상관계의 능력이다. 여기서 유아의 대상관계는 주관적으로 인식된 대상과의 관계로부터 객관적으로 지각된 대상과의 관계로 변한다. 이런 변화는 어머니와의 융합 상태에서 분리 상태로, 또는 나의 확장으로서의 어머니와 관계 맺는 것으로부터 '나-아닌' 사람으로서의 어머니와 관계 맺는 것으로 변화되는 것과 동시에 일어난다. 그리고 이 발달은 특별히 안아주기보다는 '함께 사는' 단계와 더 밀접하게 관련되어 있다.

의존

유아는 안아주기 단계에서 가장 의존적이다. 우리는 의존을 다음과 같이 분류할 수 있다.

1) **절대적 의존** 이 상태에서 유아는 대체로 모성적 돌봄에 대

해 결코 알지 못한다. 유아는 모성적 돌봄을 통제할 수 없으며, 다만 그것에 의해 이익을 얻거나 방해를 받을 뿐이다.

2) **상대적 의존** 여기서 유아는 모성적 돌봄의 세부 내용들을 인식할 수 있게 되며, 점차로 그것들을 개인적인 충동과 관련시킬 수 있다. 그후 정신분석 치료 과정 중 전이에서 그것들을 재생시킬 수 있다.

3) **독립을 향해 가는 의존** 유아는 실제로 돌봄 없이 지낼 수 있는 방법들을 발달시킨다. 이것은 환경을 신뢰할 수 있게 되면서 돌봄받은 기억들, 개인적 욕구의 투사와 돌봄받은 내용의 내사가 축적됨으로써 이루어진다. 여기서 '중요한 의미를 지니는 지적 이해의 요소가 첨가된다.'

개인의 고립

이 단계에서 고려할 필요가 있는 또 다른 현상은 성격의 핵이 숨겨져 있다는 사실이다. 중심적 자기 또는 참자기의 개념을 살펴보자. 중심적 자기는 타고난 잠재력이 존재의 연속성을 경험하는 것을 통해서 자체의 방식과 속도에 따라 개인적인 심리적 실재와 신체 체계를 획득함으로써 형성되는 것이라고 이해할 수 있다.[11] 건강한 성격의 특징이 되는 이 중심적 자기가 고립되어 있다는 생각을 인정할 필요가 있다. 참자기의 이런 고립 상태를 위협하는 것은 이 초기 단계에서 주된 불안을 만들어 내며, 유아기 최초의 방어는 어머니(또는 모성적 돌봄)가 이런 고립을 방해

---

11 2장에서 나는 이 발달단계의 또 다른 측면(성인의 건강에서 볼 때)을 논의하였다(그린에이커, 1958을 참조하라).

하는 침범을 막아주지 못하는 것과 관련이 있다.

침범에 대해 유아는 자아를 조직화함으로써 대처한다. 그리고 이러한 침범들은 유아의 전능감에 힘입어 자아 바깥으로 투사된다.[12] 다른 한편, 어떤 침범들은 모성적 돌봄이 제공하는 자아 지원에도 불구하고 이런 방어를 뚫을 수 있다. 그러면 자아의 핵이 영향받게 되는데, 이것이 바로 정신병적 불안의 본질이다. 건강한 사람은 이런 면에서 취약하지 않다. 외적 요소가 침범한다면, 중심적 자기를 숨기기 위해서 자아는 새로운 질적 요소를 지닌 형태로 조직화된다. 이때 최상의 방어는 거짓자기의 조직화이다. 본능적 만족과 대상의 경험은 그 자체로서 개인의 인격적 존재의 연속성을 보장해주지 못한다. 오히려 그러한 본능적 만족과 대상의 경험이 인격적 존재에 대한 위협을 초래하기도 한다. 예컨대, 한 아기가 어머니에게서 젖을 먹고 만족을 얻는다는 사실 자체는 그것이 자아를 지원해주는 원본능 경험일 수도 있지만, 반대로 개인적인 자아의 연속성을 위협하는, 자아가 다룰 준비가 되어 있지 않은 상태에서 원본능 경험에 노출되는 유혹의 외상일 수도 있다.

건강한 경우, 대상관계는 어느 정도의 타협을 받아들일 수 있다. 그러나 건강치 못한 경우, 타협은 속임수와 부정직한 방식으로 발달을 가져올 수 있다. 그러한 개인에게 있어서 대상과의 속임수 없는 직접적인 관계는 어머니와 융합된 상태로 퇴행하는 것을 통해서만 가능해진다.

---

12 나는 여기서 '투사' 라는 용어를 전적으로 초심리학적 의미로서가 아니라 서술적이고 역동적인 의미로서 사용하고 있다. 내사, 투사, 분리와 같은 원시적 심리 기제의 기능은 이 논문의 범위를 넘어서는 것이다.

자기멸절[13]

부모-유아 관계의 이 초기 단계에서 불안은 자기멸절의 위협
과 관계가 있으며, 이 용어가 의미하는 것을 설명할 필요가 있다.

안아주는 환경이 있는 곳에서, '타고난 잠재력'은 '존재의 연
속성'이 되어간다. 유아가 존재할 수 없을 경우, 거기에는 반동
(reacting)이 있게 되며 그 반동은 존재를 방해하고 자기를 멸절
시킨다. 여기에서는 존재와 자기멸절 중의 하나를 선택할 수밖에
없다. 따라서 안아주는 환경이 하는 주된 기능은 침범을 최소한
으로 줄이는 것이다. 침범은 유아로 하여금 결과적으로 개인적인
존재의 멸절을 자극하는 요소이다. 좀더 나은 상황에서, 유아는
존재의 연속성을 확립하고, 침범을 전능감의 영역으로 끌어 모을
수 있는 심리적 능력을 발달시키기 시작한다. 이 단계에서 유아
에게 죽음이란 말은 해당되지 않는다. 파괴성의 뿌리를 묘사하면
서, 죽음본능이라는 용어를 사용한 클라인의 사고는 여기에서는
용납되지 않는다. 죽음은 증오할 수 있는 능력을 가진 전체적 인
격으로서의 개인적 상태에 도달함으로써 비로소 의미를 갖게 된
다. 전체적 개인이 증오의 대상일 때 죽음은 의미가 있으며, 이와
관련해서 신체 부분의 손상이 따라올 수 있다. 즉, 전적으로 증오
의 대상이면서 사랑받는 사람은 거세당하거나 신체의 일부에 손
상을 입을 수 있지만, 죽임을 당하지는 않는다. 이러한 전체 인격
이 겪는 경험들은 안아주는 환경에의 의존 단계보다 더 후기 단
계에 속하는 것이다.

---

13 나는 이전의 논문(1949b)에서 이러한 유형의 불안의 임상적 변인들을 약
간 다른 측면에서 묘사했다.

프로이트의 각주에 대한 재조사

이 시점에서 초기에 인용된 프로이트의 진술을 다시 살펴보는 것이 필요하다. 프로이트는 이렇게 기술하고 있다. "유아는 아마도 자신의 내적 욕구를 충족시키기 위해 어떤 환각을 일으킬 것이다. 유아는 자극이 증가하고 만족감이 없을 때, 팔과 다리를 휘젓고 소리를 지름으로써 자신의 불쾌감을 방출시킨다. 그때 유아는 자신이 환각적으로 불러일으켰던 욕구가 충족되는 만족을 경험한다 …" 가장 초기 단계의 유아에 대한 진술은 이것만으로는 충분치 않다. 프로이트는 안아주는 단계에 속한 초기 모성적 돌봄의 측면을 당연한 것으로 여기고 있다. 프로이트의 이 진술은 바로 대상관계와 본능적 또는 성감대 만족이 지배하는 단계인 초기단계가 잘 진행되고 난 다음 단계에 해당되는 것이다.

B. 모성적 돌봄의 역할

나는 이제 모성적 돌봄, 특히 안아주기의 한 측면을 기술하려고 한다. 이 글에서 안아주기의 개념은 더 깊이 발전시킬 필요가 있는 중요한 개념이다. 이것은 프로이트의 진술 중에 '… 유아는 이런 종류의 정신 체계를 거의 인식한다고 가정할 때 …' 라는 말이 담고 있는 유아발달의 주제와 관련되어 있다. 내가 말하는 유아는 심리적 의미에서 절대적으로 모성적 돌봄에 의존해 있는 유아, 즉 초기의 유아-어머니 관계로부터 아직 자기(self)를 분리

시키지 않은 상태의 아기이다.[14]

이 단계에서 유아는 다음과 같은 환경적 제공을 필요로 하며, 대개는 그것을 얻어낸다.

환경적 제공은 유아의 신체적인 요구들에 부응해준다. 여기서 생리학과 심리학은 아직 구분되어 있지 않으며, 단지 그렇게 되는 과정 중에 있다. 그리고 그것은 믿을 만하다. 그것은 기계적으로 정확하게 주어지는 것이 아니라 어머니의 공감으로 인한 것이기 때문에 믿을 수 있다.

안아주기

안아주기는 생리적 모욕으로부터 유아를 보호한다.

안아주기는 유아에게 어머니의 촉감에 대한 피부감각, 어머니의 체온, 목소리, 얼굴모습 등의 감각과 떨어지는 느낌(중력의 작용)들을 제공하며, 이때의 유아는 자신 이외의 다른 어떤 것이 존재하리라고는 생각하지 못한다.

안아주기는 밤낮을 가리지 않고 행해지는 전반적인 일상적 돌봄을 포함하며, 각각의 유아는 특유의 안아주기를 요구한다. 왜냐하면 그것은 유아의 일부이며 모든 유아는 각각 고유한 존재이기 때문이다.

안아주기에는 또한 유아의 신체적이고 심리적인 성장과 발달에 속하는 매일의 작은 변화들이 뒤따른다.

---

14 나는 이 의존의 사실을 대상관계와 본능 만족으로부터 분리시키기 위해서 의도적으로 나의 관심을 일반적인 신체 욕구들로 한정하고 있다. 한 환자는 내게 이렇게 말했다. "분석에서 적절한 해석이 적절한 때에 주어진다는 것은 좋은 젖을 먹는 것과 같다."

어머니 자신이 충분히 좋은 돌봄을 받았다면, 그녀는 아기에게 충분히 좋은 돌봄을 제공할 수 있다. 어머니가 아기에게 좋은 돌봄을 제공하지 못하는 것은 그녀 자신이 충분히 좋은 돌봄을 받은 적이 없기 때문이며, 그것은 교육 수준과 아무런 상관이 없다.

안아주기는 하나의 특별한 형태의 사랑이다. 그것은 어머니가 자신의 사랑을 유아에게 보여줄 수 있는 유일한 방법이다. 세상에는 유아를 안아줄 수 있는 어머니들과 그렇지 못한 어머니들이 있다. 후자에 속한 어머니들은 일찍부터 유아를 불안하게 하며 고통스럽게 울게 만든다.

이 모든 것은 유아로 하여금 첫 대상관계를 확립하게 하고 본능 만족의 첫 경험에 이르게 한다.[15]

본능 만족(수유 등)이나 대상관계(젖가슴과의 관계)를 시간적으로 자아 조직화의 문제(즉, 유아의 자아가 모성 자아에 의해 강화되기)보다 앞에 두는 것은 잘못이다. 본능 만족과 대상관계의 기초는 유아를 어떻게 다루고 그를 어떻게 관리하고 돌보는가에 놓여있다. 그리고 이 모든 것은 그것이 순조롭게 진행될 때는 너무 쉽게 당연한 것으로 여겨진다.

정신병이나 정신병적 경향성(정신분열증)이 없는 건강한 경우에, 모든 것이 순조롭기 때문에 이러한 문제들은 거의 인식되지 않는다. 이 정신건강은 생리적 상태인 태아로부터 계속해서 이어지는 모성적 돌봄에 의해 확립된다. 이런 환경적 제공은 조용하지만 아주 중요한 자아 지원을 유아에게 제공하는, 생체 조직의 살아 있음과 기능적인 건강의 연속성을 출현시킨다. 정신분열증이나 유아 정신병 또는 훗날의 정신병적 경향은 환경적 제공의

---

15 발달과정의 이 측면에 대한 상세한 논의를 위해서는 나의 논문 '중간대상과 중간현상'(1951)을 보라.

실패에 따른 것이다. 그런 실패는 원시적인 불안을 불러일으키고 그 불안은 다시금 개인의 자아 왜곡과 방어를 결과로 가져온다. 따라서 클라인의 분열, 투사 및 내사 등의 방어기제에 대한 연구는 개인의 측면에서 환경적 제공 실패의 결과에 대한 진술이라고 볼 수 있다. 그러나 원시적인 정신기제에 대한 이런 연구가 제공한 것은 전체의 일부분에 지나지 않는다. 그 연구가 놓치고 있는 다른 부분은 환경과 그것의 실패에 관한 것들이다. 이 다른 부분은 전이에서 그 내용이 드러나지 않는다. 왜냐하면 환자는 유아기 시절에 경험했던 모성적 돌봄의 좋은 면이나 실패한 면을 기억할 수 없기 때문이다.

모성적 돌봄의 세부 내용에 대한 조사

나는 유아 돌봄에서의 미묘성에 대하여 설명하려 한다. 한 유아가 어머니와 융합된다. 그리고 이 융합이 제대로 되고 있는 동안에 어머니는 유아의 욕구를 정확하게 이해할 수 있다. 그러나 융합이 끝나면서 변화가 발생한다. 그리고 이 융합이 끝나는 과정이 반드시 점진적으로 이루어지는 것도 아니다. 유아의 관점에서 볼 때, 어머니는 유아와 분리되자마자 태도가 변하는 경향이 있다. 어머니는 유아가 자신의 욕구는 거의 마술적으로 이루어진다고 더 이상 생각하지 않는다는 것을 깨닫게 된다. 어머니는 유아가 새로운 능력, 즉 신호를 보내서 자신의 욕구를 표현할 수 있는 능력을 갖고 있다는 것을 알게 된다. 만일 이때 어머니가 유아의 욕구가 무엇인지를 너무 잘 안다면, 이것은 마술이며 그때 유아는 대상관계를 위한 기초를 형성하지 못한다. 여기서 프로이트의 말로 돌아가 보자. "유아는 아마 자신의 내적 욕구가 충족되는 환각을 일으킬 것이다. 유아는 자극이 증가하고 만족이 없을 때, 소리를 지르고 팔과 다리를 휘젓는 것으로 자신의 불쾌 감을 드러낸다. 그리고 나서 유아는 환각 속에서 이루어진 만족 을 경험한다." 다른 말로, 융합이 끝나는 지점에서 아동이 환경 과 분리될 때 강조되는 중요한 특성은, 유아가 신호를 보내야 한 다는 것이다.[16] 우리는 이런 미묘한 사항들이 분석 작업의 전이에 서 명료하게 나타나는 것을 발견한다. 환자가 초기 유아기의 융 합 상태로 퇴행하는 때를 제외하고는, 분석가는 환자가 단서를 제공하는 범위를 넘어서는 그 어떤 것도 알아서는 안된다는 것 은 아주 중요하다. 분석가는 여러 가닥의 실마리들을 한데 모아 서 해석을 한다. 그리고 종종 환자들은 실마리를 제공하지 못하 고 그럼으로써 분석가는 아무것도 할 수 없다. 분석가가 지닌 힘 의 이런 한계는, 적절한 순간에 이루어지는 적절한 해석에 의해 나타나는 분석가의 힘이 중요한 것과 마찬가지로, 환자에게 매우 중요한 것이다. 그런 해석은 환자가 제공하는 실마리들에 기초해 있으며, 해석을 가능케 하는 자료를 제공하고자 하는 환자의 무 의식적인 협조에 기초해 있다. 이런 면에서 분석 훈련생은 때때 로 그가 더 많이 알게 되는 몇 년 후보다 더 훌륭한 분석을 수 행하기도 한다. 차츰 더 많은 것을 알게 되면서 그는 환자의 진 전 속도에 맞추어 분석이 진행되는 것이 너무 느리고 지루하다 고 느끼기 시작한다. 그리고 그는 환자가 그날 제공한 자료에 기 초한 것이 아닌, 자신의 축적된 지식이나 일시적으로 그가 따르 는 특정 이론에 기초해서 해석을 하기 시작한다. 이것은 환자에 게 아무런 도움이 되지 못한다. 분석가는 자신이 매우 현명한 사 람이라고 느낄지 모른다. 그리고 환자는 그를 칭송할 것이다. 그

---

16 불안을 자아의 신호로 간주하는 프로이트의 후기(1926) 이론.

러나 결국 그 정확한 해석은 환자 자신의 것이 아니기 때문에 환자에게 하나의 외상이 되며, 따라서 그는 그것을 거부할 수밖에 없다. 환자는 분석가가 자신에게 최면을 걸려고 한다고, 즉 분석가가 자신과 융합하려고 끌어당기며 의존 상태로 퇴행시키려 한다고 불평할 것이다.

이와 똑같은 현상이 유아를 돌보는 어머니에게서도 관찰될 수 있다. 몇 명의 아동들을 키운 어머니는 적절한 순간에 모든 것을 적절히 처리하는 기술을 아주 잘 활용한다. 그때 이제 막 어머니와의 분리를 시작한 유아는 지금까지 지속되어왔던 모든 좋은 것들을 통제할 수 있는 수단을 갖고 있지 않다. 그는 창조적인 몸짓, 울음, 반항, 그리고 어머니로 하여금 어떤 것을 하게 하는 작은 신호들, 등의 모든 것들을 갖고 있지 못하다. 왜냐하면 어머니는 지금껏 마치 유아와 융합되어 있는 것처럼 완벽하게 그의 욕구에 맞춰주었기 때문이다. 분리과정에서 이처럼 완벽한 어머니는 겉보기엔 좋은 어머니처럼 보이지만 실제로는 유아를 거세하는 것보다 더 나쁜 일을 하는 것이다. 이런 경우 유아는 두 가지 중에 하나를 선택한다. 즉 영원히 퇴행하여 어머니와의 융합 상태에 머무르거나 아니면 그 어머니를 전적으로 거부하게 된다.

그러므로 우리는 어머니가 공감에 기초해서 유아의 욕구를 이해해주는 것과 어린 아동이 보내는 신호에 기초해서 그의 욕구를 이해해주는 것 사이에 아주 미묘한 차이가 있음을 알 수 있다. 이것은 아동들이 이 두 상태 사이를 왕복하기 때문에 특히 어머니에게는 어려운 일이다. 한 순간에는 유아가 어머니와 융합되는 공감을 요청하고 또 다른 순간에는 유아가 어머니와 분리된 존재이기를 요청한다. 만약 유아가 분리된 존재로서의 어머니를 요청하는 순간에 어머니가 자신의 욕구를 미리 안다면, 어머니는 위험한 마녀가 된다. 이런 지식을 이론적으로 배운 적이 없는 어머니가 발달하는 아동에게서 일어나는 이런 변화에 잘 적응하는 것은 참으로 놀라운 일이다. 이런 세부적인 내용은 경계선 사례의 정신분석 작업에서, 그리고 전이에서 의존이 심화되는 아주 중요한 순간에 다시 나타난다.

만족스런 모성적 돌봄에 대해 인식하지 못함

안아주는 모성적 돌봄의 측면이 순조로울 때, 유아가 필요로 하는 것이 적절하게 제공되고 있으며 또 그가 잘 보호받고 있다는 사실이 눈에 잘 띠지 않는다는 것은 당연하다. 한편, 일이 순조롭지 못할 때 우리는 모성적 돌봄의 실패보다는, 그 결과에 대해서 인식하게 된다. 즉 사람들은 유아가 그에게 행해진 어떤 침범들에 대해 반동적으로 반응한다는 사실을 인식하게 된다. 모성적 돌봄이 성공적이라면, 자아 능력의 기초가 되는 존재의 연속성이 유아 안에 확립된다. 반면에 모성적 돌봄이 실패한다면, 반동이 생기고 그 반동에 의해 존재의 연속성이 깨어지며 그 결과 연약한 자아가 형성된다.[17] 이런 존재의 연속성에 대한 방해는 자기멸절의 불안을 일으키며 결과적으로 정신병적 특성과 심각한 고통을 가져온다. 극단적일 경우, 유아는 단지 침범에 대한 반응들 사이에 존재하는 짧은 순간들 동안에만 존재할 수 있게 된다.

---

17 구체적인 사례에서 문제가 되는 것은 이런 자아 약화의 문제이며, 또한 그것을 다루려는 개인의 다양한 시도들이다. 그러나 이런 증상의 방어적인 면을 근원적으로 환경의 실패라는 관점에서 분류하는 것이 가능하다. 나는 반사회적 경향성의 진단 문제를 다루는 글에서 비행 증후의 이면에 있는 환경적 실패를 그 문제의 근본적인 원인으로 언급했다(19).

이러한 순간적인 존재는 자아 능력의 토대가 되는 존재의 연속
성과 대조를 이루는 것이다.

C. 어머니에게서 나타나는 변화들

이런 맥락에서 아기를 낳게 될 혹은 아기를 낳은지 얼마 안되
는 여성들에게 일어나는 변화를 조사하는 것은 중요하다. 첫 변화
는 거의 생리적인 것으로서, 여성이 자궁 안에 있는 아기를 안아
주는 것으로 시작한다. 그러나 이런 현상에 '모성적 본능'과 같은
용어를 사용하는 것은 적합하지 않다. 사실 건강한 여성들은 출산
후에 차츰 아기에 대한 관심으로부터 자신과 세상을 향한 관심으
로 변화하는 과정을 경험한다. 비록 그 변화들이 생리적인 것에
깊은 뿌리를 두고 있을지라도, 여성의 정신적이 건강하지 않다면
그 변화들은 왜곡될 수도 있다. 약물 치료에 의해 영향받는 내분
비학적 요소가 있는 것이 사실이지만, 그럼에도 불구하고 이러한
변화들을 심리학적인 용어로 생각해보는 것은 필수적이다.

틀림없이, 생리학적인 변화들은 여성들로 하여금 뒤따라오는
미묘한 심리적 변화에 보다 민감하게 만든다.

임신 사실을 알게 되었을 때 혹은 그 직후에, 여성은 관심의
방향을 자신에게로 돌리기 시작하며, 자신 안에서 발생하는 변화
들에 관심을 갖기 시작한다. 그녀의 몸은 다양한 방식으로 그녀
자신에게 관심을 갖도록 촉진시킨다.[18] 그리고 나서 그녀는 자신

---

18 이 점에 대한 보다 자세한 내용은 '일차적 모성 몰두'(1956)를 참조하라.

의 감각의 일부를 자신의 몸 안에서 자라고 있는 아기에게로 이동시킨다. 중요한 사실은 이때 연구할 만한 가치가 있는 어떤 일이 발생한다는 것이다.

전이를 통해서 이런 아주 초기 단계를 재경험하는 환자의 요구에 적응해주는 분석가는, 임신한 어머니가 그러하듯이 자신의 관심의 방향이 변하는 것을 경험한다. 어머니와는 달리 분석가는 환자의 미성숙과 의존에 대해 반응해주고 또한 환자에게서 발달하는 민감성을 인식해야 한다. 이것은 분석과정에서 분석가가 자발적으로 주의 깊은 상태가 되는 것에 대한 프로이트의 묘사를 확장시킨 것으로 볼 수 있다.

어머니가 되는 중에 있는 또는 막 어머니가 된 여성의 관심 방향이 변화하는 것에 대한 세부적인 묘사는 이 논문의 범위를 넘어선다. 나는 다른 곳에서 대중적인 언어로 이런 변화를 묘사하려고 시도했다(위니캇, 1949a).

여기에는 이런 관심의 방향 변화와 관련된 정신병리가 있으며, 비정상의 극단에는 출산 시 광적인 심리상태가 되는 경우가 있다. 의심할 바 없이, 정상의 범위에 속하는 다양한 정도의 특이한 현상들이 있으며, 비정상이라고 말할 수 있는 것은 다만 정도의 차이일 뿐이다.

대체로 어머니들은 자신을 몸 안에서 자라고 있는 아기와 이런 저런 방식으로 동일시한다. 그리고 이런 식으로 그들은 아기가 무엇을 필요로 하는지 알 수 있는 아주 강력한 감각을 얻게 된다. 이것이 멜라니 클라인이 말하는 투사적 동일시이다. 아기와의 이런 동일시는 출산 후 일정 기간 동안 지속되다가 차츰 의미를 잃게 된다.

일반적으로 유아를 향한 어머니의 특별한 관심은 아기의 출생 과정 이후에도 지속된다. 정상적인 어머니는 유아가 분리하려는 욕구를 가질 때 유아와의 동일시로부터 벗어날 준비를 마친다.
그러나 어떤 어머니들은 처음에 좋은 돌봄을 제공했으나 결국
그 동일시 상태에서 벗어나지 못함으로써 그 과정을 완성하는데
실패한다. 그럴 경우 어머니는 유아와 융합된 채로 남아 있게 되
며, 자신에게서 유아가 분리하려는 것을 지연시키는 경향이 있
다. 어떤 사례에서든지 유아가 어머니에게서 분리되는 과정에서
유아가 필요로 하는 속도와 정확하게 맞춘다는 것은 어려운 일
이다.[19]

   중요한 것은 어머니가 유아와의 동일시를 통해 유아가 하고
싶은 것을 알고 따라서 안아주는 방식에 있어서나 일반적인 돌
봄에 있어서 거의 정확하게 유아가 원하는 것을 제공할 수 있게
되는 것이다. 그런 동일시가 없다면, 어머니는 유아가 최초로 필
요로 하는 것, 즉 유아의 욕구에 대해 살아있는 적응을 제공하는
데 실패할 것이다. 주된 것은 신체적인 안아주기이며, 이것은 안
아주기의 보다 복잡한 모든 측면의 기초이며 또한 일반적인 환
경적 제공의 기초이기도 하다.

   때때로 어머니는 아기가 자신과 너무 다르기 때문에 아기를
돌보는 과정에서 잘못 판단할 수 있다. 아기는 어머니보다 더 빠
르거나 느릴 수 있다. 따라서 어머니는 때때로 아기에게 필요한
것을 정확하게 맞추지 못한다. 그러나 '불건강'의 문제로부터 자
유로운 어머니 또는 환경적인 스트레스에 지쳐 있지 않은 어머
니들은 대체로 유아들이 원하는 것을 정확하게 알아 맞추는 경
향이 있다. 그리고 더 나아가 아기가 필요로 하는 것을 제공하는
것을 즐거워한다. 이것이 모성적 돌봄의 본질이다.

---

19 임상적으로 만나게 되는 문제의 한 유형을 설명하는 사례 자료로서 이러
   한 생각들과 관련된 것들이 초기의 논문(1948)에 제시되어 있다.

어머니의 돌봄을 통해 유아는 개인으로 존재할 수 있으며, 존재의 연속성이라는 것을 확립하기 시작한다. 이 존재의 연속성의 토대 위에서 타고난 잠재력은 점차로 하나의 개별적인 유아로 발달되어간다. 그러나 모성적 돌봄이 충분히 좋지 못하다면, 유아는 진정으로 존재하는 상태에 도달하지 못한다. 왜냐하면 거기에는 존재의 연속성이 없기 때문이다. 대신에 성격은 환경적 침범에 대한 반동의 토대 위에서 만들어진다.

이 모든 것들을 분석가는 알아야 한다. 실제로 유아기에 무엇이 발생하는지를 명료하게 아는 것은 유아에 대한 직접 관찰을 통해서보다는 전이의 분석을 통해서 더 잘 이루어질 수 있다. 유아의 의존에 관한 이 연구는 경계선 환자들의 전이와 역전이에 대한 연구결과로부터 온 것이다. 나는 이 경계선 사례의 치료가 정신분석 치료의 합법적인 확장이며, 이것은 정신분석의 발달을 통해서 가능해졌다고 생각한다. 유일한 변화가 있다면, 그것은 환자의 질병에 대한 진단이 달라졌을 뿐이다. 이 경계선 사례의 원인은 오이디푸스 콤플렉스 이전으로 거슬러 올라가며, 또 절대 의존 시기에 발생하는 발달상의 왜곡과 관련되어 있다.

프로이트는 신경증 환자들의 분석을 통해서 유아의 성(性)을 재구성하였으며, 성을 새롭게 발견했다. 우리는 그의 연구를 경계선적 정신병 환자들을 포함하는 치료에까지 확대함으로써, 유아기와 유아적 의존의 심리역동들과 이 의존을 가능케 하는 모성적 돌봄에 관한 이론을 재구성할 수 있게 되었다.

요 약

(1) 이 글은 유아기에 관해 검토한 것이지 초기 정신 기제에 관한 조사가 아니다.

(2) 유아기의 주된 특징은 의존이다. 이 주제는 안아주는 환경의 측면에서 논의할 수 있다.

(3) 유아기에 관한 모든 연구는 두 부분으로 나뉘어진다.

　a. 충분히 좋은 모성적 돌봄에 의해 촉진된 유아발달

　b. 충분히 좋지 못한 모성적 돌봄에 의해 왜곡된 유아발달

(4) 유아의 자아는 연약하지만, 실제로 모성적 돌봄의 자아 지원을 받을 때는 강하다. 모성적 돌봄이 실패하는 곳에서 유아의 자아는 연약하다.

(5) 건강한 경우, 어머니의(그리고 아버지의) 내적 과정들은 하나의 특별한 상태를 가져오며, 그 상태 안에서 부모의 관심은 유아를 지향하고 따라서 유아의 의존을 충족시킬 수 있다. 그리고 이 과정과 관련된 병리가 있다.

(6) 여기에서 안아주는[20] 환경으로 명명된 이 본래적 조건들은 나중에 그 유아가 성인이 되어 분석 치료를 받게 될 때 전이 안에서 드러날 수도 있고 그렇지 않을 수도 있는 여러 방식들에 대하여 주의 깊게 살펴보았다.

---

20 사례 자료에 있는 '안아주기'의 개념. Winnicott, Clare(1954)를 참조하라.

4
어린이 발달에서의 자아통합
(1962)

자아(ego)라는 용어는 적절한 조건하에서 하나의 단위로 통합
되는 경향이 있는 성격의 부분을 묘사하는 데 사용된다.

뇌가 없는 유아의 몸에서는 본능의 신체적 표현을 포함한 기
능적 사건들이 발생한다. 정상적인 뇌가 있다면 그 사건들은 원
본능 기능의 경험으로 불릴 것이다. 그렇다면 이런 기능들은 조
직화되고 그 조직에게 자아라는 이름이 붙여질 수 있을 것이다.
그러나 뇌라는 일종의 전자 감응 장치가 없으면 경험도 없고 따
라서 자아도 없게 된다.

그러나 자아 조직이 형성된다고 해서 원본능 기능이 상실되는
것은 아니다. 그 기능의 모든 면들이 함께 모아져서 자아 경험이
된다. 따라서 자아 기능에 의해 다루어지지 않고, 목록이 만들어
지지 않으며, 경험되지 않고, 결과적으로 해석되지 않는 현상에
대해 '원본능'이란 말을 사용하는 것은 의미가 없다.

따라서 아동의 초기 발달단계에서 한 인간으로서의 유아의 존
재와 자아 기능은 서로 분리할 수 없다. 자아 기능으로부터 떨어

져서 본능에 의해 살아가는 유아의 삶이란 유아가 아직 경험을 가진 실체가 아니라는 것을 뜻하며, 그런 점에서 그런 생각은 무시될 수 있다. 자아가 없다면 원본능은 없다. 이런 전제하에서만 자아에 대한 연구는 정당화될 수 있다.

자아는 자기(自己)라는 단어가 타당성을 갖기 훨씬 전부터 연구되어 왔다. 자기라는 말은 다른 사람들이 유아의 몸과 만날 때 그들이 무엇을 보고 듣고 생각하고 느끼는지를 이해하기 위해 유아가 지능을 사용할 때, 비로소 의미 있는 말이 된다(본 장에서는 자기의 개념을 다루지 않을 것이다).

자아에 대한 첫 번째 질문은 처음부터 자아가 존재하는가 이다. 이것에 대한 답은 자아가 존재하기 시작할 때가 바로 그 처음이라는 것이다.[1]

두 번째 질문은 그 자아는 강한가, 약한가 이다. 이 두 번째 질문에 대한 대답은 유아가 어머니로부터 자기를 분리시키기 전 단계 동안에 어머니가 유아의 절대적인 의존에 적응해줄 수 있는 능력이 있는가에 달려 있다.

내가 사용하는 용어, 충분히 좋은 어머니는 처음에 유아의 욕구에 맞춰 줄 수 있으며 또 아주 잘 맞춰 주기 때문에, 유아가 유아-어머니 관계의 모체로부터 하나의 존재로 출현하게 될 때, 유아로 하여금 짧은 기간의 전능경험을 가질 수 있게 해주는 어머니이다(이것은 감정의 질에 붙여진 이름인 전능성과 구별되어야 한다).

어머니는 이 유아를 돌보는 과제에 일시적으로 헌신함으로써 이 일을 할 수 있다. 어머니의 지원해주는 자아 기능이 작용할 때, 아기는 주관적 대상들과 관계 맺는 능력을 가질 수 있으며,

---

1 이 시작은 모든 시작들의 총합임을 기억하라.

그럼으로써 어머니는 자신의 과제를 수행할 수 있다. 이때 아기는 여기저기서 종종 현실원리와 만날 수 있지만, 한꺼번에 만나서는 안된다. 즉 아기는 객관적으로 지각된 대상들, 또는 '나-아닌' 대상들과 관련된 영역과 함께 주관적 대상들의 영역을 보유해야 한다.

이 기능을 잘 수행할 수 있는 어머니의 아기와 이것을 제대로 수행할 수 없는 어머니의 아기 사이에는 그 출발부터 아주 큰 차이가 나기 때문에, 어머니의 기능을 제외한 채 초기의 유아를 묘사하는 것은 별로 의미가 없다. 좋지 않은 어머니의 돌봄에서 유아는 자아-성숙을 시작할 수 없거나 결정적인 지점에서 자아 발달이 왜곡될 수밖에 없다.

여기서 이해되어야 할 점은 어머니의 적응 능력과 만족스런 수유와 같은 유아의 구강기적 욕동들을 만족시킬 수 있는 능력 사이에는 관련성이 적다는 것이다. 여기서 논의되는 것은 이와 같은 생각들과 궤를 같이한다. 실제로, 어머니는 유아의 구강기적 욕동을 만족시킬 수 있다. 그러나 그렇게 함으로써 그녀는 유아의 자아 기능이나 전적으로 보호되어야 할 성격의 핵인 자기를 침해할 수 도 있다. 자아 기능에 의한 보호 없이 유아에게 만족스런 수유가 제공된다면, 그것은 유혹(seduction)이 될 수 있고, 외상이 될 수 있다.

이 단계에서 유아는 배가 고프거나, 자신의 본능 욕동이 충족되거나 좌절된 유아가 아니라, 항상 생각할 수 없는 불안(unthinkable anxiety)이 엄습해온다고 느끼는 미숙한 존재로서의 유아로 이해해야 한다. 여기서 생각할 수 없는 불안은 결정적으로 어머니의 기능, 즉 아기의 입장을 이해할 수 있고, 아기의 신체와 인격을 돌보는 일에서 아기의 욕구가 무엇인지 알 수 있는 어머니에 의해 피할 수 있다. 이 단계에서 사랑은 출산 직전 단계에서

처럼, 아기의 몸을 돌보는 것을 통해서만 표현할 수 있다.

생각할 수 없는 불안은 몇 가지 다양한 형태로 나타나며, 각각
은 정상적인 성장이 지닌 한 측면의 단초가 된다.

(1) 조각나는 것 같은 느낌

(2) 끝없이 떨어지는 것 같은 느낌

(3) 몸과 아무런 관련이 없는 것 같은 느낌

(4) 아무런 방향 감각이 없는 것 같은 느낌

이것들은 특히 정신병적 불안의 재료가 되며, 임상적으로 정신
분열증이나 정신병까지는 아니어도 분열성 성격에 속한 것이다.

여기에서, 우리는 ‘나’로부터 ‘나-아닌 것’을 분리하기 전의 초
기 단계에서 충분히 좋은 돌봄을 받지 못한 아기의 운명을 조사
할 필요가 있다. 이것은 모성적 돌봄의 실패의 정도와 다양성 때
문에 복잡한 주제라고 할 수 있다. 우선, 아래와 같이 말하는 것
이 유익할 것이다.

(1) 분열적 성격 특징의 토대가 되는 자아 조직의 왜곡

(2) 스스로 자신을 안아주는 특수한 방어, 또는 돌보는 자기의
    발달과 거짓 성격의 조직화(이때 거짓이란 보여지는 것이
    그 자신에게서 온 것이 아니라 어머니에게 맞추기 위해서
    만들어진 파생물이라는 의미임). 이 방어는 비록 자기의 핵
    을 숨기고 보호하기 위한 것이지만, 그것이 성공한다면 자
    기의 핵에 새로운 위협을 가져올 수 있도 있다.

어머니의 결함 있는 자아 지원은 결과적으로 아주 심각한 장
애를 가져올 수 있으며, 그것은 다음의 내용들을 포함한다.

A. 유아 정신분열증 또는 자폐증

이것은 잘 알려진 임상 증후군으로서 신체상 뇌의 장애나 결
함으로부터 오는 이차적인 장애들을 포함한다. 또한 최초의 성장

과정에서의 아주 심한 모든 종류의 실패를 포함한다. 이런 사례들 중 일부분은 신경계의 결함이나 질병의 증거가 없는 것으로 드러난다.

소아 정신과의 임상가는 유아의 질병이 일차적인 결함으로부터 온 것인지, 아니면 경미한 소아 질환인지, 뇌가 온전한 아동의 초기 성숙과정에서 생긴 순수한 심리적 실패에서 온 것인지, 혹은 두 가지거나 모두가 혼합된 것인지 등의 원인을 파악해내지 못하는 경우가 허다하다. 어떤 사례들은 본 장에서 내가 서술하고 있는 자아 지원의 실패에서 비롯된 반동의 충분한 근거가 된다.

B. 잠재적 정신분열증

정상적으로 간주되거나 지적 능력이 특별히 뛰어난, 또는 조숙한 성취를 보여주는 아동들에게 잠재되어 있는 정신분열증은 임상적으로 매우 다양하게 나타난다. 그 질병은 그들의 사회적인 '성공'이 무너지기 쉽다는 점에서 알 수 있다. 후기 발달단계의 긴장과 스트레스는 질병을 촉발시킬 수 있다.

C. 거짓자기 방어

방어의 사용, 특히 성공적인 거짓자기의 방어적 사용은 많은 아동들에게 훌륭한 미래를 약속하는 것처럼 보이지만, 결국 참자기의 부재는 그 약속을 깨고만다.

D. 분열성 성격

분열적 요소가 성격 안에 숨어 있기 때문에 정신병자가 아니라 정상인으로 보이는 경우이며, 거기에는 일반적으로 성격장애가 발달한다. 심각한 분열적 요소들은 지역 문화 속에서 용납되는 행동유형 속에 숨을 수도 있다.

이런 성격 결함의 정도와 종류는 개별적인 사례의 조사에서 드러난다. 그것은 가장 초기 단계에서 안아주기와 신체 다루기, 그리고 대상 제공 등에 있어서의 다양한 실패 및 그 실패의 정도와 관련이 있다. 이 견해는 유전적 요소들의 중요성을 부인하는 것이 아니라, 오히려 중요한 면에서 그것들을 보충해준다.

자아 발달은 다양한 경향에 의해 특징지어 진다.

(1) 성숙과정의 주요 경향은 통합이라는 단어의 다양한 의미 안으로 모아질 수 있다. 시간의 통합이 (소위) 공간의 통합에 덧붙여지게 된다.

(2) 자아는 몸 자아에 기초해 있으며, 모든 것이 잘 되어 갈 때 아기의 인격은 몸과 몸 기능 그리고 제한막으로서의 피부와 연결되기 시작한다. 나는 이 과정을 묘사하기 위해 정신과 신체의 통전(personalization)이라는 용어를 사용해 왔다. 왜냐하면 정신과 신체의 해체(depersonalization)라는 용어가 근본적으로 원본능 충동과 원본능 만족을 포함하여, 자아와 몸 사이의 확고한 결합의 상실을 의미하기 때문이다(정신과 신체의 해체라는 용어는 정신의학 저술에서 보다 정교화된 이론적 의미를 획득한다).

(3) 자아는 대상관계를 시작한다: 처음에 충분히 좋은 어머니됨을 경험한 아기는 자아 참여가 있기 때문에 본능 만족의 지배를 받지 않는다. 이런 점에서 그것은 아기에게 만족을 주는가의 문제라기보다는 아기가 대상(젖가슴, 젖병, 우유 등)을 발견하고 그것과 관계를 맺는가의 문제이다.

우리는 세케하이에(Sechehaye, 1951)가 적절한 순간에 자신의 환자에게 사과를 주었던 행동(상징적 실현)을 평가할 때, 환자가 그 사과를 먹었건, 단지 그것을 쳐다보았건, 아니면 그것을 받아서 갖고 있었건 그것은 그다지 중요하지 않은 것임을 인정해야 한다. 중요한 것은 환자가 대상을 창조할 수 있었다는 것이며, 세 케하이에는 그 대상이 사과의 형태를 취하게 했을 뿐이었다. 따라서 그 환자는 실제 세상의 일부인 사과를 창조했던 것이다.

자아 성장의 이런 세 가지 현상과 유아 돌봄의 세 가지 측면을 견주는 것이 가능하다.

통합은 안아주기와 짝을 이룬다.
인격화는 신체 다루기와 짝을 이룬다.
대상관계는 대상제공과 짝을 이룬다.

이것을 통하여 통합과 관련한 다음의 두 문제를 생각해 볼 수 있다.

(1) 무엇으로부터의 통합인가?

통합을 만들어 내는 원자료는 일차적 자기애의 구성물인 운동성과 감각의 요소이다. 이것은 아마도 존재하는 것에 대한 감각의 경향성을 획득할 것이다. 이 성숙과정의 모호한 부분은 다른 말로 묘사될 수 있을 것이다. 그러나 이 새로운 한 인간이 존재하기 시작했고 개인적인 경험을 모으기 시작했다고 주장할 수 있으려면, 순수한 몸-기능에 대한 상상력 있는 설명의 토대가 전제되어야 한다.

(2) 무엇과의 통합인가?

이 모든 것은 하나의 단위로서의 자기 확립을 향하고 있다. 그러나 아주 초기 단계에서는 유아-어머니 사이의 어머니에 의해 주어진 자아 보호에 달려 있다고 하는 점을 아무리 강조해도 지나치지 않다.

어머니의 충분히 좋은 자아 보호(생각할 수 없는 불안을 막아주는)는 유아로 하여금 존재의 연속성 위에 성격을 형성하게 한다. 모든 실패들(생각할 수 없는 불안을 야기할 수 있는)은 유아의 반동을 초래하며, 이런 반동은 존재의 연속성을 방해한다. 존재의 연속성을 파괴하는 반동이 지속적으로 반복된다면, 그것은 존재의 파편화 유형을 형성한다. 존재의 연속성의 흐름이 파편화되는 유형을 갖고 있는 유아는 거의 처음부터 정신병리의 방향으로 발달하게 된다. 따라서 산만함, 과도한 신체 움직임, 그리고 부주의함(후에 집중력 결핍이 됨) 등은 아주 초기에 있었던 요인(생후 첫 며칠이나 몇 시간까지 거슬러 올라가는)에서 비롯된 것이다.

외적인 요인이 무엇이든지 간에 중요한 것은 자신에게 의미 있는 외적 요인에 대한 개인적인 견해(환상)이다. 이와 함께 개인이 나 아닌 것을 거부하기 이전의 단계가 있다는 것을 기억할 필요가 있다. 따라서 최초의 단계에서는 외적 요인이란 없다. 어머니는 아동의 일부이다. 이 단계에서 유아의 행동 유형은 개인적 실재로서의 어머니에 대한 유아의 경험을 포함한다.

통합의 반대는 해체일 것이다. 그러나 이 사실은 일부만을 나타낸다. 통합의 반대는 최초의 통합되지 않은 상태와 같은 단어를 필요로 한다. 유아에게 있어서 편히 쉼은 어머니의 자아-지원적 기능을 당연하게 여기므로 통합될 필요를 느끼지 않는 상태를 의미한다. 흥분되지 않은 상태를 이해하기 위해서는, 이론에 관한 더 깊은 고찰이 필요하다.

해체라는 용어는 정교화된 방어를 묘사할 때 사용된다. 여기서 방어는 모성적 자아 지원이 주어지지 않은 결과로, 즉 절대적 의존 단계에서 안아주기의 실패의 결과로 발생한 통합되지 않은 상태를 방어하기 위한 것이며, 그것은 생각할 수 없거나 원초적인 불안을 방어하기 위해서 생긴 적극적인 혼돈의 산물이다. 해체의 혼돈(chaos of disintegration)은 신뢰할 수 없는 환경만큼 해로울 수 있다. 그러나, 그것은 아기에 의해 만들어지는 것이며, 따라서 환경에 속한 것이 아니라는 이점을 갖고 있다. 그것은 아기의 전능성의 영역 내부에 있다. 따라서 생각할 수 없는 불안은 분석이 가능하지 않지만 해체의 혼돈은 분석이 가능하다.

통합은 환경적으로 안아주는 기능과 밀접히 연결되어 있다. 통합이 되면 하나의 단위가 형성된다. 우선적으로 형성된 이 '나'는 '그 외의 모든 것은 내가 아니다'라는 의미를 포함한다. 그리고 나서 '나는 이다. 나는 존재한다. 나는 경험들을 모으고, 나 자신을 풍성하게 하며 나-아닌 것, 즉 공유하는 현실의 실제 세계와 내사 및 투사적 상호작용을 한다'가 오게 된다. 여기에 덧붙여서 '나는 누군가에 의해 존재하는 것으로 보여지고 이해된다.' 그리고 다시 '나는 내가 존재로서 인식되고 있다는 것을 확인할 수 있는 증거를 (거울 속에 비춰진 얼굴로서) 되돌려 받는다.'

바람직한 상황에서, 피부는 나와 나-아닌 것 사이의 경계가 된다. 다른 말로 하면, 정신은 몸 속에서 살아가게 되고, 개인의 정신 신체적 삶이 시작된다.

정신 신체적 거주 또는 응집성의 성취와 함께, 나는 이다라는 상태의 확립은 박해 불안이라는 특수한 정서를 수반한다. 이런 박해 반응은 몸 안에 단위로서의 자기 한계, 즉 제한막으로서의 피부에 대한 감각과 함께 나타나는 '나-아닌 것'에 대한 거부감 안에 본래부터 있는 것이다.

정신 신체적 질병에서 정신과 신체가 상호작용하고 있다는 것이 드러나기도 한다. 이것은 정신 신체적 연합을 상실하는 것이나 몸과 정신이 해체되는 것에 대한 방어로서 유지된다.

신체 다루기는 정신 신체적 협력 관계의 확립과 대체로 상응하는 환경 제공을 묘사한다. 충분히 좋은 적극적이고 적응적인 다루기 없이는, 내부로부터 오는 과제가 힘겨울 것이며 적절한 정신 신체적 내적 관계 발달의 확립은 사실상 불가능하다.

대상관계의 시작은 복잡하다. 그것은 아기가 대상을 창조하는 방식으로 이루어진 대상 제공의 환경 지원이 없으면 일어날 수 없다. 그 유형은 아래와 같다. 아기는 형태화되지 않은 욕구 안에 기원을 둔 막연한 기대를 발달시킨다. 적응적인 어머니는 아기의 욕구에 부응해 주기 위해 대상을 제공하거나 아기를 다루어 준다. 따라서 아기는 어머니가 제시한 바로 그것을 필요로 하기 시작한다. 이런 식으로 아기는 대상과 실제 세계를 창조해 낼 수 있다고 확신하게 된다. 어머니는 아기에게 잠깐 전능성 경험을 제공한다. 내가 말하는 대상관계의 시작은 원본능 만족과 원본능 좌절이 아니라는 점이 강조되어야 한다. 나는 전제 조건, 즉 만족스럽게 젖을 먹는 것을 통한 (혹은 좌절에 대한 반응에서 나온) 자아 경험을 가능하게 하는, 아동에게 외적일 뿐 아니라 내적인 조건에 대해 말하고 있다.

요 약

나의 목표는 자아의 시작에 대한 나의 사고의 틀을 진술하는 것이었다. 나는 아동, 즉 절대적 의존에서 상대적 의존으로 그리고 독립을 향해 나아가는 아동의 정서발달의 초기 과정을 설명하기 위해 자아 통합의 개념과 자아 통합의 자리 개념을 사용했다. 나는 또한 아기의 경험과 성장의 틀 안에서 대상관계의 시작을 추적하였다.

게다가 나는 가장 초기 단계, 즉 아기가 나로부터 나-아닌 것을 분리해 내기 이전 단계에서의 실제 환경의 중요성을 평가하고자 했다. 나는 어머니의 실제적인 적응 행동이나 사랑으로부터 자아 지원을 얻는 아기의 힘있는 자아(ego-strength)와 이 아주 초기 단계의 환경적 제공에 결함이 있는 아기의 약한 자아를 비교하였다.

5
건강한 아이와 위기에 처한 아이에게
우리는 무엇을 제공할 수 있는가?[1]
(1962)

이 광범위한 주제를 논의함에 있어서 나는 가능한 한 쉽게 설명할 수 있고 제시될 수 있는 이 시대의 중요한 특징들을 선택할 것이다.

1. 우리는 정신건강에 관심을 갖고 있으며 또한 평생의 정신건강의 기초가 되는 아동의 정서발달에 관심을 갖고 있다. 이런 노력이 필요한 이유 중의 하나는 아동학에서 신체적 발달이 큰 비중을 차지해왔던 것도 있다. 우리가 아는 대로 신체적 발달은 좋은 음식과 좋은 신체적 조건, 그리고 좋은 형질의 유전에 의하여 일어난다. 우리는 '좋은 음식'이란 말의 의미를 알고 있으며, 오늘날 이 나라에서 영양 실조로 인한 질병은 거의 드물다는 사실

---

1 1962년 10월 샌프란시스코 정신분석 연구소의 확장 부서 강습회(The Extension DivisionWorkshop)에서 마련한 토론회에서 제시되었음.

도 알고 있다. 과거에 기아나 불량주택이 주요 문제였을 때, 우리는 사회적으로 무엇을 해야 하는지 알고 있었다. 사람들은 과중한 세금 때문에 힘들어하기도 했지만, 이 나라가 복지국가로 정착되어 가는 모습을 보면서 오히려 기뻐했다.

이런 주제와 관련해서 우리가 말하는 아동은 현대의 예방의학과 치료가 보장하는 신체적으로 건강한 아동이나 소아의학에서 취급하는 모든 신체적인 질병을 가지고 있는 아동을 말한다. 우리의 논의를 쉽게 풀어가기 위해서 먼저 신체적으로 건강한 아동의 정신건강부터 생각해보고자 한다.

물론 어떤 아동이 신경성 식욕부진 때문에 굶는다면, 그것은 신체를 소홀히 하는 데서 기인하는 것은 아니다. 소위 '문제 가정'이 있다고 할 때, 그것이 그 가정의 열악한 주거환경을 개선하지 못했기 때문이라고 할 수는 없다. 그 일로 지방 관청의 우두머리에게 책임을 물을 수는 없다. 신체적인 돌봄은 돌봄을 받는 아동과 돌보아주는 부모의 능력에 영향을 받는다. 그리고 우리는 신체적 돌봄을 둘러싼 모든 개인이나 집단들, 또는 사회 안에 정서장애를 일으킬 만한 복잡한 영역이 있다는 것을 안다.

2. 따라서 아동을 위해 제공할 수 있는 것은 개인의 정신건강과 정서발달을 촉진시키는 환경을 제공하는 문제이다. 오늘날 우리는 유아들이 아동들로 그리고 아동들이 성인으로 어떻게 성장해 가는지에 대해서 아주 많이 알고 있다. 그런 점에서 우리가 생각할 수 있는 첫 번째 원칙은 건강이 곧 성숙이며 그 성숙은 나이에 맞아야 한다는 것이다.

충분히 좋은 조건이 제공된다면, 아동의 정서발달은 순조롭게 진행된다. 그리고 아동은 발달을 향한 충동을 갖게 된다. 삶과 성격의 통합 그리고 독립을 향한 힘은 엄청나게 강한 것이므로 충분히 좋은 조건이 주어진다면, 아동은 발달을 진행시킨다. 그러나 조건들이 충분히 좋지 않을 때 이런 힘들은 아동의 정신 내부에 억압된 채 이런 저런 방식으로 아동을 파괴시키는 경향이 있다.

우리는 아동기 발달을 이해하는데 있어서 정신 역동적인 견해를 따르고 있으며, 그런 관점에서 아동의 정서발달이 (건강한 조건에서) 가족과 사회적인 욕동으로 전환된다는 것을 알고 있다.

3. 만일 건강이 성숙이라면, 모든 종류의 미성숙은 정신적으로 건강하지 않음을 의미하며 개인을 위협하고 사회를 고갈시키는 요소가 된다. 왜냐하면 사회가 개인의 공격성을 사용할 수는 있지만, 개인의 미성숙을 사용할 수는 없기 때문이다. 우리는 그들을 위해서 다음의 것들을 제공해야 한다.

(ⅰ) 개인의 미성숙과 정신적 불건강을 감당해 주는 것

(ⅱ) 심리치료

(ⅲ) 예방

4. 만약에 내가 건강을 최상의 가치로 여기고 있는 사람처럼 보여졌다면, 그것은 잘못된 것이다. 우리는 개인의 성숙에 대해서 그리고 정신 장애와 신경증이 없는 상태에 대해서 관심을 가지고 있을 뿐 아니라, 심리적 실재와 관련된 개인의 풍부함 (richness)에 관심을 가지고 있다. 실제로 우리는 종종 한사람이 아주 풍부한 성격을 가지고 있고 그의 뛰어난 공헌을 통해 사회가 많은 것을 얻을 수 있다면, 그의 정신적인 불건강이나 미성숙한 면에 대해서는 용서를 베풀 수 있다. 설령 셰익스피어가 미성숙하거나 동성애였거나 반사회적인 면이 있었다 하더라도, 그의 공헌을 생각해 볼 때 그의 미숙성은 크게 문제시되지 않았을 것

이다. 이런 원칙은 광범위하게 적용될 수 있고 나는 그 점에 대해 애써 설명할 필요를 느끼지 않는다. 예컨대 한 연구의 결과는 인공 수유를 하는 유아들이 그렇지 않은 유아들보다 신체적으로 더 건강하며 정신적 결함이 생길 확률이 더 적다는 것을 통계로 보여주고 있다. 그러나 만일 모유를 먹이는 것이 아동기로 그리고 성인의 삶으로 자라나는 유아 성격의 풍요로운 잠재력에 영향을 미친다면, 우리는 모유를 먹지 않을 때에 비해 모유를 먹을 경우 가질 수 있는 경험의 풍부함에 관심하지 않을 수 없다.

우리는 분명히 건강의 조건 그 이상의 것을 제공하려는 목적을 가지고 있다. 즉, 건강보다는 오히려 풍부한 삶의 질이 최고의 가치를 지니고 있다는 것이다.

5. 우리는 아동과 성인 안에 있는 아이를 위해 제공할 수 있는 것에 대해 논의하고 있다. 성숙한 성인은 아동을 위한 일에 실제로 참여하고 있다. 아동기는 의존에서 독립으로 가는 발달이 일어나는 시기이다. 우리는 의존에서 독립으로 가는 과정에서 아동의 변화하는 욕구를 조사할 필요가 있다. 어린 아동과 유아의 욕구들에 대한 연구가 필요하며, 그 연구를 위해서는 유아가 전적으로 의존되어 있는 시기에까지 거슬러 올라갈 필요가 있다. 의존은 그 정도에 따라 다음과 같은 순서를 갖는다.

(a) 극단적인 의존. 이 시기에 환경조건이 충분히 좋아야 한다. 그렇지 않으면 유아는 진정한 자신으로 태어나는 심리적 발달을 시작할 수 없다.

환경의 실패는 비기질적인 정신적 결함, 아동기 정신분열증, 그리고 후에 정신병원에 입원하게 되는 상황을 발생시킨다.

(b) 의존. 이 시기에 환경이 실패하면 그것은 사실상 외상의

원인이 된다. 이 시기 동안에 외상을 입으면 그는 늘 외상을 입을 수밖에 없는 사람이 된다.

환경의 실패는 정서장애 및 반사회적 경향성을 가져온다.

(c) 의존과 독립의 혼합. 여기서 아동은 독립을 시험해본다. 그는 또한 의존을 다시 경험하고 싶어한다.

환경의 실패는 병리적 의존을 가져온다.

(d) 독립-의존. 이것은 위의 것과 같아 보이지만 강조점이 독립에 있다.

환경의 실패는 반항과 폭력적 행동을 가져온다.

(e) 독립. 내면화된 환경을 의미한다. 즉 아동은 자신을 돌볼 수 있는 능력을 갖고 있다.

이 단계에서 환경의 실패는 반드시 해로운 것이 아니다.

(f) 사회적 감각. 이 단계에서 개인은 개인적인 충동과 독창성을 크게 상실하지 않고서, 그리고 파괴적이고 공격적인 충동을 그리 많이 상실하지 않고서도, 전치된 형태의 만족스러운 표현을 발견할 수 있고 한 사회 집단 또는 그 사회와 동일시할 수 있다.

환경의 실패에 대하여 부분적으로는 개인으로서 부모로서 또는 사회의 부모 상으로서 책임을 지는 모습으로 나타난다.

6. 건강은 나이에 걸맞게 성숙하는 것이라는 말은 지나치게 단순한 표현이다. 아동의 정서발달과정은 대단히 복잡하며, 우리가 알고 있는 것보다 훨씬 더 복잡하다. 우리는 우리가 알고 있는 것을 몇 마디의 말로 다 담아낼 수 없으며, 세부적인 사항들에 관해서도 모두 맞다고 동의할 수는 없다. 그러나 이러한 것은 문제가 되지 않는다. 아동기에 대한 우리의 지적인 이해가 어떠냐와는 상관없이, 유아들과 아동들은 수세기 동안 잘 자라왔으며 만족스럽게 발달해왔다. 그러나 우리는 질병과 여러 종류의 미성

숙을 이해하기 위해서 정상적인 성장과정에 대한 이론을 확립할 필요가 있다. 왜냐하면 이제 치료와 함께 예방이 중요하기 때문이다. 우리는 아동기 정신분열증을 소아마비나 경련성 아동의 문제와 같은 것으로 생각하지는 않는다. 우리는 이런 질병을 예방하기를 원하며, 누군가에게 고통을 주는 비정상적인 상태를 치료하기를 원한다.

먼저 유전적 부분과 관련해서는 다음과 같이 말할 필요가 있다.

(a) 충분히 좋은 환경적 제공은 실제로 정신병적 또는 정신분열적 장애를 예방할 수 있다.
(b) 세상에서 아무리 좋은 돌봄을 받는다 하더라도, 아동은 본능적 삶에서 일어나는 갈등과 관련된 장애를 가질 수 있다.

(b)와 관련해서, 걸음마 시기에 전체 인격들 사이의 삼각관계에 도달할 수 있었던 건강한 아이는, 후에 청소년기와 같이 본능적 삶이 강렬하게 표출되는 시기에 갈등의 상황에 처하게 되고, 그것은 임상적으로 불안에 대한 방어를 조직화하는 형태를 띠게 된다. 방어들은 건강한 경우에 발생하는 것이지만, 그것들은 경직될 경우에 정신신경증(정신병은 아닌) 증상을 형성한다.

따라서 건강한 경우, 개인적인 어려움은 아동의 내부에서 해결되어야 하며, 아이의 행동을 통제하는 관리(management)에 의해 예방되는 것이 아니다. 그러나 더 초기의 장애들은 예방될 수 있다.

이것을 설득력 있게 진술하기란 어려운 일이다. 발달의 어느 단계에서든지 우리는 항상 아기나 아동의 개인적인 갈등이 중심 주제라고 생각하고 있다. 건강을 산출해내는 것은 환경적 제공이 아니라 통합과 성장을 향한 내재적 경향성이라고 믿는 것이다. 충분히 좋은 환경은 초기에는 절대적으로, 그리고 후기인 오이디프스 콤플렉스 단계, 잠재기, 그리고 청소년기에는 상대적으로 필요한 것이다. 나는 아동의 환경적 제공에 대한 의존이 차츰 줄어드는 과정을 거친다고 주장해왔다.

7. 정서발달 이론을 진술하고 있는 이 부분의 이해를 돕기 위하여 다음과 같은 방식으로 본질적인 단계를 언급하는 것이 편리할 것이다.

(ⅰ) 본능적 삶(원본능), 즉 대상관계와 관련된 발달

(ⅱ) 성격구조(자아), 즉 본능적 욕동과 그 욕동을 토대로 한 대상관계를 경험하는 능력의 발달

(ⅰ) 우리의 이론에 의하면 유아는 음식을 섭취하는 본능적 삶에서 생식기적인 본능의 삶으로 발달한다. 아동기는 잠재기이며, 이어지는 사춘기는 새로운 성장이 일어나는 시기이다. 건강한 경우에 4세 된 아동은 본능적 관계로서 양쪽 부모와 동일시하는 경험을 하게 된다. 그리고 이 경험은 놀이와 꿈에서 그리고 상징을 사용함으로써만 완성될 수 있다. 아동은 사춘기에 들어서면서 성적 경험을 할 수 있고 또한 실제로 누군가를 죽일 수 있는 신체적 능력을 갖게 된다. 이것이 아동기 발달의 중심적인 주제이다.

(ⅱ) 성격발달상의 몇몇 경향성들은 아주 초기부터 구별이 가능하며, 이것들은 결코 완성되는 것이 아니다. 이것들은 다음과 같다.

(a) 시간의 통합을 포함하고 있는 성격의 통합을 이루는 것

(b) '내적 거주'(in-dwelling)라고 불리는 것, 즉 정신과 신체 및 신체 기능 사이에 친밀하고 편한 관계를 성취하는 것

(c) 개인은 고립된 존재이며 어떻게 해서든지 이 고립을 방어하려고 한다는 사실에도 불구하고, 대상과 관계할 수 있는 능력을 발달시키는 것

(d) 건강한 경우에 점차 드러나는 바, 내가 이미 언급한 독립으로 가려는 경향성, 관심을 가질 수 있고 죄책감을 느낄 수 있는 능력, 자신과 같은 사람들을 사랑하고 좋아할 수 있는 능력, 적절한 시기에 행복을 느낄 수 있는 능력 등을 발달시키는 것

정신건강을 위해서는 (ⅰ)에서 제시된 내용보다는 (ⅱ)에서 제시된 내용을 고려하는 것이 더 유익할 것이다. (ⅰ)에서 제시된 아주 중요한 내용들은 아동 자신들이 담당해야 할 일이며, 만일 아동이 그 일에 실패한다면 그 아동은 정신치료를 받아야 할 것이다. 그러나 우리가 제공해야하는 (ⅱ)에서 제시된 내용들은 아동이 성장함에 따라서 계속 중요하다. 그리고 그 제공은 실제로 결코 멈추지 않고 노년기까지 지속된다. 유아들의 욕구를 고찰한 다음 그것을 모든 연령에 적합하도록 적용한다면, 그것은 매우 유익한 일이 될 것이다.

내가 말하고자 하는 것을 분명히 하자면, 우리가 수영장과 그것에 따른 모든 것을 제공하는 것은 어머니가 유아를 목욕시키거나 일반적으로 유아의 신체적 움직임과 표현의 욕구를 채워줄 때 그리고 만족스런 근육 및 피부의 경험을 위한 유아의 욕구를 채워줄 때 제공되는 돌봄과 본질적으로 같은 것이라는 주장이다. 그것은 또한 질병들을 치료할 때에 요구되는 적절한 돌봄의 제공에도 적용된다. 그것은 한편 정신적 질병을 치료하는 어떤 단계들에서 제공되는 작업 치료에, 다른 한편 경련성 어린이를 치료할 때에 제공되는 적절한 심리치료에 마찬가지로 적용된다.

이 모든 사례들―정상적인 아동, 유아, 정신적으로 병든 사람 그리고 경련성 또는 장애 있는 사람들과 관련한―에서 환경적 제공은 자신의 한계를 받아들이는 아동의 내재적 경향성을 촉진

시키며, 이 한계는 피부가 신체 안에 존재하며 신체의 기능을 즐기는 나를 나-아닌 것으로부터 분리시켜줌으로써 설정된다.

8. 우리는 이 모든 것을 이해하고 있으며 또한 어머니가(아버지도) 유아의 욕구에 대하여 지적으로 이해할 필요가 없다는 것도 알고 있다. 그런 욕구에 대한 지적인 이해는 어머니에게 별소용이 없다. 그리고 사실 오랜 세월 동안 어머니들은 유아의 욕구에 대체로 적절하게 부응해 왔다.

나는 어머니들이 어떤 일을 잘하고자 할 때에 그 일에 몰두하게 되는 모성적 특징을 갖고 있다고 생각한다. 우리 중에는 성격유형에 따라 어떤 것에 집중하거나 몰두할 때 심리적으로 철수하고 우울한 기분에 빠지며 반사회적이 되거나 화를 잘 내는 사람이 있다. 나는 어머니에게 이와 비슷한 일이 일어날 수 있다고 생각한다. 어머니는 점점 더 아기와 동일시하며, 이것은 아기가 태어날 때까지 계속되다가 태어난지 몇 개월이 지나면서 점차 사라진다. 아기와의 동일시 때문에 어머니는 아기가 무엇을 원하는지 알게 된다. 어머니는 안아주기, 눕히기, 내려놓고 들어올리기, 다루기 그리고 물론 본능만족 수준을 넘어서는 민감한 방식으로 젖 먹이기 등과 같은 중요한 활동을 통해서 아기에게 돌봄을 제공하며, 이런 것들은 유아의 통합 경향성과 자아 구조의 시작을 촉진시킨다. 어머니는 아기의 약한 자아를 강한 자아로 만들기 시작한다. 그것은 어머니가 아기와 함께 있으면서 아기의 모든 자아기능을 강화시켜주기 때문이다.

나는 아동의 자연적인 발달과정을 촉진하기 위해 무엇이 제공되어야 하는지를 이해하고자 한다면, 건강한 어머니에게서 무엇인가를 배울 수 있다고 믿는다. 즉 우리는 어머니가 그러하듯이 개인과 동일시할 수 있는 어느 정도의 능력을 통하여 어느 순간에 개인이 필요로 하는 것을 제공할 수 있다. 이런 욕구에 부응할 수 있는 사람은 우리들 분석가들뿐이며, 이점 또한 어머니만이 아기의 욕구에 부응해주는 사람이라는 사실과 다르지 않다.

네 살 때, 나는 성탄절날 아침에 일어나서 가정용 목재 운반에 사용되는 것과 같은 스위스제의 푸른색 손수레 선물을 발견했다. 어떻게 나의 부모님들은 내가 원하는 것을 그렇게 정확히 아셨을까? 분명히 나는 그런 훌륭한 손수레가 있다는 것도 알지 못했다. 물론 그들에게는 나를 공감할 수 있는 능력이 있었고, 그들은 스위스에 가본 적이 있기 때문에 손수레를 알고 있었다. 이것은 세케하이에의 '상징 능력의 실현'을 생각나게 하는데, 그에 따르면 대상관계를 맺지 못하는 정신분열증 환자의 치료에 있어서 상징능력을 발달시키는 것은 매우 중요하다.[2] 이 실험에서 세케하이에는 환자의 욕구에 대해서 알고 있었으며, 또한 그녀는 익은 사과를 어디서 발견할 수 있는지 알고 있었다. 그것은 어머니가 유아에게 젖을 제공하고 나중에 유아에게 단단한 물건들과 아버지와 여러 가지 과일을 소개하면서, 적절한 순간에 유아의 욕구들에 부응해주는 것과 같은 것이다.

우리는 어머니처럼 다음의 사항들이 지닌 중요성을 알아야 한다.

개인의 성격 통합에 도움을 주는 돌보는 사람과 그 밖의 환경(장소 및 사물) 사이의 **연속성**

어머니의 행동을 예측할 수 있게 해주는 **신뢰성**

성장과정으로 인해 독립과 모험으로 향할 수밖에 없는 아동의 확장되는 욕구에 대한 **점진적인 적응**

아동의 창조적 충동들을 실현시켜주는 돌봄의 제공

---

2 Sechehaye, M. A. (1951), 「상징 실현」, (International Universities Press)

이외에도 어머니는 자신이 계속해서 살아있어야 하고 아기가 어머니의 살아있음을 느끼고 들을 수 있게 해주어야 한다는 것을 알고 있다. 그리고 어머니는 아동이 긍정적인 방식으로 어머니를 분리된 존재로 사용할 수 있을 때까지, 어머니 자신의 욕구 충족을 보류해야 한다는 것을 알고 있다. 또한 어머니는 아동이 살아있고 친절한 어머니에 대한 생각을 유지할 수 있는 그 시간 (몇 분, 몇 시간, 몇 일)보다 더 오랫동안 아동을 혼자 남겨두어서는 안된다는 것을 알고 있다. 만일 어머니가 아기와 너무 오래 떨어져 있게 될 경우, 한동안 어머니 자신이 어머니의 역할이 아닌 치료자의 역할을 떠맡아야 한다는 것, 즉 아동이 다시 어머니를 당연히 여기는 상태로 되돌아오게 하기 위해 아동을 '버릇없이 구는 대로' 내버려둬야 한다는 것을 알고 있다. 이것은 청소년기의 위기를 다룰 때 제공되어야 하는 것과 관련되어 있으며, 이것은 정신분석적 제공과는 별개의 확실히 다른 주제에 속하는 것이다.

이런 맥락에서, 나는 한 살 내지 두 살 된 아동이 어머니가 살아있다는 생각을 계속 유지할 수 있는 능력의 한도를 넘어서 어머니와 분리되는 경험을 했을 때, 나중에 그것이 아이에게 반사회적 경향성으로 나타날 수 있다는 사실을 반복해서 강조하게 된다. 반사회적 경향성의 내적 과정은 복잡한 것이지만, 간단히 말한다면 그것은 아동의 대상관계 연속성이 깨진 상태이며, 발달도 보류된 상태이다. 아동이 그 간격을 거슬러 올라가고자 할 때 이것은 훔치기 행동으로 나타난다.

어머니는 자신의 일을 잘 해내기 위해 외부의 지원을 필요로 한다. 대체로 남편은 외적 현실로부터 그녀를 보호해주며, 그로 인해 그녀는 아동이 반동해야 하는 예측할 수 없는 외적 현상으로부터 자신의 아동을 보호할 수 있게 된다. 침범으로 인한 모든 반동적 반응은 아동의 개인적인 존재의 연속성을 깨뜨리며 통합의 과정을 거스르게 하는 요소가 된다.

대략적으로 말해서, 건강한 경우와 위기에 처해있는 아동을 위해 우리가 제공할 수 있는 것을 연구하기 위해 우리는 어머니(항상 나는 아버지를 포함한다)에 대해 그리고 유아에게 돌봄을 제공하는 어머니에 관해 연구하는 것이 바람직하다. 이때 우리는 어머니가 유아와의 동일시를 통해 유아의 욕구를 아는 것이 주된 특징임을 깨닫게 된다. 다른 말로 하면 우리는 어머니가 다음 날 해야할 일들의 목록을 만들 필요가 없음을 안다. 어머니는 순간적으로 무엇이 필요한지를 느낀다.

마찬가지로 우리는 아동들을 돌볼 때 그들에게 무엇을 제공할 것인가에 대해서 계획을 세울 필요가 없다. 우리는 어떤 경우라도 아동이 필요로 하는 것을 알 수 있고 시간과 관심을 제공할 수 있도록 우리 자신을 조직화해야 한다. 이것은 아동을 다루는 사람이 갖추어야 하는 기초적인 능력으로 볼 수 있다. 물론 돌보고 있는 아동이 병을 가지고 있을 때—미숙하거나 왜곡되거나 아니면 신체적 장애 때문에 곤란을 겪을 때—를 제외하고는, 어머니의 아동과의 동일시가 갓 태어난 아기와의 동일시만큼 깊은 것일 필요는 없다. 아동이 병이 들면 그때는 위기의 시기이며 치료가 필요해지는데, 이때 치료는 치료자의 인격적인 참여를 통해 이루어진다. 치료 작업은 그 외의 다른 어떤 기초 위에서도 이루어질 수 없다.

요 약

나는 아동들의 욕구를 아기들의 욕구와 관련시키고자 했으며, 위기에 처한 아동들의 욕구를 아기들의 욕구와 관련시키고자 했다. 그리고 어린이 돌봄에서 우리가 제공하는 것을 부모들이 자연스럽게 제공하는 것(부모가 너무 병이 들어 부모의 기능인 적절한 반응을 할 수 없는 경우가 아니라면)과 관련시키고자 했다. 부모는 영리할 필요가 없으며 또한 개인의 정서발달의 복잡한 모든 이론을 알 필요도 없다. 오히려 우리는 정상적인 사람들이 아동들을 이해하게 되고 따라서 아동들의 욕구가 어떤 것인지를 느낄 수 있기를 바란다. 여기서 우리는 감상적으로 들릴 위험이 있지만 '사랑'이란 말을 사용한다.

그리고 이것은 최종적인 인식으로 이끈다. 종종, 사랑이란 단어가 일반적으로 가리키는 영역과는 별도로 아동이 확고한 관리를 필요로 하며 성인으로서가 아니라 지금 그대로의 아동으로서 존중받을 수 있어야 한다는 것이다.

6
관심을 가질 수 있는 능력의 발달[1]
(1963)

　관심을 가질 수 있는 능력의 기원을 살펴보는 것은 복잡한 문제이다. 관심의 능력은 사회생활의 중요한 요소이며, 정신분석가들은 대체로 개인의 정서발달에서 그 기원을 찾는다. 같은 맥락에서 우리는 아동발달에서 관심의 능력이 나타나는 근원에 대해서, 관심 능력 형성의 실패에 대해서 그리고 어느 정도 형성된 관심의 능력을 상실하는 것에 대해 알고자 한다.

　'관심'이란 용어는 '죄책감'이란 말에 의해 부정적인 방식으로 다루어진 현상을 긍정적인 방식으로 다루자는 의미에서 선택된 단어이다. 죄책감은 양가감정과 연결된 불안을 나타내며, 죄책감을 갖는다는 것은 자아가 좋은 대상 - 원상(object-imago)을 파괴시켰다는 생각과 함께 그 원상을 보유할 수 있을 정도로 통합이 이루어졌음을 암시한다. 관심의 능력은 통합과 성장

1 1962년 10월 12일에 토페카 정신분석학회에 제출되었으며, 메닝거 크리닉 회보: 27, PP. 167-76에 최초로 인쇄됨.

을 뜻하며, 특히 본능적 욕동에 대해 책임을 지는 긍정적인 방식으로 대상과 관계를 맺을 수 있음을 의미한다.

관심은 개인이 무엇인가에 대해 배려하고 생각해주며, 책임감을 느끼고 또 책임지는 것을 말한다. 발달이론에서 말하는 성기기 수준의 관심은 가정(family)의 기초라고 할 수 있으며, 그것은 부부 모두가 ㅡ쾌락을 넘어서ㅡ성교의 결과에 대해 책임을 지는 것을 의미한다. 그러나 개인의 전체적인 삶의 영역에서 관심의 주제는 훨씬 광범위한 문제로 다가오며, 관심의 능력은 모든 건설적인 놀이와 일을 가능케 하는 요소이다. 따라서 그것은 정상적인 건강한 삶에 속해 있는 것이며, 정신분석가의 주의를 끌만한 가치를 지닌 주제이다.

관심의 능력ㅡ긍정적인 의미로ㅡ은 아동이 각 사람을 전체 인간(whole person)으로 인식하는 단계, 즉 세 사람 사이의 관계와 관련된 고전적인 오이디푸스 콤플렉스 단계보다 더 앞선 초기의 정서발달 단계에서 나타난다고 볼 수 있다. 그러나 그 시기가 정확해야 할 필요는 없다. 그리고 실제로 초기 유아기에 시작하는 대부분의 성장과정은 결코 완전하게 확립되는 것이 아니며, 그것은 후기 아동기와, 성인기, 심지어 노년기까지도 지속되는 성장과정에 의해 계속 강화되어야 하는 것이다.

관심의 능력은 유아-어머니 관계 안에서 유아가 하나의 단위로서 확립되고, 어머니나 어머니 상을 전체 인간으로 인식하는 시기에 기원을 둔다. 그것은 본질적으로 두 몸 관계의 시기에 속하는 발달과제이다.

아동발달에 대한 진술에서 당연시되는 몇몇 원칙들을 고려할 필요가 있다. 여기서 나는 심리적 성숙과정은 해부학이나 생리학에서와 마찬가지로 유아발달과 아동발달의 기초를 형성한다고 생각한다. 그러나 정서발달에서 성숙의 잠재력이 현실로 이루어지기 위해서는 어떤 외적인 조건들이 필요하다. 즉 발달은 충분히 좋은 환경이 제공되어야 하며, 유아발달의 초기로 거슬러 올라가면 갈수록 충분히 좋은 어머니됨 없이는 발달과정이 일어날 수 없다.

우리가 관심의 능력을 언급할 수 있으려면, 그전에 이미 아기의 발달과정에서 많은 일들이 일어났어야 한다. 관심의 능력은 건강의 문제이며, 이때 이 능력의 확립은 돌봄과 성장과정을 통한 복잡한 자아 조직화를 전제로 한다. 나는 검토하고자 하는 문제를 단순화하기 위해서, 초기 발달 단계에서 충분히 좋은 환경이 제공되었다는 전제하에 이 논의를 진행할 것이다. 따라서 내가 논의하고자 하는 것은 충분히 좋은 유아 돌봄 및 아동의 돌봄을 통해 이룩된 성숙과정 이후에 오는 것들이다.

프로이트와 그를 따랐던 정신분석가들이 묘사한 여러 단계들 중에서, 나는 '융합' 단계에 대해 말하고자 한다. 융합은 정서 발달과정에서 성취해야 할 과제이며, 아기는 이를 통해 동일한 대상에 대한 성애적이고 공격적인 욕동들을 동시에 경험할 수 있게 된다. 성애적인 측면에는, 만족추구와 대상추구 모두가 존재하며, 공격적인 측면에는 근육 성애를 사용하는 복합적인 분노와 증오(비교를 위한 좋은 대상의 이미지를 보유하고 있는)가 있다. 또한 전체적인 공격-파괴적 충동에는 파괴 안에 사랑이 담긴 원시적 대상관계 유형이 포함되어 있다. 이것의 일부는 모호할 수밖에 없으며, 나의 논의는 아기가 성애적인 경험과 공격적인 경험을 결합할 수 있게 되었다는 것을 전제로 하기 때문에, 나의 논의에서 공격성의 기원에 대해 처음부터 다시 말할 필요는 없다. 즉 관심의 능력에 대해 논한다는 것은 아동이 양가감정을 경험할 수 있게 되었다는 것을 전제로 한다.

발달과정에서 양가감정을 경험하는 단계에 도달하게 되면, 유아는 신체 기능(환상은 원래 신체 기능의 상상적 전개물이다)에서 뿐만 아니라 환상 속에서 양가감정을 경험할 수 있게 된다. 또한 유아는 점점 덜 주관적이며, 보다 객관적으로 지각되는 '나-아닌' 대상들과 자신을 관련시키기 시작한다. 그는 신체적으로는 몸의 피부에 담기게 되고, 심리적으로는 통합된 하나의 단위인 자기(self)를 확립하기 시작한 것이다. 이 시기에 어머니는 아동의 정신 안에서 일관성을 지닌 상으로서 인식되면, 아동은 대상을 전체대상으로 인식하게된다. 이런 상태는 처음에는 매우 불안정하며 마치 어머니가 더 이상 돌보아 주지 않자 담장 위에 아슬아슬하게 앉아 있는 험티덤티(Humpty Dumpty: 만화에 나오는 달걀 모습의 존재)의 모습을 연상시킨다는 점에서, 험티덤티 단계라고 별명을 붙일 수 있을 것이다.

이 발달 단계에서 아동의 자아는 어머니의 보조적인 자아로부터 독립하기 시작한다. 그리고 이때 아기에게는 내면과 외부가 생긴다. 그는 서서히 신체에 대해 인식하기 시작하며, 보다 빨리 복잡한 것들을 발달시킨다. 이제부터 유아는 정신 신체적인 삶을 살게 된다. 프로이트가 존중하라고 가르쳤던 내적인 정신 실재는 이제 유아에게 현실적인 것이 된다. 이제 유아는 자기 내부에 개인적인 풍부함을 갖고 있다고 느낀다. 이런 개인적인 풍부함은 양가감정의 성취를 의미하는, 유아의 동시적인 사랑-증오 경험을 발달시킨다. 그 양가감정이 더욱 정화되고 발달되는 과정을 거쳐 관심의 능력이 출현한다.

미숙한 아동은 돌보는 어머니의 두 가지 측면을 필요로 한다. 우리는 그 어머니의 두 가지 측면을 대상 어머니와 환경 어머니로 부를 수 있을 것이다. 나는 이 명칭이 경직되게 고착되는 것을 원하지 않는다. 그러나 유아를 돌보는 어머니의 두 측면, 즉 유아의 긴급한 욕구를 만족시켜 주는 대상 또는 부분대상으로서

의 어머니의 측면과, 예측을 불허하는 위험들을 막아주고 적극적
으로 돌봄을 제공하는 사람으로서의 어머니의 측면 사이에 있는
커다란 차이점을 묘사하기 위해서, '대상-어머니'와 '환경-어머
니'라는 개념을 사용할 수 있을 것이다. 나는 유아가 원본능-긴
장을 다루기 위해 대상을 사용하는 것은 전체 환경의 일부분으
로서 어머니를 사용하는 것과는 아주 다른 것으로 본다.[2]

여기에서 환경-어머니는 애정을 가지고 아동의 존재감을 받아
주는 사람이며, 대상 어머니는 원초적인 본능-긴장의 목표물이
되는 사람이다. 관심의 능력은 유아의 삶에서 대상-어머니와 환
경-어머니가 함께 만나는, 고도로 정교화된 경험으로부터 발달한
다. 이때 유아는 비록 독립성의 발달에 속하는 내적 안정성을 갖
기 시작한다. 그러나 그럼에도 불구하고 환경 제공은 계속해서
결정적으로 중요하다.

좋은 상황에서, 아기가 성격발달의 필수적인 단계에 도달했을
때, 새로운 융합이 나타난다. 이를 위해 우선 아기는 본능에 기초
한 대상관계의 영역에서 온전한 환상을 경험해야 한다. 이때 그
대상은 결과에 상관없이 무자비하게 (만일 우리가 진행되는 사
실에 대한 우리의 견해를 묘사하기 위해 이 용어를 사용한다면)
사용될 수 있어야 한다. 이에 반해 아동과 환경-어머니와의 관계
는 훨씬 더 조용한 특성을 갖는다. 이 두 가지가 함께 만나게 될
때 그 결과는 관심의 능력으로 나타난다. 이것이 내가 본질적으
로 묘사하고자 하는 것이다.

이 단계에서 필수적인 좋은 상황은 이런 것들이다. 어머니는
계속해서 활발하게 살아 있어서 아동이 사용할 수 있어야 한다.

---

2 이것은 최근에 해롤드 써얼즈(Harold Searles)의 책(1960)에서 발달해 나온
  주제이다.

여기서 사용할 수 있다는 것은 아동이 어머니를 신체적으로 사용할 수 있으며 어머니가 다른 어떤 것에 빠져있지 않음을 의미한다. 이때쯤 대상-어머니는 유아의 구강기 가학적 환상의 세력과 융합한 모든 본능 충동으로부터 오는 공격에서 살아남아야 한다. 또한 환경-어머니는 계속해서 자신으로서 존재하고, 유아를 향해 공감적이며, 그의 자발적인 몸짓을 받아주고 즐거워하는 특별한 기능을 갖는다.

왕성한 원본능-욕동들을 수반한 환상은 대상에 대한 공격과 파괴를 담고 있다. 아기는 자신이 대상을 먹는다고 상상할 뿐 아니라 대상의 내용을 소유하기 원한다. 대상이 파괴되지 않는다면, 그것은 그 대상의 살아남는 능력 때문이지 아기가 대상을 보호하기 때문이 아니다.

이러한 상황의 다른 측면은 아기와 환경-어머니와의 관계에 관한 것이다. 이때 어머니의 보호가 지나칠 경우에 아기의 공격성이 억압되거나 또는 아기가 대상과 직면하지 못하고 대상을 외면할 수도 있다. 유아가 젖을 떼는 과정에서 겪는 공격성의 경험이 이런 맥락에서 긍정적인 의미를 갖는다. 또 어떤 유아들은 공격성의 발달과정에서 스스로 젖을 떼기도 한다.

좋은 상황에서 유아는 이런 복잡한 형태의 양가감정을 해결하기 위한 기술을 발달시킨다. 그는 자신이 어머니를 소모해버리면 어머니를 잃게 될 것이라는 불안을 경험한다. 그러나 이런 불안은 아기가 환경-어머니를 위해 공헌함으로써 완화된다. 여기에서 환경-어머니에게 공헌할 수 있는 기회가 있을 것이라는 확신이 자라게 된다. 유아가 이러한 확신을 갖게 되면, 그는 불안을 감당할 수 있게 된다. 그리고 이때에 유아가 보유하고 있는 불안은 질적으로 수정되며 죄책감으로 발달한다.

본능-욕동은 주체로 하여금 대상을 무자비하게 사용하도록 이

끈다. 그리고 나서 죄책감으로 인도한다. 이 죄책감은 유아가 대상을 무자비하게 사용한 후 몇 시간 안에 환경-어머니에게 공헌함으로써 완화된다. 또한 신뢰할 만한 환경-어머니가 현존함으로써 유아에게 제공되는 보상의 기회는 유아로 하여금 원본능-욕동들의 경험에서 더 대담해질 수 있게 한다. 다른 말로 하면, 유아의 본능적 삶이 자유로워진다. 이때에 죄책감은 휴지 중이거나 잠재적인 것이 되고, 보상의 기회가 실패할 때만 (슬픔이나 우울한 기분으로) 나타난다.

이런 선 순환과 보상의 기회가 제공된다는 확신을 갖게 될 때, 원본능 욕동과 관련된 유아의 죄책감은 더욱 수정된다. 이처럼 수정된 죄책감의 경우에 죄책감이라는 용어보다는 '관심'과 같은 보다 긍정적인 용어가 보다 더 적합해 보인다. 유아는 이제 관심을 가질 수 있으며 자신의 본능적 충동과 그것에 속한 기능들에 대해 책임을 질 수 있게 된다. 이것은 근본적이고 건설적인 놀이와 일의 요소들 중의 하나를 제공한다. 이런 과정을 통해서 아동은 관심의 능력을 획득한다.

특히, 어머니가 유아의 불안을 담아주는 것과 관련해서 나타나는 주목할 만한 특징은 시간에서의 통합이 보다 정적인 초기 단계의 통합에 추가된다는 점이다. 시간은 어머니에 의해 계속 다루어지며, 이것은 어머니의 보조적인 자아기능의 한 측면이다. 그럼으로써 유아는 처음에는 짧은 기간이기는 하지만 차차 개인적인 시간의 감각을 갖게 된다. 유아의 내적 세계 안에서 어머니의 상이 살아있는 기간이 짧은 것은 그 때문이다. 그 내적 세계는 유아의 본능적 경험으로부터 온 좋거나 박해적인 파편들을 담고 있다. 아동의 내적 정신 실재 안에 대상의 상이 살아있을 수 있는 시간의 길이는 부분적으로 성숙과정과 내적 방어조직의 상태에 달려있다.

나는 관심 능력의 기원에 대한 몇 가지 측면을 유아의 초기 단계와 관련해서 설명하였다. 이 시기 동안에 유아에게는 어머니가 지속적으로 현존하는 것과, 그의 본능적 삶이 자유롭게 표현되는 것이 특히 중요하다. 이 두 가지 요소는 균형을 이루면서 계속해서 거듭 성취되어야 한다. 청소년기 사례, 또는 건설적인 사회 관계를 확립하기 위한 첫 걸음으로서 작업 치료를 받는 정신과 환자의 사례를 생각해 보라. 그에게서 일을 빼앗으면 그는 사회 안에서 있을 만한 곳을 갖지 못하게 될 것이다. 또한 그를 치료하는 의사를 생각해보라. 의사 또한 환자를 필요로 하며 다른 사람들처럼 자신의 기술을 사용할 수 있는 기회를 필요로 한다.

나는 관심의 능력의 발달이 결여되어 있거나, 또는 아직 온전하게 확립되지 않은 관심의 능력을 상실하는 것에 대해서 상세히 논의하지는 않겠고, 다만 다음과 같이 간단하게 진술하려고 한다. 대상 어머니가 살아남지 못하고 실패할 경우 또는 환경 어머니가 믿을 수 있는 보상의 기회를 제공하지 못하고 실패할 경우, 유아는 관심의 능력을 상실하게 되며 원초적인 불안과 분열 또는 해체 같은 원초적인 방어를 사용하게 된다. 우리는 종종 분리불안에 대해 논한다. 그러나 나는 여기서 아직 어머니와 아기 사이가 분리되지 않았을 때 그리고 외적으로 아동 돌봄의 연속성이 깨지지 않았을 때, 어머니와 아기 사이에서 무슨 일이 일어나는가를 묘사하고 있다. 나는 아기와 어머니 사이에 심각한 분리의 상처가 없었다는 전제하에서 아동에게 어떤 일이 일어나는지를 설명하고 있다.

나는 내 견해를 뒷받침할 만한 몇가지 임상 사례를 제시할 것이다. 그러나 나는 내가 제시하는 사례가 특이하다고 생각하지는 않는다. 내가 여기에서 제시하는 정신분석 사례는 대부분 주 중에 다룬 것들 중에서 선택한 것이다. 그리고 어떤 임상 사례 안에는 개인 발달의 후기 단계에 속하는 수많은 정신기제들과 신경증적인 방어기제들이 포함되어 있다는 사실을 기억해야 한다. 이러한 사실은 환자가 전이 속에서 심각하게 퇴행한 상태에 있을 때만 무시될 수 있는데, 이때 환자는 실제로 어머니의 돌봄을 받고 있는 아기의 상태로 돌아가게 된다.

사례 1: 나는 내가 면담을 했던 열두 살 된 소년의 사례를 인용하겠다. 그 소년은 엄청난 무의식적인 증오와 공격성을 포함하고 있는 우울증 성향을 갖고 있었다. 그의 퇴행적 발달은 얼굴 환상들을 보는 공포스런 경험으로 나타났다. 그 경험들은 낮 동안에 꾼 꿈, 즉 환각이었기 때문에 끔찍스러운 것이었다. 이 소년이 자신의 우울한 기분을 인식할 수 있다는 사실은 그가 자아 능력을 갖고 있다는 좋은 증거였다. 면담에서 드러난 그의 자아 능력은 다음의 꿈에서 표현되고 있다

> 그는 커다란 뿔이 달린 수컷 짐승이 작은 '개미(ant)'인 자기를 위협하고 있는 악몽을 꾸었다. 나는 그에게 그의 남동생이 아기였을 때 남동생이 개미였고 그 자신은 그 개미와 함께 있는 커다란 뿔 달린 수컷으로 나타나는 꿈을 꾼 적이 있었는지를 물었다. 그는 이것을 인정했다. 그 꿈은 남동생을 향한 증오심의 표현이었다는 나의 해석을 그가 받아들였을 때, 그는 나에게 잠재적인 회복(reparative potential)능력에 관해 말했다. 이것은 그의 아버지의 직업이 냉장고 수리공이란 말을 통해 아주 자연스럽게 이루어졌다. 나는 그에게 예전에 무엇이 되고 싶었는지를 물었다. 그는 '잘 모르겠어요'라고 말하고는 기분이 나빠졌다. 그리고 나서 그는 아버지가 죽는 꿈을 꾼 적이 있다고 말했는데, 그 꿈은 마땅히 슬픈 것이어야 했음에도

전혀 슬프게 느껴지지 않는 것이었다. 그러나 그것이 슬프지 않다면, 과연 무엇이 슬픈 것이겠는가. 그는 곧 눈물을 흘릴 것 같았다. 면담의 이 단계에서 오랫동안 아무 것도 일어나지 않았다. 마침내 그 소년은 아주 수줍어하며 자신은 과학자가 되고 싶다고 말했다.

그리고 나서 그는 자신을 무엇인가를 위해 공헌할 수 있는 사람으로 생각하고 있음을 보여주었다. 비록 그가 필요한 능력은 갖추지 못했을 수도 있지만, 적어도 그러한 생각은 갖고 있었다. 이런 생각은 그로 하여금 곧장 아버지에 대해 이야기하도록 만들었다. 왜냐하면 그가 말했듯이, 그의 아버지의 직업은 과학자가 아니라 '단지 기술자'였기 때문이었다.

나는 면담이 제시간에 끝날 수 있으리라고 생각했다. 그 소년이 내가 한 해석에 의해 방해받지 않고 집으로 돌아갈 수 있다고 느꼈던 것이다. 나는 그의 잠재적인 파괴성을 해석했다. 그러나 사실 그것을 건설적인 것으로 바꾼 것은 바로 그 자신이었다. 그가 자신에게는 삶의 목표가 있다는 것을 내게 알려주었기 때문에, 나는 그를 단지 증오하고 파괴를 일삼는 사람으로 생각하지 않았다. 이것은 또한 내가 그를 안심시키기 위한 것도 아니었다.

사례 2: 자신도 심리치료사였던 나의 한 환자는 내게 자신의 환자들 중 한 사람의 업무수행 능력을 살펴보고 있다는 말로 상담을 시작하였다. 즉 그는 상담실에서 환자를 다루는 치료자 역할의 범위를 넘어서 환자의 일터에 가서 그를 관찰했던 것이다. 그 환자가 하는 일은 고도로 기술적인 것이었으며, 자신의 일을 재빠르게 아주 잘 해내었다. 그는 면담시간에 소파 위에 누워서 마치 신들린 사람처럼 몸을 움직였는데, 그것은 의미없는 움직임에 지나지 않는 것이었다. 이 환자가 일하고 있는 모습을 본 것이 잘한 일인지 의심스럽기는 했지만, 나의 환자는 좋은 일이었다고 느꼈다. 그리고 나서 그는 휴일에 자신이 한 일에 대해 말했다. 그의 집에는 정원이 있었는데, 그는 육체적인 노동과 건축과 관련된 모든 일들을 매우 즐겼으며, 자신이 실제로 사용한 작은 기계 장비들을 좋아했다고 말했다.

나는 일터로 자신의 환자를 보러 갔었다는 그의 이야기를 통하여 건축 활동들이 그에게 매우 중요한 의미를 갖는다는 사실에 주의를 기울이게 되었다. 이 환자는 최근 분석에서 여러 종류의 공구들이 중요하게 등장하는 과거의 주제로 되돌아갔다. 상담하러 오는 길에 그는 종종 우리 집 근처에 있는 상점 앞에 서서 진열장의 기계들을 바라보곤 했다. 그 도구는 아주 근사한 이빨을 가지고 있었다. 그 행동은 이 환자가 무자비하고 파괴성을 지닌 원시적 사랑 충동인 자신의 구강기적 공격성에 도달하는 방법이었다. 우리는 그것을 '전이 관계 안에서 잡아먹기'라고 부를 수 있을 것이다. 그를 치료하기 위해서는 이런 무자비성과 원시적인 사랑 충동을 다루어야 했다. 그리고 그러한 원시적 충동의 깊은 층에 이르는 것은 엄청난 저항을 불러 일으켰다. 여기에서 새로운 통합과정이 일어나기 위해서는 분석가가 이 원시적인 충동을 살아남는 것이 중요했다.

환자가 건축 작업에 대해 언급하고 난 후에, 환자의 원시적 사랑충동 및 분석가에 대한 파괴충동과 관련된 새로운 자료가 출현했다. 나는 환자가 자신을 파괴시키는 것(먹어 버리는 것)에 대해 해석해주면서, 그가 건축에 대해 했던 말을 그에게 상기시켜 주었다. 나는 그가 자신의 환자가 일하는 모습과 몸의 떨림을 의미있게 사용하는 것을 보았던 것처럼, 나도 자신의 정원을 아름답게 만들기 위해 일하는 그의 모습을 볼 수 있었다고 말했다. 그는 벽을 뚫고 나무를 베었으며 그러한 일을 대단히 즐겼다. 만약 그가 건설적인 목표가 없이 그런 행동을 했다면, 그 행동은 무의미한 미친 증상, 즉 전이 광증에 지나지 않았을 것이다.

사람은 누구나 생의 아주 초기에 자신의 사랑에 파괴적인 목표가 있었다는 것을 인정하기 어려울 것이다. 그러나 파괴적인 개인의 충동 안에 이미 건설적인 목표가 있다는 증거가 있다. 이처럼 사랑하는 대상 어머니를 파괴한다는 생각을 수용할 수 있는 것은 파괴적인 아이를 수용해줄 수 있는 환경 어머니가 존재함으로써 가능해진다.

사례 3: 한 남자 환자가 내 방에 와서 녹음기를 보았다. 이것은 그에게 어떤 생각들을 떠오르게 했다. 그는 분석 작업을 위해 누워서 자신의 생각들을 정리하면서 이렇게 말했다. "나는 내가 치료를 마쳤을 때, 여기서 내게 일어난 일이 어떻게든 세상을 위해 가치 있는 것이 될 것이라고 생각하고 싶어요." 나는 그에게 아무 말도 하지 않았고, 그의 말이 그가 지난 2년간의 치료과정에서 반복적으로 다루어야 했던 파괴성에 접근하고 있음을 가리키는 것일 수 있다고 마음속에 담아 두었다. 그 면담이 끝나기 전에 환자는 실제로 나에 대한 시기심의 요소를 새롭게 인식하게 되었다. 그 시기심은 그가 나를 좋은 분석가라고 생각했기 때문에 생긴 것이었다. 그는 내게 나의 좋음에 대해, 그리고 내가 그에게 해줄 수 있는 것에 대해 감사하는 마음을 갖고 있었다. 그러나 그는 여기에서 이전의 어느 경우보다도 좋은 대상인 분석가에 대해 느꼈던 자신의 파괴적인 감정과 접촉하고 있었다.

내가 이런 두 가지 일들을 연결시켰을 때, 그는 내 말이 맞다고 말하면서, 만약 내가 처음에 그가 했던 말에 기초해서 해석했다면, 즉 그가 쓸모 있는 사람이고 싶다는 소망을 말했을 때, 내가 그것은 파괴하고자 하는 그의 무의식적인 소망을 가리킨다고 해석했더라면, 그것은 매우 끔찍스러웠을 것이라고 덧붙였다. 그는 회복충동을 인식하기 전에 먼저 파괴적인 충동과 접촉해야만 했다. 그리고 그는 자신의 시간에 맞게 그리고 자신의 방식대로 접촉해야 했다. 여기에서 그의 생각할 수 있는 능력이 궁극적인 기여를 하였으며, 이것이 그로 하여금 자신의 파괴성에 보다 밀접하게 접촉할 수 있게 했다는 것은 의심의 여지가 없다. 그러나 그가 말했듯이, 우리가 먼저 파괴성과 접촉하지 못했다면, 건설적인 노력은 거짓이며 의미 없는 것이 되었을 것이다.

사례 4: 한 사춘기 소녀가 치료자의 집에 살면서 치료를 받았는데, 이런 상황은 유익한 점도 있고 그렇지 못한 점도 있다.

심각한 질병을 갖고 있었던 그 소녀는, 내가 말하고자 하는 사건이 일어날 무렵 장기간의 의존과 유아상태로 철수했던 퇴행에서 차츰 벗어나는 중이었다. 그녀는 가정 및 가족과의 관계에서 더 이상 퇴행하지 않았다. 그러나 그녀는 매일 정해진 치료 상담 시간에 여전히 매우 퇴행된 상태가 되곤 했다.

그녀가 치료자(그녀를 돌보며 치료하는)에 대한 깊은 증오를 표현하는 시간이 다가왔다. 상담 시간을 제외한 나머지 시간 동안에는 모든 것이 순조로웠지만, 치료 시간에는 치료자를 지독하게 그리고 반복적으로 파괴하고자 하였다. 치료자를 죽여 없애버리고자 하는 소녀의 증오심이 얼마나 강했는지를 모두 다 설명하는 것은 어려운 일이다. 이 사례는 치료자가 상담실에서 환자와 면담하는 경우와는 다르다. 왜냐하면 치료자는 그녀를 책임지고 있었고, 그들 사이에는 두 가지 관계가 동시에 존재하고 있었기 때문이다. 낮에는 새로운 일들이 매우 다양하게 일어났다. 그 소녀는 집안 청소를 돕거나 가구를 닦는 일 등을 통해서 자신이 쓸모 있는 사람이길 원했다. 이처럼 집안일을 거드는 소녀의 행동은 이 소녀가 아프기 전에는 한번도 해본 적이 없는 아주 새로운 성격적 특성이었다. 그리고 소녀의 이 새로운 성격 특성은 소녀가 치료 상담 동안에 치료자와의 관계를 통해 접촉한 자신의 원시적인 사랑 충동 안에서 발견하기 시작한 지독한 파괴성과 함께 발생했다.

여기서도 동일한 생각이 반복되고 있다. 즉 환자가 파괴성을 의식함으로써 낮에 건설적인 활동들을 할 수 있었다고 볼 수 있다. 그러나 내가 여기서 분명하게 밝히고자 하는 것은 그 반대쪽에 있다. 즉 아동은 건설적이고 창조적인 경험을 통해서 자신의 파괴성을 경험할 수 있게 되었다는 것이다. 관심의 능력은 성숙의 중심점이며, 그것은 어느 한 기간 동안에 걸쳐서 충분히 좋은 정서적 환경이 제공되었음을 의미한다.

요 약

관심이라는 용어는 욕동 측면의 파괴적인 요소들과 관계 측면의 긍정적인 요소들이 연결되어 있음을 보여준다. 관심의 능력은 세 사람의 전체 인간들(whole persons) 사이의 관계인 고전적인 오이디푸스 콤플렉스보다 앞선 시기에 발달하는 것으로 추정된다. 관심의 능력은 유아와 어머니 또는 대리모 사이의 두 몸 관계 시기 동안에 발생한다.

좋은 상황에서 어머니는 계속해서 활발하게 살아있고 아기가 사용할 수 있으며, 자신의 원본능 욕동들을 충분히 표현할 수 있도록 아기를 전적으로 받아 주는 어머니임과 동시에 인간으로서 사랑받으며 회복될 수 있는 어머니이다. 그러면 아기는 원본능 욕동과 이 욕동의 환상에 대한 불안을 감당할 수 있게 된다. 후에 아기는 죄책감을 경험하거나 온전한 회복의 기회를 기대하면서 죄책감을 지니고 있을 수 있다. 이처럼 직접적으로 느껴지지 아니하고 보유되는 죄책감을 우리는 '관심의 능력'이라고 이름 붙인다. 초기 발달 단계에서 대상을 회복시키려는 아기의 몸짓을 받아 주는 믿을 수 있는 어머니 상이 없을 때, 죄책감은 감당할 수 없는 것이 되고, 따라서 아동은 관심의 능력을 가질 수 없게 된다. 대상을 회복시키려는 아기의 회복 충동이 실패하게 되면, 아동은 관심을 능력을 상실하게 된다. 그리고 이때 관심의 능력은 원시적 죄책감과 불안의 형태로 대체된다.

7
의존으로부터 독립을 향해 가는 개인의 발달[1]
(1963)

　　이 장에서는 의존에서 독립으로의 여정에 관한 정서적 성장을 다루고자 한다. 만일 내가 30년 전에 이 주제에 대한 질문을 받았다면, 나는 미성숙이 성숙으로 변해 가는 과정을 개인의 본능적 삶의 발달과정이라는 측면에서 설명했을 것이다. 나는 구강기, 항문기, 남근기 그리고 성기기에 대해 언급했을 것이다. 나는 이 발달 단계들을 전-양가감정(preambivalent)의 시기인 초기 구강기와 구강기 가학적 시기인 후기 구강기 등으로 더욱 세분화했을 것이다. 어떤 학자들은 항문기를 지나치게 세밀하게 나눈다. 또 어떤 학자는 섭취, 흡수, 그리고 배설기관의 기능에 기초해 있는 성기기 이전 단계에 대한 생각으로 충분하며, 구강기와 항문기 사이에 큰 차이가 없다고 본다. 이러한 모든 생각들은 현재 우리 생각의 기본적인 골격을 형성하고 있다. 이미 모두 다

---

1 1963년 10월 애틀랜타 정신과 병원에서의 대담.

알고 있는 것이 아닌 새로운 후기 발달과정에 관한 것을 말하고
자 하는 이 시점에서, 우리는 성장의 다른 측면을 살펴보게 된다.
　내가 점차로 의존에서 독립을 향해 변해 가는 것과 관련해서
성장과정을 이해한다고 할 때, 그것은 내가 설명했던 심리성적
관점이나 대상관계의 관점을 폐기하는 것은 아니다.

사회화

　인간의 성숙은 개인적인 성장뿐 아니라 사회화를 의미한다.
건강한 경우에 건강은 성숙과 거의 같은 의미이며, 성인은 개인
적인 자발성을 크게 희생하지 않으면서도 사회와 동일시할 수
있다. 한편으로 성인은 실제로 그 사회를 유지하거나 개선하기
위해 책임을 감당하면서도, 즉 반사회적이 아니면서도 자신의 개
인적 욕구를 충족시킬 수 있다고 본다. 우리는 항상 어떤 사회적
상황에서 존재할 수밖에 없다. 이것은 우리가 받아들여야 하고
또 필요하다면 바꾸어야 하는 유산이며, 결국 우리는 이것을 우
리의 후손에게 물려주게 된다.
　인간에게 있어서 독립은 결코 완전한 독립이 아니다. 건강한
개인은 고립되는 것이 아니라 상호 의존적인 방식으로 환경과
관계를 맺게 된다.

의존에서 독립으로의 여정

　의존에서 독립으로의 여정이라는 생각은 새로운 것이 아니다.
모든 인간은 이 여행을 시작해야만 하며 많은 사람들은 그 목적지

가까운 곳에 도달한다. 즉, 마음속에 확립된 사회적 감각을 가진 독립상태에 도달한다. 여기서 정신의학은 건강한 성장에 관심을 갖고 있으며 이것은 종종 교육자나 심리학자의 문제이기도 하다.

이러한 접근은 개인적이며 환경적인 요소를 동시에 연구하고 논의할 수 있다는 점에서 가치를 지닌다. 이런 접근에서 볼 때, 건강은 개인의 건강과 사회의 건강 모두를 의미하며, 미숙하거나 병든 사회환경에서 개인의 온전한 성숙은 가능하지 않다.

세 가지 범주

아주 복잡한 주제를 보다 간략하게 진술하려면 단순히 의존과 독립이라는 두 가지 범주보다는 다음의 세 가지 범주가 필요하다.

> 절대적 의존
> 상대적 의존
> 독립을 향해

절대적 의존

먼저 우리는 모든 정서발달의 아주 초기 단계에 주의를 기울일 필요가 있다. 생의 초기에 유아는 살아있는 어머니의 신체적 제공에, 그리고 어머니의 자궁 또는 돌봄에 전적으로 의존되어 있다. 그러나 심리적인 측면에서 유아는 의존적이면서도 동시에 독립적이다. 이것은 역설이며 우리는 이 역설을 검증할 필요가 있다. 유아는 성숙과정과 병리적인 선천적 성향을 포함하여 모든 것을 물려받는다. 그리고 이런 것들은 그것들 나름의 실재를 가지고 있으며 아무도 이것들을 바꿀 수는 없다. 동시에 성숙과정은 환경 제공에 의존한다. 즉 성숙과정은 촉진적 환경에 의해 꾸준히 발달해 나간다. 그러나 환경이 아동을 만드는 것은 아니다. 다만 아동은 그 환경의 도움으로 타고난 잠재력을 실현할 수 있을 뿐이다.

이 '성숙과정'이란 용어는 자아와 자기(self)의 발달을 의미한다. 그리고 그것은 원본능 및 그것의 변화과정, 그리고 자아의 방어에 대한 전체 내용을 포괄한다.

다른 말로 하면, 어머니와 아버지는 예술가가 그림을 그리거나 도예가가 도자기를 만드는 것처럼 아기를 만들어 낼 수는 없다는 것이다. 아기는 발달과정에서 어머니의 몸 속에, 어머니의 품 안에, 그 후에는 부모가 제공하는 가정 안에 존재하게 된다. 그가 어떤 존재가 될 것인지는 어느 누구도 예상할 수 없다. 부모는 유아의 본래적인 경향성에 의존한다. '부모가 아동을 위해 할 수 있는 일이 아무것도 없다면, 부모는 무엇인가?'라는 질문이 제기될 수 있다. 물론 부모는 아동을 위해 굉장히 많은 것들을 한다. 나는 아동이 건강한 아동으로 자라나고 성숙하는데 부모가 어떤 것을 제공할 수 있다고 본다. 만일 부모가 아동 발달의 수준에 맞추어 준다면, 그때 성숙과정은 유아 자신의 것이 될 수 있다.

이처럼 유아의 성숙과정에 맞춰 주는 것은 아주 복잡한 일이기 때문에, 부모가 그 일을 해내려면 매우 헌신적이어야만 한다. 유아는 촉진적 환경을 필요로 하며 그 촉진적 환경은 처음에는 어머니 자신이라고 할 수 있다. 어머니는 이때에 지원 받을 필요가 있다. 어머니는 아동의 아버지(곧 남편), 어머니, 가족들 그리고 가까운 사회 환경으로부터 지원 받아야 한다. 이것은 자명한 사실이고 반드시 언급될 필요가 있다.

나는 아기와 관계하는 어머니의 특별한 상태에 이름을 붙이고 싶다. 왜냐하면 그것이 얼마나 중요한 것인지 제대로 인식되고 있지 않기 때문이다. 어머니들은 이런 상태에서 회복되며, 곧 그 상태에서 벗어난다. 나는 그것을 '일차적 모성 몰두' 라고 부른다. 이것이 반드시 좋은 이름이 아닐 수도 있다. 그 시기는 임신 말기 그리고 아동을 출산하고 난 몇 주 동안에 어머니가 아기 돌보는 일에 몰두하는 (또는 아주 헌신적인) 시기이다. 처음에 유아는 어머니의 일부처럼 보인다. 더욱이 어머니는 아기와 매우 동일시되며 아기가 어떻게 느끼는가에 대해 아주 잘 알고 있다. 이를 위해 어머니는 자신이 아기였을 때의 경험을 사용한다. 이런 식으로 어머니 자신은 의존 상태에 있으며 상처받기 쉽다. 나는 이 단계의 아기의 상태를 말할 때 절대적 의존이라는 용어를 사용한다.

이 모성 몰두를 통해서 유아에게 필요한 것을 제공하는 돌봄이 자연스럽게 이루어지는데, 이것은 고도의 적응이기도 하다.

정신분석학 초기에 적응은 단지 유아의 본능적 욕구를 채워주는 것만을 의미했다. 유아의 욕구들이 본능 긴장—이것이 매우 중요하다 하더라도—에 한정되지 않는다는 것을 뒤늦게 이해한 것이다. 유아의 자아 발달은 그 나름대로 필요한 요소들을 갖고 있다. 이 말은 비록 어머니가 유아의 본능 욕구들을 충족시켜주는 것은 실패하더라도, 어머니는 '자신의 아기를 낙담시키지 않는다' 는 것이다. 모유를 먹이지 못하고 분유를 먹이는 어머니들조차도 유아의 자아 욕구들을 충족시켜주는 일을 놀라울 정도로 잘 해낸다.

그러나 이 아주 초기의 단계가 비록 임신 말기와 유아의 생의 초기에 이르는 짧은 기간 동안이라 하더라도 이 단계에서 요구되는 일에 자신을 온전히 맡기지 못하는 어머니들이 있다.

나는 다양한 자아 욕구들을 묘사해보겠다. 가장 좋은 예는 단순한 안아주기의 문제일 것이다. 어머니가 아기와 동일시할 수 없다면, 아기를 안아줄 수 없다. 이것에 대해 유아는 아무 것도 알지 못하지만, 이것은 필수적이다. 발린트(1951, 1958)는 이것을 공기 중의 산소로 묘사하였다. 우리는 어머니가 자신의 팔꿈치로 목욕물의 온도를 알아보는 모습을 생각해 볼 수 있다. 유아는 물이 너무 뜨거운지, 너무 차가운지 알지 못한 채 주어진 물의 온도를 당연한 것으로 여기게 된다. 나는 아직도 절대적인 의존에 대해 말하고 있다. 그것은 모두 환경이 유아의 존재에 대해 침범하는가 또는 침범하지 않는가의 문제이다. 그리고 나는 이 주제를 더 발전시키고자 한다.

살아있는 유아의 신체 및 모든 정신과정들은 존재의 연속성을 구성하며, 이 존재의 연속성은 일종의 실존을 위한 청사진이라고 할 수 있다. 일정 기간 동안 이런 자연스런 일에 헌신할 수 있는 어머니는 유아의 존재의 연속성을 보호할 수 있다. 침범이나 적응의 실패는 유아의 반동을 불러일으키며 그 반동은 존재의 연속성을 깨뜨린다. 만일 유아의 삶의 양태가 침범에 대한 반동으로 이루어 진다면, 그때는 과거와 현재 그리고 미래의 자기(self)를 계속 유지할 수 있는 통합된 단위를 지향하는, 유아에게 존재하는 자연스런 경향이 심각하게 방해를 받게 된다. 침범에 대한 반동이 거의 없을 때 유아의 신체 기능은 신체 자아를 발달시킬 수 있는 좋은 기초를 제공한다. 이와 같이 미래의 정신건강을 위한 기초가 놓여지게 된다.

유아의 자아 욕구에 대한 어머니의 민감한 적응은 아주 짧은 기간 동안만 지속된다. 유아는 곧 발길질에서 짜릿한 흥분을 맛보기 시작하며, 자신의 욕구에 적응해주지 못하고 실패하는 어머니에게 화를 내는 것이 긍정적인 경험이 되기 시작한다. 그러나

이 시기에 어머니는 자신의 삶을 다시 시작하게 되며 유아의 욕구에 대해 상대적으로 독립적이 된다. 종종 아동의 성장은 어머니가 자신의 독립성을 되찾는 것과 아주 정확히 일치한다. 그리고 이런 민감한 적응의 문제에서 점차적으로 실패하지 못하는 어머니는 또 다른 의미에서 실패하고 있는 것이다. 즉 어머니는 (자신의 미숙성이나 불안 때문에) 화내야 하는 이유를 유아에게 가르쳐주지 못하고 있는 것이다. 화내는 이유를 깨닫지 못하는 유아는 자신 안에 존재하는 공격성의 요소 때문에 특별한 어려움에 봉착하게 된다. 그 어려움이란 사랑 안에 공격성을 융합시키지 못하는 어려움이다.

따라서 절대적인 의존기 동안에 유아는 모성 제공에 대해 결코 알지 못한다.

상대적 의존

나는 첫 단계인 '절대적 의존' 다음에 오는 단계를 '상대적 의존'이라고 부른다. 우리는 이런 식으로 유아가 알 수 없는 의존과 유아가 알 수 있는 의존을 구별할 수 있다. 첫 단계에서 어머니는 유아의 자아 욕구를 채워주는 일에 많은 노력을 하지만, 그 모든 것은 유아의 기억 속에 기록되지 않는다.

상대적 의존의 단계는 어머니가 점진적으로 적응에 실패하는 단계이다. 이 단계 동안 어머니들이 유아를 돌보는 방법은 점진적으로 적응에서 벗어나는 것이다. 그리고 이것은 유아가 보여주는 급격한 발달과 맞물려 있다. 예컨대, 유아의 지적인 이해가 발달하기 시작함으로써 조건 반사와 같은 단순한 과정이 크게 확장된다. (먹을 것을 기대하는 유아를 생각해 보라. 부엌에서 나는 소리는 곧 음식이 나올 것임을 알려주기 때문에 그는 몇 분 동안 기다릴 수 있다.)

유아들의 지적인 이해에는 많은 차이가 있다. 그리고 종종 현실이 그들에게 어떻게 제시되는가에 따라 유아의 지적 이해능력의 발달이 지연되기도 한다. 유아 돌봄의 전체적인 진행과정에서 유아에게 세상을 꾸준히 제시하는 것은 특히 중요하다. 이 일은 생각에 의해 이루어지는 것도 아니고 기계적으로 관리될 수 있는 것도 아니다. 그것은 어머니 자신에 의해 제공되는 일관성 있는 관리를 통해 이루어질 뿐이다. 여기서 완벽함은 문제가 되지 않는다. 완벽함은 기계에나 해당되는 것이다. 유아에게 필요한 것은 그가 평상시에 얻는 것, 즉 계속해서 자기 자신으로 존재하는 어머니의 돌봄과 관심이다. 물론 이것은 아버지에게도 적용된다.

특별한 점은 이처럼 어머니는 '자기 자신으로 존재하는' 사람이 되어야 한다는 것이다. 우리는 남자나 여자, 어머니나 보모들 가운데 이 일을 자연스럽게 아주 잘 하는 사람과 책이나 강습회 등을 통해서 유아를 어떻게 돌보아야 하는지를 배워서 하는 사람을 구분해야 한다. 인위적인 행함은 충분히 좋은 것이 아니다. 유아는 자신에 대해 그리고 자신을 헌신적으로 돌보아주는 사람을 필요로 하며, 그때에만 혼란스럽지 않은 외적 세계를 알게 된다. 차츰 어머니도 이런 헌신적 상태로부터 벗어나게 될 것이다. 그리고 곧 사무실 책상이나 소설 쓰는 일, 또는 남편과 함께 하는 사회 생활로 돌아갈 것이다. 그러나 때때로 어머니는 유아 돌봄에 몰두하는 시기를 갖는다.

첫 단계(절대적 의존)에서 기대할 수 있는 성과가 유아의 발달과정이 왜곡되지 않게 하는 것이라면, 상대적 의존 단계에서 기대할 수 있는 성과는 유아가 자신이 의존되어 있음을 인식하기 시작한다는 것이다. 어머니가 존재한다고 믿을 수 있는 시간이 지나면, 그 순간 유아에게 불안이 나타난다. 이것이 유아가 의존의 사실을 인식한다는 첫 신호이다. 이에 앞서 어머니가 유아와 멀리 떨어져 있게 될 때, 그녀는 침범으로부터 유아를 보호해주는데 실패한다. 그리고 이때에 자아 구조를 형성하는 본질적인 발달과정이 제대로 진행되지 못한다.

유아가 어떤 식으로든 어머니가 필요하다는 것을 느끼는 단계 다음에 어머니가 필요하다는 것을 스스로 아는 단계가 온다.

점차 실제 어머니를 필요로 하는 아이의 욕구는 (건강한 경우에) 맹렬해지고 정말로 지독해진다. 따라서 어머니는 아동을 떼어놓는 것이 힘들게 된다. 그리고 어머니는 이 특별한 기간 동안에 많은 희생을 함으로써 아이의 정신 안에 고통과 미움과 환멸을 만들어내는 불행을 피한다. 이 기간은 (대략) 6개월에서 2년 동안 지속된다고 할 수 있다.

유아가 약 2세 경이 되면 새로운 발달이 시작되며, 아동은 차츰 대상 상실의 문제를 다룰 수 있게 된다. 여기에는 아동의 성격발달과 아울러 고려해야 될 다양하고 중요한 환경적 요소들이 있다. 예컨대 그 자체가 흥미로운 연구 주제인 대리모, 즉 항상 곁에 있어 줌으로써 대리모의 자격을 얻은 친숙한 아주머니와 조부모, 부모의 절친한 친구들이 있다. 그때 남편 또한 가정에서 중요한 사람이다. 그는 좋은 대리모가 되거나 아내를 지원해주고 아내에게 안정감을 주는 중요한 역할을 한다. 이때 어머니는 유아를 지원해주고 유아에게 안정감을 줄 수 있다.

이런 명백하고도 중요한 내용들을 모두 다 상세하게 다룰 필요는 없다. 그러나 이런 내용은 매우 다양하며 유아의 성장과정은 이 시기에 무엇을 제공받느냐에 따라 달라진다.

임상 사례

나는 갑자기 어머니를 여읜 세 소년의 가족을 관찰할 기회가 있었다. 아버지는 책임 있게 행동했으며 그 소년들을 잘 알고 있는 어머니의 친구가 그들을 맡아서 잘 돌보았다. 그리고 얼마의 기간이 지난 후에 그녀는 그들의 새어머니가 되었다.

막내 아기는 생후 4개월이 되었을 때 그의 삶에서 어머니를 갑자기 잃었다. 그의 발달은 만족스럽게 진행되었고 반동으로 여겨지는 어떤 임상적 징후도 없었다. 아기에게 그 어머니는 '주관적 대상'이었다. 그리고 어머니의 친구가 어머니의 자리에 들어왔다. 그는 새어머니를 친어머니로 생각했다.

그러나 네 살이 되자, 이 아동에게 여러 가지 성격상의 문제가 나타나기 시작했고 그래서 나에게 오게 되었다. 치료 면담 시간에 그는 아주 여러 번 반복하는 한 놀이를 생각해냈다. 그는 숨었고, 나는 탁자 위에 있는 연필을 살짝 옮겨 놓았다. 그는 돌아와서 탁자 위에 생긴 약간의 변화를 발견하고는 몹시 화를 내면서 나를 죽일 듯이 행동했다. 그는 이 놀이를 몇 시간 동안 계속하였다.

나는 새어머니에게 친어머니의 죽음에 대해 그에게 말해줄 준비를 하라고 했다. 바로 그날 저녁에 그는 생전 처음으로 새어머니로부터 친어머니의 죽음에 대해 들을 수 있었다. 그 말은 들은 후, 그는 그를 낳은 어머니와 어머니의 죽음에 관한 모든 사실들을 정확히 알고 싶어졌다. 이것은 그후 며칠 동안 그의 중심적인 관심사가 되었고 모든 것이 반복되고 또 반복되었다. 그러면서도 그는 지금껏 친어머니라고 생각해 온 새어머니와 좋은 관계를 계속 유지했다.

맏이는 어머니가 죽었을 때 여섯 살이었다. 그는 자신이 사랑했던 어머니를 애도했다. 애도과정은 2년 가량 걸렸으며, 거기에서 빠져 나오면서 한 차례 훔치는 행동이 나타났다. 그는 새어머니를 새어머니로 받아들였으며 그의 친어머니를 슬프게도 잃어버린 사람으로서 기억했다.

가운데 아동은 그 당시에 세 살이었다. 그는 그때에 아버지와 강하고 긍정적인 관계를 맺고 있었다. 그리고 그는 정신치료를 받아야 하는 (8년간 약 7회의 면담을 했던) 환자가 되었다. 맏이는 동생에 대해 이렇게 말했다. '우리는 동생에게 아버지의 재혼을 말할 수 없었어요. 왜냐하면 동생은 결혼이 "살해"를 의미한다고 생각했거든요.'

가운데 아동은 혼란스러운 상태에서 아버지에게 특별히 집착하는 동성애적 시기에 어머니가 돌아가셨기 때문에, 그가 당시에 경험해야만 했던 죄책감의 문제를 다룰 기회를 갖지 못했다. 그는 이렇게 말했다. '어머니를 사랑했던 사람이 … 형이었다는 사실에 그리 신경 쓰지 않아요.' 임상적으로 그는 급성 조증의 모습을 보였다. 그는 오랫동안 지나치게 부산스러웠고 우울증에 시달리고 있음이 분명했다. 그의 놀이는 혼란스러움을 보여주었으나, 그는 정신치료 면담에서 그를 부산하게 만드는 특정한 불안이 무엇인지 충분히 말할 수 있을 정도로 자신의 놀이를 조직화할 수 있었다.

현재 열 세 살인—이 소년에게 상처가 되었던 비극이 일어난 지 10년 후—이 소년에게는 아직도 정신과적 장애를 보여주는 요소들이 남아 있다.

유아의 중요한 발달 과제중의 하나는 '동일시'라는 주제와 관련되어 있다. 아주 초기의 유아는 어머니와 동일시하는 능력을 보여준다. 아기가 미소에 대해 미소로 반응하는 것과 같은 발달을 위한 기초를 형성하는 원시적인 반사작용들이 그것이다. 아기는 상상력의 요소와 함께 보다 복잡한 형태의 동일시를 급속하게 형성할 수 있게 된다. 이것을 보여주는 하나의 예는 젖을 먹으면서 어머니의 입을 찾아 자신의 손가락으로 어머니의 입 속에 집어 넣어 어머니를 먹여주고자 하는 유아의 행동이다. 나는 3개월 된 유아가 이런 행동을 하는 것을 관찰했다. 그러나 그 시기는 그리 중요한 것이 아니다. 모든 유아(병이 있는 유아들을 제외하고)들은 이러한 행동을 한다. 유아는 의존으로부터 오는 안도감을 느껴야만 어머니와 동일시하는 능력을 발달시킨다. 이것에서부터 어머니가 개인적이고 독립적인 존재임을 이해할 수 있게 되는 발달이 이루어지며, 이에 따라 아동은 부모의 성적 결합을 통해서 자신이 임신되었다는 사실을 실제로 믿을 수 있게 된다. 이것은 하나의 긴 여정이며 가장 깊은 차원에서 볼 때 결코 끝나지 않는 과정이다.

이 새로운 정신 기제는 유아가 자신의 통제밖에 있는 사건을 인정할 수 있게 한다. 그리고 어머니나 부모와 동일시할 수 있음으로 해서 유아는 자신의 전능성에 도전하는 것에 대한 엄청난 증오에서 벗어날 수 있다.

유아는 이때 말(speech)을 이해하고 사용하게 된다. 이 엄청난 발달로 인하여 부모는 유아에게 지적인 이해력을 통하여 협력할 수 있는 기회를 줄 수 있다. 어머니는 '빵 사러 갔다 올께' 라고 할 수 있다. 이것은 물론 유아가 어머니를 살아있다고 느낄 수 있는 시간 동안만 가능한 일이다. 이 시기의 유아는 깊은 감정의 차원에서는 슬픔, 증오, 환멸, 공포 그리고 무기력감을 느낄 수밖에 없다.

나는 복잡한 동일시를 할 수 있는 유아의 능력에 특히 영향을 미치는 발달 형태를 언급하고자 한다. 이런 능력은 유아의 통합 경향성, 즉 유아가 내적 외적으로 통합되어 전체 인간인 한 단위가 되고, 신체 속에 살아 있으며 피부로 느껴지는, 어느 정도의 경계가 형성된 한 인간으로서 존재하게 되는 것과 관련되어 있다. 외부가 '나-아닌 것'을 의미한다면, 내부는 나를 의미한다. 그리고 이때에 사물을 저장할 수 있는 공간이 형성된다. 유아의 환상 속에서 개인의 심리적 실재는 내부에 위치한다. 만일 그것이 외부에 위치한다면, 거기에는 이유가 있을 것이다.

이제 유아의 성장은 다른 사람에 의해 풍성해지는 내적 실재와 외적 실재 사이의 끊임없는 상호 교환의 형태를 취한다.

아동은 이제 세상의 잠재적인 창조자일 뿐 아니라, 자신의 내적 삶의 표본을 지니고 세상에서 자리잡고 살아가는 존재가 된다. 따라서 점차 아동은 거의 모든 외적 사건을 '다룰' 수 있게 되며, 아동의 지각은 창조와 거의 동의어가 된다. 이것이 아동 자신의 내적 작용뿐 아니라 외적 사건에 대해 그가 통제하는 방법이 된다.

독립을 향해서

건강한 경우, 일단 이런 것들이 형성되면 아동은 자신의 자기(self) 안에 이미 존재하고 있는 것에 대해 더 많이 알게 됨으로써 점차 복잡한 세상과 만나게 된다. 보다 더 넓은 사회생활의 범위 안에서 아동은 사회와 동일시된다. 왜냐하면 아동이 살고 있는 그 사회는 실제적인 외적 현상의 표본일 뿐 아니라 자기(自己)라는 개인적인 세계의 표본이기 때문이다.

이런 식으로 진정한 독립성을 발달시킴으로써 아동은 사회의 일과 관련하여 만족스러운 개인적 존재로 살아갈 수 있게 된다. 당연히 이러한 사회화 과정 안에는 사춘기와 청소년기를 넘어가는 후기 단계에서까지도 퇴행의 가능성이 남아 있다. 건강한 개인조차도 자신이 개인적으로 수용할 수 있는 한도를 넘어서는 사회적 긴장과 만날 수 있기 때문이다.

실제로 우리는 청소년들이 삶의 범위를 넓혀 가는 과정에서 그리고 사회가 던지는 새롭고 낯선 현상을 포용해 가는 과정에서 하나의 집단으로부터 다른 집단으로 옮겨가는 모습들을 볼 수 있다. 부모들은 차례로 사회 집단을 탐험해 나가는 청소년기 자녀들을 관리하는 일에 더욱 필수적인 존재가 된다. 이처럼 부모가 필수적인 존재가 되는 것은 한편으로 한정된 사회로부터 무한히 넓은 사회로 탐험해나가는 것이 너무 빠르게 진행되는 이 시기에 아동들보다 부모들이 세상을 더 잘 볼 수 있기 때문이며, 또한 다른 한편으로 유해한 사회 환경적 요소나 성적 능력의 급격한 발달로 인한 사춘기의 반항 때문이기도 하다. 특히 걸음마 시기에 출현했다가 청소년기에 다시 나타나는 본능 긴장과 그 유형 때문에 부모들이 더욱 필요해진다.

'독립을 향해서'라는 표어는 걸음마 아기와 사춘기 청소년 모두의 추구를 묘사하는 말이다. 운이 좋은 잠재기의 아동들은 대체로 의존에 대해 만족스러워한다. 잠재기는 가정의 역할을 대신 수행하는 학교 교육의 시기이기도 하다. 물론 이것이 항상 진실은 아니지만 여기에서 이런 특별한 주제를 더 깊이 논의할 필요는 없다.

성인들은 아동이 성장하여 성인이 되는 발달과정을 지속할 수 있도록 지켜주어야 한다. 아동이 충분한 성숙에 이르는 것은 쉽지 않은 일이기 때문이다. 그러나 일단 그가 사회에서 자신이 할 수 있는 일을 발견하고 결혼을 하거나, 또는 부모를 모방하는 것과 반항적으로 자신의 정체성을 성립시키는 것 사이의 타협으로서 어떤 삶의 유형에 정착하게 될 때, 비로소 그에게 성인의 삶이 시작되며, 그는 의존으로부터 독립을 향해 가는 여정에서 중요한 한 걸음을 내디딘 것이라고 말할 수 있다.

8
도덕과 교육[1]
(1963)

이 강의의 제목은 변화하는 사회에 대한 내용보다는 오히려 변화하지 않는 인간 본성에 대한 내용을 담고 있다. 인간의 본성은 변하지 않는다는 생각은 도전받을 수 있다. 그럼에도 불구하고 나는 이것이 사실이라는 가정 하에서 논의를 시작할 것이다. 수십 만년 동안 인간의 신체가 진화해온 것처럼 인간의 본성도 진화했다는 것은 사실이다. 그러나 기록된 역사 속에서 짧은 기간 동안 인간 본성이 변화했다는 증거는 거의 찾아볼 수 없다. 그리고 인간 본성에 대한 것은 오늘날의 런던 사람, 도쿄 사람, 아크라 사람, 암스텔담 사람, 팀북투 사람이 아무런 차이가 없다는 사실이 이 견해를 뒷받침해준다. 백인과 흑인, 거인과 난쟁이 그리고 유명한 과학자들의 아동들과 오스트레일리아 원주민의 아동들 사이에 인간의 본성에 대한 차이는 거의 없다.

---

1 1962년에 런던대학의 교육연구소에서 연속하여 이루어진 강의. "변화하는 사회에서의 도덕교육"(제목: '가정과 학교에서의 어린 아이'), W. R. Niblett 편, (London: Faber, 1963)에 최초로 게재됨.

　　이것은 도덕교육을 받을 수 있는 아동의 능력에 관한 생각과 관련되어 있다. 나는 이 강의에서 아동이 죄책감을 경험하고, 이 상을 형성하며, 도덕성을 가질 수 있는 능력을 어떻게 발달시키 는지에 관해 말하고자 한다. 즉 이 강의는 '신에 대한 믿음'으로 부터 그 배후에 있는 '믿음' 또는 내가 선호하는 '신뢰'라는 개 념으로 관심의 초점을 옮기는 주제를 담고 있다. 우리가 알고 있 듯이, '신뢰'가 있는 아동에게 가족이나 사회가 믿는 신이 전수 될 수 있다. 그러나 '신뢰'가 없는 아동에게 신은 기껏해야 교육 자의 속임수일 뿐이고, 최악의 경우 신은 부모들이 인간 본성을 믿지 못하며, 알려지지 않은 것을 두려워한다는 증거를 보여주는 것일 뿐이다.

　　이 연속 강의의 첫 회에서 니블레트(Niblett) 교수는 아동에게 '너는 오늘 오후 다섯 시까지 성령(聖靈)을 믿어야 해. 아니면 나 는 네가 그렇게 할 때까지 매로 다스리겠다'고 말했던 키이트 (Keate) 교장의 말을 언급하였다. 니블레트 교수는 강제로 종교나 가치관을 심어주는 것이 얼마나 헛된 것인지를 말했다. 나는 지 금 도덕교육이라는 주제를 다루고 그 대안들을 제시하려고 한다. 나의 주된 요지는 좋은 대안이 존재한다는 것이며, 이 좋은 대안 은 보다 정교하게 체계화 된 종교적 가르침에서는 찾을 수 없다 는 것이다. 그 좋은 대안은 '신뢰'와 옳고 그른 것에 대한 개념이 아동의 내면으로부터 발달해 나올 수 있는 조건을 유아와 아동 에게 제공하는 것이다. 이것은 개인의 초자아의 진화라고 부를 수 있다.

　　기독교는 원죄에 대해 많은 것을 말했지만, 본래적인 선에 대 해서는 별로 말하지 않았다. 본래적인 선은 신의 개념을 중심으 로 한데 모이게 되었고, 동시에 그것은 신의 개념을 창조하고 재 창조한 인간으로부터 떨어져나가게 되었다. 인간이 자신의 이미지를 투사해서 신을 만들었다는 말은 대체로 그릇된 우스꽝스러운 예로 취급되지만, 계속해서 자신 안에 있는 선(good)을 맡겨두기 위해 인간이 신을 창조한다고 말한다면, 그 진술은 중요한 의미를 갖게 된다. 이 진술에 의하면 인간은 자신 안에 있는 모든 증오심 및 파괴성과 함께 선을 자신 안에 간직하면 그 선이 망쳐질 수 있기 때문에 그 선을 자신 바깥에 두고자 한다는 것이다.

종교(또는 신학)는 발달해 나오는 아동의 선을 훔친 후에, 그것을 아동에게 다시 주입시키기 위해 만든 인위적인 체계이다. 사람들은 그것을 '도덕교육'이라고 부른다. 그러나 실제로 도덕교육은 유아나 아동이 그 자신의 자연스런 발달과정에 의해 그의 마음속에 자리잡은 그 무엇을 하늘에 계신 신으로 부를 수 있어야 비로소 그에게 영향을 미칠 수 있다. 즉 아동이 자신의 일부가 된 선을 투사함으로써 교육자가 가르치는 신을 받아들일 수 있어야만 도덕교육이 이루어 질 수 있다.

따라서 어떤 신학 체계라 할지라도 실제로는 새로 태어난 각 아동이 어떤 방식으로 존재하며 어느 정도의 발달을 이룩하느냐 라는 근본적인 문제로 환원될 수 있다. 아동이 소위 도덕성의 시험에 합격할 수 있을 것인가? 또는 내가 신뢰라고 부르는 것을 획득할 수 있을 것인가? 나는 계속해서 신뢰라는 말에 매달리고 있다. 의존의 경험으로부터 시작된 이 도덕성의 발달을 완성하기 위해서는 누군가가 가정에서 그리고 사회의 한 부분에서 신뢰하고 있는 것을 아동에게 알려주어야 한다. 그러나 이런 신뢰는 완성과정에 속한 것이며 그것의 중요성은 이차적인 것이다. 무엇보다도 먼저 아동이 '신뢰'를 갖지 못한다면, 도덕이나 종교를 가르치는 것은 단순히 키이트식의 교육일 뿐이며, 그것은 일반적으로 불만스럽거나 우스꽝스런 것이 될 것이다.

이 분야의 전문가들 사이에는 인간 심리에 대한 프로이트의 기계적 접근 때문에 그리고 인간이 동물에서 진화했다는 진화론을 프로이트가 받아들였기 때문에 정신분석이 종교적 사고에 기여할 수 없게 되었다는 견해가 있다. 나는 이 견해에 찬성하지 않는다. 나는 오히려 종교가 정신분석으로부터 무엇인가를 배울 수 있다고 생각한다. 그것은 문명의 발달과정에서 종교가 그 자리를 잃어버리는 것으로부터 구해줄 수 있을 것이다. 신학은 발달하는 개인이 신과 선 그리고 도덕적 가치의 개념과 연결된 그 어떤 것도 창조할 수 없다고 함으로써, 개인의 창조성을 고갈시킨다.

몇 년 전에 있었던 논쟁에서 신을 산타클로스와 비교했던 나이트(Knight) 부인의 주장이 신을 평가 절하하고자 했던 것은 아닐 것이다. 그녀는 아동의 어느 부분들은 동화 속의 마녀로 나타날 수 있고, 아동의 믿음과 관용의 어느 부분은 산타클로스로 나타날 수 있으며, 아동과 자신의 내적, 외적 경험에 속한 선에 대한 모든 종류의 감정과 생각들을 어느 한 곳에 둘 수 있는데 그것은 '신'이라 이름 붙여질 수 있다고 말했다. 이와 동일한 방식으로 아동의 못됨은 '마귀와 마귀의 모든 소행'이라고 불릴 수 있다. 이처럼 개인적 현상에 이름을 붙이면, 그 현상은 사회화된다. 나는 30년 동안의 정신분석 치료 경험을 통해서 조직화된 도덕교육이 개인의 창조성을 고갈시킨다는 생각을 갖게 되었다.

도덕교육자들의 생각이 좀처럼 사라지지 않는데는 이유가 있다. 분명한 것은 세상에 사악한 사람들이 존재한다는 사실이다. 내가 생각하기에 이것은 모든 세대를 막론하고 모든 인간 사회에는 정서발달 과정에서 신뢰할 수 있는 단계에 도달하지 못했거나, 전체 성격을 포함하는 내적 도덕성의 단계에 도달하지 못한 사람이 있다는 것을 의미한다. 그러나 이러한 병든 사람들을 위한 도덕교육은 병들지 않은 대다수의 사람들에게는 적합하지 않다. 나는 나중에 다시 사악한 사람들에 대한 주제를 다시 다룰 것이다.

지금까지 나는 유아와 아동의 정서발달에 대해 아마추어 신학 자로서 말했지만, 이제는 소아 정신과 전문의로서 말하겠다. 물론 이것은 아주 복잡한 주제이며 간단하게 다룰 수 없는 것이다. 나는 다양한 접근 방법들을 사용하여 정서적 성숙의 주제를 다루고자 한다.

아동의 타고난 경향성과 신체는 아동 발달의 기초가 된다. 이런 타고난 경향성은 발달하고자 하는 성숙의 욕구를 포함하고 있다. 말하자면 유아는 생후 1년 안에 약 세 개 정도의 단어를 사용하게 되며, 약 14개월 정도에는 걷게 되고, 어느 한쪽 부모의 모습과 키를 닮아가려는 경향이 있다. 또한 영리하거나 바보 같거나 저조한 기분 성향이나 알레르기를 갖기도 하다. 성격의 통합을 향한 경향성은 더 은밀한 방식으로 유아기에 시작해서 아동기 동안에 내내 계속된다. 통합이란 말은 시간이 흐르고 아동이 자람에 따라 더 복잡한 의미를 갖게 된다. 또한 유아는 자신의 몸 안에서 살며, 신체 기능의 기초 위에 자기(self)를 세우는 경향이 있다. 신체 기능으로부터 나오는 상상적 구성물은 빠른 속도로 매우 복잡해지고 유아의 정신적 실재의 특성을 구성한다. 유아는 하나의 단위로서 확립되기 시작하고, '나는 이다'의 느낌을 가지며, 자신이 이미 형성한 애정 어린 관계 그리고 (대조적으로) 본능적 삶에 기초한 대상관계의 유형을 가지고 마침내 세상과 용감하게 대면한다. 이 모든 것 외에도 훨씬 더 많은 것들이 유아에게 일어난다. 여기에 스스로를 펼쳐내는 인간 본성이 있다. 그러나 (이 '그러나'는 강조되어야 한다) 성숙과정이 아동에게 그리고 적절한 순간에 현실적인 것이 되려면, 충분히 좋은 환경이 제공되어야 한다.

이것은 오랫동안 인간 본성의 문제와 양육의 문제 사이에 존재해 온 논쟁거리이다. 이 문제에 대해서는 다음과 같은 진술이 가능하다. 예술가가 그림을 그리고 도예가가 도자기를 만들듯이, 부모가 아기를 만들 수 있는 것은 아니다. 환경이 충분히 좋으면, 아기는 자신의 방식대로 자란다. 어떤 학자는 충분히 좋은 환경의 제공을 '평균적으로 기대할 수 있는 환경'이라고 했다. 실제로 수세기 동안 어머니들, 부모들과 대리 부모들은 대체로 유아가 절대적으로 의존되어 있는 첫 단계 동안에 유아 또는 어린 아동이 실질적으로 필요로 하는 환경 조건을 제공해왔다. 그리고 이 환경의 제공은 어린 아동들이 어느 정도 환경과 분리되고 비교적 독립적이 되는 다소 후기까지도 계속된다. 나중에 이런 환경적인 요소들이 초기에 비해 그렇게 좋지 않게 되는 경향이 있지만, 이것은 점점 더 그다지 큰 문제가 되지 않는다.

여기에서 내가 말을 통해 가르치기 이전의 발달 시기에 대해 논의하고 있음을 주목할 수 있을 것이다. 프로이트의 정신분석에서는 이런 조건들을 어떻게 제공해야하는지에 대해 어머니들과 부모들에게 말해줄 필요가 없었다. 이런 조건들은 어머니가 자신의 일부를 유아의 욕구에 고도로 적응시키는 것과 함께 시작된다. 그리고 그 후에 점차 일련의 적응에의 실패가 뒤따르게 된다. 이런 실패들은 다시 일종의 적응 요소가 된다. 왜냐하면 그것들은 현실과 만나고 분리를 성취하며 개인적인 정체성을 확립하기 위한 필수적인 요소이기 때문이다(Joy Adamson은 이 모든 것을 암사자 엘자와 새끼 짐승들을 양육했던 자신의 방식과 관련하여 훌륭하게 묘사한다).

비록 대부분의 종교들이 가정생활의 중요성을 인정하고는 있지만, 개개 유아의 양육을 위해 절대적으로 필요한 것들을 제공하는 부모의 경향성이 지닌 가치—아니 본질적인 성질—를 그들에게 알려주는 것은 정신분석의 몫이다.

어머니는 (나는 아버지를 배제하지 않는다) 아주 잘 적응하여 자신의 아기와 밀접하게 동일시된다. 따라서 어머니는 매순간 아기에게 무엇이 필요한지를 안다. 물론 이 최초의 단계에서 유아는 아직 어머니에게서 분리되지 않은 융합상태에 있으며, '나'에게서 '나-아닌' 대상이 분리되지 않은 상태에 있다. 따라서 환경의 적응적인 것 또는 '좋은 것'은 유아의 경험의 창고 안에서 자기의 좋은 요소로 형성된다. 그리고 그것은 처음에 (유아에게는) 유아 자신의 건강한 기능과 구별되지 않는다.

이 초기 단계에서 유아는 무엇이 좋은 것이며 적응적인 것인지를 인식하지 못하고 단지 반동할 뿐이며, 이런 식으로 신뢰 형성의 실패를 마음에 기록한다. 유아 돌봄의 과정에서 신뢰할 수 없음에 대한 반동은 외상을 구성하게 되는데, 이는 반동이 유아의 '존재의 연속성'을 방해하고 유아의 자기를 파괴하기 때문이다.

인간 발달에 대한 나의 단순화된 도식의 첫 단계를 요약하자면, 다음과 같다. 대체로 부모들은 유아와 어린 아동을 믿을 수 있는 방식으로 돌보는데, 이런 돌봄은 유아의 내면에서 신뢰성에 대한 믿음으로 확립된다. 이것 위에 어머니나 아버지 혹은 할머니 등 양육자에 대한 지각이 첨가된다. 이런 식으로 삶을 시작하는 아동에게는 선(goodness)에 대한 개념과, 믿을 수 있는 인격적인 부모 또는 신에 대한 개념이 자연스럽게 형성될 수 있다.

초기 단계에서 충분히 좋은 경험을 갖지 못한 아동은 유아 돌봄의 대체물인 인격적인 신 개념을 형성하지 못할 것이다. 유아-어머니 사이의 중요하고 미묘한 의사소통은 언어적 의사소통의 단계보다 앞선다. 도덕교육은 사랑을 대신할 수 없다는 도덕교육의 제 1원칙은 이와 같은 사실에 기초해있다. 초기의 사랑은 유아 및 어린이 돌봄을 통해서만 효과적으로 표현될 수 있다. 그것

은 우리에게는 충분히 좋은 촉진적 환경을 제공해주는 것을 의
미하며, 유아에게는 성숙과정의 변화에 따라 개인적인 방식으로
꾸준히 발전할 수 있도록 기회를 주는 것을 의미한다.

빠르게 증가하는 아동의 내적 실재의 복잡성과 기억되기도 하
고 잊혀지기도 하면서 내적 및 외적 경험을 통해 확장되는 기억
의 저장고를 고려한다면, 이 주제를 계속 발전시키는 일은 결코
쉬운 일이 아니다.

이 시점에서 나는 유아나 어린 아동이 사용하는 '좋고 나쁜'
이란 말의 기원에 대해 설명하고자 한다. 물론 이 단계에서 유아
에게 이런 말을 가르쳐야 할 필요는 없다. 실제로 자신이 인정받
는지 아니면 거부되는지는 청각장애자나 언어적 의사소통이 시작
되기 훨씬 전 단계의 유아조차도 이미 느끼고 있는 것이기 때문
이다. 유아는 부모로부터 인정받거나 거부받는 경험과는 별도로
내부로부터 오는 어떤 상반되는 느낌들을 발달시킨다. 우리는 이
런 것들에 주목해야 하며, 그것들의 근원을 찾아내야 할 것이다.

아동의 내면적 정신실재를 구성하는 개인적인 기억의 저장고
에는 처음부터 대립되는 어떤 요소들이 나타난다. 그것들은 지원
적이거나 파괴적인 요소들, 친절하거나 적대적인 요소들 또는 선
하거나 박해적인 요소들로 구성된다. 이것들은 부분적으로는 본
능적 경험을 포함하여, 삶에서 경험하는 만족감과 좌절감에서 생
기는 것이며, 이처럼 긍정적이고 부정적인 요소로 나뉘는 것은
유아가 좋은 것으로 느끼는 대상의 측면과 나쁜 것으로 느끼는
대상의 측면을 서로 분리시킴으로써 양가감정의 고통을 피하고
자 하기 때문이다.[2]

---

2 이런 원시적인 상태는 양가감정의 고통에 대한 방어로서 사용되며, 그때
  그것은 대상의 "분열"이라고 불린다.

나는 여기서 '좋고 나쁜'이라는 용어를 사용할 수밖에 없다. 그런데 그것은 그 용어 이전에 나타나는 현상들을 묘사하려는 나의 목적과 모순되는 것이기도 하다. 왜냐하면 '좋고 나쁜'이라는 용어를 사용할 때, 발달하는 유아와 어린 아동의 계속되는 중요한 발달 현상들이 좋거나 나쁜 측면에서 묘사될 수밖에 없기 때문이다.

이 모든 것은 어머니가 인정해주거나 거부하는 것을 지각하는 일과 밀접하게 얽혀 있다. 그러나 내적이고 개인적인 모든 요소가 그렇듯이, 여기에서 외적인 환경적 요소보다 더 문제가 되는 것은 훈계이다. 훈계가 아동들의 자연스런 성격발달을 대신한다면, 그때 유아들과 어린 아동들은 주입된 옳고 그름의 판단 기준에 따라 살아갈 것이다. 이것은 부모들이 유아를 사랑해주는 대신에 인정해주거나 거부하는 것을 의미한다. 그리고 그들은 부모가 되는 대신에 도덕교육자들이 된다. 이것은 얼마나 끔찍스런 일인가!

아동은 부모의 인정 및 거부를 경험할 필요가 있다. 그러나 훌륭한 부모들은 대체로 유아가 바로 지금 의미있고 특별한 돌봄 안에서 가치감의 요소와 좋고 나쁜 요소, 그리고 옳고 그른 요소들을 발견할 때까지 기다려주며, 인정 및 거부의 표현을 자제한다.

이제 유아와 어린 아동의 내적 정신실재에 대해 살펴보자. 아동의 내적 정신실재는 아동의 자기의 내부와 외부에 위치하는 개인적인 세계로 빠르게 성장한다. 이때 자기는 '피부'라는 경계를 가진 하나의 단위로서 새롭게 확립되었음을 가리킨다. 아동의 내면에 있는 것은 선천적인 것이 아니더라도 자기의 일부이며, 투사될 수 있다. 반면, 아동의 외부에 있는 것은 선천적인 것도 아니고 자기의 일부도 아니지만, 내사될 수 있다. 건강한 경우,

아동이 삶의 경험을 끌어 모을 때 외부와 내부 사이의 끊임없는 상호 교류가 일어나며, 따라서 외적 세계는 내적 잠재력에 의해 풍부해지고, 내면세계는 외부 세계에 있는 것들에 의해 풍부해진다. 이런 정신 기제들은 분명히 섭취와 배설이라는 신체기능에 기초한다. 궁극적으로, 아동이 성숙한 개인이 될 때, 그는 진정으로 환경이라는 것이 존재하며 이것은 환경의 제공뿐 아니라 자신의 선천적인 경향성, 세계의 과거와 미래 그리고 아직 알려지지 않은 우주를 포함한다는 사실을 인식하게 된다.

이와 같이 성장하는 아동의 개인적인 자기는 단지 그 자신만의 것으로 구성되는 것이 아님이 분명하다. 아동의 자기는 점차 환경 제공에 의해 그 형태가 결정된다. 대상을 자기의 한 부분으로 사용하는 대부분의 아기는 그 대상이 곁에 있어야만 그것을 사용할 수 있다. 같은 방식으로 모든 내사들은 재수입된 수출품일 뿐 아니라 진정으로 바깥에서 온 것들이다. 유아는 어느 정도 성숙하기 전까지는 이것을 알 수 없다. 정신은 차츰 정서적으로 아무 의미가 없는 현상을 지적이고 지능적으로 다룰 수 있게 된다. 그러나 정서적으로 중요한 자기의 핵심 영역은 항상 개인적이며 고립되어 있고 경험의 영향을 받지 않는다.

정서발달을 바라보는 이런 관점은 나의 논의에서 매우 중요한 것이다. 왜냐하면 유아의 성장과정에서 유아와 어린이를 돌보는 사람들이 대상(인형이나 곰 인형 또는 그 밖의 장난감 자동차와 같은)뿐 아니라 도덕적 규범들을 아동 주변에 놓아두는 시기가 있기 때문이다. 이런 도덕적 규범들은 칭찬 또는 사랑 철수의 위협 등 미묘한 방식들을 통해서 아동에게 주어진다. 실상 '괄약근 도덕성'이란 말은 옳고 그름에 대한 생각들이 유아와 어린 아동들에게 전달될 수 있는 방식을 묘사하기 위해 사용된 것으로서, 괄약근을 사용하기 시작하면서 스스로 자제하지 못하던 아이가 사회화된 자기통제 능력을 획득하게 되는 것을 지칭한다. 배설에 대한 통제는 많은 현상들 중에서 상당히 명백한 하나의 예일 뿐이다. 그러나 괄약근 도덕성과 관련해서 만약 어린 아동이 스스로를 통제할 수 있는 단계에 이르기도 전에 그에게 규칙을 따르기를 기대하는 부모들이 있다면, 그들은 괄약근 통제를 향한 아동의 자연스런 성장과정을 방해할 뿐 아니라 그런 과정을 통해 드러나는 인간 본성에 대한 아동의 믿음과 성취감을 빼앗는 것이다. 배변 '훈련'에 대한 이런 종류의 잘못된 태도는 아동의 성숙과정들을 간과하고, 자신의 세계에 있는 다른 사람들처럼 되기 원하는 아동의 소망을 무시하는 것이다.

의심할 바 없이, 천성적으로 그리고 교육의 영향으로 아동의 도덕성이 자연스럽게 발달하도록 기다리며 아마도 오랫동안 기다리는 것을 선호하는 사람들이 있는 것처럼, 천성적으로 그리고 교육의 영향으로 아동에게 도덕성을 심어주는 것을 선호하는 사람들이 있으며 또한 항상 있을 것이다. 그리고 이런 문제들은 앞으로도 더 많이 논의될 것이다.

이런 문제들에 대한 대답은 항상 교육보다 사랑에서 얻는 것이 더 많다는 것이다. 여기서 사랑은 성숙과정을 촉진시키는 유아돌봄과 아동돌봄 전체를 의미한다. 그리고 그것은 증오를 포함한다. 여기에서 말하는 교육은 아동의 내적 성장이나 성숙과는 별도로 부모나 사회가 지닌 가치를 재가와 주입하는 것을 의미한다. 유아에게 셈을 가르치기 위해서는 '하나'의 개념이 의미 있는 것이 되어야 하며, 첫 번째의 단수 대명사인 "나"에 담겨 있는 의미를 생각할 수 있을 정도의 개인적인 통합이 이루어져 있어야 한다. '나는 이다'의 느낌을 알며, 그 느낌을 지닐 수 있는 아동은 하나에 대해 알게 됨으로 해서, 즉시 덧셈과 뺄셈 그리고 곱셈에 대해 배우는 것을 즐긴다. 마찬가지로 도덕교육은

좋은 돌봄이 촉진시키는 자연스런 발달과정에 의해 도덕성이 출
현한 후에 자연스럽게 뒤따라와야 한다.

가치감

  곧 다음과 같은 질문이 제기된다. 일반적으로 가치감이란 무
엇인가? 가치감의 문제에서 부모의 의무는 무엇인가? 보다 일반
적인 문제는 유아 행동의 보다 특정한 문제들을 다룬 다음에 제
기된다. 여기에서도 아동이 통합과 객관적인 사고 능력의 새로운
발달단계에 도달할 수 있도록 기다려주면서 아동이 가치감을 형
성할 수 있기를 기대하는 사람들이 있는 것처럼, 기다리기를 두
려워하고 아동에게 가치감을 주입하고자 하는 사람들이 있다.

  종교 그리고 신의 개념도 마찬가지이다. 아동이 신을 창조할
수 있는 능력을 갖고 있다는 것을 알지 못하고, 신의 개념을 주
입하려는 극단적인 사람들이 분명히 있는 반면, 발달하는 유아의
욕구에 부응해주면서 자신들의 노력의 결과를 기다리는 사람들
이 있다. 내가 이미 말했듯이, 이 후자의 사람들은 아동이 신의
개념을 수용할 수 있는 단계에 이르렀을 때 가정의 신들(family
gods)을 그에게 소개한다. 이럴 경우 아동이 고정된 신의 유형을
갖게 되는 일은 거의 없다. 그러나 전자의 경우에 아동에게는 고
정된 신의 유형이 주어지며, 아동은 다만 이 본질적으로 낯선 것,
즉 주입된 신의 개념을 받아들이거나 거부할 수 있을 뿐이다.

  아동이 발견하고 사용할 수 있는 문화적 가치들을 아동 주변
에 두지 말아야 한다고 주장하는 사람들이 있다. 나는 자신의 딸

이 동화 속의 마녀, 요정 혹은 왕자의 이야기와 접촉하는 것조차
도 허락하지 않았던 어떤 아버지를 알고 있다. 그 불쌍한 아동은
아동기를 거치면서 수세기에 걸쳐 인류가 이룩한 예술적 업적과
사상을 만나지 못했고, 결국은 뒤늦게 이 과정을 처음부터 다시
시작하지 않으면 안되었다. 그 아버지의 생각은 잘못된 것으로
드러났다.

마찬가지로 아동이 자신의 것을 가져야 하며, 부모와 지역사
회가 제공할 수 있는 것이 아무것도 없다고 생각하는 것 또한
결코 도덕적 가치의 문제에 대한 올바른 대답이 아니다. 아동은
사용할 수 있는 도덕적 규범을 가져야만 하며, 여기에는 특별한
이유가 있다. 그것은 유아와 어린 아동에게 내재된 도덕적 규범
이 너무 강하고, 투박하며, 상처를 주는 요소를 갖고 있기 때문이
다. 성인의 도덕적 규범은 인간 이하(subhuman)의 것을 인간다
운 것으로 변화시켜주기 때문에 아동의 도덕발달을 위해 필요하
다. 유아는 눈에는 눈, 이에는 이라는 법칙을 따르며, 그로 인한
보복 공포를 겪는다. 아동은 좋은 대상과의 흥분된 관계 경험에
서 대상을 깨무는데, 오히려 그 대상이 자신을 깨물고 있다고 느
낀다. 아동은 배설의 기쁨을 즐기면서 동시에 환상 속에서 세상
을 수장시키고 오물로 가득 채운다. 이런 원시적 공포들은 주로
부모와의 관계경험을 통해 인간화되는데, 이때 아동은 거부하기
도 하고 화를 내기도 하지만, 자신의 충동이나 환상에서 경험하
는 것과는 달리 보복하기 위해 아동을 깨물고 익사시키고 불에
태우는 부모와는 다른 인간다운 부모를 경험하는 것이다.

건강한 경우에, 아동은 삶과 생활의 경험을 통하여 개인적인
신(personal god)에 대한 믿음을 가질 수 있는 준비를 갖추게
된다. 개인적인 신에 대한 개념은 인간을 경험하지 못한 아동에
게는 아무런 가치가 없다. 인간을 경험하는 것을 통해서 아동은

유아적 충동과 신체 기능 및 본능을 포함하는 원초적 흥분을 수반하는 환상 등과 직접적으로 관련된, 무서운 초자아를 인간화한다.[3]

도덕적 가치의 전승에 영향을 끼치는 이런 원칙은 전체 문화와 문명의 문제에도 적용될 수 있다. 부모가 처음부터 아동에게 모짜르트와 하이든 그리고 스칼라티의 음악을 들려준다면, 그들은 사람들에게 조숙하게 발달한 아동의 재능을 자랑거리로 삼을 수 있을 것이다. 그러나 사실 아동의 음악수업은 아마도 휴지에 코푸는 소리로부터 시작되어야 하며, 냄비를 두드리고 낡은 나팔을 부는 과정을 거쳐야 할 것이다. 비명과 상스러운 소음에서부터 감미로운 목소리까지의 거리는 엄청난 것이다. 고상함에 대한 인식은 누가 심어주는 것이 아니라 개인적인 성취여야 한다. 그러나 어떤 아동도 혼자의 힘으로 모짜르트를 작곡하거나 연주할 수는 없다. 성인은 아동이 이런 보물들을 발견하도록 도와야 한다. 이것은 생활에서 성인이 아동에게 있는 그대로의 자신의 모습을 모범으로 제공하는 것을 의미한다.

초기 유아기의 도덕성이야말로 가장 강렬한 도덕성이다. 그리고 이것은 평생을 통해 식별될 수 있는 인간 본성 안에 있는 특징으로 지속된다. 유아에게 있어서 부도덕성은 개인적인 삶의 방식을 포기하고 동조하는 삶을 따르는 것이다. 예컨대, 아동은 먹는 것을 나쁜 것이라고 느끼며, 심지어 그런 생각 때문에 죽을 수도 있다. 순응은 즉각적인 보상을 가져온다. 그리고 성인들은 너무 쉽게 순응을 성장으로 오해한다. 성숙과정은 일련의 모방에 의해 건너 뛸 수 있다. 따라서 임상적으로 보여주는 것은 연기하

---

3 Erikson은 미덕의 개념과 관련하여 이 주제에 대해 글을 썼다(Erikson, 1961).

는 거짓자기, 즉 아마도 누군가를 모방하는 모습일 것이다. 그리
고 참된 또는 본질적인 자기라고 불리는 것은 숨게 되고 살아있
는 경험은 박탈된다. 이것은 잘 지내고 있는 것처럼 보이는 많은
사람들을 거짓되고 진실하지 못한 삶으로 인도한다. 진실되지 못
한 성공은 성적 비행과는 비교가 되지 않을 만큼 심각하게 저질
적인 도덕이다.

나는 특별한 중요성을 갖고 있는 아동발달의 한 단계를 말하
고자 하는데, 이 단계는 성숙과정을 촉진시키는 환경의 제공을
통해서 도달할 수 있는 것이다.

이 단계는 죄책감의 기초인 책임감을 느끼는 능력이 아동 안
에 점진적으로 확립되는 단계이다. 여기서 필수적인 환경 요소는
어머니 또는 어머니 상이 계속 현존하는 것이다. 유아와 아동은
환경 안에서 타고난 요소의 일부인 파괴성을 활용한다. 이 파괴
성은 대상관계의 경험에서 점점 더 두드러지게 나타나는 하나의
특징이 된다. 내가 언급하고 있는 이 발달 시기는 약 6개월부터
2세까지인데, 아동은 이 단계를 거치면서 대상을 파괴시킨다는
생각과 동일한 대상을 사랑한다는 생각을 만족스럽게 통합시킨
다. 어머니는 이 기간 동안에 필수적이며, 특히 그녀의 살아남는
능력이 필요하다. 어머니는 환경-어머니와 동시에 흥분된 사랑의
대상인 대상-어머니의 역할을 담당한다. 이 후자의 역할에서 어
머니는 반복적으로 파괴되고 손상을 입지만, 결코 파괴되지 않고
살아남음으로써 그 가치를 입증한다. 그때 아동은 점차 어머니의
이 두 면을 통합하게 되고, 동시에 살아남은 어머니에게 깊은 애
정을 느끼고 어머니를 사랑하게 된다. 이 단계에서 아동은 죄책
감이라고 불리는 특별한 종류의 불안을 경험한다. 죄책감은 사랑
이 있는 파괴와 관련된다. 이 불안은 아동으로 하여금 대상을 회
복시키고, 사랑하는 대상을 더 좋게 만들며, 손상된 것을 고쳐주

는 등 건설적이고 적극적으로 대상을 사랑하게 한다. 만일 어머니가 이 단계에 이를 수 있도록 아동을 잘 돌보지 못한다면, 아동은 죄책감의 능력을 발견하지 못하거나 상실한다. 그리고 대신에 심각하고 소모적인 불안을 느낀다(나는 이것을 여기에서보다 다른 데서 더 상세하게 묘사했다. 물론 이러한 이해에 대한 아동발달의 주된 연구는 멜라니 클라인이 쓴 '우울적 자리'라는 제목의 글에서 찾을 수 있다).

기회의 제공

여기에 아동발달의 본질적인 단계가 있다. 이 단계는 도덕교육과 전혀 관련이 없다. 만약 이 단계가 성공적으로 진행된다면, 사랑하는 대상을 파괴하는 것을 보상하고자 하는 아동의 충동은 어떤 일을 하거나 기술을 습득하려는 욕구로 승화된다. 여기에 기회의 제공과 관련된 문제가 있으며, 이것은 아동의 욕구에 부응하여 기술을 가르치는 것을 포함한다. 그러나 본질적인 요소는 바로 이러한 보상의 욕구이다. 그 욕구는 아동이 자기(self) 안에 있는 파괴적 충동 및 생각으로 인해 발생한 죄책감을 견딜 수 있고, 보상할 수 있고 공헌할 수 있는 기회가 있다고 확신함으로써, 파괴적인 생각을 견딜 수 있는 능력을 형성하는데서 오는 것이다. 이것은 청소년기에 요란한 문제로 나타난다. 그리고 청소년들에게 봉사의 기회를 제공하는 것이 도덕을 가르치는 도덕교육보다 더 가치 있는 일이라는 것은 이미 널리 잘 알려져 있다.

앞에서 나는 악함에 대한 생각과 악한 사람에 대한 생각을 다시 언급하겠다고 말했다. 정신과 의사에게 있어서 악한 사람이란 병든 사람이다. 악함은 반사회적인 경향성이 드러내는 임상적인 모습에 속한다. 그것은 오줌싸기에서부터 훔치기와 거짓말하기 그리고 공격적 행동, 파괴적 행위와 강박적인 잔혹함 그리고 성도착증을 포함한다. 반사회적 경향성의 원인에 관한 방대한 양의 문헌이 존재하지만, 그 원인을 다음과 같이 간단하게 설명할 수 있다. 반사회적인 경향성을 나타내는 아동은 박탈의 상처를 경험한 아동으로서, 절망적이고 불운하며 해를 끼치지만, 바로 그 점이 그에게는 희망의 징표이다. 반사회적인 경향성은 그 아동에게서 어떤 희망이 발달하고 있다는 것을 의미한다. 그 희망은 아동의 인격 안에 생긴 틈을 연결할 수 있는 길이 발견될 수 있다는 것이다. 이 틈은 상대적 의존기에 환경 제공의 연속성이 깨어지는 것을 경험한 데서 생긴 것이다. 모든 반사회적 경향성은 환경 제공의 연속성이 파괴되고, 성숙과정이 정지된 결과에서 비롯되며, 아동은 고통스럽고 혼란스러운 상태에 빠지게 된다.

종종 이런 아동이 이차적인 습득(secondary gain)을 발달시키기 전에 그 아동을 치료한다면, 우리는 그 아동이 그의 정신 안에 발생한 틈을 건너 되돌아가도록 도울 수 있으며, 따라서 훔치기 대신에 어머니 또는 부모와 옛날의 좋은 관계를 회복할 수 있도록 도울 수 있다. 그 틈이 극복되면 악함은 그에게서 사라진다. 이것은 지나치게 단순화한 것이지만 그것으로 충분하다. 강박적인 악함은 도덕교육에 의해 치료되거나 없어지지 않는다. 아동은 자신이 악한 행동을 하는 것이 희망이며, 절망은 순응 및 거짓 사회화와 연결되어 있음을 생득적으로 안다. 이런 점에서 반사회적이거나 악한 사람들을 도덕적으로 가르칠 수 있다고 보는 도덕교육자의 입장을 옳다고 말할 수 없다.

비록 적용 가치가 제한적이긴 하지만, 정신분석이 제공하는 이해는 상당히 중요하다. 대체로 정신분석에 기초해 있는 현대적 사고는 유아와 어린이 돌봄에서 중요한 것을 알게 해준다. 그리고 부모들이 자신의 자녀들을 착한 아이로 만들어야 한다고 생각하는 부담을 덜어준다. 그것은 개인의 성숙과정에 달려있으며, 이 성숙과정은 촉진적 환경과 관련되어 있다. 그것은 개인의 도덕성의 발달을 검증하고 개인적인 책임감을 느낄 수 있는 능력이 건강에 속하는 것임을 보여준다.

정신분석가가 해결하지 못한 채 남겨 놓은 영역 안에는 본질적으로 미성숙하며 도덕적 가치나 책임성을 느낄 수 없는 개인을 어떻게 도덕성을 지닌 인간으로 변화시킬 것인가의 문제가 포함되어 있다. 정신분석가는 단순히 이런 사람들을 병든 사람들이라고 말한다. 그리고 때때로 효과적인 치료를 제공하기도 한다. 그러나 이들이 병들었건 그렇지 않건 간에, 이들을 위해 도덕교육자가 노력해야 할 몫이 남아 있다. 여기서 정신분석가는 교육자가 이런 병든 사람들을 위해 고안한 방법을 모든 사람에게 적용하거나 건강한 사람들에게 영향을 끼치는 일이 없도록 요청할 수 있을 뿐이다. 대다수의 사람들은, 비록 그들이 실제로 온갖 종류의 병리적인 증상들을 보여준다 하더라도, 병든 것은 아니다. 강하고 억압적인 수단들 또는 심지어 세뇌교육은 반사회적인 개인을 관리하려는 사회의 요구에 적합할 수도 있다. 그러나 이런 수단들은 건강한 개인에게 그리고 내부로부터 성장할 수 있는, 특히 성장의 초기 단계에서 촉진적 환경이 주어졌던 사람들에게는 가장 좋지 않은 것이 될 수 있다. 이런 건강한 사람들이야말로 사회를 구성하는 성인으로 성장하며, 그들의 도덕규범을 자신의 아동들이 인계 받을 때까지 집단적으로 확립하며 유지하는 사람들이다.

니블레트 교수가 연속 강의의 첫 강의에서 말했듯이, 우리는

'마음대로 해'라는 말로 청소년기와 만날 수 없다. 우리는 그들의 유아기와 아동기 그리고 청소년기에 가정과 학교에서 각 개인이 자신의 도덕적 능력을 성장시키고, 유아기의 미숙한 초자아 요소에서부터 자연스럽게 진화하는 초자아를 발달시키도록 그들을 도울 수 있다. 또한 우리 시대의 도덕 규범과 일반적인 문화적 자질을 사용할 수도 있고 또 사용하지 않을 수도 있는, 자기 자신의 삶의 방식을 발견할 수 있는 촉진적 환경을 제공할 수도 있다.

아동이 성인으로 성장할 때까지 강조되어야 할 것은 우리가 물려줄 도덕 규범이 아니다. 그 강조점은 보다 긍정적인 것, 즉 인간의 문화적 성취의 저장고에 있으며, 모방하고 순응하지 않고 개인적인 자기표현의 방식을 향해 진정으로 성장하는 모든 사람들에게 도덕교육 대신에 예술과 삶의 실천을 제공함으로써 각 개인이 창조적 존재가 될 수 있는 기회를 소개하는데 있다.

제 2부
이론과 기술

9
직접 관찰을 통한 아동연구가
정신분석학에 끼친 공헌[1]
(1957)

나는 이 글에서 '초기'라는 말과 '심층'이란 말을 동의어로 간주할 때 생길 수 있는 혼란에 대해 논하고자 한다. 나는 직접적인 관찰이 기여한 내용에 관한 논문을 두 번에 걸쳐 발표했다. 그 내용은 (a) 대상과 친숙해지는 유아의 방식(위니캇, 1941)과 (b) 유아가 완전히 주관적인 삶에서 그 다음 단계로 옮겨 가는 동안에 나타나는 대상 사용(위니캇, 1951)에 관한 것이다.

이 글들은 정신분석에서 '심층'이라는 용어가 유아발달에서 '초기'라는 용어와 같지 않다는 것을 밝히는데 유용한 자료가 될 것이다.

---

1 1957년 7월. 제 20회 파리 국제 정신분석학회에서 강독되었고, Revue francaise de Psychanalyse(22호, pp. 205-11)에 처음으로 실렸음.

설정된 상황에서의 유아 관찰

(나는 이것에 현대적인 옷을 입히고 크리스[Kris]의 연구와 연결시키기 위해 행동 연구[Action Research]라고 부를 것이다.)

유아가 대상에 접근하는 단계를 다음과 같이 세 단계로 생각해볼 수 있다.

첫 번째 단계
초기의 반사적인 움켜쥠

철수

자발적으로 물건을 움켜쥐고 다시 그것을 천천히 입으로 가져갈 때 긴장이 발생함

여기서 입안에 침이 가득 고여 흐름

두 번째 단계
물건을 입에 넣고 씹음

실험적 탐구와 놀이에서 다른 사람을 먹여주기 위해 물건을 자연스럽게 사용

여기서 실수로 물건이 떨어지고 그것을 주워 다시 유아에게 되돌려 준다고 가정하자.

세 번째 단계
물건의 제거

이 문제에 대해 어떤 사례를 토대로 논의할 경우에는 그 유아의 나이가 제시되어야 한다. 11개월은 위의 현상이 나타나는 전형적인 시기에 해당한다. 13개월이나 14개월의 유아는 아주 많은 다른 관심사들을 형성하기 때문에 주요 문제가 모호해지는 것 같다.

유아가 어릴수록 어머니가 민감하게 제공하는 친절하고 섬세

한 지원이 더 많이 필요하겠지만, 10개월 또는 9개월 된 유아들은 대부분 정상적으로 그 시기를 통과할 것이다. 나의 경험으로 미루어 볼 때 6개월 된 아기가 모든 신체를 다 사용하는 활동을 분명히 보여주는 경우는 흔치 않다. 그 시기의 주요 행동은 물건을 움켜쥐고 그것을 가져다 입에 넣는 것 등이다. 직접적인 관찰을 통해서 우리는 아기가 충분한 정서적 경험을 즐길 수 있으려면, 어느 정도의 신체적 및 심리적 성숙이 이루어져 있어야 된다는 것을 알 수 있다.

이런 현상이 정신분석 중에 나타날 경우, 분석가가 관찰하고 추론한 내용의 발생시기와 그것이 지속된 기간을 알아내는 것은 불가능하다. 내가 분석에서 제시한 자료를 검토해 본다면, 방금 묘사한 현상이 환자의 초기 유아기, 심지어 첫 몇 주와 며칠 동안에 해당하는 것을 알게 될 것이다. 이런 자료는 분석에서 가장 초기의 유아기, 심지어 출생 직후의 상태에 해당되는 내용과 혼합되어 나타난다. 분석가는 이것을 인정해야 한다. 뿐만 아니라 분석에서 유아의 놀이는 절대적으로 중요하다. 여기서 놀이는 유아가 흡입(incorporation)과 제거(elimination)의 전체 환상과 상상에서의 먹는 것을 통해서 성격이 전체적으로 성장했음을 나타낸다.

중간대상과 중간현상

가장 단순한 중간대상으로서, 정상적인 아기는 천 조각이나 냅킨을 이용하고 그것에 탐닉하게 된다. 그 시기는 6개월에서 1년 또는 그 이후까지이다. 이런 현상을 조사하는 분석작업을 통하여 우리는 중간대상 사용과 관련된 상징을 형성하는 능력에 대하여 말할 수 있게 되었다. 그러나 분석 작업에서 이러한 생각은 가장 초기 유아기의 미숙한 형태에 적용되는 것처럼 보였다. 그러나 유아의 미숙함 때문에 중간대상이 존재할 수 없는 시기가 있는 것도 사실이다. 또 동물들이 중간대상이 될 수도 있다. 물론 초기 유아기의 손가락 빨기가 갓 태어난 유아의 손가락 빨기나 정신병리를 가진 10세 아이의 강박적인 손가락 빨기가 갖는 의미를 다 포함할 수 있는 것은 아니다.

심층적이란 말은 초기란 말과 동의어가 아니다. 왜냐하면 유아는 심층적일 수 있기 전에 어느 정도 성숙을 필요로 하기 때문이다. 이것은 아주 명백한 사실임에도 불구하고, 충분히 주목받지 못했다고 생각한다.

이 시점에서 우선 '심층'이란 용어를 정의하는 것이 좋겠다. 제임스 스트레이치(James Strachey, 1934)는 이와 동일한 문제에 대해 다음과 같이 서술하였다.

'심층적' 해석이란 말의 모호함 때문에 우리가 마음쓸 필요는 없다. 틀림없이 그것은 유전적으로 초기에 해당하며, 역사적으로 환자의 실제 경험과 거리가 있거나 아니면 극심한 억압 아래 있는 자료에 대한 해석을 지칭한다. 어떤 경우에든 그 자료는 환자의 자아에 도달하기가 아주 어렵고 자아로부터 멀리 떨어져 있는 어떤 것을 말한다.

스트레이치는 심층적이라는 말과 초기라는 말을 동의어로 받아들이는 것 같다.

그 문제를 면밀히 검토해본다면, 우리는 '심층적'이란 용어는 다양한 용법의 문제이며, '초기'라는 용어는 사실의 문제임을 알게 된다. 그것은 이 둘의 비교를 어렵게 하고 그것의 중요성 또한 일시적인 것이 되게 한다. 삼자 관계보다는 유아-어머니 관계를 말하는 것이, 그리고 외적 박해의 느낌을 말하는 것보다는 내적 박해의 불안을 말하는 것이 보다 더 심층적이다. 분열 기제들, 해체, 접촉할 수 없음 등은 관계에서 느끼는 불안보다 더 심층적이다.

나는 '심층적'이란 용어가 항상 환자의 무의식적 환상이나 정신 실재 속에 있는 심층을 의미한다고 생각한다. 다시 말해 그것은 환자의 정신 및 상상 세계와 관련되어 있는 것 같다.

'정신분석적 아동 심리학에 대한 서론적 언급'이라는 강연에서 크리스는(1951) 정신분석가들이 '정신병적 기제에 관한 이론들을 초기 유아기에 관한 설명 안에 끼워 넣었다 …'고 평했다. 그는 분석에서의 해석의 깊이와, 정신병적 기제와 동일한 기제가 작용하는 유아기 초기 사이의 관계를 비판적으로 검토했다. 분석 작업에서 우리는 새롭게 발달하는 개념의 도움을 받아 점점 심층적이 될 수 있었다. 우리는 환자의 정서발달 속에 있는 보다 심층적인 요소와 관련된 전이 현상을 알게 되었고, 또 사용할 수 있게 되었다. '더 심층적'이라는 것은 물론 어느 정도 '더 초기'를 암시한다. 그러나 그것은 단지 제한된 범위에서일 뿐이며, 우리는 환자들 안에 후기와 초기의 요소들이 한데 융합되어 있음을 고려해야 한다.

우리는 분석에서 얻어진 것을 통하여 아동기에 대한 이론들을 세우는데 익숙해져 있다. 이것은 프로이트의 작업에서부터 유래된 것이다. 우리는 정신신경증의 기원에 대한 프로이트의 연구가 걸음마 아동의 심리에 적용되는 것을 당연하게 생각했으며, 심지어 분석에서 얻은 진실이 아동심리학에 맞지 않는 것으로 드러난다 하더라도 별로 아랑곳하지 않았다.

우리의 생각이 깊어짐에 따라, 우리가 발견한 것을 유아심리학에 적용하게 되는 위험을 더 많이 떠맡게 되었다. '정서발달에 있어서 우울적 자리'라는 논문에서 클라인이 언급한 개념을 생각해보자. 어떤 의미에서 그것은 보다 깊은 정신 층으로 그리고 보다 초기의 발달단계로 가고 있다. 자아발달에 대한 연구는 6개월 이전의 유아에게 우울적 자리와 같은 아주 복잡한 과정이 있다는 생각을 수용할 수 없었고, 그보다는 더 후기로 생각하는 것이 보다 더 안전하다고 생각했다. 몇 주밖에 안된 유아에게서 우울적 자리에 대한 근거를 발견한다는 것이 어이없는 생각일 수도 있다. 그러나 멜라니 클라인이 '편집적 자리'라고 부른 정신상태는 확실히 더 이른 시기의 정신과정이며, 거의 '이에는 이, 눈에는 눈'이라는 사고가 적용되는 상태이다. 그리고 아마도 통합이 이루어지기 전의 상태일 것이다. 소아과 임상에서 실시되는 내력수집을 통하여 보복에 대한 기대는 생의 처음 며칠 동안에까지 거슬러 올라갈 수 있음을 알수 있다. 따라서 편집적 자리를 일컫는 말로서 심층보다는 초기라는 용어를 사용할 것이다.

분열 기제는 초기 심리학의 문제인가 아니면 심층심리학의 문제인가? 이 물음은 자아 발달과 어머니의 역할에 관해 말해주기 때문에 중요하다. 우리는 심층적인 것을 유아심리의 한 부분으로 이해할 수 있다. 그러나 초기에 대하여 말할 때 우리는 초기의 전적인 의존 단계의 중요한 특징인 자아 지원적 환경의 문제를 고려해야 한다.

이제 유아를 직접 관찰하는 사람은 아주 초기 유아기에 관한 생각을 이론화하는 분석가를 수용할 수 있어야 한다. 이때 그 유아기에 관한 생각들은 심리적으로 진실일 수 있으나 입증할 수는 없는 것들이다. 오히려 너무 어렸을 때 발생했기 때문에 정신분석에서 증명될 수 없는 것들이 때로는 직접적인 관찰을 통해서 증명될 수도 있을 것이다. 그러나 분석에서 반복적으로 발견된 것이 직접적 관찰을 통해 잘못된 것으로 입증된다고 해서 폐기되지는 않는다. 직접적 관찰은 환자가 어떤 현상들을 더 이전의 것으로, 즉 그것들이 일어날 수 없는 시기에 일어난 것으로 앞당겨 말한다는 인상을 분석가에게 줄 수 있을 뿐이지, 분석적인 진실 그 자체를 뒤집을 수는 없다.

나의 관점에서 볼 때, 분석을 하는 동안에 사실처럼 여겨지는 어떤 개념들을 임상에서 유아들에게 적용할 때 맞지 않는 것 같다. 크리스(1951)는 계속해서 이렇게 말한다. '설정된 환경 안에서 행해진 관찰은 … 아동발달에 있어서 구체적인 환경의 중요성을 강조하는 사람들의 견해를 확인시켜준다.' 구체적 환경은 환경의 중요성을 알고 있으며 이것을 인정한다고 조심스럽게 말하는 분석가들에 의해 미묘하게 과소 평가되기도 한다. 이처럼 논의의 핵심에 도달하는 것은 어려운 일이지만, 그래도 우리는 이 핵심적인 문제를 다루지 않으면 안된다. 분석 작업에서 보다 심층적이라는 것이 보다 초기의 발달단계를 의미한다면, 태어난 지 몇 주밖에 안된 미숙한 유아에게 환경을 인식할 수 있는 능력이 있다고 가정하는 것이 필요하다. 그러나 우리는 유아가 충분히 좋은 환경 안에 있을 경우, 그는 환경을 인식하지 못한다는 사실을 알고 있다. 어떤 중요한 측면에서 환경이 실패했을 때 그 실패는 반동을 일으키지만, 좋은 환경을 경험할 경우에 그것은 당연한 것으로 받아들여진다. 초기의 유아는 환경에 대한 지식을 갖지 못하며, 그 지식은 분석을 위한 자료로 제시될 수가 없다. 환경에 대한 생각은 분석가에 의해 제공되어야 한다.

분석가가 환자의 자료를 더 심층적으로 이해하고자 할 때, 외적 요소가 중요하다는 것을 알고 있다고 말하는 것으로는 충분하지 못하다. 직접 관찰에 의해 입증될 수 있는 완전한 아동심리학을 확립하기 위해서, 분석가는 상상력을 사용하여 환자가 제공한 초기 자료에 환경의 옷을 입혀야 한다. 그 환경은 분석에서 암시적으로 드러난 것이지만, 환자의 어린 시절의 삶에서 인식될 수 없었기에 분석과정에서 제시될 수 없는 것이다. 내가 발표한 논문에서 나는 이것을 설명해주는 하나의 사례를 제시했는데, 그 환자는 심리적으로 철수하는 순간에 몸을 둥글게 하고 회전하는 느낌을 가졌다고 말했다. 나는 이러한 환자의 느낌을 매개로 하여 어떤 일이 있었다고 보고할 수는 없었지만, 암시적으로 드러나고 있는 어린 시절의 환경에 대한 경험을 해석할 수 있었다. 유아에게서 환경이 사라지면 그는 정서적으로나 신체적으로 살아남지 못한다. 돌보는 환경이 없다면 유아는 무한히 떨어지는 불안을 느낄 것이다. 돌보는 이에게 안겨있거나 침대에 누워있는 유아는 자신이 무한히 떨어지는 것 같은 느낌으로부터 보호받고 있음을 알지 못한다. 이때 돌보는 이가 잘 안아주지 못하는 실패는 아주 작은 것이라 하더라도 유아에게 무한히 떨어지는 것 같은 느낌을 준다. 분석과정에서 환자는 가장 초기에 발생한 것으로 간주되는 떨어지는 느낌에 대해 보고할 수는 있지만, 발달의 초기 단계에서 자신이 돌보는 이에게 잘 안겨있었던 것에 대해 보고할 수는 없다.

보다 더 심층적으로 분석을 할 경우에 결국은 개인의 본능적 뿌리에 접근하게 된다. 그러나 초기 삶을 특징짓는 이 뿌리는 돌보는 이에게 의존해 있던 시기에 유아가 무엇을 경험했는지에 대해서는 아무런 흔적이나 지표를 제공해주지 않는다.

나는 심층과 초기 사이의 이런 본질적인 차이가 인정된다면, 직접 관찰자들과 분석가들이 더 조화로운 관계를 맺을 수 있으리라고 생각한다. 직접 관찰자들은 분석가에게 이론을 너무 일찍 적용했다고 말할 것이며, 분석가들은 직접 관찰자들에게 인간의 본성에는 직접적으로 관찰될 수 있는 것보다 훨씬 더 많은 것들이 있다고 말할 것이다. 어떤 의미에서는 이 둘 사이에는 토론할 만한 흥미로운 이론적 논제들이 남아있다. 그러나 실제적으로는 가장 초기의 유아기에 적용할 수 있는 것과 그렇지 않은 것을 아는 것이 아주 중요하다.

정신분석은 유아, 어머니와 함께 있는 유아, 또한 환경 안에서 자연스럽게 살고 있는 어린 아동들을 직접 관찰하는 사람들로부터 많은 것을 배워야 한다. 직접 관찰 그 자체가 초기 유아기의 심리학을 만들 수 있는 것은 아니다. 분석가와 직접 관찰자의 끊임없는 상호 협력을 통해서만 분석에서 드러나는 심층적인 것들과 초기 유아발달에서 일어나는 것들을 상호 관련시킬 수 있을 것이다.

한 마디로 말해서, 심층을 가졌다고 할 수 있을 만큼 성숙해지려면 유아는 어느 정도의 발달을 이룩해야 한다.

10
잠재기 아동의 정신분석[1]
(1958)

이 논의의 주제는 잠재기 아동의 치료이다. 나는 정신분석적 치료의 입장에서, 그리고 나의 동료는 개인 심리치료의 입장에서 언급할 것이다. 나는 '정신분석적 치료와 개인 심리치료 이 둘을 어떻게 구별할 것인가' 라는 문제부터 나의 논의를 시작할 것이다. 개인적으로 나는 이것을 구별할 수가 없다. 문제는 치료자가 분석 훈련을 받았는가에 달려있다고 생각한다.

이 두 가지 주제를 서로 대조하기보다는 이를 소아 정신과의 주제와 대조하는 것이 보다 유익할 것이다. 실제로 나는 이 연령에 있는 수천 명의 아동들을 소아 정신의학으로 치료해왔고, (훈련받은 분석가로서) 수백 명의 아동들을 위해 개인 심리치료를 해왔으며, 수십 명에 달하는 12세 이상 20세 미만의 청소년들에게 정신분석을 시행해왔다. 이러한 치료들 사이의 경계는 모호한

---

1 1958년 6월 리스본에서 열린 제 14회 소아 정신과 국제 회의에서 발표되었으며 A crian a Portuguesa 17(pp. 219-29)에 최초로 실렸음.

것이어서 정확하게 구별할 수는 없다.

따라서 이 논의는 다양한 임상훈련 과정을 거쳐 현재 치료작업을 하고 있는 동료들 사이의 논의일 수 있다. 이 방법론 중 어떤 것이 더 적절한지에 대해서는 여기서 논의하지 않을 것이다.

치료자가 속해 있는 학파와 상관없이, 심리치료와 아동 분석을 동일한 것으로 보는 조사 결과에 대해서 별로 놀랄 것도 없다. 만일 치료자가 적합한 성품과 객관성을 가지고 있고 아동의 욕구에 관심을 갖는다면, 그는 치료과정에서 아동의 욕구가 드러나게 될 때 그것에 맞는 치료적 접근을 시도할 것이다.

이 논의에서, 우리와 다른 다양한 치료적 경향들인 교육적, 교훈적, 설득적, 징벌적, 마술적, 물질적인 경향들에 기초해 있는 치료들은 다루지 않겠다.

나는 정신분석과 개인 심리치료를 대비시킬 필요가 없다고 생각한다. 이 용어들은 동일한 것을 의미할 수 있으며 종종 그러하다.

정신분석 학파에서 훈련받은 사람으로서 말하는 것이 나의 역할이기 때문에 아주 간략하게나마 정신분석의 본질에 대해 언급한 후에, 잠재기 아동의 치료에 대한 논의를 진행시키겠다.

정신분석의 본질

여기서는 몇 가지 주요한 원칙만을 상기시키고자 한다. 아동 정신분석은 성인 정신분석과 다르지 않다. 모든 정신분석의 기초는 유아와 아동의 복잡한 정서발달 이론인데, 이것은 프로이트가 처음 시작한 이후로 계속 확장되었고 풍부해졌으며 수정되었다.

개인의 정서발달에 대한 이해는 과거 20-30년 동안 너무 빠르게 진행되었기 때문에 일반인들이 문헌 연구를 통해 이 변화를 따라잡는 것은 어렵다.

이 이론은 개인의 신체적 성장과 마찬가지로 정서발달에서도 유전적 경향성이 있다고 가정한다. 그것은 출생의 순간(또는 그 직전)부터 계속된다고 본다. 그리고 자아-조직과 자아의 힘이 점진적으로 성장하면서, 개인이 본능적 삶과 그것의 현실적이고 상상적인 결과에 대한 책임을 점점 받아들이게 된다고 본다.

프로이트는 억압된 무의식이 갖는 중요성을 밝혀주었다. 그리고 그는 정신신경증 연구를 통해서 일반적으로 수용되는 이론 중에서 가장 난해한 하나의 이론적 핵심에 도달하였다. 프로이트는 그것을 오이디푸스 콤플렉스라고 이름 붙였으며, 그 안에는 거세불안이라는 타고난 요소가 작용한다고 보았다. 그는 개별적인 아동의 본능적 삶이 지닌 중요성을 보여주었다. 또 개인 건강의 주된 문제들은 건강한 아동들, 즉 정서발달의 본질적인 초기 단계에서 지나치게 왜곡되지 않은 아동들의 본능적 환상과 본능적 삶의 관계 속에서 발생한다는 사실을 밝혀주었다. 따라서 정신신경증은 상대적으로 정상적인 '성격의 전체성을 성취한' 사람들에게서 나타나는 양가감정 때문이라고 말할 수 있었다.

잘 알려져 있듯이, 아동에 대한 연구는 점진적으로 성기기의 뿌리인 전 성기기 즉, 오이디푸스 콤플렉스 이전의 유아기 단계로 그 초점이 옮겨졌다. 결과적으로 자아(ego)가 정신분석 연구의 주제가 되었으며, 마침내 분석가는 유아의 자기(self)를 중심적인 문제로 보기 시작했다. 이때 유아는 생물학적 존재라기보다는 인간으로서의 유아로 인식되며, 또한 누군가에게 의존해 있는 존재로 인식된다.

멜라니 클라인은 아동이 어머니와의 관계에서 관심을 가질 수 있는 능력을 갖게 되는 핵심적이고 중요한 단계가 있음을 보여주었다. 그녀는 또한 가장 초기 유아기의 정신 기제들에 관심을 기울였다. 그녀에 따르면, 그 시기에 대상과 주체 그 자체는 각각 양가감정을 피하기 위해 분열된다. 안나 프로이트는 자아 방어기제를 명료화하였다. 또한 여러 미국 분석가들의 작업으로 인해 우리는 가장 초기 유아기적 특성을 지닌 기제들을 연구할 뿐만 아니라, 돌봄에 의존하고 있는 인간으로서의 아동에 대한 연구를 할 수 있게 되었다. 나는 유아가 어머니와 융합된 상태에서 (복잡하고 불확실한 기제에 의해) 자기 자신으로 출현해 나오는 것과 자신의 일부가 아닌 타자로서의 대상과 관계 맺는 법을 배우는 가장 초기의 발달에 대한 연구의 한 부분을 담당해왔다.

이 모든 발달들은 정신분석 연구를 아주 흥미로운 것으로 만들었으며, 정신 장애와 그 예방을 연구하는 학생들에게 아주 중요한 내용이 되었다.

진단

정신분석 치료는 진단에 대한 언급 없이는 설명될 수 없다. 고전적인 정신분석은 정신신경증의 진단과 관련되어 있기 때문에 여기서는 편의상 정신신경증만을 다루겠다. 이것은 토론을 위한 많은 주제를 포함하고 있지만, 오늘은 정신분석의 몇 가지 용어들을 포괄적으로 진술하는 것으로 만족해야한다. 이 상황에서 각 주제를 더 발전시킬 수는 없다하더라도, 정신분석의 기술에 있어서 아동이 신경증적인가 또는 정신병적인가 아니면 반사회적인가에 따라 아주 커다란 차이가 있다는 것은 강조되어야 한다.

완전한 설명을 위해, 아동은 종종 말하기보다 놀이한다는 아동과 성인의 차이를 덧붙여야 한다. 그러나 이 차이는 별로 중요하지 않다. 실제로 어떤 성인들은 치료과정에서 그림을 그리거나 놀이를 하기도 한다.

전이

분석가가 환자와의 정서적 관계 안에서 떠오르는 귀중한 자료를 낭비하지 않는 것이 정신분석의 중요한 특징이다. 이때 무의식적 전이에서 환자의 정서적 삶이나 개인적인 심리적 실재 유형이 드러난다. 분석가는 이러한 무의식적 전이 현상을 탐구하게 된다. 그리고 환자가 제공해준 단서를 이용하여, 드러난 자료를 해석할 수 있다. 가장 성공적인 치료작업은 전이를 통하여 이루어진다.

여기서 우리의 토론은 잠재기에 특징적으로 나타나는 전이에 대해 서술하는 것을 목표로 한다.

잠재기 아동에게 적용되는 정신분석 기술

잠재기 아동들에게 적용되는 정신분석 치료의 특성을 생각해보자. 분석가 중 특히 초보인 분석가가 가장 잘 치료할 수 있는 연령 집단은 2세 혹은 3-4세 집단이다. 그것은 오이디푸스 콤플렉스를 거친 후에는 방어가 크게 발달하기 때문이다.

잠재기의 본질

　잠재기의 본질은 아직 확실하지 않다. 생물학적으로 6세에서 10세까지의 아동은 본능의 발달이 멈추고, 한동안 더 초기에 형성된 것을 기초로 하여 본능적 삶을 살게 된다. 그러나 사춘기에 다시 변화가 일어나기 시작할 것이며, 그때 아동은 다시 변화하는 상황을 조직화할 필요가 있다. 그는 새로운 불안에 대해 민감해지며, 새로운 경험과 새로운 만족을 통해 강렬한 삶의 흥분을 느낄 것이다.

　이것 외에 잠재기에 대하여 말할 수 있는 것이 무엇이든 간에, 커다란 방어가 조직화되고 유지된다는 사실은 아주 분명한 것 같다. 두 명의 주요한 이론가인 멜라니 클라인과 안나 프로이트는 이 주제에 대해 의견을 같이 한다. 멜라니 클라인은 「아동 정신분석」(1932)에서 잠재기의 특별한 어려움에 관해 언급하고 있다. 그녀는 이렇게 말한다. '잠재기 아동은 보다 쉽게 무의식에 대한 통찰을 얻고 거기에 접촉할 수 있는 어린 아동과는 달리, 생생한 상상력과 극심한 불안을 강하게 억압하는 특징을 갖고 있어서 상상력이 상당히 제한된 삶을 살게 된다. 성인과 비교할 때 그들의 자아는 아직 충분히 발달하지 않았으며, 그들은 자신들이 병이 들었다는 사실과 치료가 필요하다는 사실을 결코 이해하지 못한다. 따라서 그들에게는 분석을 받아야겠다는 동기가 없으며 그것을 계속할 수 있는 내적 자원이 없다.'

　안나 프로이트는 그녀의 저서 「아동 정신분석 치료」(1946)의 첫 장에서, 아동을 분석할 때 꼭 필요한 준비단계에 관해 말하고 있다. 그 책에서 제공된 예를 통하여, 우리는 안나 프로이트가 대부분 잠재기 아동에 대해 언급하고 있다는 것을 알 수 있다.

매우 풍부한 내용과 우리가 부러워할 만한 임상 경험을 담고 있는 이 두 책을 읽는다면, 우리는 이 두 사람 사이의 유사성과 차이점을 알 수 있을 것이다. 이 책은 둘 다 분명히 잠재기 아동에게 필수적인 새로운 기법에 대해 다루고 있으며, 또한 그 책들의 많은 차이점들은 진단과 관련되어 있다.

그 차이점과 관련해서, 우리는 멜라니 클라인이 무의식적 갈등과 떠오르는 전이 현상을 해석하면서 그런 해석 위에서 아동과 관계를 형성하는 것이 좋다고 느꼈다는 점에 주목할 수 있다. 대조적으로 안나 프로이트는 아동과 의식적 수준에서 관계를 맺는 경향이 있으며, 환자의 의식적인 협조를 통해서 어떻게 점차적으로 분석작업을 행하는가를 서술했다. 이들 사이의 차이점은 의식적 협조와 무의식적 협조의 문제이다.

비록 어떤 경우에 그 차이점이 충분히 현실적일 수 있다 하더라도, 여기서는 과장될 수 있는 것 같다. 나는 분석가가 무의식을 빠르게 해석하면 할수록 더 좋다고 생각한다. 왜냐하면 이것은 분석 치료를 위해 아동을 준비시키기 때문이다. 그리고 처음에 얻어지는 불안으로부터 안도감을 얻는 것은 분명히 아동에게 분석을 통해서 얻는 것이 있다는 첫 암시를 준다. 다른 한편, 환자들의 의식적인 협조를 얻지 못함으로써 첫 단계에서 잠재기 환자들을 치료할 수 있는 기회를 놓쳐버릴 수 있다. 분석가는 아동에게 치료가 필요한 이유를 지적으로 이해시키는데 필요한 아동의 초기 자료를 부모에게 말해줌으로써, 아동분석의 준비 과정에 따르는 책임을 부모에게 떠넘길 수도 있다. 그러나 여기에는 부모나 양육자가 아이에게 치료에 대해 무엇을 그리고 어떻게 말해주는가에 따라 커다란 차이가 있다. 안나 프로이트는 치료 면담에서 일어나는 것을 아동에게 설명하는 부담을 일부러 떠맡았고, 멜라니 클라인은 이 부담을 아동의 보호자에게 떠넘긴 채 초기에 무의식적 협력 관계를 형성함으로써, 의식적 수준의 설명 없이 치료할 수 있게 되기를 희망했다. 그리고 이때 무의식적 협력은 분석작업에 기초한 것이었다.

우리는 사례를 다룰 때마다 그 상황을 고려해야 한다. 아주 지적인 아동의 경우에는 그의 지능에 호소하고, 그 지능의 수준에 맞추어야 한다. 그런 아동은 치료과정에서 무엇인가가 진행되고 있다는 것을 지적으로 이해하지 못할 때 종종 혼란을 느낀다. 어쨌든 아동의 지적인 이해를 낭비하는 것은 안타까운 일이다. 물론 어떤 경우에는 지적인 과정이 분석을 더욱 어렵게 만드는 방어로 사용될 수 있지만, 이것은 또한 아주 강력한 동맹관계가 될 수도 있다.

여기에서 우리는 다시 진단에 대해 이야기하고 있다. 아동은 정신병적인 강렬한 불안이 생길 때 많은 도움을 필요로 하며, 그 도움은 즉각적으로 주어져야 한다. 그러나 그렇다 하더라도 그 아동의 지적능력은 활용될 수 있다. 나는 지금 10세 된 한 소년을 생각하고 있다. 내가 그 소년을 처음 만나러 그의 방에 들어갔을 때 그는 어머니에게 '어머니는 이해하지 못해요. 내가 무서워하는 것은 단순한 악몽이 아니에요. 문제는 내가 깨어있을 때도 악몽을 꾼다는 거예요.'라고 말하고 있었다. 이 말에서 그는 자신의 병에 대한 사실적인 설명을 하고 있었다. 나는 그것을 치료의 출발점으로 삼았고 그의 훌륭한 지적능력을 사용할 수 있었으며, 동시에 가장 심층적인 수준을 포함한 모든 수준에서 해석할 수 있었다.

나는 내가 개인적으로 느끼는 여러 견해들을 정리하기 위하여, 베르타 보른슈타인(Berta Bornstein)의 논문 '잠재기에 대해서'(1951)에서 한 구절을 인용하고자 한다. '나는 잠재기 아동이 그의 지적 능력의 수준에서 자유롭게 연상하는 것을 보았다. 아동이 그렇게 하지 못한다면, 아동의 분석은 한계가 있을 것이다. 아동이 연상해내지 못하는 무능력에는 몇 가지 이유들이 있다. 우리에게 잘 알려져 있는 것 외에 아직까지 강조되지 않았던 것 하나를 언급한다면, 그것은 바로 **아동에게 있어서 자유연상은 자신의 자아 조직에 대한 특별한 위협으로 경험된다는 것이다**'(강조는 나의 것).

나는 이런 방식으로 잠재기를 바라보는 것이 아주 유용하다고 생각한다. 여기서 베르타 보른슈타인의 잠재기 단계들에 대한 개념을 언급할 여유는 없지만, 일반적으로 우리가 이 연령의 아동들을 다룰 때에 그들이 초기에 정신적인 건강함을 성취했으며, 일차 과정 사고의 단계를 지나왔다는 사실을 인식하는 것이 중요하다. 그들이 성취한 자아는 붕괴되어서는 안된다. 보른슈타인은 잠재기 아동을 분석할 때는 '약한 자아 구조를 강화시키고 정상적인 발달을 저해하는 것을 수정하기 위해 최고의 돌봄이 주어져야 하며, 해석을 위한 자료의 선별과 해석의 형식은 이런 목적에 적합해야만 한다'고 말한다. 이런 이유 때문에 분석가는 해석을 위한 자료를 수집하는 동안 모든 종류의 활동에서 아동과 협력한다.

보른슈타인은 또한 프로이트(1905a)가 '이상적인 잠재기'라고 말했던, 성공적으로 본능적 욕구를 억제하는 것에 대해서 언급한다.

나는 연습용 공책에 잠재기의 한 소녀와 했던 치료작업에 대한 내용을 잘 담아 놓았다. 이것은 어려운 사례들 중 하나였는데, 그녀의 유일한 증상은 오줌싸는 것이었다. 이 증상의 배후에는 어머니 자신의 동성애적 억압으로 인한 성격장애의 요소가 있었

다. 이 연습장은 색 분필로 아주 잘 그려진 그림으로 채워져 있
다. 분석은 나를 몹시 지루하게 했고, 그 소녀는 나를 지워버리고
있는 것 같았다. 오십 여 장의 그림들 중에서 중간의 두세 장의
그림들을 빼고는 모두 조직화된 방어의 특성을 보였다. 이 두세
장의 그림은 모든 종류의 붕괴, 혼란과 엉망진창, 해체를 보여주
었다. 그리고 그 중 하나는 젖가슴이 가위로 잘려져서 나뭇잎들
사이에서 여기저기 뒹굴고 있었다. 이것은 구강기적 가학과 결합
된 성적 환상을 수반하는 혼돈을 나타낸다. 만일 이 아동이 세
살이었다면 그는 이와 같은 혼돈이나 해체에 훨씬 더 쉽게 도달
했을 것이다. 그러나 그녀는 잠재기 소녀였고, 나는 그녀의 숨겨
진 광증을 설명하는 것에 만족해야 했다. 어린 아동은 돌봄 속에
서 사람들에 의해 자연스럽게 통제받음으로써 종종 '광적'이긴
하지만 건강한 데 반해, '광적인' 잠재기 아동은 아주 심각한 병
을 앓고 있는 성인처럼 특별한 돌봄이 필요하다.

  나는 잠재기를 자아가 확립되는 시기로 보는, 일반적으로 수
용된 주제를 발달시키려고 했다. 즉 건강한 잠재기 아동은 원본
능 욕동이 아직도 힘을 유지하고 있으며, 비록 간접적인 형태이
기는 하나 자아가 원본능-요구에 강제적으로 굴복 당하지 않는
다는 것이다.

  여기서 나는 무엇보다도 잠재기의 특성에 관해 말하고 있다.

  (1) 아동은 어떤 의미에서 홀로 있으며, 설령 다른 사람들과
     함께 있더라도 홀로 있을 수 있다. 건강한 잠재기 아동들
     은 명백한 의미에서 성화되지(sexualized) 않은 상태에서
     오랜 동안 친밀감을 유지할 수 있다. 그들에게서 성적 상
     징주의는 억압된다. 건강한 아동들과는 달리, 돌봄을 박탈
     당한 아동들에게 나타나는 성적 요소는 놀이와 자아 관계
     성을 방해한다.

(2) 잠재기 아동은 내사할(introject) 수는 있지만 흡입할(incorporate) 수는 없다. 즉, 선택한 사람들에게서 전체적인 요소를 받아들일 수는 있지만, 그들을 먹거나 그들에게 먹힐 수는 없으며, 본능과 관련된 친밀한 관계 안으로 융합될 수도 없다.

(3) 잠재기 아동은 전체 삶을 직접적으로 관련시키지 않고서도 내적 현상을 표현하는 일에 전문가이다. 성인이 되어도 계속해서 잠재기의 특성을 유지하는 사람은 그가 원본능-자유를 희생시키는 대가로 자아를 성취했음을 뜻한다.

(4) 정상적인 정신상태를 성취하는 것은 잠재기에서 필수적이다. 이 시기의 아동이 정상적인 정신상태를 유지하지 못한다면, 그는 임상적으로 매우 병이 깊은 아동이다. 이때 자아 조직은 초기와 후기에 부분적으로 원본능 충동에 의해 실행되었던 욕동에 대한 통제를 떠맡는다.

해석의 시기

나는 적절한 해석의 순간은 가능한 한 가장 초기의 순간 즉, 분석에서 드러나는 자료가 해석해야 할 것이 무엇인지를 보여주는 가장 초기의 순간이라고 생각한다. 그러나 나는 해석을 절제하는 편이다. 만일 무엇을 해석해야 할지 모를 때 나는 주저없이 놀이하며 시간을 보낸다. 놀이하는 동안 나는 아동과 게임을 하고 만들기를 하거나 시간을 보내면서 나 자신이 예비기 또는 준비기에 있음을 깨닫는다. 그러나 나는 오직 한 가지 일, 즉 그 순간에 적절한 해석을 할 수 있게 해주는 단서를 찾는 일에만 관심을 가질 것이다. 이때 해석은 무의식적 전이 속에서 강조점의 변화를 가져온다.

이와 같은 진술은 일반적으로 수용될 수 있을 것이다. 어떤 분석가들은 다른 사람들보다 단서를 파악하는 속도가 더 빠를 수도 있다. 이 작업에는 좀 빠를 수도 늦을 수도 있다. 환자에게 문제가 되는 것은 해석의 정확성이라기보다 도움을 주려는 분석가의 의지, 환자와 동일시 할 수 있으며 신뢰할 수 있는 능력, 그리고 환자의 욕구가 언어 또는 비언어적으로 혹은 언어 이전의 언어로 표현되자마자 그 욕구를 채워줄 수 있는 능력이다.

치료의 종료

마지막으로 나는 분석의 종료에 대해 언급하겠다. 물론 개별적인 사례 및 진단과 관련해서 생각해야 하겠지만, 일반적으로 중요한 사항이 있다. 어린아동들의 분석에 있어서 분석가는 5세, 6세 또는 7세의 아동에게서 자연스럽게 일어나는 엄청난 변화에 의해 크게 도움을 받는다. 성공적인 초기 분석은 성장을 가져오며, 의심할 바 없이 그 성장은 촉진된다. 분석을 통해 생긴 진전은 사건의 자연스런 경로를 따라 확장된다. 특히 아동의 사회화와 관련해서 아동을 맡고 있는 사람은 종종 그 결과로 인해 즐거워하는 것을 볼 수 있다. 왜냐하면 그 아동은 잠재기 이전 시기의 난폭함과 불안정성을 버렸으며 집단에서 더 행복해졌기 때문이다. 대조적으로 잠재기 아동의 분석은 치료종료에 대해 마음을 놓을 수 없는 상태에서 끝나는 경향이 있다.

이 문제가 토의되는 것을 듣는 것은 흥미로울 것이다. 보통 잠재기 아동의 분석은 아동이 11세나 12세 경 사춘기가 시작되기 전에 또는 사춘기의 문제들이 나타날 때 끝이 난다. 분석을 사춘

기 시작 전에 종결할 것인지 아니면 새로운 발달의 첫 시기 동
안 지속시킬 것인지에 대해서 미리 계획을 세우는 것이 바람직
하다. 후자의 경우 어떤 분석가들은 비교적 간격을 두고 환자와
접촉하면서, 사춘기 동안의 특정한 시기에는 한 주 동안 다섯 번
정도 만날 수도 있음을 염두에 둘 것이다. 사춘기의 실제적인 변
화와는 상관없이, 이 시기에는 친구관계에서 상처를 받거나, 엄
청난 열정, 유혹, 자위 불안 등의 문제들이 발생할 것이며, 이것
들은 방어를 악화시키거나 명백한 불안으로 이끌 것이다.

　다음과 같은 질문이 제기된다. '예컨대 6세에서 10세까지의
연령으로 제한되는 잠재기 분석의 위치는 무엇인가? 비교적 본
능적인 측면에서 평온한 이 기간 동안에 분석가는 아동을 어디
까지 안다고 주장할 수 있는 것인가? 분석가는 분석에서 나타난
것으로부터 그 아동이 3세 때에 어떤 일이 발생했는지에 대해
어디까지 추론할 수 있으며, 13세에는 어떨 것인지에 대해 어디
까지 예측할 수 있는 것일까? 나는 이런 질문들에 대해 확실하게
대답할 수는 없다. 다만 개인적으로 예후를 지나치게 낙관적으로
생각하거나 또는 충분히 좋은 것으로 보지 못함으로써 깜빡 속
은 적이 있음을 털어놓을 수 있다. 아동이 병 들었을 때 무엇을
해야 하는지를 아는 것은 훨씬 쉬운 일일 것이다. 왜냐하면 그때
는 분명한 질병이 그 상황을 지배하고 있으며 아동이 아직 병적
인 상태에 남아있는 동안에는 치료의 종결에 대해서 생각하지
않기 때문이다. 그러나 아동이 비교적 건강하다면, 잠재기의 아
동에게 분석을 받게 하는 것은 누구에게라도 쉬운 문제가 아닐
것이다.

　한 사람의 분석가가 모든 종류의 문제들을 포괄하는 많은 사
례들을 다룰 수는 없다. 따라서 우리는 자신의 제안이 어리석은
것으로 드러나는 것을 두려워하지 말고, 이와 관련된 경험을 수

집하는 것이 필요하다. 모든 분석가들은 각각 고도로 전문화된 지식과 풍부한 실제 경험을 갖고 있지만, 이것을 같은 작업을 하고 있는 동료들의 경험과 연결시킬 필요가 있다.

11
임상적 분류:
정신의학적 분류를 위한
정신분석학의 기여[1]
(1959-64)

　본 장은 이 주제에 대한 다양한 경험을 지닌 분석가들이 참여하는 토론에 앞서서 이 주제의 중요성에 관심을 불러모으기 위한 예비적 기고문으로 기획된 것이다.

　내가 정신분석이 정신의학적 분류에 공헌을 했다고 믿고 있는 이유를 말하기 전에, 나는 먼저 이 문제에 대한 역사적인 개요를 제시하려 한다. 이 개요는 부적절하거나 부정확할 수도 있을 것이다. 그럼에도 불구하고 내가 이 역사적 개요를 제시하려는 것은 최근에 발달된 정신분석학이 정신의학적 분류에 지대한 영향을 끼쳤다는 나의 견해를 뒷받침하기 위한 것이다. 내가 말하는 최근의 발달은 거짓자기의 개념, 박탈과 정신병리의 연결, 그리고 정신병은 미성숙한 인간이 환경에 전적으로 의존되어 있는

---

1 1959년 3월 18일 영국 정신분석 학회의 학술 모임에서 강독됨.

단계에 그 기원을 갖는다는 것 등에 대한 이해를 말한다. 나는 개인적으로 이 세 가지 개념에 흥미를 가지고 있다.

역사적 개요

정신분석학의 초창기에 프로이트는 정신의학적 질병의 세 가지 측면에 관심을 가졌다. 그 첫 번째 측면은 행동, 즉 환자의 현실과의 관계였고, 두 번째는 증상은 의사소통이라는 무의식에 대한 새로운 이해였으며, 세 번째는 발달과정의 개념을 도입한 원인론이었다. 본능적 삶의 발달을 연구하던 프로이트는 아동기 성에 대한 이론에 관심을 가졌으며, 결국 유아의 전 성기기의 본능적 삶에 대한 이론과 고착이라는 개념을 형성하게 되었다. 정신의학적 장애의 원인론으로 인해 임상가는 환자의 내력 수집(history-taking)에 관심을 갖게 되었다. 이런 방식으로 정신분석가는 정신의학적 내력 수집의 선구자가 되었다.

프로이트가 이러한 관심을 바탕으로 연구 초기에 다루었던 환자들은 정신병 환자이거나 히스테리 환자이다. 또 프로이트는 항상 선천적 요소에 관심을 가졌다는 것을 참고할 필요가 있다.

1920년대 초반에 프로이트는 성격구조에 대한 이론을 발달시키기 시작했다. 자아, 원본능 그리고 검열자 등의 개념은 심리내적 갈등에 대한 보다 명확한 연구를 이끌어내었다. 그리고 심리내적 평정은 성공적인 방어의 증거로 여겨졌다. 자아 안에 있는 심리과정의 양뿐만 아니라 질적 요소가 중요해졌다. 그에 따라 초자아의 개념이 형성되었으며, 이 개념은 처음에 2세에서 5세에

걸친 기간과 오이디푸스 콤플렉스가 완전히 무르익는 5세에서 6세의 기간에 대대적인 내사와 동일시를 통해서 이루어지는 것으로 간주되었다. 전 성기기적 본능의 발달에 대한 이해는 고착점으로의 퇴행이라는 생각으로 인도했다. 고착점은 질병의 기원점이다. 그것은 개인이 견딜 수 없는 불안으로 인해 병적일 정도의 그리고 본능적 발달을 방해할 정도의 방어를 조직화하는 것과 관련되어 있다. 정신의학적 분류는 자아의 방어기제뿐 아니라 이러한 고착점들과 관련되게 되었다. 이 자아의 방어기제에 대해서는 결국 안나 프로이트(1936)가 철저하게 진술하였다. 이 모든 것의 중심에는 거세불안과 오이디푸스 콤플렉스가 있으며, 이것들이 정신신경증 장애를 일으키는 요인으로 간주되었다.

프로이트는 비성적인(anaclitic) 대상 의존의 개념을 도입했는데(프로이트, 1914), 이와 함께 정신분석적 초심리학에서 자아의 약함과 강함의 문제가 중요해졌다. 이런 식으로 경계선 사례와 성격 장애를 설명해주는 개념을 발전시켰다. 환자 안에 있는 자기애적 요소는 정신분석을 효과적일 수 없게 하는 자아 장애의 지표로 간주되었다(프로이트, 1937). 왜냐하면 이 요소로 인해 전이신경증을 발달시키는 환자의 능력이 약화된다고 믿었기 때문이다.

점차로 시간이 흐르면서, 정신병에 관한 연구가 더욱 중요하게 되었다. 페렌찌(Ferenczi, 1931)는 성격 장애 환자의 분석이 실패하는 것은 단순히 환자를 잘못 선택했기 때문이 아니라 정신분석 기술이 부족했기 때문이라고 생각함으로써 이 영역을 발전시키는데 중요한 공헌을 하였다. 여기에 함축된 생각은 정신분석이 관리(management)의 문제로 변질되지 않고 실제로 정신분석이라는 명칭을 잃지 않으면서, 그 기술을 성격 장애 또는 경계선 사례에 적용할 수 있게 되었다는 것이다. 결국 멜라니 클라인

(1932, 1948)은 아동 분석에서 정신병적 장애들은 직면되어야 하며, 이것들은 적절한 기술을 적용함으로써 치료할 수 있다고 보았다. 따라서 아동기에 나타나는 정신병적 증상을 다루지 못하는 실패는 그녀에게 있어서 (페렌찌에게서 처럼) 분석기술의 실패이지 환자의 선택과 관련된 실패가 아니다.

이제 분석 상황의 범위가 확장되기 시작했다. 이미 아이호른(Aichhorn, 1925)은 반사회적인 특성을 지닌 환자의 치료를 위해서는 특별한 기술이 필요하다는 것을 보여주었다. 아이호른의 작업은 처음에 위험한 것으로 보였을 수도 있다. 만약 그가 맡았던 환자가 히스테리나 강박 신경증 사례였더라면, 그의 분석은 '부적절한 분석'이 될 수도 있었기 때문이다. 그러나 오늘날에는 아이호른이 선구자였다는 것과, 그가 정신병이나 반사회적 경향성을 지닌 박탈된 아동에게 적용한 환자의 욕구를 충족시켜주는 정신분석 기술이 진정으로 진전된 기술이었음을 인정받고 있다.

이러한 발달을 통하여 모든 사례의 초기 내력이 더욱 더 중요하게 되었다. 이때 정신분석 영역에 양분된 견해가 생겨났다. 나는 멜라니 클라인이 아동 돌봄에 대한 연구와는 별도로, 발달하는 유아의 최초의 정신과정에 대해 가장 진지한 연구 자세를 보여주었다고 믿는다. 그녀는 아동 돌봄이 중요하다는 사실을 인식하고 있었지만 이에 대해 특별히 연구하지는 않았다. 한편, 아동 돌봄과 유아 돌봄의 기술에 대해 연구한 사람들이 있었는데, 이들은 정신병리의 원인을 심리내적 과정에서 찾는 사람들에게 반역자로 취급될 정도의 커다란 모험을 감수해야했다. 전쟁 고아를 위한 햄스테드 보육원에서 안나 프로이트와 벌링햄이 수행했던 작업(Burlingham & Freud, 1944)은 외적 상황이 아동에게 미치는 영향에 대한 연구를 발달시켰다. 자신의 연구를 심리내적 과정으로 제한하고 있는 사람들과 유아 돌봄에 관심을 가지고 있는 사람들 사이의 이러한 이분법은, 정신분석 논의에서는 일시적인 현상에 지나지 않으며, 이는 결국 자연스런 과정에 따라 사라지게 될 것이다(Hartmann, 1939; James, 1962; Kris, 1950 참조).

이들의 연구 결과를 통해서 유아의 자아는 초기에 돌보는 이가 제공해주는 자아 지원에 의존한다고 생각하게 되었다. 이 자아 지원은 어머니 또는 어머니 인물이 지닌 유아의 욕구에 대한 아주 복잡하고 미묘한 적응체계에 의해 주어진다. 또한 우리는 '지원해주는 자아'의 요소, 즉 아동 돌봄의 요소가 아동에게로 흡수되는 흥미로운 과정에 대해 알고 있다. 이 환경의 흡수와 우리가 잘 알고 있는 내사과정간의 관계는 매우 흥미롭다. 이 모든 것들과 함께 유아가 어머니와 융합된 상태로부터 자기 자신으로서 출현할 수 있게 하는 기제들, 즉 어머니에게 사랑뿐 아니라 증오할 수 있는 능력을 요구하는 과정에 대한 연구가 진행되었다. 아동 정서발달 이론은 점진적으로 분리된 인간이 되는 과정을 핵심적인 주제로 삼았으며, 이러한 경향은 현재에도 계속되고 있다. 이러한 이론화 작업은 정신의학적 분류에 영향을 끼쳤음이 분명하다.

이러한 이론적 발달의 결과로서, 임상 상황에서 자기애의 문제가 새롭게 조명될 수 있었다. 그러나 자기애적 장애의 문제에 초점을 맞추었던 임상가들은 자기(自己) 안에 흡수된 또는 내면화된 환경에 집착함으로 해서 개인의 진정한 측면을, 즉 비밀스럽게 사랑 받고 돌봄을 받는 자기 안에 숨겨져 있는 자기를 보지 못하는 문제를 노출시켰다.

이와 같은 이론적 발달을 통하여 우리는 몇몇 다른 개념들을 재고하게 되었다. 죽음본능 개념은 불필요한 것으로 간주되어 사라졌고, 공격성은 생명력의 증거로서 이해되게 되었다. 좋은 환경적 조건하에서 성애적 충동과 운동공격적(motility) 충동은 융합된다. 이때 구강기적 가학증이란 용어가 적용될 수 있으며, 그 용어와 관련된 모든 발달이 진행된다. 이것은 먹혀지기 바라는 어머니의 상상적인 소망에 부응한다. 융합이 실패하거나 한번 성취했던 융합을 다시 상실하는 것은 개인에게서 순수한 파괴성 (즉 죄책감이 결여된)을 불러일으킨다. 그러나 그 파괴성조차도 환자가 생생하게 느낄 수 있는 대상관계의 기초가 된다는 점에서 그것은 생명력의 일부를 구성한다.

유아발달에서 본능적 충동, 즉 공격적 충동과 성애적 충동의 융합은 절대적 의존 단계에서 발생한다. 환경이 유아의 초기 욕구에 충분히 적응해주지 못했을 때, 유아는 대상관계를 현실적으로 느끼게 하며 대상을 외적인 것으로 느끼게 하는 공격성과 리비도적 욕구를 충족시키는 성애적 욕망을 융합시켜내지 못한다.

정신분석적 초심리학에서 퇴행 개념의 의미는 변해왔다. 오랫동안 퇴행은 보다 초기의 본능적 삶의 단계로, 그리고 고착점으로 돌아가는 것을 의미해왔다. 이 개념은 아동 돌봄에 관한 것은 당연한 것으로 여기면서 원시적인 본능 요소만을 중요하게 취급하는 사람들의 주요 관심사였다. 그러나 실제 유아를 연구할 때 우리는 반드시 환경을 고려해야 하며, 유아를 말할 때 의존과 환경의 본질을 함께 말해야 한다. 퇴행이란 용어는 임상에서 의존으로의 퇴행이라는 의미를 갖는다. 이것은 다시 의존으로 돌아가고자 하는 경향성이며, 따라서 퇴행은 환경의 역할을 강조하게 된다. 또한 퇴행이란 용어는 일차 과정으로의 퇴행이라는 의미를 갖고 있다. 이제 우리는 환자의 퇴행 경향성을 자기 치유를 가져오는 능력의 일부로서 간주한다. 이는 분석가가 어떻게 해석해야 하는가보다는 오히려 어떻게 행동해야 하는가의 문제를 더욱 중요한 것으로 만든다. 일반적으로 정신분석 치료 바깥에서 볼 수 있는 퇴행과정은 자기 치유의 임상적 실제라고 말할 수 있다.

정신병은 더 이상 오이디푸스 콤플렉스와 관련된 불안에 대한 반동이나 고착점으로의 퇴행, 아니면 개인의 본능 발달과정에 있는 어떤 심리적 자리(position)와 연결된 것으로 생각하지 않게 되었다. 그 대신에 정신병 환자의 퇴행 경향성은 분석가가 히스테리 증상을 의사소통으로서 이해하듯이, 병든 개인의 의사소통이라고 가정할 수 있다. 퇴행은 개인이 타고난 발달과 성숙의 경향성을 촉진시키는 기능의 실패 대신에, 좋은 환경이 주어짐으로써 그 안에서 개인의 희망, 즉 과거에 실패했던 환경의 어떤 측면들을 재경험할 수 있을 것이라는 희망을 나타낸다.

내가 여기서 간단히 서술한 이 이론은 크게 확장되었고, 결과적으로 임상가들은 정신의학에서 기분 장애로 분류하는 병리를 정신분석적 초심리학을 통해 설명할 수 있게 되었다. 초기 이론에서는 건강을 소극적인 의미로 경직된 방어가 없는 것이거나 고착이 없는 것으로, 적극적인 의미로는 자아의 강약의 문제로 진술했다. 그러나 이제는 정신분석적 초심리학에서 성격의 가치에 대해 말할 수 있게 되었다. 프로이트는 '애도와 우울증'에서 이 주제에 대한 아브라함의 생각을 발전시켰고, 이 주제는 클라인에 의해 더욱 정교화되었다. 이 우울증은 또한 정동장애라고 불리기 시작했다. 클라인의 공헌은 또한 우울증과 관심능력 사이의 관계를 진술할 수 있는 길을 열어주었다. 그녀는 유아의 본능적 삶으로부터 발달해 나오는 원시적 초자아에 대한 생각을 도입함으로써 초자아에 대한 우리의 이해를 풍부하게 하였다. 그와 같은 초자아 요소는 오이디푸스 콤플렉스의 절정기, 또는 세 사람 사이의 인격적 상호관계와 관련된 양가감정보다 앞선 시기에 그 기원을 두고 있다.

나는 여기에서 멜라니 클라인의 초심리학적 발달을 자세하게 재진술하지는 않겠다. 다만 한 마디 덧붙인다면, 그녀의 연구는 자기(自己) 안에서 작용하는 투쟁하는 힘을 본능적 삶과 연관시키고 있으며, 자기 안에서 조직화되는 방어 유형과 기분을 연관시키고 있다. 이러한 그녀의 작업은 개인의 정신 생활에서 내적 심리 실재의 표상이 갖는 의미에 대한 이해를 크게 확장시켰다.

멜라니 클라인은 우울증을 두 종류로 분리함으로써 정신의학적 분류를 수정하였다. 그 중 하나는 정서발달에서 책임질 수 있는, 또는 죄책감을 느낄 수 있는 능력을 획득했음을 나타내며, 다른 하나는 (신체와 정신의 해체 그리고 '분열성'으로 언급될 수 있는 다른 특성을 지니고 있는) 우울적 자리 이전 단계에서 생긴 실패로 인해 죄책감의 능력을 획득하지 못했음을 나타낸다.

이 연구는 자연스럽게, 우울증을 부인하는 조적 방어의 임상적인 표현인 급성조증(hypomania)에 관심을 갖게 하였다. 또한 이 연구는 융합되지 않은 공격성의 통제와 내사된 전능적 요소들 및 그 요소들에 포함된 것들 사이에 해리가 있음을 나타내는 조증과 우울증을 오가는 현상에 대해 관심을 갖게 만들었다.

위의 진술을 토대로 오늘날의 정신의학적 분류라는 커다란 주제를 살펴보겠다.

정신신경증과 정신병

정신신경증과 정신병이라는 두 용어를 사용하는 문제는 아마도 분석가들이 일반적으로 동의하는 문제일 것이다.[2] 이것은 모

---

2 나는 이 맥락에서 의도적으로 '실제 신경증'을 제외시켰다.

든 정신 장애를 가장 단순하게 구분하는 분류방식이다.

물론 나는 일차적인 정신 결함, 뇌염 이후의 상태들, 뇌동맥 경화증, 일반적인 신경마비 등과 같은 질병에 대해서가 아니라 정서발달의 장애에 대해서 말하고 있다. 뇌 자체의 질환이나 장애가 있을 때 자연히 이차적으로 성격의 장애가 온다. 그러나 이런 종류의 합병증은 이 논의에서 일단 제외시키겠다. 정신분석가는 정신신경증과 정신병 발생에 관한 이론을 세우고 발전시키는 과제를 갖고 있다. 정신분석가들은 반세기 전에 절정에 도달한 이후 지금까지 비정신분석적 정신의학에서 지배적인 영향력을 행사하고 있는 기계론적 견해가 확산되기 이전에 존재했던 정신질환에 대한 견해를 아직도 보유하고 있다.

정신신경증이란 용어는 환자가 유아기 또는 어린 아동기에 정서발달의 일정한 단계, 즉 성기기적 단계 또는 오이디푸스 콤플렉스 단계에 도달했으며, 거세불안에 대한 방어들을 조직화했다는 것을 의미한다. 정신신경증은 이런 방어들로 구성되어 있으며, 그것이 얼마나 병적인가 하는 것은 방어들이 어느 정도로 경직되어 있는가에 달려있다. 물론, 이것은 지나치게 단순한 서술이다. 그러나 정신분석가들은 정신신경증의 유형이 개인의 전성기기 경험에 따라 많은 차이가 있다 하더라도 그 중심에는 거세불안의 문제가 놓여있다는 사실을 알고 있다. 거세불안이 아니라 자기멸절 불안이 중요한 특성으로 나타나는 경우 정신분석가는 대체로 그 환자의 증상을 정신신경증이 아니라 정신병이라고 진단할 것이다. 또한 이것은 어떤 면에서 그러한 위협이 부분대상과 관련되어 있는지 아니면 전체대상과 관련되어 있는지의 문제이기도 하다.

정신신경증의 여러 형태들은 그 중심에 억압을 내포하고 있는 방어 유형들이다. 나는 이것들을 열거하지 않을 것이다. 우리가 가르치는 정신분석은 일차적으로 정신신경증 치료에 기초해 있으며, 비록 가장 적절하다고 선택한 사례들마저도 보다 더 깊은 문제들을 드러내는 것이 사실일지라도, 훈련생 교육을 위해 정신신경증 사례들을 선택하는 경향이 있다.

정신신경증의 심리학은 학생들을 개인의 억압된 무의식과 본능적 삶의 문제로 안내한다. 본능적 삶은 신체 기능과 이 기능에 대한 상상적 내용물이라는 측면에서 고려되어야 한다. (본능적인 것은 프로이트가 성적이라고 한 것, 즉 동물적 삶의 특징인 흥분의 모든 범위를 포함한다. 이 흥분은 준비단계, 절정행위 그리고 그 여파로 구성된다.)

이 주제를 더 깊이 다루는 것은 고전적 프로이트학파 이론의 많은 부분을 반복하는 일이다. 어떤 개인에게 정신신경증이라는 용어를 사용하는 것은 발달적 측면에서 그의 성격이 형성되어 유지되고 있으며 대상과 관계 맺는 능력이 손상되지 않았음을 의미한다. (또한 개인의 성격이 증오나 보다 조직화된 정신 병리적 경향에 의해 현저하게 왜곡되지 않았음을 의미한다.)

잠시 기분장애에 관한 문제를 접어두고, 정신신경증과 대조하기 위하여 정신병[3]에 대해 언급해보자.

정신병이란 용어는 유아가 오이디푸스 콤플렉스 단계에 도달

---

3 나는 '정신병'이란 용어를 정의하는데 많은 어려움을 느끼고 있다. 어떤 의미에서 나는 정신병이라는 용어가 없어져야 한다고 생각하는 사람들이 많은 이 때에, 그 용어가 갖는 의미에 대해 말하고 있는 셈이다. 그러나 나는 아직도 이 용어가 정신신경증이나 신경증적 우울증이라는 용어 안에는 포함되지 않는 정서적 장애를 일컫는데 유용하다고 생각한다. 나는 정신의학에서 정신병이란 용어가 신체에 기초한 다양한 증상을 설명하는데 사용되는 것으로 알고 있다. 여기에서 또 하나 혼동될 만한 것이 있다. 그러나 나는 새로운 용어를 만들어낸다 하더라도, 얻을 수 있는 것은 아무것도 없다는 것을 알고 있다.

하지 못했거나, 오이디푸스 콤플렉스의 긴장이 최고조에 이르는 시기에 이를 감당하지 못했기 때문에 성격구조에 결함이 발생했음을 의미한다. 오이디푸스 단계에서 발생한 정신병과 정신신경증 사이에는 아주 작은 차이가 있을 뿐이다. 오이디푸스 단계에 도달하지 못한 정신병은 정신신경증과 큰 차이를 보이며, 그 증상에서 나타나는 주된 불안은 거세불안이 아니다.

어떤 정신병은 방어가 붕괴됨으로써 나타난다. 이때 임상상황에서는 보다 원시적인 불안을 방어하기 위해 방어들이 조직되기 이전 상태로 되돌아가는 현상이 나타난다. 이것이 일반적으로 이해되는 정신적 붕괴이다. 이때 방어들은 만족스럽게 기능할 수 없으며, 환자는 새로운 방어가 조직되는 동안 돌봄을 필요로 한다.[4] 방어를 조직화할 때에 개인은 환경적 요소에 영향을 받으며, 또한 때때로 유전적 경향성에 의해서도 크게 영향을 받는다. 이론적으로 모든 정신적 붕괴의 배후에는 혼동 상태가 있다. 그리고 정신이 완전히 붕괴되는 현상은 임상적으로 극히 드물게 나타나는데, 그것은 인격적 성장과는 거리가 먼, 돌이킬 수 없는 파편화를 나타낸다.

정신신경증 연구가 우리에게 어린 아동기와 청소년기에 절정을 이루는 오이디푸스 콤플렉스와 삼각관계 상황을 보여준다면, 정신병 연구는 가장 초기 단계인 유아기의 삶을 보여준다. 이것은 유아-어머니 관계를 의미한다. 왜냐하면 어떤 유아도 어머니와의 관계를 떠나서는 발달할 수가 없기 때문이다. (그것은 투사와 내사 기제의 작용이 형성되기에 앞서 의존의 개념과 관련된다.)

---

4 이 장의 끝에서 제시된 정신적 붕괴의 주제에 대한 보다 후기의 기록을 보라.

일반적 논평

아마도 정신분석이 정신의학과 정신의학적 분류에 기여한 가장 중요한 공헌은 질병의 실체에 대한 낡은 개념을 무너뜨린 것일 것이다. 정신분석가는 하나의 질병으로서의 정신분열증과 다른 하나의 질병으로서의 조울증적 정신병이 있다고 생각하는 정신의학자들의 견해와 정반대의 입장에 서 있다(Menninger 외, 1963 참조).

이미 언급했듯이, 정신분석가는 내력 수집의 전문가이다. 내력 수집은 아주 복잡한 과정이다. 정신분석적 설명은 삶의 역사들에 대한 해석이다. 그 해석은 동일한 사례일지라도 다양할 수 있으며, 또는 숨겨진 여러 단계의 정신내용에 관한 다중적인 의미의 층을 형성할 수 있다. 분석가는 정신장애에 관한 문제에 있어서 정신이 붕괴되어 병원에 입원하는 경우에 환자를 살피는 정신의학자와는 다른 견해를 갖고 있다.

분석가는 유년기로부터 청소년기 그리고 초기 및 후기 성인기에 이르는 환자의 장애를 추적할 수 있으며, 도처에서 한 가지 형태의 장애에서 다른 형태의 장애로 변형된 방식을 발견할 수 있다. 이런 점에서 분석가가 설령 정신의학적 훈련과정에서 서로 독립적인 여러 종류의 정신적인 질병이 있다는 것을 배운다고 해도, 그와 같은 견해를 계속 유지하는 것은 불가능하다. 사실 분석가는 임상경험을 통해서, 진단에 대한 정신의학적 관심은 불가능한 시도일 뿐이라는 사실을 분명히 알게 된다. 왜냐하면 환자에 대한 진단은 분석의 진행과정에서 실체가 더욱 분명하게 드러남에 따라 변하기 때문이다. 히스테리 환자가 잠재적 정신분열증 환자로 드러날 수도 있고, 분열성 환자가 병든 가족 집단의

건강한 일원으로 밝혀질 수도 있으며, 강박증이 우울증으로 판명
될 수도 있다.

임상활동을 하는 정신분석가들은 정상상태(normality)로부터
정신신경증뿐 아니라 정신병으로의 이행이 일어날 수 있으며, 우
울증과 정상상태는 밀접하게 연결되어 있다는 주장에 동의할 것
이다. 사실 어떤 면에서는 정상상태와 정신신경증보다는 정상상
태와 정신병이 더 밀접하게 연결되어 있을 수 있다. 예를 들면
예술가는 원시적 정신과정과 접촉할 수 있는 능력과 용기를 가
지고 있지만, 정신신경증 환자는 그 정신과정과 접촉하는 것을
감당할 수 없고, 건강한 사람들은 그 정신과정을 상실함으로써
삶이 고갈되는 모습을 볼 수 있다.

적극적 제안들

이제 나는 이 주제에 관한 적극적인 제안들을 제시하겠다. 먼
저 내가 고전적 정신의학적 분류가 지닌 커다란 가치를 인정하
고 있다는 사실을 분명히 하고자 한다.

나는 새로운 어떤 생각들(어쩌면 단지 새롭게 강조되거나 새
언어로 포장된 옛 개념들에 지나지 않는 것일 수도 있는)이 정
신의학적 분류에 어떤 영향을 끼칠 것인지에 대해 관심을 갖고
있다. 나는 개인적인 관심을 가지고 여러 논문에서 설명하고자
했던 문제를 제안하고자 한다. 동일한 생각들이 다른 분석가들에
의해 여러 문헌에 소개된 것이 사실이지만, 나는 그들을 인용하
거나 또는 그들이 이미 사용한 다양한 용어들을 내가 사용한 것

들과 비교하지 않았다. 그렇게 했다면 나의 시도가 문제를 더욱 더 혼란스럽게 만들었을 것이다.

나는 다음의 주제들에 대해 특별히 고찰하고자 한다.

(ⅰ) 참자기와 거짓자기 개념
(ⅱ) 정서적인 박탈 경험에서 파생된 비행과 반사회적 정신 병리
(ⅲ) 개인이 박탈을 지각하기 이전 단계에서 겪은 정서적인 절대 박탈의 경험에 기인한 정신병

(ⅰ) 거짓자기

거짓자기 개념은 난해한 개념이 아니다. 거짓자기는 순응의 기초 위에 세워지며, 참자기를 보호하는 방어적 기능을 가질 수 있다.

인간의 삶을 지배하는 원칙은 다음과 같이 언급될 수 있다. 참자기만이 삶을 생생하게 느낄 수 있다. 참자기는 결코 외적 실재에 의해 좌지우지되지 않으며 그것에 동조하지 않는다. 그러나 참자기 대신 거짓자기가 발달하게될 때 거기에는 허망감과 절망감이 자리잡게 된다. 개인의 삶에는 어느 정도의 거짓자기가 있다. 일반적으로 참자기는 드러나지 않는 삶을 살아가고 있는 반면, 거짓자기는 사회적 태도로 나타난다. 극단적인 경우 거짓자기는 철저하게 진짜로 위장할 수 있고, 진정한 자기는 멸절의 위협 아래에 놓일 수 있다. 그때 자살이 발생할 수 있으며, 그것은 참자기가 위협받는 상황에서 참자기를 보호하기 위한 최후의 행동으로 이해된다.

단지 참자기만이 정신분석의 대상이 될 수 있다. 거짓자기에 대한 정신분석은 내면화된 환경을 분석하는 것에 지나지 않으며,

그것은 항상 분석가에게 실망만을 안겨줄 뿐이다. 그러한 분석은 초기에는 성공적인 것으로 보일 수 있다. 그러나 거짓자기가 매우 병적인 경우, 먼저 환자는 내면화된 환경의 짐을 분석가에게 넘겨줌으로써 분석가에게 의존적이 되고 미숙한 유아의 상태로 돌아갈 수 있어야 한다. 그때에야 비로소 분석가는 환자의 참자기와 의사소통할 수 있고 분석을 진행시킬 수 있다. 이것은 프로이트가 말한 바 있는, 비성적인 대상에의 의존(anaclitic dependence)에 대한 새로운 설명일 수 있다. 즉, 본능적 충동이 자기-보존에 의존한다는 것이다. 분열성 환자나 경계선 환자의 사례에서 분석가에 대한 의존은 필수적이다. 따라서 많은 분석가들은 그러한 부담을 피하기 위해 사례를 신중하게 고른다. 그러므로 사례를 고를 때 분석가들은 거짓자기 성격에 속한 환자들이 존재한다는 사실을 고려해야 한다. 사례를 선택하는데 있어서 분석가는 거짓자기 방어를 탐지할 수 있어야 한다. 그리고 거짓자기 방어가 탐지되면 분석가는 이 사례를 맡을 것인지, 아니면 맡지 않을 것인지를 결정해야 한다. 그러기 위해서는 환자의 거짓자기가 분석과정에서 긍정적인 역할을 할 수 있을 것인지 아니면 병리가 너무 심해서 부정적인 역할을 할 것인지를 평가해야 한다.

나는 '거짓자기' 성격이라는 명칭은 우리를 엄격한 진단을 위한 노력으로부터 해방시켜주는 귀중한 분류 명칭이라고 생각한다. 거짓자기 유형의 사례에서 정신분석가는 거짓자기에게 속을 수 있다. 이러한 사례에서 방어는 완벽한 모습을 보이며, 그것은 어느 정도 사회적 성공을 거두는데 사용될 수 있다. 그런 개인에게 분석의 필요성을 보여주는 지표가 있다면, 그것은 그의 방어가 명백하게 성공했음에도 불구하고, 그는 삶을 생생하게 느낄 수 없으며 허망한 느낌에 시달린다는 사실이다.

거짓자기의 특별한 임상 사례는 지적인 과정이 거짓자기 안에 자리잡는 경우이다. 이런 경우, 환자의 마음(mind)과 정신-신체 (psyche-soma) 사이에 해리가 발달하고, 이는 잘 알려진 임상적 특성을 만들어 낸다. 그것은 특별히 발달한 높은 지적 능력을 갖는 것이다. 그러나 비록 아이가 지능검사에서 높은 점수를 받는다 할지라도, 그것은 정신적 해리에서 비롯된 병적 현상일 수 있다.

(ii) 반사회적 정신병리

우선 나는 반사회적 정신병리(psychopathy)라는 용어를 정의해 보겠다. 이 용어는 비행 아동이 치료되지 않은 채 성인이 된 경우를 말한다. 비행 아동은 더 어린 시절에 겪은 박탈의 상처를 치유받지 못한 반사회적인 소년, 소녀들이다. 박탈의 상처란 충분히 좋은 것을 가지고 있었지만 그 후에 그것을 더 이상 가지지 못하게 된 상처를 말한다. 그것은 또한 박탈이 발생한 시기에 그 박탈을 외상으로 지각할 수 있을 만큼 아동에게 성장과 자아의 조직화가 이루어져 있었음을 뜻한다. 비행 아동 및 반사회적 아동들이 사회나 가족들에 대하여 '자신에게 진 빚을 갚으라는' 식의 태도를 보이는 것은 나름대로 일리 있는 요구이기도 하다. 나는 모든 반사회적 병리의 사례는 각각 어린 시절에 환경이 갑작스럽게 변했던 어떤 순간을 겪었다고 생각한다. 물론 이런 경험은 대부분 뚜렷하게 인식되는 것은 아니지만, 지속적으로 수많은 박탈을 반복함으로써 완전히 기억 속에서 사라지지만 않는다면, 원래의 박탈의 순간은 기억될 수 있다.

여기에서 제시되는 주된 생각은 사회적 환경에 적응하지 못하는 이런 형태의 장애들은 아동의 욕구에 환경이 적응해주지 못한 일차적인 부적응에서 기인한다는 것이다. 사회에 대한 부적응은 정신병과는 달리 아주 초기에 발생한 병리가 아니다. 문제는 환경의 실패에 있다. 따라서 병리는 일차적으로 환경 안에 있으며, 이차적으로 환경에 대한 아동의 반응유형 안에 자리잡게 된 것이다. 따라서 비행 아동과 정신병리를 가진 사람들은 환경의 실패를 경험한 사람들로 분류되어야 한다. 반사회적 정신병리와 상습적인 범죄 성향 및 반사회적 경향성을 신경증 및 정신병과 같은 명칭으로 부르는 것은 바람직하지 못하다.

이러한 논의는 다음의 문제를 이끌어낸다.

(iii) 정신병과 정신의학적 분류의 문제

정신병이라는 광범위한 장애(정신분열증 환자의 다양한 유형을 포함하는)가 최대의 의존 단계에서 발생한 환경적 결핍에 기인하는 것이라면, 이런 생각에 상응하는 정신의학적 분류가 뒤따라야 할 것이다. 이러한 분류는 분명히 정신병의 원인을 원시적인 방어기제들에서 찾았던 30년 전의 대다수 정신분석가들을 놀라게 할 것이다. 나는 정신병이란 비정상적인 환경으로 인해 원시적인 방어기제들이 조직화됨으로써 발생한 것이라는 견해를 갖고 있다. 물론 우리는 정신병자에게서 작용하는 원시적 기제들이 일반적인 환자들과 모든 사람들에게서도 작용하는 것을 볼 수 있다. 원시적인 정신 기제들을 발견했다는 사실만 가지고 정신병이라고 진단할 수는 없다. 물론 정신병자에게 작용하는 원시적 방어들은 절대적 의존 단계 동안에 실제로 충분히 좋은 환경이 제공되었더라면, 조직될 필요가 없었던 것들이었다. 개인의 성숙과정(모든 유전적 요소를 포함한)은 특히 아주 초기 단계에서 촉진적 환경을 필요로 한다는 사실을 바탕으로 할 때에만, 다른 모든 요소들이 정당하게 고려될 수 있다. 촉진적 환경의 실패는 개인의 성격발달과 자기(self) 형성과정에서의 실패 요인이 되며, 그 결과로 정신분열증이 발생한다. 이 정신분열적인 붕

괴는 가장 초기 유아기에 성숙과정이 역행함으로써 발생하는 것
이다.

나는 정신병에 대한 연구에 있어서, 비정상적인 환경의 유형
및 개인의 발달이 비정상적으로 이루어진 시점을 따라 분류하는
작업이 필요하다고 생각한다. 개인의 임상적 특성에 따라 그들을
분류하는 것은 유익한 결과를 가져오지 못한다. 나는 정신병을
가져오는 환경의 결핍은 발달과정에서 개인이 환경의 제공이나
그 실패를 인지할 수 있는 내적 장치를 갖추기 이전 단계에 속
한다(반사회적 경향성 참조)고 본다. 그리고 여기서 내가 단계에
대해 말하는 것은 정신병이 언제 시작되었는가를 말하고자 하는
것이지, 개인의 전 성기기의 본능적 삶이나 유아의 생식기 발달
이 우세해지는 단계에 대해서 말하고자 하는 것이 아니다.

이 논의는 정신병과 건강상태라는 두 개의 극단적인 상황을
가정으로 하여 발전되어 왔다. 그러나 분석가는 임상 작업에서
평소 비교적 건강하지만 때로는 아플 수도 있는 환자를 만난다.
우리는 환자들이 마치 어머니가 아픈 아동을 치료하기 위해 우
리에게 데리고 오는 것처럼 자신의 질병을 우리에게 가지고 온
다고 말할 수 있다. 즉, 환자들에게서 정신병과 건강상태라는 이
두 가지는 공존한다는 것이다.

내재적 갈등

이제 분석가의 관심의 대상이 되고 있는 내재적 요소들을 살
펴보자. 건강한 사람에 대한 연구와는 별도로, 진정한 내적 질병

(internal illness)은 정신신경증과 반응성 우울증에서만 발견된다. 그 질병은 전체 인격으로서 살아가는 삶에 본래적으로 내재되어 있는 갈등(inherent conflict)에 기인한다. 건강에 대한 정신의학적 정의는 개인이 현실과의 관계에서 자아를 사용하여 완전하게 원본능을 관리하고 원본능 충동을 이용할 수 있음을 가리킨다. 나는 이점을 분명히 밝힌다. 왜냐하면 어떤 사람들은 내가 환경의 문제를 포함한 분류 방식을 추진할 때에, 정신분석학이 개인에 대한 연구에서 얻은 모든 것을 배제한다고 생각하기 때문이다.

여기에서 나는 나의 스승인 리크만(Rickman)과 글로버 (Glover)의 저서를 내용에 대한 소개 없이 언급하고자 한다. 리크만의 1928년도 강의는, 비록 그 당시에는 그가 의존은 중요성을 다루고 있다는 사실을 알지 못했지만, 나의 사고의 발달에 큰 영향을 끼쳤다.

에드워드 글로버의 「정신의 초기 발달에 대해서」(On the Early Development of Mind, 1956) 라는 책에 실린 정신의학적 분류에 대한 많은 논문들 중에는, 내가 중심적으로 관심을 갖고 있는 환경에 대한 두 편의 논문이 있다. 그는 이 논문(174쪽)에서 이렇게 말한다. '어머니의 젖꼭지와 같은 진정한 외적 대상을 필요로 하는 본능은 실제 대상과 연합되지 않는 한 극복될 수 없다.' 글로버는 이것을 1932년의 '정신 장애의 분류에 대한 정신분석적 접근' 이라는 제목의 강의에서 말했다. 또 다른 글인, '영국에서의 정신분석학의 위치' (글로버, 1949)에서, 그는 영국 학회의 학문적 성과가 다소 미흡하다는 평가를 한 후에 다음과 같이 말했다. '그러나 현재는 정신분석 역사에서 매우 흥미로운 시기이다. 최근에 나타난 몇몇 가설들이 불합리한 것이라 할지라도, 초기 자아 발달의 문제와 "일차적 동일시" 기간 동안(즉 "자기"와 "자기

가 아닌 것"이 정확하게 구분되기 전 단계)에 발생하는 마음의
조직화에 관심의 초점을 맞춘다면, 결국 진단과 치료 모두에 가
치 있는 성과를 가져올 것이다.'

그런가하면 애커만(Ackerman, 1953)은 아주 초기에 속한 의
존의 특성에 대해서는 관심을 갖지 않았던 것 같다.

환경의 왜곡에 따른 분류

나는 환경의 왜곡이나 결핍의 정도와 질에 따라 정신질환을
분류하는 것이 가치 있는 일이며, 이것은 병인에 대한 설명에 있
어서 그 중요성을 인정받을 수 있다고 생각한다. 그리고 이런 관
점을 지닌 연구는 그 결과의 수용여부를 떠나서 필요한 작업이
라고 본다.

모든 개인은 정서적인 발달과정을 시작하는데 세 가지의 요소
를 필요로 한다. 한 쪽 끝에는 유전적 요소가 있고, 다른 쪽 끝에
는 지원해주는 아니면 지원에 실패하여 상처를 입히는 환경이
있다. 그리고 그 중간에 삶을 살아가고 방어하며 성장하는 개인
이 있다. 정신분석의 실제에서는 살아가고 방어하며 성장하는 개
인을 다룬다. 그러나 정신질환의 분류작업은 전체적인 현상을 설
명하고자 하는 것이며, 이것을 위한 최선의 방법은 먼저 환경의
상태를 분류하는 것이다. 그 후에 개인의 방어를 분류하고, 마지
막으로 유전적 요소를 연구하는 것이다. 이때 유전적 요소란 대
체로 성장하고 통합하며 대상과 관계를 맺고 성숙하려는 개인의
선천적인 경향성을 지칭한다.

내가 아는 한, 환경에 따른 분류는 의존 단계에 관하여 현재 우리가 알고 있는 것보다 더 정확한 지식을 필요로 한다. 나는 내가 다른 논문에서 제시했던 바, 독립은 의존에서 그리고 의존은 이중적 의존(double dependence)에서 생긴다는 생각이 가치 있는 것이라고 본다. 이중적 의존이란 개인에 의해 무의식적으로조차 인식될 수 없고, 따라서 분석과정에서 분석가와 의사소통될 수 없는 의존을 지칭하는 것이다. 이때 분석가는 앞에서(9장) 말한 바와 같이 환자의 상상력을 사용하여 환자의 자료에 다시 옷을 입혀야 하는 과제를 갖는다.

요 약

내 방식대로 생의 초기를 바라봄으로써, 나는 어머니의 중요성이 부각되는 현상에 관심을 집중할 수 있었다. 유아가 처음에 해부학적이고 생리학적인 단위로서 태어난 후에 점차 남성과 여성이 되어 가는 것은 모두 어머니라는 특별한 환경 안에서이다. 어머니라는 '양육자와 한 쌍'을 구성하는 유아는 환경이 지닌 다양하고 본질적인 기능, 즉 개인의 성장과정에 따라 강조점을 바꾸고 새로운 질적 요소를 발달시키는 기능이 실패하지 않는 한, 나름대로 정확하게 발달과정을 진행시킨다.

성숙과정이 진행될 수 있는 가장 좋은 촉진적 환경이 주어진다면, 갓 태어난 개인은 진정으로 삶을 시작할 수 있고, 생생하게 느낄 수 있게 되며, 자신의 나이에 적합한 정서적인 삶을 경험할 수 있게 된다. 분석가는 이러한 개인의 행동적 특징을 묘사하거나 유형화할 수도 있고, 그의 방어들을 분류할 수도 있으며, 그의 성격 안에 있는 가치나 가치의 결핍을 주목할 수도 있을 것이다. 분석가는 그들에게서 우울적 방어나 정신신경증적 방어들을 발견할 수도 있으며, 또는 정상상태를 발견할 수도 있을 것이다. 또 분석가가 원한다면, 행동유형에 따라 그리고 유전적 요소에 따라 개인을 분류할 수 있을 것이다. 그러나 분석가는 이 모든 가능성들보다도 이러한 개인에게서 발견되는 환경을 창조하고 유지하는 능력에 계속해서 주의를 집중하게 될 것이다.

이 모든 것은 참자기의 삶이 시작되는 충분히 좋은 시작을 전제로 하며, 이때의 참자기는 사회적 예절로서의 거짓자기에 의해 보호받는 상태를 가리킨다.

그렇지 못한 경우에는 원시적 방어가 조직화되는 정신병적 질병이 발생한다. 그 질병이 개인의 성격구조에서 임상적으로 거의 영구적인 왜곡 현상을 보여준다 하더라도, 그 질병 자체는 환경의 실패에 따른 이차적인 요인이다. 또한 여기에는 발달의 후기 단계인 상대적 의존 단계에서 발생한 실패로 인한 반사회적 경향성이 있다. 이 반사회적 경향성은 아동이 실제적인 박탈 경험을 지각할 수 있는 내적 기구가 형성된 이후의 단계에서 발생한 것이다.

치료 작업에서 분석가는 성격구조에서 발생한 왜곡을 연구하고 그것을 분류할 수 있다. 그러나 분석가에게 보다 더 직접적으로 필요한 것은 성숙 발달과 자기(自己)의 통합에 적극적이거나 소극적인 방식으로 영향을 미치는 환경적 요소를 분류하고 재평가하는 일이다.

후기 1964:

정신적 붕괴에 대한 메모

정신적 붕괴에 대한 공포를 가지고 있는 환자들을 대할 때, 분석가는 다음의 원리를 기억해 둘 필요가 있다.

원리

환자가 두려워하는 붕괴는 이미 과거에 발생한 것이다. 환자의 질병은 과거에 발생한 이 붕괴에 대한 조직적인 방어체계이다.

원래의 붕괴는 환자의 질병 유형을 구성하는 새로운 방어가 조직됨으로써 일단락 되었으며, 새롭게 발생하는 붕괴는 이 방어가 실패했음을 의미한다. 환자는 치료 상황이라는 특별한 환경 안에서만 붕괴를 기억할 수 있으며, 환자가 이것을 기억한다는 것은 그만큼 자아가 성장했다는 뜻이다.

환자가 지금 느끼는 붕괴에 대한 공포는 원래의 붕괴를 기억하려는 환자의 욕구에 그 뿌리가 있으며, 이것을 기억하는 것은 붕괴를 재경험하는 것을 통해서만 가능하다. 따라서 붕괴가 지닌 긍정적인 가능성, 즉 스스로 치유하고자 하는 경향성을 인정하고 실제적으로 사용한다면, 붕괴는 치료를 위해 사용될 수 있다.

원래의 붕괴는 개인이 부모 또는 어머니의 자아-지원에 의존하는 단계에서 발생한 것이다. 치료 실제에서는 종종 원래의 붕괴에 대한 후기 변형인 잠재기 또는 초기 청소년기의 붕괴 경험을 다루게 된다. 이 후기의 변형은 환자가 자아의 자율성과 질병을 감당할 수 있는 능력을 갖게 되는 이후의 시기에 발생한 것이다. 그러나 이러한 붕괴 뒤에는 항상 유아기에 발생한 원래의 붕괴 또는 아주 초기 유년기에 있었던 방어의 실패로서의 붕괴가 있다.

종종 환경적 요소는 단일한 외상을 형성하기보다는 영향력들을 왜곡하는 유형을 형성한다. 그러나 그것은 동시에 개인의 성숙을 허용하는 촉진적 환경이 될 수도 있다.

12
참자기와 거짓자기의
관점에서 본 자아 왜곡
(1960)

최근 정신분석학에서 점점 더 많이 사용되고 있는 거짓자기 (False Self) 개념은 참자기(True Self) 개념을 그 짝으로 갖는다.

역 사

이 개념은 새로운 것이 아니다. 그것은 다양한 정신의학 이론 안에 담겨져 있던 것이며, 몇몇 종교와 철학 체계에서 두드러지 게 나타났던 것이기도 하다. 분명히 이 개념을 적용할 수 있는 임상상태가 있다. 또한 이 개념은 병인에 대한 기존의 정신분석 적 이해에 도전을 제기한다. 이 개념과 관련해서 정신분석은 다 음과 같은 질문들에 관심을 갖는다.

(1) 어떻게 거짓자기가 생기는가?

(2) 그것의 기능은 무엇인가?

(3) 거짓자기가 과장되거나 강조되는 것은 어떤 경우이며, 또 무엇 때문인가?

(4) 왜 어떤 사람들에게는 거짓자기 체계가 발달하지 않는가?

(5) 거짓자기는 정상적인 사람들에게 무엇을 의미하는가?

(6) 참자기의 속성은 무엇인가?

환자들이 우리에게 제공한 개념인 거짓자기는 프로이트의 초기 이론에서 나타나고 있다. 내가 참자기와 거짓자기로 나눈 것은 프로이트가 본능에 의해 (혹은 프로이트가 성이라 불렀던 것, 즉 성기기 이전과 성기기에 의해) 힘을 갖게 되는 중심적인 자기의 부분과 외부의 세상과 관련된 자기의 부분으로 나누었던 것과 연관시켜 생각할 수 있다.

개인적 공헌

이 주제에 대한 나의 공헌은

(a) 어머니들 및 유아들과 함께 많은 시간을 보낸 소아 정신과 의사이자,

(b) (전이에서 의존으로의 심각한 퇴행을 거치는) 경계선 환자들의 정신분석 치료를 실시해 온 정신분석가로서의 나의 작업에서 비롯된 것이다.

내가 경험을 통하여 알게 된 사실은, 깊이 퇴행하여 분석가에게 의존하고 있는 환자들이야말로 유아를 직접적으로 관찰하거

나 유아를 키우는 어머니와의 접촉을 통해 배울 수 있는 것보다 초기 유아기에 관하여 더 많은 것을 가르쳐 줄 수 있다는 것이다. 동시에 임상 현장에서 겪는 유아-어머니 관계의 정상적 또는 비정상적인 경험들은 분석가의 분석적 이론에 영향을 미친다. 왜냐하면 환자들의 퇴행 단계에서 나타나는 전이들이 유아-어머니 관계의 한 형태이기 때문이다.

나는 나의 위치를 그리네이커(Greenacre)의 위치와 비교하는 것을 좋아한다. 그리네이커는 정신분석가로 일하면서 또한 소아 의학과의 연결을 유지해왔다. 이러한 그녀의 경험은 자신의 이론에 커다란 영향을 주었음이 분명하다.

성인 정신과 의사의 임상 경험과 정신분석가의 임상 경험 사이에는 차이가 있다. 그들은 임상 상태를 평가하고 그 원인을 이해하는데서 차이를 드러낸다. 그 차이는 정신병 환자나 어머니 또는 다른 보다 객관적인 관찰자로부터 초기 유아기에 관한 믿을 만한 발달사 정보를 얻을 수 없다는 사실에서 비롯된다. 그러나 전이에서 심각한 의존으로 퇴행한 환자들은 의존 단계에서 가졌던 그들의 기대와 욕구를 드러냄으로써 이 간격을 메운다.

자아 욕구와 원본능 욕구

유아의 욕구에 부응해 준다는 것은 본능 만족을 제공하는 것이 아니라는 점을 강조할 필요가 있다. 내가 조사하고 있는 영역에서 본능은 아직 유아에게 자신의 것으로 분명히 인식되지 않고 있다. 본능은 천둥소리만큼이나 외적인 것으로 느껴질 수 있다. 유아의 자아는 차츰 힘을 얻음으로써 원본능 욕구를 환경이 아니라 자기(自己)의 일부로 느낄 수 있게 된다. 이때, 원본능-만족은 자아나 참자기를 강화시키는 아주 중요한 요소가 된다. 그러나 원본능-흥분은 자아가 아직 그 흥분을 담아낼 수 없을 때, 즉 자아가 원본능-만족에 수반되는 좌절과 위험을 감당할 수 없는 동안에는 외상이 될 수 있다.

어떤 환자가 "이 시간에 내가 경험한 '좋은 관리'(자아 돌봄)는 마치 젖을 먹는 것과 같은 것이었습니다"(원본능-만족)라고 말한다면, 이것은 매우 긍정적인 현상에 속한다. 그러나 자아 돌봄과 원본능-만족의 우선 순위를 바꾼다면 그것은 부정적인 현상에 속하게 된다. 이것은 내가 그에게 자아 돌봄에 앞서서 젖을 먹였다면, 그는 순응했을 것이고 그 순응은 거짓자기 방어에 해당될 것이기 때문이다. 아니면 그는 좌절을 선택함으로써 나의 접근에 반동하거나 거절했을 것이다.

나는 유아기와 어린 아동기에 직접 관찰한 적이 있던 성인 환자에게서 어린 시절의 경험이 아주 중요하다는 사실에 대해 크게 배운 적이 있다. 나는 그 환자에 관해 정기적으로 기록을 했고, 그 기록은 내게 영향을 끼쳤다. 종종 그 기록에서 나는 현재 나타나고 있는 환자의 정신의학적 상태가 이미 유아-어머니 관계에서 드러났던 것임을 알 수 있었다.(내가 여기에서 말하고 있는 것은 초기 현상이므로 유아-아버지 관계는 제외되었다. 아버지는 유아에게 어머니 또는 어머니의 대리자로서만 의미가 있다. 아주 초기 단계에서 남자로서의 아버지는 유아에게 아직 중요하지 않다.)

사 례

내가 제안하는 가장 적절한 사례는 성공적인 거짓자기를 가진 중년여성에 관한 것이다. 그녀는 평생 동안 존재감을 느껴본 적

이 없었다. 그래서 항상 자신의 참자기를 만나고 싶어했다. 그녀
는 여러 해 동안 분석을 받고 있었다. 분석의 첫 단계(2, 3년간
지속된)에서 나는 환자의 '돌보는 자기'의 문제를 다루었다. 그녀
의 '돌보는 자기'는

(1) 정신분석을 발견하였고,
(2) 분석가의 신뢰성을 확인하기 위해서 다양한 분석들에 관해
  알아보았고,
(3) 그녀 자신을 분석 받으러 데리고 왔으며,
(4) 약 3년 후에 점차적으로 자체의 기능을 분석가에게 넘겨주
  었다.
  (이것은 몇 주 동안 아주 심한 정도로 분석가에게 의존하
  였던 깊은 퇴행의 시기에 일어났다.)
(5) 분석가가 실패할 때에는(분석가의 질병, 휴가 등) 예전의
  돌봄을 다시 시작했다.
(6) 그것의 궁극적인 운명은 후에 논의될 것이다.

위의 사례에서 거짓자기의 방어적 성질을 알아차리는 것은 쉬
웠다. 그것의 방어적 기능은 참자기를 숨기고 보호하는 것이었
다. 이 거짓자기 구조는 다음과 같이 분류된다.

(1) 극단적인 경우: 거짓자기는 진짜(real)를 대신한다. 관찰자
  가 겉모습을 보고 진짜 그런 사람으로 생각하기 쉬운 것은
  바로 이 때문이다. 그러나 살아있는 관계에서, 동료 관계에
  서 그리고 친구 관계에서 거짓자기는 속이는 일에 실패하
  게 된다. 전체 인격이 기대되는 상황에서 거짓자기는 본질
  적인 무언가가 결여되어 있는 상태임을 드러낸다. 이때에

참자기는 철저하게 숨겨져 있다.

(2) 덜 극단적인 경우: 거짓자기는 참자기를 방어한다. 그러나 참자기는 잠재적 가능성으로 인식되며 비밀스런 삶 속에서 허용된다. 비정상적인 환경조건에도 불구하고 개인을 보호하는 긍정적인 목적을 갖고 있는 아주 분명한 임상적 사례들이 여기에 해당된다. 이것은 아픈 사람에게 나타나는 증상이 나름대로 긍정적 가치를 지닌다는 정신분석적 관념의 확장으로 볼 수 있다.

(3) 건강을 향해 있는 경우: 거짓자기는 주로 참자기가 자신의 역량을 발휘할 수 있을 만한 상황을 찾아주는데 관심을 갖는다. 만일 그 조건이 발견되지 않으면, 틀림없이 거짓자기는 참자기가 착취되는 것에 대항하기 위한 새로운 방어를 조직하게 된다. 그리고 만일 그 방어가 성공할 수 없다면, 그때 나타나는 임상적 결과는 자살이다. 이런 맥락에서 발생하는 자살은 참자기의 멸절을 피하기 위해 전체 자기를 파괴시키는 것이다. 자살이 참자기를 배신하는 것에 대한 유일한 방어라고 생각될 때, 자살을 조직화하는 것은 거짓자기의 몫이 된다. 물론 자살은 거짓자기의 파괴를 포함하며, 동시에 그 거짓자기가 존재해야 할 필요성 그 자체를 없애 버린다. 이 수준에서 거짓자기의 기능은 모욕으로부터 참자기를 보호하는 것이다.

(4) 보다 더 건강을 향해 있는 경우: 거짓자기는 동일시 위에 세워진다(아동기 환경과 그의 실제 유모로부터 거짓자기 조직화에 많은 특성을 제공받았던 위의 환자의 예처럼).

(5) 건강한 경우: 거짓자기는 감정을 숨김없이 드러내어 말하지 않는, 공손하고 예의바른 사회적 태도로 나타난다. 여기에는 전능성과 일반적인 일차과정을 포기할 수 있는 개인

의 능력이 있으며, 그 이점은 참자기만으로는 결코 살아갈 수 없는 현실사회 안에서 개인이 있을 수 있는 자리를 제공받는 것이다.

지금까지 나는 나의 임상적 경험의 범위 안에서 서술했다. 나는 임상적 경험의 영역에서 거짓자기에 대한 인식은 그 나름의 중요성을 갖고 있음을 알게 되었다. 예컨대, 본질적으로 거짓 인격을 가진 환자들을 정신분석 훈련생들에게 의뢰해서는 안된다. 여기서 거짓 인격의 진단은 정신의학적 분류에 따른 환자의 진단보다 더 중요하다. 모든 형태의 사례들이 취급되는 사회사업 분야에서, 거짓 인격에 해당하는 사례는 사회사업가의 분석 원칙에 입각한 훌륭한 상담에도 불구하고, 치료의 실패를 가져올 수 있다. 또 이 실패에는 심한 좌절이 수반되기 때문에 사례를 선택하는데 신중해야 한다. 특히 이러한 진단은 정신분석이나 정신의학 사회사업 분야의 훈련생들을 선별하는데 중요한 기능을 갖는다. 조직화된 거짓자기는 경직된 방어로 이루어져 있으며 이는 훈련생들의 성장을 방해하는 요소이다.

지능과 거짓자기

지능과 거짓자기가 결합될 때 종종 특별한 위험이 발생한다. 거짓자기가 매우 높은 지적 잠재력을 지닌 개인에게서 조직화될 때, 그의 지능 안에 거짓자기가 자리잡게 될 가능성이 매우 높다. 이런 경우에 지적인 활동과 정신-신체적 존재 사이에 해리(解離)가 발생한다. (건강한 개인의 지능은 정신-신체적 존재로부터 회피하는데 사용되지 않는다. 나는 '지능과 정신-신체와의 관계',

1949c에서 이 주제를 비교적 상세히 논의했다.)

이와 같은 이중적인 비정상이 발생할 때, (1) 거짓자기는 참자기를 숨기기 위해 조직되고, (2) 뛰어난 지능을 사용하여 자신의 문제를 해결하려 함으로써 그 지능은 속임수에 사용된다. 그런 사람이 고도의 학문적 성공을 이룬다 하더라도, 그는 성공하면 할수록 자신의 존재를 '가짜처럼' 느끼게 되는 엄청난 고통을 겪게 된다. 그런 개인들은 주위 사람들의 기대를 충족시켜 주는 대신에 이런 저런 방식으로 자신들을 파괴함으로써 그들에게 큰 희망을 갖고 있던 사람들에게 커다란 충격을 안겨주게 된다.

원인론

정신분석가들은 거짓자기가 처음에 유아-어머니 관계에서 발달한다는 사실과, 정상적인 발달에서는 거짓자기가 중요한 특성이 되지 않는다는 (보다 중요한) 사실을 잘 알고 있다.

개체 발생적 발달에서 이 중요한 단계에 대한 이론은 유아와 어머니(퇴행된 환자와 분석가)의 삶에 대한 관찰에 속하는 것이지, 원본능 충동을 막으려고 조직화된 자아 방어의 초기 정신기제 이론에 속하는 것은 아니다. 물론 이 대상관계적 삶과 본능적 삶이라는 두 주제는 서로 중복된다.

발달과정에 대한 타당한 진술에 도달하기 위해서는 어머니의 행동과 태도를 고려하는 것이 필수적이다. 왜냐하면 이 발달과정에서 의존은 현실적인 것이며 거의 절대적인 것이기 때문이다. 어머니를 제외한 채 유아에게 일어나는 것만을 진술하기란 불가능한 일이다.

거짓자기의 원인을 추적하다보면, 첫 번째 대상관계의 단계를 조사하게 된다. 이 단계의 유아는 내내 통합되지 않은 상태에 있으며 결코 온전히 통합되지 않은 상태에 있다. 유아의 다양한 감각 운동적 요소가 통합되어 가는 이 과정은 어머니가 유아를 신체적으로 그리고 상징적으로 안아줄 때에 발생한다. 그리고 이따금씩 유아는 몸짓을 통해 자발적인 충동을 표현한다. 이 몸짓의 근원은 참자기이며, 그 몸짓은 잠재적인 참자기의 존재를 알려준다. 우리는 유아가 몸짓(혹은 감각-운동성의 부류)으로 나타내는 전능성에 대해 반응하는 어머니의 방식을 조사할 필요가 있다. 여기서 나는 참자기의 개념을 자발적인 몸짓과 연결시키고 있다. 이때 개인의 발달 과제는 운동성과 성애적 요소의 융합을 성취하는 것이다.

어머니의 역할

이 과정에서 어머니가 담당하는 역할을 조사할 필요가 있다. 나는 극단적인 두 어머니를 비교해 보겠다. 한 쪽 극단의 어머니는 충분히 좋은 어머니이며, 다른 쪽 극단의 어머니는 충분히 좋지 않은 어머니이다. 그렇다면 여기에서 '충분히 좋은'이란 용어는 무엇을 의미하는가?

충분히 좋은 어머니는 유아의 전능성에 응해주며 어느 정도 그것을 의미 있게 해주는 어머니이다. 어머니는 이것을 반복한다. 어머니가 유아로 하여금 전능성을 경험할 수 있게 해줄 때, 참자기는 유아의 약한 자아에게 힘을 주게 되고, 유아는 자신의 삶을 갖기 시작한다.

충분히 좋은 어머니가 아닌 경우에, 그 어머니는 유아의 전능성 경험을 돕지 못하며, 반복해서 유아의 몸짓에 응해주지 못한

다. 대신에 어머니는 유아의 몸짓을 자기 자신의 몸짓으로 대체
하는데, 유아는 어머니에 순응하여 어머니의 몸짓을 자신의 것
인양 받아들인다. 유아의 이런 순응은 거짓자기의 가장 초기 단
계이며, 이것은 유아의 욕구들을 감지하지 못하는 어머니의 무능
력에서 비롯되는 것이다.

유아의 자발적인 몸짓이나 감각적인 환각에 대해 어머니가 거
듭해서 성공적으로 대응해주는 일없이는 참자기가 살아있는 현
실이 될 수 없다는 것이 내 이론의 핵심이다. (이런 생각은 '상징
적 실현'이라는 용어에 담겨 있는 세케하이에의 생각과 밀접히
연결되어 있다. 이 용어가 현대 정신분석 이론에서 중요한 역할
을 하고는 있지만, 유아의 삶을 생생하게 만드는 것이 그의 몸짓
이나 환각이며, 상징을 사용할 수 있는 유아의 능력은 그것의 결
과라는 점에서 그 용어는 정확한 표현은 아니다.)

나의 이론에 따르면, 여기에 두 가지 가능한 발달적 흐름이 있
다. 첫 번째 경우, 어머니의 적응이 충분히 좋을 때 결과적으로
유아는 (유아의 몸짓과 욕구에 대한 어머니의 비교적 성공적인
적응 덕택에) 자신의 전능성과 충돌하지 않는 방식으로 마술적으
로 나타나거나 행동하는 외적 실재가 있다고 믿기 시작한다. 이
러한 믿음을 토대로 하여 유아는 점차 전능성을 포기할 수 있다.
참자기는 자발성을 갖고 있으며 이것은 세상의 사건들과 결합된
다. 유아는 이제 전능한 창조와 통제의 환상을 즐기기 시작한다.
그리고 나서 점차 환상적 요소, 놀이 그리고 상상력을 사용할 수
있게 된다. 여기에 상징 형성의 기초가 있으며, 이 상징은 처음
에는 유아의 자발성 또는 환각을, 그리고 궁극적으로는 유아에
의해 창조되고 리비도 집중이 이루어진 외적 대상 모두를 지칭
한다.

유아는 자신과 대상 사이에 어떤 것 또는 어떤 활동이나 감각

이 존재한다고 느낀다. 이 느낌이 유아와 대상(즉, 모성적 부분대
상)을 이어줌으로써 상징 형성의 기초를 이룬다. 그러나 만약 이
것이 유아와 대상을 연결시켜주는 대신에 분리시킨다면, 상징 형
성으로 가는 길은 차단된다.

유아의 환각과 자발적인 충동에 대한 어머니의 적응이 부족하
거나 충분히 좋지 않을 때, 상징을 사용할 수 있는 능력의 발달
과정은 아예 시작되지도 않는다(또는 그 과정은 깨어지며, 유아
는 이미 이룩한 발달적 토대로부터 철수한다).

어머니의 적응이 처음부터 충분히 좋지 않을 때, 유아는 외적
대상에게 리비도 집중을 시키지 못함으로써 사망할 수도 있다.
유아는 고립된 채로 남아 있으며, 살아있지만 거짓으로 살아있
게 된다. 거짓으로 존재할 수밖에 없는 상황에 대한 유아의 저
항은 초기 단계부터 탐지될 수 있다. 임상에서는 일반적으로 화
를 잘 내거나 섭식 장애, 또는 사라졌다가 후기 단계에서 심각
한 형태로 다시 나타나는 다른 기능 장애들 중의 하나로 나타
난다.

어머니가 충분히 잘 적응해주지 못할 경우에, 유아는 순응의
유혹에 끌리게 된다. 순응적 거짓자기는 환경적 요구들을 받아들
이는 것처럼 보인다. 이 거짓자기를 통해 유아는 거짓된 관계 망
을 세우고, 심지어 내사 기제를 사용하여 마치 흉내내는 것이 진
짜 자신의 것 인양 보이게 할 수도 있다. 따라서 그 아동은 자라
서 단지 어머니, 보모, 아줌마, 형 또는 그 시기에 그 상황을 지배
하는 누군가와 닮기 쉽다. 그러나 거짓자기는 한 가지 아주 중요
한 긍정적 기능을 갖고 있는데, 그것은 곧 환경적 요구에 순응함
으로써 위협에 처한 참자기를 숨기는 기능이다.

극단적인 거짓자기의 경우에 참자기는 아주 깊숙이 숨겨져
있고, 따라서 유아 삶의 경험은 자발성을 상실하고, 모방과 순응

을 주된 특징으로 갖는다. 유아의 인격에서 분열의 정도가 그렇게 심하지 않을 경우, 여기에는 모방을 통해 이루어지는 약간의 개인적인 삶이 있을 수도 있다. 그리고 거짓자기는 마치 참자기가 존재하기라도 하듯 참자기의 역할을 어느 정도 수행할 수도 있다.

방어로서의 거짓자기의 기원을 이런 식으로 추적해 본다면, 이때의 방어는 생각할 수조차 없는 자기멸절의 불안을 불러일으키는 참자기의 침범에 대한 방어임을 알 수 있다. (참자기가 침범되고 멸절되는 유아의 경험은 앞에서 제시되었듯이, 충분히 좋지 않을 뿐 아니라 불규칙적으로 좋았다 나빴다 하여 아동을 자극하는 어머니에 대한 경험에 속한다. 그런 어머니는 자신과 접촉하는 사람들에게 혼란을 야기하며 그 혼란을 유지시키려는 욕구를 갖고 있는 어머니이다. 이것은 전이에서 분석가를 거의 미치게 만드는 상황으로 나타난다[Bion, 1959; Searles, 1959]. 이것은 어느 정도 참자기를 방어할 수 있는 유아 능력의 마지막 잔재들을 파괴시킬 수 있다.)

'일차적 모성 몰두'(1956a)라는 논문에서 나는 어머니의 역할에 대한 주제를 발전시키고자 하였다. 이 논문의 가설은 건강한 경우, 임신을 한 어머니는 점차 자신의 유아와 강한 동일시를 성취한다는 것이다. 이 동일시는 임신기간 중에 시작하여 해산할 즈음에 최고조에 이르며, 해산 후 몇 주 혹은 몇 달이 지나면서 점차 사라지게 된다. 어머니들에게서 발생하는 이런 건강한 현상은 일시적인 건강염려증이나 자기에 몰두하는 모습에서 찾아볼 수 있다. 어머니 쪽에서 유아를 향한 이런 특별한 태도는 자신의 정신건강뿐 아니라 환경에 의해서도 영향을 받는다. 가장 단순한 사례에서, 남편이 임신한 아내를 위해 외적 현실을 다루어 줄 때 그녀는 안전하게 일시적으로 내면으로 향하고 자기 중심적이 될 수 있다(이처럼 아내를 돌보는 남편의 기능 또한 남성의 자연스런 기능으로부터 발달해 나온 것이다.) 이러한 도식은 가족치료에서 사용하는 도식과 같은 것이 될 것이다. (여기서 우리는 수용성 외피층[receptive cortical layer]으로 인해 소기포[vesicle]가 살아있을 수 있다는 프로이트의 묘사[1920]를 생각할 수 있다.)

이 주제를 발전시키는 것이 이 논의의 목적은 아니지만, 어머니의 기능을 이해하는 것은 매우 중요하다. 이 어머니의 기능은 문명의 발달이나 지적인 이해를 통해 이룩된 최근의 성취가 아니다. 어머니는 이런 본질적인 기능을 항상 잘 수행해 왔다. 어머니는 모성적 기능으로 인해 유아의 최초의 기대와 욕구들에 대해 알 수 있으며, 유아를 편안하게 해주는 것을 통해서 개인적인 만족감을 갖는다. 그녀가 자신의 유아를 어떻게 안아주어야 하는지를 아는 것은 유아와의 이런 동일시 때문이다. 따라서 유아는 반동하지 않고 존재하기 시작한다. 여기에 참자기의 기원이 있으며, 이 참자기는 어머니의 헌신 없이는 현실이 될 수 없다.[1]

참자기

거짓자기 개념은 참자기 개념에 의해 균형이 맞춰질 필요가 있다. 이론적으로 참자기는 생의 최초의 단계에서 자발적 몸짓과 개인의 창조적인 생각이 출현하는 자리이다. 자발적인 몸짓은 활동하는 참자기의 표현으로 볼 수 있다. 오직 참자기만이 창조적일 수 있으며 삶을 생생하게 느낄 수 있다. 참자기가 삶을 생생

---

1 이 때문에 나는 어머니들과의 연속 대담 강좌를 '보통의 헌신적 어머니와 그녀의 아기'(위니캇, 1949a)로 이름 붙였다.

하게 느끼는데 반하여, 거짓자기는 삶이 실감나지 않고 허망하다
고 느낀다.

거짓자기의 긍정적인 기능은 참자기를 숨겨주거나 참자기가
살아갈 수 있는 방도를 찾아내는 것이다. 우리는 분석과정에서
온갖 종류의 수단을 사용하는 거짓자기가 포기되고 환자가 사물
에 대해 생생하고 가치 있게 느낄 수 있게 되는 모습을 목격한
다. 내가 치료했던 한 환자는 오랜 분석이 끝날 무렵에야 비로소
진정으로 자신의 삶을 시작할 수 있었다. 그녀는 어떤 진정한 경
험도 과거도 갖고 있지 않았다. 그녀는 50년의 삶을 낭비하고 나
서 분석작업을 시작했다. 그러나 그 작업을 통해서 그녀는 마침
내 삶을 생생하게 느낄 수 있게 되었으며 진정된 삶을 살아갈
수 있게 되었다.

참자기는 신체 조직의 살아있음과 심장 활동 및 호흡을 포함하
는 신체 기능의 작용으로부터 나온다. 그것은 일차 과정(primary
process) 사고와 밀접히 연결되어 있으며, 본질적으로 외적 자극
에 대한 반응이 아니라 본래적인 것이다. 거짓자기 개념에 대한
이해 없이 참자기 개념을 말하는 것은 별 의미가 없다. 왜냐하면
그것은 살아있음의 경험에 관한 세부 내용들을 끌어 모으는 것
에 지나지 않을 것이기 때문이다.

발달과정에서 유아는 서서히 거짓자기가 참자기를 숨긴다기보
다는 내적 실재를 숨긴다고 말할 수 있는 정도에 이르게 된다.
이제 유아는 자기와 자기가 아닌 것 사이를 구분해주는 제한막
(limiting membrane)을 갖게 되고, 따라서 내부와 외부를 갖게
된다. 그리고 상당한 정도로 모성적 돌봄에서 벗어나게 된다.

여기서 제시되는 이론에 의하면, 중요하게 주목해야 할 것은
대상들에 관한 개인적인 내적 실재라는 개념이 참자기 개념보다
더 후기 단계에 적용된다는 사실이다. 이때의 참자기는 개인의

정신적인 조직화와 함께 나타나며 총체적인 감각운동의 살아있음 그 이상을 의미하지는 않는다.

그러나 참자기는 즉시 복잡성을 발달시키며 시간의 흐름에 따라 자연스럽게 외적 실재와 관계를 맺는다. 그때에야 비로소 유아는 심리적 실재 안에 자극에 대한 대응물을 갖고 있음으로 해서 외상없이 자극에 반응할 수 있게 된다. 이제 유아는 모든 자극을 밖으로 투사할 수 있다. 그러나 이 단계에서 모든 유아가 이러한 발달을 반드시 성취하는 것은 아니며, 어떤 유아는 이것을 부분적으로 성취하기도 하고 또는 성취했다가 상실하기도 한다. 이 발달을 성취한 유아는 실제 외적인 환경적 요소들에 반응할 때 전능성의 느낌을 보유할 수 있게 된다. 그리고 이 모든 것은 유아가 세상에는 순수한 우연(pure chance)이 있다는 사실을 지적으로 이해할 수 있게 되는 시기보다 몇 년이나 앞서서 발생한다.

참자기가 심각하게 방해받지 않는다면, 모든 새로운 삶의 시기는 삶에 대한 생생한 느낌을 강화시키며, 이와 함께 유아는 다음의 두 가지 현상을 감당할 수 있는 능력을 키워 간다.

(1) 참자기의 삶의 연속성이 깨어지는 경험들. (마쳐되지 않은 상태에서 분만이 지연될 경우, 출생 과정 자체가 외상일 수 있다.)

(2) 반동적이거나 순응에 기초하여 환경에 반응하는 거짓자기 경험들. 유아는 '타(ta)' 또는 다른 소리들을 (첫돌 이전에) 배움으로써 환경의 존재를 지적으로 인식할 수도 있다. 여기에는 감사의 감정이 수반될 수도 있고 그렇지 않을 수도 있다.

정상인에게 존재하는 거짓자기

유아는 자연스런 과정에 따라 환경에 적응하는 자아 조직을 발달시킨다. 그러나 이것은 자동적으로 일어나지는 않는다. 그것은 실로 어머니가 유아의 살아 있는 욕구들에 대해 충분히 좋은 적응을 제공함으로써, 최초의 참자기가 살아 있는 실재가 될 때에만 일어날 수 있다. 건강한 삶, 즉 순응할 수 있고 노출되지 않을 수 있는 유아의 능력 속에 참자기의 순응적인 측면이 있다. 타협할 수 있는 능력은 하나의 성취이다. 정상적인 발달에서 거짓자기에 해당되는 것은 사회적 예절, 즉 적응할 수 있는 능력이다. 건강한 경우 이 사회적 예절은 타협할 수 있는 능력을 의미한다. 그러나 동시에 결정적인 문제 앞에서 타협은 더 이상 용납되지 않는다. 이러한 문제가 발생할 때 참자기는 순응적 자기를 능가할 수 있다. 임상적으로 이것이 청소년기에 발생하는 대부분 문제의 본질이다.

거짓자기의 정도

만일 이 두 극단들과 그 원인에 대한 설명을 받아들인다면, 임상 작업에 있어서 한편으로는 건강한 자기의 예의바른 태도로부터 전체 인격으로 오인될 정도로 완전히 분리된 순응적인 거짓자기에 이르기까지 다양한 거짓자기 방어가 있다는 사실을 인정하는 것은 어렵지 않다. 때때로 이런 거짓자기 방어는 승화의 기초가 될 수도 있다. 배우들 중에는 진정한 자기 자신의 삶을 살면서 연기할 수 있는 사람들이 있는 반면, 단순히 연기를 할 뿐인 사람들이 있다. 진정한 삶을 살지 못하는 연기자들의 경우, 그들은 자신들이 어떤 역할 속에 있지 않을 때 또는 인정받지 못하고 박수도 받지 못할 때(존재로서 인정받지 못할 때) 극도로 당혹스러워 하는 모습을 볼 수 있다. 이 후자의 경우는 거짓자기의 승화에 해당한다.

자기의 순응적인 면을 갖고 있으면서도 진정으로 존재하고 창조적이며 자발적인 존재가 될 수 있는 건강한 개인은, 상징을 사용할 수 있는 능력을 가지고 있다. 다른 말로 하면, 여기서 건강은 꿈과 현실 사이의 중간에 있는 영역, 즉 문화적인 삶을 살 수 있는 개인의 능력과 밀접히 관련되어 있다('중간대상과 중간현상,' 1951). 이와는 대조적으로, 참자기와 참자기를 숨기는 거짓자기 사이에 아주 심한 분열이 발생한 경우, 그의 상징 사용 능력과 문화적 생활은 빈약하게 된다. 그러한 개인은 문화적 추구 대신에 극단적인 산만함, 집중할 수 없는 무능력 그리고 외적 실재로부터 침범을 모으려는 욕구 때문에 자신의 삶을 침범들에 대한 반응들로 채우게 된다.

임상적 적용

치료를 위한 사례를 평가하거나 정신의학적 또는 사회사업의 정신의학 분야의 훈련생을 평가하려는 목적으로 진단을 행할 때, 거짓자기 성격 여부를 파악하는 것이 중요하다는 점은 이미 언급된 바 있다.

정신분석가에게 미치는 영향

만일 이러한 생각들이 가치 있는 것이라면, 정신분석가의 치료 실제는 다음과 같은 방식으로 영향을 받게 될 것이다.

(a) 거짓자기 성격의 분석에서, 분석가가 환자의 참자기에 대해 말할 때 그는 환자의 거짓자기에게 말할 수 있을 뿐이라는 사실을 인정해야 한다. 그것은 마치 유모가 아동을 데려왔을 때, 분석가가 아동과 직접적으로 접촉하지 않고 먼저 유모와 이야기를 나누는 것과 같다. 유모가 아동을 분석가에게 맡기고, 그 아동이 분석가와 함께 놀이를 시작하면서 분석이 가능해진다.

(b) 분석가가 환자의 참자기와 접촉하기 시작하는 단계에서 환자는 반드시 극단적인 의존의 시기를 거친다. 분석가는 분석 실제에서 이 시기를 종종 간과한다. 이때 환자는 질병을 앓거나 또는 다른 식으로 분석가에게 거짓자기(아기를 돌보는 사람) 기능을 인수받을 수 있는 기회를 준다. 그러나 분석가가 그 시점에서 무엇이 일어나고 있는지를 알아채지 못한다면, 결과적으로 다른 사람들이 그 환자를 돌보게 되고 환자는 그 사람에게 의존하게 됨으로써, 분석가는 귀중한 치료의 기회를 놓쳐버린다.

(c) 이런 식으로 의존적이 되는 환자들의 많은 욕구들에 응해줄 수 없는 분석가들은 거짓자기 유형의 환자를 받지 않는 것이 현명하다.

만약 정신분석 작업이 거짓자기의 토대 위에서 이루어진다면, 그 작업은 끝없이 계속될 것이다. 내게 오기 전에 상당히 많은 분석을 받았던 한 남자 환자가 있었다. 그의 분석작업은 내가 그에게 존재하지 않는다는 사실을 분명히 말했을 때에야 진정으로 시작될 수 있었다. 그동안 그의 분석 치료는 그가 거짓으로 존재했는데도 그가 존재한다는 가정 위에서 이루어졌기 때문에, 몇 년에 걸친 모든 작업이 공허한 것이었다. 내가 그의 존재하지 않음에 대해 말했을 때, 그는 처음으로 자신이 누군가와 진정으로 의사소통하고 있다고 느낄 수 있었다. 이때 그의 말이 의미하는 것은 유아기에 숨겨졌던 그의 참자기가 이제는 안전하게 분석가와 의사소통할 수 있게 되었다는 것이다. 이 사례는 참자기 개념이 정신분석 작업에 영향을 미치는 전형적인 방식을 보여준다.

나는 이러한 임상 문제의 몇 가지 다른 측면들을 언급하였다. 예컨대, '철수와 퇴행'(1954a)이라는 제목의 글에서 나는 한 남자의 사례를 다루었다. 그 사례에서 나는 전이에서 드러난 그의 참자기와의 최초의 접촉을 통해 그의 거짓자기와 접촉했고, 이것을 통해 정상적인 분석으로 발전하는 과정을 추적하였다. 그 환자는 전이에서 철수된 상태로부터 퇴행된 상태로 전환되는 과정을 거쳤다.

여기에서 하나의 원칙이 확립될 수 있다. 그것은 분석 실제에서 거짓자기 문제를 다룰 때, 우리는 자아 방어기제의 문제를 가지고 환자와 오랜 기간 씨름하기보다는 환자의 존재하지 않음을 인식함으로써 보다 많은 진보를 이룰 수 있다는 것이다. 환자의 거짓자기는 소위 분석 게임에서 분석가가 환자의 방어를 분석할 때에 분석가와 끝없이 협력할 수 있다. 이런 소득 없는 작업은 분석가가 환자에게 본질적인 특징이 없음을 지적하고 그 사실을 구체적으로 제시할 때에만 중단될 수 있다. '당신은 입이 없군요,' '당신은 아직 존재하지 않고 있습니다,' '신체적으로 당신은 남자이지만, 실은 남성에 대한 어떤 것도 알지 못하고 있어요' 등의 지적이 필요하다. 적절한 시기에 주어지는 이런 중요한 사실에 대한 지적은 환자의 참자기와 의사소통할 수 있는 길을 예비한다. 거짓자기를 전체적 자기로 믿는 분석가에게 적극적으로 협력하는, 거짓자기의 삶을 살아왔던 한 환자는 내게 이렇게 말했다. '내가 희망을 느꼈던 유일한 순간은 선생님이 나에게 당신은 희망이 없는데 분석을 계속하고 있다고 말할 때였습니다.'

그러므로 전체적으로 잘 기능하는 거짓자기 환자 안에 무엇인가를, 즉 인간 존재의 본질적인 요소인 창조성을 결여하고 있음을 분석가가 알아차리지 못한다면, 분석가는 거짓자기(발달의 후기 단계에서 나타나는 다중인격에서처럼)에 속고 있다고 말할 수 있다.

시간이 흐르면서 이 개념은 다른 많은 측면들에 적용될 수 있을 것이다. 그리고 어떤 식으로든지 그 개념 자체는 수정될 필요가 생길 것이다. (다른 분석가들의 작업과 연결되어 있는) 나의 연구의 이 부분을 설명하는 목적은 참자기를 숨기고 있는 거짓자기라는 이 새로운 개념이 그것의 원인론과 함께 정신분석 작업에 중요한 영향을 미칠 수 있다는 주장을 제시하는 것이다. 내가 아는 한, 그것은 정신분석의 기본 이론에 크게 위배되지 않는다.

13
끈 : 의사소통의 기술[1]
(1960)

1955년 3월에 7세 된 아들을 데리고 패딩턴 그린 아동 병원의 심리학과를 찾아온 어떤 부모가 있었다. 그들은 장애아를 위한 특수학교에 다니고 있는 10세 된 누나와 정상으로 보이는 4세 된 여동생도 함께 데리고 왔다. 그 아이는 성격장애를 나타내는 일련의 증상들 때문에 의뢰되었다. 나는 이 사례를 본 논문의 주제와 직접적으로 관련이 없는 내용은 생략한 채로 서술하고자 한다. 이 소년의 지능 지수는 108이었다.

나는 처음에 소년의 부모와 긴 면담을 했고, 면담에서 그들은 소년의 발달과정과 그 과정에서 나타난 왜곡에 대해 자세하게 말해주었다. 그러나 그들은 소년과의 면담에서 드러났던 중요한 사항 한 가지를 빠뜨렸다.

소년의 어머니가 우울한 사람이라는 것은 어렵지 않게 알 수 있었다. 그녀는 우울증 때문에 병원에 입원한 적이 있었다. 그녀

1 아동 심리학과 정신의학 저널 1호, pp. 49-52에 최초로 게재됨

는 소년의 여동생이 태어날 때인 3세 3개월까지 그를 돌보았다. 이때 중요한 첫 번째 분리가 발생했고, 그 다음 그가 3세 11개월이었을 때 어머니의 수술로 인해 두 번째 분리가 있었다. 그리고 그가 4세 9개월이 되었을 때 어머니는 두 달 동안 정신병원에 입원해 있었는데, 이 기간에는 그의 이모가 그를 잘 돌봐 주었다. 이때까지 그를 돌본 모든 사람들은 그가 아주 좋은 특성을 갖고 있지만 다루기 어려운 아이라는데 동의했다. 그는 곧잘 변덕스러워지곤 했는데, 예를 들면 갑자기 이모를 산산조각 내겠다고 말해서 사람들을 놀라게 하곤 했다. 그는 물건이나 사람들을 충동적으로 핥는 등의 많은 이상한 행동을 했다. 또 강박적으로 목구멍소리를 냈으며, 종종 꼼짝하지 않으려 했고, 주변을 온통 어질러 놓았다. 또 누나의 정신적 결함에 대해 두드러지게 불안해했다. 그러나 그의 발달상의 왜곡은 그가 누나의 결함에 대해 인식할 수 있는 나이 이전에 시작된 것 같았다.

부모와 면담을 마친 후에 나는 소년과 면담을 하였다. 정신의료 사회사업가 두 명과 방문객 두 명이 면담에 참석하였다. 소년은 곧 바로 비정상적이라는 인상을 주지는 않았다. 그는 곧 나와 함께 스퀴글(그림 그리기) 게임을 시작하였다. (이 게임에서 나는 즉흥적으로 선을 그려주고, 소년에게 그것을 다른 무엇인가로 바꾸도록 요구하였다. 그리고 나서 그가 그린 것을 내가 다른 것으로 바꾸는 방식으로 진행했다.)

이 사례에서 스퀴글 게임은 흥미로운 결과를 가져왔다. 소년은 곧 게으름을 나타냈고 내가 만들었던 스퀴글을 거의 대부분 끈과 관련된 것으로 바꾸었다. 그가 그린 열 개의 그림에 다음과 같은 것이 나타났다.

올가미 밧줄, 채찍, 사냥용 가죽채찍

요요줄
매듭이 있는 끈
또 다른 가죽채찍
또 다른 채찍

이 소년과의 면담 후에 나는 부모와 두 번째 면담을 하였고, 그들에게 소년이 끈에 집착하는 것에 대해 물었다. 그들은 내가 이 문제를 언급한 것이 다행이며, 그것이 의미 있는 것인지 아닌지 몰라서 내게 말하지 않았다고 했다. 그 소년은 끈으로 하는 모든 활동에 강박적으로 집착했다. 실제로 그들이 방으로 들어가 보이지 않으면 소년은 항상 끈으로 의자와 탁자를 한데 묶어놓거나 쿠션을 벽난로에 묶어놓는 행동을 했다. 끈에 대한 소년의 몰두는 점차 새로우면서도 극도로 걱정할 만한 일이 되었다. 즉 소년이 최근에 여동생의 목을 끈으로 묶는 일이 있었다. (소년은 여동생이 태어났을 때 어머니와 처음으로 떨어졌었다.)

이 면담에 내가 개입할 수 있는 기회는 제한되어 있었다. 왜냐하면 소년의 가족이 지방에 살고 있어서 부모나 소년을 6개월에 한 번 이상 만나는 것은 불가능했기 때문이다. 따라서 나는 그의 어머니에게 소년이 분리 불안의 문제를 씨름하고 있으며, 그것은 마치 사람들이 전화를 이용해서 친구와의 분리를 인정하지 않는 것처럼, 이 소년은 끈을 사용하여 부모와의 분리를 부인하고 있다고 설명해 주었다. 어머니는 나의 설명에 회의적이었지만, 나는 그녀에게 내가 말한 것이 의미 있다고 느껴지면, 적절한 때에 소년과 이 문제를 터놓고 이야기해보라고 했다. 그리고 그때 내가 그녀에게 말한 것을 소년에게 말해주고, 소년의 반응에 따라 잘 대처하길 바란다고 말했다.

나는 약 6개월 후 그들이 다시 나를 만나러 올 때까지 그들에게서 아무것도 듣지 못했다. 나는 그의 어머니에게 그녀가 어떻게 했는지에 대해 물었고, 그녀는 나를 처음 방문했던 직후에 일어났던 일에 대해 말해주었다. 그녀는 당시에 내가 말했던 것이 어리석다고 느꼈지만, 어느 날 저녁에 아들과 그 주제에 대해 이야기를 나누었다. 그러자 아들은 어머니와의 관계, 그리고 어머니와의 접촉이 없어지는 것에 대한 불안에 관해 열의를 가지고 이야기했다. 그녀는 아들의 도움을 받아서 그녀가 생각할 수 있었던 그와의 분리경험에 대해 자세하게 회고할 수 있었다. 그리고 곧 그의 반응을 보면서 내가 말했던 것이 옳았다고 확신하게 되었다. 무엇보다도 그녀가 아들과 이런 대화를 나눈 이후에 그는 더 이상 끈을 가지고 예전처럼 물건을 묶는 일을 하지 않았다. 그녀는 그가 분리를 어떻게 경험했는지에 대해 그와 함께 많은 이야기를 나누었다. 그리고 그녀는 자신이 심한 우울증에 빠져있었을 때, 그가 어머니를 상실한 것으로 경험했던 것이 가장 심각했던 분리경험이었음을 알게 되었다. 그것은 어머니가 멀리 떨어져 있었기 때문이 아니라 다른 문제에 너무나 몰두해 있었기 때문에, 그 결과 아들과의 접촉 부족에서 비롯된 것이었다.

다음 면담에서 소년의 어머니는 그녀가 아들과 이 주제에 대해 이야기를 나눈 지 1년만에, 그가 다시 끈을 가지고 놀면서 물건을 함께 묶어놓는 행동을 시작했다고 말했다. 그때 그녀는 수술을 받기 위해 병원에 입원하기로 예정되어 있었다. 그녀는 그에게 이렇게 말했다. '네가 끈을 가지고 노는 것을 보니 너는 내가 떠나버릴 것을 염려하고 있구나. 그러나 이번에는 단지 며칠 동안만 떠나있을 거야. 나는 아주 간단한 수술을 받는 거란다.' 이런 말을 들은 후 끈을 가지고 노는 그의 행동은 사라졌다.

나는 이 가족과 계속 접촉해왔고 이 소년의 학교 생활과 다른 여러 문제들에 대해 자문해주었다. 첫 면담 후 4년이 지난 지금,

소년의 아버지는 소년이 어머니의 새로운 우울증 때문에 다시 끈에 집착한다고 보고하였다. 이 행동은 두 달 동안 지속되었고 가정 형편이 다시 좋아져서(아버지가 실직했다가 다시 취직하게 되면서) 온 가족이 휴가를 떠나던 날 사라졌다. 이와 함께 어머니의 상태도 호전되었다. 아버지는 이 문제와 관련된 또 다른 흥미로운 내용을 말해주었다. 최근에 끈에 집착했던 기간 동안 소년은 밧줄로 무엇인가를 묶는 행동을 하였는데, 아버지는 그 행동이 예사롭지 않다고 느꼈다. 왜냐하면 그것은 이 모든 것이 어머니의 병적인 불안과 얼마나 밀접히 연결되어 있는지를 보여주고 있었기 때문이다. 하루는 아버지가 집에 돌아왔을 때, 그는 소년이 밧줄에 거꾸로 매달려 있는 것을 발견하였다. 소년은 축 쳐져 있었고 죽은 듯이 보였다. 그 순간 아버지는 모르는 척 해야겠다 생각했고, 30분 가량 이런저런 일을 하면서 정원에서 시간을 보냈다. 그러자 소년은 지루해졌고 이 놀이를 멈추었다. 이것은 아버지의 불안을 견디는 능력에 대한 커다란 시험이었다. 그런데 다음날 소년은 부엌 창문에서 똑바로 보이는 나무에서 똑같은 짓을 했다. 어머니는 몹시 충격을 받아 뛰어나왔고 그가 자살했다고 확신했다.

다음에 덧붙이는 내용은 이 사례를 이해하는데 도움이 될 것이다. 이제 11세된 이 소년은 소위 남자다운 남성의 모습으로 자라고 있었지만, 자신을 매우 의식했으며, 쉽게 목까지 빨개지곤 했다. 그는 곰 인형을 많이 가지고 있었는데, 이것들은 그의 자식들이었다. 누구도 감히 그것들이 장난감이라고 말하지 못했다. 그는 그들에게 충성을 다해 많은 애정을 쏟았고, 직접 꼼꼼한 바느질로 바지를 만들어 입혔다. 아버지는 소년이 이런 식으로 자신이 어머니 역할을 하는 자신의 가정으로부터 안전감을 얻는 것 같다고 말했다. 손님이 오면 그는 그것들을 재빨리 누이의 침대로 옮겼다. 왜냐하면 가족 이외의 어느 누구도 그가 이 특별한 가족을 가지고 있다는 사실을 알아서는 안되기 때문이었다. 또 한가지 문제는 그가 대변보기를 꺼리거나 대변을 뱃속에 축적하려 하는 것이었다. 이것은 그가 어머니와의 관계에서 기인한 불안정감에 기초한 모성적 동일시를 형성했음을 보여주며, 우리는 이것이 동성애로 발전할 수 있다고 추측한다. 같은 식으로 끈에 대한 집착은 성도착으로 발전할 수도 있을 것이다.

논 평

　위의 사례에 대해 다음과 같은 논평이 가능하다.

　(1) 끈은 다른 모든 의사소통 기술의 연장으로 생각할 수 있다. 끈은 물건을 싸는 것과, 흩어지는 물건들을 담는 데에 사용된다. 이러한 관점에서 끈은 모든 사람에게 상징적인 의미를 가지고 있다. 불안하거나 의사소통이 부족하다는 느낌이 들면 끈을 과장되게 사용한다. 위의 사례에서 비정상적인 요소가 소년의 끈 사용으로 이어지고 있음을 알 수 있다. 그리고 여기에서는 끈을 도착적으로 사용하게 되는 이유를 찾는 것이 중요하다.

　만일 그 끈의 기능이 결합하는 것에서 분리에 대한 부인으로 변해가고 있다는 사실을 고려한다면, 위에서 제시된 진술을 받아들일 수 있을 것이다. 분리에 대한 부인으로서의 끈은 그 자체로서 위험한 속성을 가지고 있으며 조심스레 다루어져야 한다. 이 사례에서 어머니는 아직도 소년에게 희망이 있을 때, 즉 그리 늦기 전에 그가 끈에 집착하는 문제를 다룰 수 있었다. 희망이 없어지고 끈이 분리에 대한 부인으로 나타날 때에는 훨씬 더 복잡한 상황이 발생한다. 즉 대상의 분리에 따른 불안을 극복하기 위해 어떤 시도를 할 때마다 일종의 기술이 발달한다. 그리고 이와 같은 이차적 습득은 치료를 더욱 어렵게 만든다.

만일 이 사례가 성도착증으로 발달한다면, 그것 또한 특별한 관심의 대상이 될 것이다.

(2) 이 자료는 부모가 어떻게 심리치료에 도움을 줄 수 있는지를 보여주고 있다. 치료가 필요한 모든 사람을 치료할 만큼 심리치료자들이 충분하지 않다는 사실을 고려한다면, 부모들을 활용하는 것은 매우 경제적이면서도 큰 효과를 가져올 수 있다. 이 가족은 아버지의 실직 때문에 어려움을 겪었지만, 본질적으로 좋은 가정이었다. 그들은 커다란 어려움에도 불구하고 소년의 무의식 안에 고립되어 있던 소녀의 요소를 그가 통합해낼 수 있도록 그를 사회적으로 그리고 가정 안에서 돌보는 일을 전적으로 책임질 수 있었다. 또 소년의 어머니가 우울증 상태에 있던 어려운 기간을 견디어 냈다. 이 가족 안에는 틀림없이 넉넉한 힘이 있었을 것이다. 나는 이러한 믿음에 기초해서 부모들에게 자신들의 아동을 치료하는 일을 맡도록 요청할 수 있었다. 이 과제를 수행하면서 부모는 스스로 많은 것을 알게 되었고 더 많은 것에 대해 알기를 원했다. 그들은 또한 자신들의 성공에 대해 인정받기 원했으며, 치료의 전 과정을 말로 설명할 수 있기를 원했다. 아들의 병을 통해 자신들의 아들에 대해 더 잘 알게 되었다는 사실은 그들에게 때때로 발생하는 다른 어려움들을 더 잘 관리할 수 있다는 자신감을 갖게 해주었다.

요 약

나는 한 소년이 강박적으로 끈을 사용하는 행동을 설명하기 위해 하나의 사례를 간략히 서술하였다. 이 사례에서 끈은, 처음에는 어머니가 우울 기간 동안 철수된 상태에 있을 때 어머니와 의사소통하고자 하는 상징적인 시도로 그리고 나중에는 분리를 부인하기 위한 방편으로 사용되었다. 그러나 끈은 분리 부인의 상징으로서 무서운 것이고 정복되어야 하는 것이 되었으며, 그 후에 도착적인 것이 되었다. 이 사례에서 어머니는 정신의학자에게 자문을 받아서 스스로 자녀의 심리치료를 수행할 수 있었다.

14
역전이[1]
(1960)

내가 말하고자 하는 내용을 간략히 진술하면 다음과 같다.

나는 역전이라는 용어를 그것이 본래 사용되었던 의미로 사용해야 한다고 생각한다. 우리는 역전이라는 용어를 우리 자신의 기호대로 사용하는 경향이 있다. 예컨대, '자기(self)'라는 용어는 우리가 알고 있는 것보다 더 많은 의미를 가지고 있다. 사실 자기는 우리를 사용하고 우리에게 명령할 수 있다. 그러나 역전이는 우리가 마음대로 사용할 수 있는 용어이다. 이와 관련된 문헌을 조사해본 결과, 나는 이 용어가 정체성을 잃을 위험에 처해 있다는 결론에 도달하게 되었다.

이 용어와 관련된 상당히 많은 문헌들이 있다. '역전이에서의 증오'(1947)라는 논문에서, 나는 역전이가 갖는 의미 중에 하나는 '분석가에게 억압된 감정이 있다는 것이며, 그의 상호관계성

---

1 1959년 11월 25일 런던에서 열린 영국 심리학회의 의료분과에서 주최한 역전이에 대한 심포지엄 2분과에 발표되었으며, 영국 의료 심리학회지 제 33호, pp. 17-21에 처음으로 게재되었음.

및 동일시 안에 비정상적인 요소가 담겨져 있다'는 것을 지적했다. 그리고 '이것은 그 분석가가 더 많은 분석을 필요로 한다는 것을 말해준다'고 지적했다.

그 논문에서 나는 전이의 두 가지 다른 의미를 제시했다.

분석가가 자신의 분석에 실패했다면, 그 분석가와 자신의 문제에 대해 논의한다는 것은 공허한 것이 될 것이다. 이 점에서는 논쟁의 여지가 없다.

그러나 역전이라는 용어의 의미는 확장될 수 있으며, 우리는 사실 이를 어느 정도 확장시키는데 동의했고, 따라서 분석작업을 새롭게 이해할 수 있는 기회를 갖게 되었다. 그러나 나는 이미 제시했던 생각으로 돌아갈 것이다. 의견을 개진하기 전에, 나는 마이클 포드햄(Michael Fordham)이 그의 논문 서두에서 제시한 진술을 살펴보겠다. 거기에서 그는 전이가 정신분석 기술의 산물이라는 생각에 반대했다. 이를 위해 그는 융을 인용하면서, 전이는 일반적인 초개인적(transpersonal) 현상이거나 사회적 현상임을 강조했다. '초개인적'이란 말이 무엇을 의미하는지에 대해 내가 잘 알지 못한다는 사실과는 별도로, 나는 여기서 프로이트가 도입한 전이라는 용어를 왜곡되게 사용하는 데서 혼란이 생길 수 있다고 생각한다. 정신분석 기술의 특징은 전이와 전이신경증을 사용하는 것이다. 전이는 단지 신뢰 관계(rapport)나 관계성의 문제가 아니다. 그것은 분석에서 매우 주관적인 현상이 반복적으로 나타나는 것과 관련되어 있다. 정신분석은 대개 이런 현상이 발달할 수 있는 조건을 제공하고, 적절한 순간에 이런 현상을 해석하는 것으로 구성되어 있다. 해석은 특정한 전이 현상을 환자의 정신 실재의 일부와 관련시키는 것이다. 또한 이것은 종종 전이 현상을 환자가 경험한 과거의 삶의 한 부분과 관련시키는 것을 의미한다.

전형적인 예로, 환자는 치료자가 다른 환자와 만나는 것에 대해 위협을 느끼거나, 또는 분석가가 주말이나 휴일에 분석을 하지 않는 것 등으로 인해 점차 분석가와의 관계에서 의심과 증오를 경험하게 되며, 이러한 경험에 대한 해석은 시간이 흐르면서 환자의 성격의 역동적 구조와 관련해서 의미 있는 통찰을 가져다준다. 이 작업이 이루어진 후에 환자의 특정한 전이신경증은 사라지고 또 다른 형태의 전이신경증이 나타나기 시작한다. (종종 이 작업은 그렇게 분명하게 이루어지는 것이 아니다. 여기에서는 다만 교육적 목적을 위해 기본 원리를 가급적 명료하게 설명하고 있는 것뿐이다.)

포드햄(1960)은 이에 대한 좋은 예로서 한 여성 환자가 했던 말을 제시한다. '당신은 우리 아버지 같아요. 당신은 결코 질문에 대답하지 않아요.' 환자는 종종 단서를 제공해줌으로써 분석가로 하여금 의미 있는 해석을 할 수 있게 한다. 그러나 여기서 해석의 일부(그러나 중요한)는 환자에 의해 이루어져야 하며, 그때에만 그 해석은 완전한 해석이라고 말할 수 있다.

전이라는 용어에 대해 일치된 의견 없이, 역전이에 대해 논의하는 것은 무의미하기 때문에 이런 식으로 전이를 먼저 다루는 것이 필요하다.

포드햄 박사가 사용한 몇몇 용어들은 융 학파에서만 통하는 용어로써 내게 별로 중요한 것들이 아니다. 또 그 역시 거꾸로 나의 용어들이 그 자신에게는 그렇게 중요하지 않다고 말할 수 있을 것이다. 내가 말하는 융의 용어란 초개인적인 무의식, 초개인적인 분석 이상(理想), 원형, 정신의 반대 성적 요소(contra-sexual components)인 아니무스와 아니마, 그리고 아니무스-아니마의 결합 등이다.

나는 이 용어들을 사용하여 의사소통할 수가 없다. 이 용어가 몇몇 사람들에게는 친숙하겠지만, 나머지 많은 사람들의 경우에 그것들은 정확한 의미를 전달하지 못하기 때문이다.

우리는 또한 여러 집단의 사회사업가들이 자아, 무의식, 환영(幻影), 동조적인 반응, 분석 등의 용어를 각각 다른 의미로 사용하고 있다는 사실에 주의를 기울여야 한다.

나는 이제 전이와 역전이 현상의 주제로 돌아가 전문적인 분석과정에서 일반적으로 일어나는 이 현상에 대해 조사하겠다. 전문적인 분석과정은 일상의 생활과는 아주 다르다. 그렇지 않은가?

이 모든 것은 치료자의 전문가적 태도를 천명한 히포크라테스에게서 시작되었다. 의료인 선서는 보통 사람들이 이상화하는 남녀의 상을 제시한다. 그것은 전문직에 종사하는 자로서의 우리가 어떻게 해야 하는가에 대한 것이다. 그 선서에는 환자와 간음하지 않겠다는 약속이 포함되어 있다. 치료자는 의사를 이상화하고 그와 사랑에 빠지고 싶어하는 꿈을 꾸는 환자의 욕구를 전이의 한 측면으로 분명하게 인식하고 있어야 한다.

프로이트는 전문적 관계 안에서 모든 주관적 현상이 발달되어 나올 수 있다는 가능성을 인정했다. 분석가가 되기 위해 스스로 분석을 받는 것은 사실 분석가가 전문적 태도를 유지하는 과정에서 스트레스를 많이 받는다는 사실을 인정하는 것이다. 전문적 태도라는 나의 이 말은 의도적인 것이다. 나는 분석가의 분석이 환자를 신경증으로부터 자유롭게 한다고 말하지 않는다. 다만 그것은 분석가의 성격의 안정과 성숙을 증가시키며, 사회사업가의 전문적 관계를 유지할 수 있는 능력을 증가시킨다고 말한다.

물론 전문적 태도는 방어, 금지, 강박적 질서의식 등에 기초해서 세워질 수도 있다. 이런 경우 심리치료자는 특히 긴장상태에 처하게 된다. 왜냐하면 그의 방어 구조는 새로운 상황과 만날 수 있는 능력을 감소시키기 때문이다. 심리치료자는 자신의 취약한 면을 잘 관리해야 하며, 실제 치료에 임하는 동안 자신의 전문적 태도를 유지해야 한다. 나는 전문적 태도를 잘 유지하는 분석가는 방어 조직 안에 취약성을 감추고 있는(잘 행동하는 동안) 분석가보다 이 직업에서 더 성공할 수 있다고 생각한다. (포드햄은 이런 동일한 생각을 자신의 방식대로 말했다.)

전이 현상은 사회사업에서보다는 정신분석에서 훨씬 더 유용하게 사용된다. 그러나 자아-기능 문제와 사회적 제공에 대한 개인의 자아-욕구의 문제는 분석가보다 임상사회사업가가 더 많이 다룰 수 있다는 것으로 미루어 볼 때, 전이가 사회사업가에게도 유용할 수 있다는 것은 기억할 필요가 있다. 분석가들은 종종 그들이 다룰 수 없는 사회적인 문제로 인해 치료과정에서 방해를 받는다.

분석에서의 전이신경증은 특히 원본능에서 파생된 것이다. 사회사업분야에서 어떤 남자가 사회사업가에게 '당신을 보면 우리 어머니가 떠올라요.' 라고 말했다고 하자. 사회사업가는 단지 그것을 믿는 일 외에는 더 할 일이 없을 것이다. 그러나 분석가는 어머니로부터 분석가에게 전이된 느낌을 해석할 수 있을 뿐 아니라, 그 밑에 깔려 있는 무의식적인 본능적 요소들 그리고 갈등과 방어를 해석해 낼 수 있는 실마리를 얻을 것이다. 무의식은 이런 식으로 의식화되어지고, 사람과 관련된 삶의 과정 안으로 받아들일 수 있는 현상이 된다.

분석에서 환자가 만나는 사람은 확실히 전문적 태도를 지닌 분석가이지 우리의 사생활에서 볼 수 있는 일반인이 아니다.

나는 먼저 다음의 사실을 명확히 밝히고자 한다.

분석 작업에 임하는 분석가는 특별한 상태에 처해 있는 것이다. 즉 그는 전문적인 태도를 갖는다는 것이다. 그리고 그 작업은 전문적으로 준비된 환경 안에서 이루어진다. 이러한 환경 안에서 우리는 분석가를 전문적 관계를 유지할 수 있는 사람으로 간주하고 있으며, 그를 경직되고 과도한 방어를 지닌 성격장애로부터 비교적 자유롭게 된 사람이라고 가정한다.

전문적 태도는 분석가와 환자 사이의 거리를 갖는다는 점에서, 상징적인 특성을 갖는다. 상징은 주관적 대상과 객관적으로 지각되는 대상 사이에 자리잡고 있기 때문이다.

조금 후에 포드햄의 견해에 동의할 것이지만, 우선은 그의 의견과 나의 생각의 차이를 말하겠다. 포드햄은 융이 분석 관계를 화학적 상호작용과 비교했고, 치료는 "아무런 다른 장치 없이도 환자와 의사가 온전히 함께 참여하는 상호 영향의 산물로 간주했다"고 말했다. 나는 이러한 그의 말에 동의하지 않는다. 나중에 그는 분석가가 환자에 의해 영향을 받지 않으려고 전문적인 방어를 세우는 것은 무의미한 것이라고 강조했고, '그렇게 함으로써 분석가는 매우 중요한 정보 통로의 사용을 포기하는 것'이라고 주장했는데, 이것 또한 내가 동의할 수 없는 견해이다.

나는 환자와 분석가 사이에는 분석가의 전문적 태도와 기술이 유지되어야 하며, 분석가는 사려 깊은 마음으로 분석에 임해야 한다고 믿는다.

나는 개인적으로 소위 신체-자아를 사용한 매우 많은 임상 작업의 경험을 가지고 있기 때문에 주저함 없이 이것을 말할 수 있다. 나는 분석가가 분석 작업에서 일반적으로 편하면서도 의식적인 정신적 긴장을 지닌 채 치료 작업에 임한다고 생각한다. 생각과 느낌이 떠오를 때 자동적으로 해석을 제공하는 것이 아니라, 이것들을 해석하기 전에 먼저 세심한 검증과 조사를 거친다. 이 말은 감정이 개입되지 않는다는 말이 아니다. 나는 불편한 감정으로 인해 위(胃)에 통증을 느낄 수는 있지만, 그것이 나의 해석에 영향을 미치지는 않는다. 나는 또한 환자로부터 성적이거나 공격적인 자극을 받을 수도 있다. 그러나 이런 사실이 나의 해석 작업과 내가 무슨 말을 하며 그것을 언제 어떻게 말하는가에 영향을 미치지 않는다.

분석가는 분석 시간 동안 객관성과 일관성을 유지해야 한다. 분석가는 구원자, 교사, 동맹자, 도덕교사가 아니다. 이런 맥락에서 분석가가 분석을 받는 목적은 전문적으로 환자와 관계할 수 있고, 지나친 스트레스 없이 이 일을 할 수 있을 만큼 자아를 강화하기 위한 것이다.

이러한 관점에서 역전이라는 용어의 의미는 전문적 태도를 망치는 신경증적 요소일 수 있으며, 분석 과정을 환자가 결정하지 못하도록 왜곡시키는 요인일 수 있다.

나의 견해로는, 특별한 진단 범주에 속하는 환자들을 제외하고는 대부분의 환자들에게 이러한 견해가 그대로 적용된다. 이러한 특별한 환자들은 이 주제에 대한 나의 생각 전체를 변경시키며, 내가 의견을 달리했던 진술에 동의하도록 만든다. 내 말은 분석가의 역할이 진단 범주에 따라 다양해진다는 것이다. 물론 여기에서 진단 문제에 대해 장황하게 말할 시간은 없다. (포드햄은 다음과 같이 융의 말을 인용한다. '그러나 융은 환자가 분석가에 대한 아주 강한 영향력을 행사하고 있으며, 이것이 분석가에게 병리적 현상을 일으킬 수 있다고 확신했음이 분명하다. 융은 이것이 특히 경계선 정신분열증 환자에게 적용된다고 말하면서, 이 주제를 흥미 있게 발전시켰다.')

나는 다른 관점에서, 즉 신경증이라는 용어보다는 정신병이라는 용어가 더 적절한 경계선 사례의 관리와 치료라는 맥락에서, 이 문제를 논하고자 한다. 물론 정신분석을 받으러 오는 대다수의 사람들은 정신병적이지 않다. 그러므로 정신분석 훈련생들은 정신병적이지 않은 사례에 대해서 먼저 배워야 한다.

나는 이 논의의 목적을 위해 정신신경증, 정신병 또는 히스테리, 정동장애, 정신분열증과 같은 용어보다는 경계선 사례라는 용어를 사용하고 있다.

치료자의 전문적 태도를 완전히 바꾸어 놓은 두 가지 사례 유형이 있다. 하나는 반사회적 경향성 환자 유형이고 다른 하나는 퇴행 환자 유형이다. 반사회적 경향성을 지닌 환자는 박탈의 상처로 인해 사회에 대해 끊임없이 반동적으로 반응한다. 치료자는 환자가 경험한 초기 자아지원의 실패를 수정함으로써 환자의 삶의 경로를 바꾸기 위해 노력한다. 이때 치료자가 할 수 있는 유일한 것은 환자가 어렸을 때 환자가 지각하거나 느꼈던 대로의 본래적 박탈 또는 박탈들을 정확히 이해하고자 노력하는 것이다 그리고 이때 발생하는 문제에 사로잡히지 않고, 오히려 그것을 사용하는 것이다. 이 작업은 환자의 무의식을 포함할 수도 있고, 그렇지 않을 수도 있다. 반사회적 경향성을 보이는 환자의 치료에 몰두하는 치료자는 정신분석적 기술이나 전이의 작용 또는 전이신경증의 해석 등을 이해하기가 쉽지 않다. 정신분석을 공부하는 훈련생에게 반사회적 사례를 제공하지 않는 것은 바로 이런 이유 때문이다. 비록 정신분석적 접근이 때때로 유용하게 덧붙여질 수 있겠지만, 이런 사례의 치료는 다른 접근방식에 의해 더 잘 다루어질 수 있다. 반사회적 경향성에 대한 더 깊이 있는 고찰은 나중에 다시 논의하겠다.

또 다른 유형의 환자는 퇴행이 필요한 환자이다. 중요한 치료적 변화를 가져오기 위해서 그 환자는 유아적 의존의 상태를 거쳐야 한다. 여기서 정신분석은 수정된 형태로 시행될 수는 있지만, 교육과정을 위해 사용될 수는 없다. 이러한 유형을 다루는데 따른 어려움은 거짓자기가 미숙한 참자기를 숨기고 있음을 알아차리는 진단의 문제에 있다. 만일 이런 사례의 정신분석에서 숨겨진 참자기가 드러나게 된다면, 그 환자는 치료과정 중에 성격의 붕괴 현상을 나타낼 것이며, 그때 분석가는 환자의 무의식 안에 있는 유아의 어머니 역할을 떠맡아야 할 것이다. 이것은 거의 전적인 자아 지원의 제공을 의미한다. 분석가는 사실상 환자와 동일시되고 심지어 환자와 융합되면서도 동시에 외적 실재로서 계속 존재해야 할 것이다. 환자는 틀림없이 의존적일 것이고 심지어 거의 절대적으로 의존적이 될 것이다. 이러한 말들은 환자가 분석가의 동맹자로서 행동하고 있고 또 실제로 분석가가 어떻게 행동해야 할지를 말해줄 정도로 건강한 성격요소를 가지고 있을 때조차도 사실이다.

이렇게 되면 나는 지금 포드햄이 말했던 것과 동일한 내용의 말을 하고 있는 셈이 된다.

이와 같이 매우 전적으로 의존하게 되는 환자와 주로 작업하는 분석가들은 유아기 의존 경험이 좋았던 대다수의 환자들을 위한 정신분석 기술을 가르치는 일에는 적합하지 않다고 말할 수 있다. (나는 분석을 필요로 하는 대부분의 사람들에게 분석가의 전문적 태도와 함께 고전적 정신분석 기술이 필요하다는 사실은 아무리 강조해도 지나치지 않다고 생각한다.)

이와는 반대로 전이신경증이 발달할 때, 그것을 다룰 수 있는 능력을 확신하는 고전적 분석가는 유아기에 속하는 정서발달 단계를 거칠 필요가 있는 환자들을 치료하는 사람들로부터 많은 것을 배울 수 있다.

따라서 정신병자, 정신분열증 환자 그리고 유아적 의존으로 퇴행하고자 하는 환자를 염두에 두는 입장에서, 나는 비록 환자의 진단적 분류와 그 관찰 내용들을 적절히 연결시키지는 못했지만 많은 관찰 업적이 있는 포트햄 박사에게 동의할 수 있게 되었다.

경계선 정신병자는 점차 분석가의 기술과 전문적 태도라는 울타리를 무너뜨리고 있다. 분석가는 환자와의 관계에서 원시적인 종류의 직접적 관계 또는 심지어 융합의 상태까지 환자의 퇴행을 밀고 나간다. 이 퇴행 과정은 혼동이 극치를 이루는 경우를 제외하고는 점진적이고 규칙적으로 이루어지며, 퇴행으로부터 회복할 때에도 마찬가지의 순서에 따라 이루어진다.

정신분석 훈련생들을 정신병 환자의 원시적 욕구를 다루게 해서는 안된다. 왜냐하면 그런 상황을 견디어낼 수 있는 훈련생은 거의 없으며 그런 경험을 통해서는 아무것도 배우지 못할 것이기 때문이다. 훈련생들은 적절히 조직된 정신분석 실습에서 경계선 환자보다 높은 수준의 환자들, 즉 역전이라는 용어 안에 포함시킬 수 있는 특별한 요구들을 제시하는 환자들을 다룰 필요가 있다. 나는 역전이라는 제목 하에서 분석가의 반응이라는 문제를 다룰 수도 있었지만, 내가 경험했던 여러 가지 문제들을 논의할 수 있는 이러한 기회를 그냥 놓칠 수가 없었다. 그리고 이러한 나의 생각들은 포드햄 박사가 제안했던 것과 연결되어 있다. 예를 들면, 내가 한 환자에 의해 공격을 받았다고 하자. 그것은 이론적인 문제가 아니다. 그것은 해석의 문제가 아니라 사건에 대한 반동의 문제이다. 이것은 환자가 전문적인 치료자와 환자 사이에 존재하는 선을 넘어서 진정한 나를 만난 것이다. 나는 그 행동이 그에게 진정한 느낌을 주었으리라고 생각한다. 그러나 이것은 반동이지 역전이가 아니다.

이쯤해서 역전이라는 용어의 의미를 환자를 잘 선별하거나, 분석 또는 훈련을 통하여 제거되기를 바라는 어떤 것이라는 원래의 의미로 되돌려 놓는 것이 바람직할 것이다. 그러므로 분석가들은 환자가 일시적으로 퇴행함으로써 마가렛 리틀(Margaret Little)의 용어로, "환자의 욕구에 대한 분석가의 전체적인 반응"

에 의존하는 정신병 환자들의 치료에 관한 많은 흥미로운 것들을 자유롭게 토론할 수 있다. 그리고 이 주제 아래에서 정신병 환자 또는 환자의 정신병적인 부분이 분석가와 분석가의 전문적 태도에 미치는 영향력에 대해 분석가가 자신의 의식적, 무의식적 반응을 사용할 수 있다는 점을 토론할 수 있다. 나는 융 학파와 프로이트 학파 모두가 이 흥미로운 주제에 관해 이미 상당한 논의를 해왔음을 알고 있고, 또한 나 자신도 이에 관해 많은 것을 말해왔던 사람들 중의 하나이다. 이것은 앞으로의 토론의 기초가 될 수도 있고, 실제로 그래야만 한다. 나는 이 심포지움에서 우리가 역전이라는 제목 하에 위에서 제시된 모든 현상을 다루는 것은 지나친 용어의 남용이며, 이는 혼란을 가져올 뿐이라고 생각한다.

15
정신분석 치료의 목표[1]
(1962)

나는 정신분석 치료에서 다음의 것들을 목표로 삼는다.

생생하게 살아있음
행복한 상태의 유지
깨어있음

진정된 나 자신으로서 존재하며 행동한다.

일단 분석을 시작하면 그것을 유지하고, 견디며, 종결에 이른다.

분석 작업을 즐기며 이러한 태도를 분석이 종결에 이를 때까지 유지한다. 분석을 위한 분석은 내게 아무런 의미가 없다. 나는 환자가 분석을 필요로 할 때만 분석을 수행한다. 만일 환자가 분석을 필요로 하지 않으면, 그때 나는 분석이 아닌 다른 것을 행한다.

---

1 1962년 3월 7일 영국 정신분석학회에서 발표됨.

어떤 이는 이렇게 묻는다. '분석에서 우리는 얼마나 많은 것들을 할 수 있는 가?' 이와는 대조적으로 임상에 관한 나의 좌우명은 '분석에서 우리가 해야 할 일들은 얼마나 적은가?' 이다.

그러나 이런 것들은 피상적인 문제들에 지나지 않는다. 더 깊은 차원의 목표는 무엇일까? 매우 주의 깊게 준비되고 유지되는 치료적 환경에서 우리는 무엇을 하는가?

나는 처음에는 개인의 기대에 많이 적응해준다. 그렇게 하지 않는 것은 비인간적일 것이다. 그러나 나는 항상 표준적인 분석으로 옮겨간다. 그러면 이 표준적 분석이란 용어는 무엇을 의미하는가?

내게 있어서 이것은 전이신경증(또는 정신병)의 상황 안에서 환자와 의사소통하는 것을 의미한다. 이 상황에서 나는 일종의 중간대상이 된다. 왜냐하면 이때 나는 현실원리를 나타내고 시간에 유의해야 하는 사람이면서 동시에 환자의 주관적 대상이 되기 때문이다.

내가 하는 대부분의 일은 환자가 내게 가져온 자료들을 해석하는 것이다. 나는 두 가지 이유 때문에 해석을 한다.

(1) 만일 내가 아무 말도 하지 않으면, 환자는 내가 모든 것을 이해하고 있다는 인상을 받을 것이다. 나는 환자가 말하는 것을 정확하게 이해하지 못하거나 또는 심지어 잘못 이해한다 하더라도, 내가 이해한 것을 말해줌으로써 나 자신이 환자의 주관세계 바깥에 있는 존재라는 느낌을 갖게 할 수 있다.

(2) 시기 적절하게 이루어진 해석은 지적 능력을 활성화시킨다. 그러나 지적 과정이 정신-신체적 존재로부터 심하게 해리되어 있는 경우에 지적 과정을 활성화시키는 것은 절대 금물이다. 나는 가급적 간단 명료하게 해석하고자 노력한다. 나의 해석이

환자의 무의식적 협조에 의해 이루어진 것이라면, 한 번의 해석으로 충분하다. 나는 한 가지 일에 관해서만 말하거나, 또는 두세 가지 일에 관해 한 가지 해석만을 제공한다. 나는 몹시 피곤하지 않을 때, 결코 말을 길게 하지 않는다. 그러나 극도로 피곤할 때면 환자를 가르치는 좋지 않은 버릇이 나온다. '게다가'(more-over)라는 말로 시작되는 나의 해석은 대체로 가르치는 내용으로 채워진다.

나는 이차과정 자료를 일차과정의 자료에 적용함으로써 성장과 통합에 기여하고자 한다.

환자가 현재 내게 가지고 온 것은 무엇인가? 이것은 첫 번째의 상호적인 해석 시간 또는 그 이전에 이루어진 무의식적 협조에 달려 있다. 무의식적 협조란 환자에 의해 이루어지는 분석 작업을 일컫는다. 그것은 꿈을 기억하는 것 그리고 그 꿈을 유용하게 보고하는 것 등을 포함한다.

무의식적 협조는 저항과 동일한 것이다. 그러나 저항은 부정적 전이 요소에 속한다. 저항의 분석은 무의식적 협조를 촉진시킴으로써 긍정적 전이를 가능케 한다.

정신분석이 매우 복잡한 과정을 거쳐 이루어지는 작업이지만, 나는 정신분석 작업에 대해 몇 가지 사실들을 간략하게 언급하고자 한다. 먼저 나는 양가감정의 경향성과 분리, 내사와 투사, 대상에 대한 보복, 정신적 해체 등의 보다 원시적 기제들로부터 벗어나려는 경향성을 전이 안에서 발견한다. 나는 이런 원시적 기제들이 보편적이며 긍정적 가치를 지니고 있다고 생각한다. 그러나 본능을 통해 그리고 사랑과 증오를 통해 대상과 직접적으로 맺는 유대를 약화시킬 경우에 그것들은 방어기제들에 해당된다. 한 환자는 우울적 환상 및 박해 망상과 관련된 아주 다양한 꿈의 이미지들을 다루고 난 후에 '나는 당신을 먹어버립니다'라고 말하는 꿈을 꾸었는데, 이 꿈은 그가 오이디푸스 콤플렉스의 단계에 도달했음을 보여주는 것이라고 말할 수 있다.

단순성은 분석을 통해 최고로 강화된 자아에 주어지는 보너스에 해당한다. 많은 경우 분석가는 병리적인 환경의 영향을 거부해야 하며, 언제 환자의 아동기와 유아기의 부모 상을 나타내는 대리자가 되어야 할지 그리고 반대로 언제 그런 상들을 거부해야할지를 깨닫는다.

분석가가 이것을 해낼 경우에 환자의 자아에 미치는 영향은 세 단계로 볼 수 있다.

(a) 분석 초기 단계는 자아의 강화를 목표로 한다. 이것은 표준적 정신분석으로 자아-지원을 제공함으로써 가능하다. 이것은 (나의 이론에서) 어머니가 발달 초기에 자아-지원을 제공함으로써 유아의 자아를 강화시키는 어머니의 역할과 같은 것이다. 이것은 일시적이며 특별한 단계에 속한다.

(b) 다음 단계는 상당히 오랫동안 지속되는 단계로서 환자가 자아의 독립을 성취하기 위해 분석 과정에 대한 확신을 가지고 (환자 쪽에서) 모든 종류의 실험을 하는 단계이다.

(c) 세 번째 단계는 환자가 성취한 독립적 자아가 자신의 개인적 특성을 갖기 시작하며, 환자 자신이 독립적인 존재라는 느낌을 당연한 것으로 간주하게 되는 단계이다.

이처럼 환자가 자아통합을 성취하는 모습은 내게 특별한 기쁨을 준다(비록 그것이 나의 기쁨을 위한 것이 되어서는 안되지만). 환자가 자신의 전능성을 회복하고 마음의 상처를 극복하는 모습을 보는 것, 즉 환자의 자신감이 형성되어 가는 모습을 보는 것은 아주 만족스러운 일이다.

자아의 강화는 방어기제들이 경직된 상태로부터 풀려나 보다 경제적으로 사용될 때 일어나며, 그 결과로 개인은 질병으로부터 벗어나 자유로움을 느끼게 된다. 또는 비록 증상에서 온전히 벗어나지 못했다 하더라도 상당히 자유로워진다. 간략히 말해서, 우리는 발달이 중단되었던 본래적 상황으로부터 성장과 정서발달이 다시 시작되는 것을 볼 수 있다.

수정된 분석 기법에 대한 나의 생각은 어떤 것인가?

나는 다음과 같은 상황이라면, 표준적 분석을 수행하기보다는 수정된 기법을 따라 작업할 것이다.

(a) 정신병적인 공포가 전체 상황을 지배하는 경우

(b) 거짓자기가 성공적인 경우, 즉 그의 성공적인 겉모습과 총명함이 분석의 어느 단계에서 포기되어야 하는 경우

(c) 어린 시절에 경험한 박탈의 상처로 인해 환자가 공격성이나 훔치기 둘 중 하나, 아니면 이 둘 모두의 형태로 반사회적 경향성을 드러내는 경우

(d) 내적 심리적 실재와 외적 현실과의 관계에서, 이 둘이 상대적으로 분리되어 있음으로 해서 문화적 삶이 결여된 경우

(e) 병적인 부모 상이 전체 상황을 지배하는 경우

이것들 외에도 많은 다른 질병들은 나의 수정된 분석 기법을 필요로 한다. 나의 작업은 본질적으로 진단에 기초를 두고 있다. 나는 계속해서 개인적 진단에 앞서 환자의 환경을 살피는 사회적 진단을 하며 진단에 따라 치료 작업을 수행한다. 즉, 나는 그 환자가 처한 상황에서 정신분석이 필요하다고 진단될 때만, 그에게 정신분석을 행한다. 이때 나는 그가 의식적으로 분석을 원하지 않더라도, 그의 무의식적 협조를 끌어내기 위해 노력할 것이다. 그러나 대체로 정신분석은 그것을 원하고 필요로 하며 그것을 받을 수 있는 사람을 위해 있다.

정신분석이 적합하지 않은 사례일 경우, 나는 그 특정한 개인의 욕구를 채워주는 심리치료사로 변신한다. 그리고 나는 이런

비분석적 작업은 일반적으로 분석가가 표준적 정신분석 기술에 정통해 있을 경우 가장 잘 수행할 수 있다고 생각한다.

마지막으로 나는 다음과 같이 말하고 싶다.

나의 진술은 모든 분석가들이 동일한 사람이라는 가정에 기초해있다. 그러나 분석가들은 동일하지 않다. 나는 20년 전이나 30년 전의 내가 아니다. 어떤 분석가들은 의식적이고 무의식적 환상 속에 있는 모든 다양한 요소들과 함께 사랑과 증오 사이의 갈등을 주요 문제로 다룬다. 그들은 전이신경증이나 전이정신병에서 드러나는 보다 원시적인 정신기제들을 더 잘 다룬다. 그들은 이런 식으로 부분대상, 보복, 투사와 내사, 우울적 불안과 편집적 불안, 성적 결합에 대한 공격, 이에 따른 사고 장애 등을 해석함으로써 분석 영역과 범위를 확장시킨다. 이것은 미지의 정신 영역을 탐구하기 위한 연구 분석(research analysis)에 해당되며, 그것이 지닌 위험은 분석 과정에서 유아적 의존과 관련된 환자의 욕구들을 간과하는 것이다. 우리는 표준적 기술을 적절한 사례에 적용해보는 것을 통해서 그 기술에 대한 확신을 얻게 됨에 따라, 경계선 사례를 제대로 다룰 수 있다는 자신감을 갖기 시작한다. 그리고 나는 이러한 작업은 이루어져야 하며, 특히 그 결과로 우리의 견해를 지지하는 새로운 진단 체계가 확립될 것이라고 생각한다.

나는 분석가가 정신병적인 장애를 가진 환자의 치료에서 개인의 원시적인 정서 발달단계에 속하는 정신 기제를 해석한다고 해서, 그것이 표준적 기법 자체를 변경하는 것은 아니라고 생각한다. 분석가의 목표가 전이와 관련해서 초기 형태의 의식을 언어화하는 것이라면, 그때 그는 정신분석을 행하고 있는 것이다. 만일 그렇지 않다면, 분석가는 그 개별적 사례에 적합하다고 판단되는 다른 어떤 것을 실시하게 된다.

16
클라인학파의 공헌에 대한 개인적 견해[1] (1962)

　여러분은 연구 과정에서 이미 프로이트의 저서들 이외에 다른 중요한 분석가들의 저서들을 통해서 고전적인 분석가들의 공헌을 접했을 것이다. 그들의 공헌은 일반적으로 수용할 만한 것으로 알려져 있다. 예를 들면, 프로이트의 딸 안나 프로이트는 병든 아버지를 꿋꿋하게 돌보아줌으로써 프로이트의 생애 마지막 20년 동안 독특한 위치를 차지하고 있었던 인물이다. 여러분은 최소한 그녀가 「자아와 방어기제들」(1936)이란 책에서 고전적인 정신분석 이론을 잘 요약했다는 사실을 잘 알고 있을 것이다. 어쨌든 안나 프로이트는 미국에서 발달해 온 정신분석에 지대한 영향을 끼쳤으며, 다른 학자들의 연구 업적에 대한 그녀의 적극적인 관심은 다른 이름으로 출판된 저서에도 많은 영향을 끼쳤다고 하겠다.

---

1 1962년 10월 3일 로스앤젤레스 정신분석 학회의 학생들과 가진 대담.

현재 영국 정신분석학계에서 안나 프로이트가 차지하는 비중은 미국만큼 크지 않다. 그 이유는 그녀가 나치의 박해를 피해 아버지와 함께 영국으로 오기 전인, 1차 세계 대전 끝 무렵부터 20년 동안 런던을 중심으로 정신분석학계 안에 아주 커다란 변화가 일어났기 때문이다. 정신분석학에 대한 나의 관심은 이 기간 동안에 뿌리를 내리고 줄기를 뻗으며 성장했다. 따라서 나의 정신분석학적 이해가 성장할 수 있었던 토양이 어떤 것인지를 알 수 있을 것이다.

당시에 멜라니 클라인과 안나 프로이트 사이에 논쟁이 있었다. 그리고 이것은 아직도 미해결 상태로 남아있다. 그러나 이 논쟁은 나의 이론 형성 초기에는 그리 중요하지 않았고, 오히려 나의 자유로운 사고를 방해할 뿐이었다. 사실 멜라니 클라인과 안나 프로이트는 그들이 비엔나에 살고 있던 시절에 서로 알고 있었지만, 그것이 중요한 것은 아니었다.

나의 관점에서 볼 때, 영국의 정신분석학은 어네스트 존스(Ernest Jones)의 사고에 기초를 두고 있다. 내가 감사해야 할 사람은 바로 존스이다. 1923년에 나는 도움이 필요하여 존스를 찾아갔다. 그는 나에게 제임스 스트레이치(James Strachey)를 소개해주었고, 나는 스트레이치에게서 10년 동안 분석을 받았다. 존스 덕에 스트레이치와 유대를 맺게 되었다. 나는 영국 정신분석학회가 존재할 수 있었던 것도 존스 덕이었다고 생각하고 있다.

나는 분석가들 사이에 존재하는 갈등에 대해서 아무것도 알지 못한 채 정신분석에 입문했다. 당시에 나는 나의 문제를 효과적으로 해결하는데 도움을 받게 된 것만으로도 그저 기쁠 뿐이었다.

그 당시 나는 소아 정신과 의사로서 활동하고 있었다. 나는 특별히 정신분석을 알지 못한 채 병원에 찾아온 부모들로부터 수 없이 많은 것들을 배울 수 있었으며, 나 자신의 분석을 통해 의미 있는 것으로 체험한 정신분석 이론이 모든 사람에게 필요하다고 확신하게 되었다. 이것이 얼마나 나를 흥분시켰는지를 상상하는 것은 어렵지 않을 것이다. 그 당시 소아 정신과 의사로서 분석가가 된 사람이 아무도 없었기 때문에, 약 2-30년 동안 나는 소아 정신과 의사로서 분석가가 된 유일한 사람이었다.

내가 이러한 사실들을 말하는 이유는 소아 정신과 의사로서 아동에 대해 그리고 아동이 가진 장애의 초기 역사에 대해 어머니들로부터 배운 것을 통해서, 나는 정신분석이 아동의 삶을 위해 제공할 수 있는 엄청난 통찰을 갖고 있다는 사실과 그 정신분석이론 안에 중요한 결함이 있다는 사실 모두에 의해 크게 놀라워하고 있었기 때문이다. 1920년대 당시 모든 정신분석이론의 핵심에는 오이디푸스 콤플렉스가 자리잡고 있었다. 정신신경증 분석을 통하여 분석가들은 계속해서 4-5세 경에 아동이 부모들과 관계에서 경험했던 본능적 삶에 속하는 불안에 초점을 모았다. 분석에서 보다 초기의 어려움들이 드러나면, 그것은 전성기기적 고착 지점으로 퇴행하는 것으로 간주되었다. 그러나 환자의 병적인 역동성은 걸음마 시기 또는 후기 걸음마 시기에 절정에 이르는 성기기적 오이디푸스 콤플렉스 갈등에서 나오는 것으로 간주되었는데, 이 시기는 오이디푸스 콤플렉스가 지나가고 잠재기가 시작하기 직전에 해당된다. 수없이 많은 사례들은 유아기, 심지어 아기였을 때 정서발달에 어려움을 겪은 아동들이 정신신경증적, 정신병적, 정신 신체적 또는 반사회적 장애와 같은 장애를 갖게 되는 것을 보여주고 있다. 편집적으로 과민한 아동은 그의 문제가 생의 첫 몇 주, 또는 심지어 며칠 안에 발생했을 수 있다. 즉 아주 처음부터 무엇인가가 잘못된 것이다. 정신분석으로 아동을 치료하는 것을 통해서 나는 정신신경증의 기원이 오이디푸스 콤플렉스에 있음을 확인하였다. 그러나 나는 보다 초기에 문제점이 시작되었다는 것을 알게 되었다.

나는 이런 사실을 지적하면서 1920년대 중반 이후로 많은 실험적인 논문들을 발표하여 동료들을 놀라게 했으며, 그것들은 '식욕과 정서장애'라는 논문(1936)에 집약되어 있다. 그 논문에서 나는 오이디푸스 콤플렉스를 개인적 갈등의 기원점으로 보는 이론과 어느 정도 조화를 이루는 표본 사례들을 제공함으로써 오이디푸스기 이전의 아기들도 정서적으로 병들 수 있음을 보여주었다.

나의 분석가는 분석 중에 멜라니 클라인에 대해 말해주었는데, 이것은 내 인생에서 아주 중요한 사건이었다. 그때 나의 분석가는 소아의학적 장애 때문에 나를 찾아온 아동의 사례에 대해 그리고 분석 경험에서 얻은 통찰을 그 사례에 적용하려는 나의 시도에 대해 경청하고 있었다. 특히 악몽에 시달리는 아동들의 사례를 조사하고 있던 나에게 스트레이치는 이렇게 말했다. '만일 당신이 정신분석이론을 어린 아동들에게 적용하려고 한다면, 멜라니 클라인을 만나보아야 할 것입니다. 그녀는 존스의 초청으로 그와 특별한 관계에 있는 어떤 사람을 분석하기 위해 영국에 와 있습니다. 그녀는 사실일 수도, 그렇지 않을 수도 있는 것들에 대해 이야기하고 있어요. 내가 당신을 분석하는 것과 멜라니 클라인에게서 배우는 것은 별개이므로 당신 스스로 그녀의 소재를 알아내야 합니다.'

그래서 나는 멜라니 클라인을 찾아가 그녀의 이야기를 들었다. 나는 유아의 불안에 대해 많은 것을 알고 있는 분석가를 만났고, 그녀의 도움을 얻어 아동의 분석 작업을 시작했다. 나는 그녀에게 자세한 사례 기록을 가져갔으며, 그녀는 친절하게도 그것을 철저히 정독해주었다. 나는 스트레이치와의 분석을 바탕으로

해서 클라인과 단 한번 예비분석을 했고, 그 후로 그녀가 이미 알고 있는 방대한 지식의 일부를 계속해서 배우기를 원했다.

이것은 내게는 어려운 일이었다. 왜냐하면 갑자기 하루아침에 나의 위치가 선구자에서 선구자 스승을 모신 학생으로 바뀌었기 때문이었다. 그러나 멜라니 클라인은 진정한 스승이었고, 나는 운이 좋았다고 생각한다. 한번은 사례 지도를 받기 위해 그녀에게 갔는데, 일주일 동안 분석 작업을 한 것 중에서 기억나는 것이 아무것도 없었다. 그때 그녀는 나의 사례 대신에 자신의 사례 하나를 설명해주었다.

나는 경직된 다른 스승들과는 달리 유연성을 지닌 스승인 클라인에게서 정신분석을 배웠다. 그녀는 기억력이 아주 좋았다. 토요일 저녁이면 그녀는 일주일 동안 상담했던 모든 환자의 분석 작업 내용을 기록을 보지 않고도 주의 깊게 검토하였다. 나의 사례들과 분석 자료들을 나보다도 그녀가 더 잘 기억했다. 나중에 그녀는 자신과 매우 가까운 사람의 분석을 나에게 맡겼다. 그러나 나는 그녀 또는 그녀의 제자들에게 분석을 받지 않았기 때문에 클라인학파 일원이 될 자격이 없었다.

클라인에게서 배운 것을 명확히 밝히는 것이 그리 쉬운 일이 아니다. 왜냐하면 그때 나는 단순히 나의 사례들을 토대로 작업하거나 클라인 자신의 사례에 대해 논의하면서, 내가 아주 독창적인 내용을 배우고 있다는 사실을 알지 못했기 때문이다. 다만 나는 그 내용을 의미있는 것으로 느꼈고, 그 내용은 나의 사례를 정신분석 이론으로 설명할 수 있게 해주었다.

클라인에게 있어서 아동 분석은 성인 분석과 같은 것이었다. 이점에 대해서 나 역시 같은 견해를 갖고 있었기 때문에 아무런 문제가 없었으며, 나는 지금도 이 견해를 유지하고 있다. 아동 분석에는 예비기간이 필요하다는 생각은 사례 유형에 달린 문제이지 모든 아동 분석에 적용할 수 있는 기술이 아니다.

그때 클라인은 아주 작은 장난감 세트를 사용했다. 나는 이것들이 커다란 가치를 지니고 있음을 알았다. 그것들은 쉽게 아이들의 놀이감이 되었고 특별한 방식으로 아동의 상상력과 결합되었다. 그것은 악몽과 놀이를 활용한다는 점에서 말로 하는 분석보다 향상된 방법이었을 뿐만 아니라 내가 즐겨 사용했던 스퀴글 게임(역주—아이와 마치 낙서하듯 자유롭게 그림을 그리는 놀이)보다도 더 진보한 방법이었다.

클라인은 내적 정신 실재를 아주 현실적인 것으로 바꾸는 방법을 알고 있었다. 그녀는 아이의 자기와 신체 내부에 자리잡고 있는 정신 실재가 장난감을 가지고 노는 아이의 특정한 놀이에 투사되어 표현된다고 보았다.

나는 이러한 클라인의 견해에 근거하여 아동이 작은 장난감들을 가지고 놀거나 아동의 다른 놀이를 관찰하는 것은 곧 아동의 내면 세계를 들여다보는 것이라고 생각하게 되었다. 그리고 정신 실재는 '내적(inner)'이라는 말로 표현될 수 있다는 것을 알았다. 왜냐하면 그것은 아동이 자기(self)의 일부인 내부(inside)와 나-아닌 그리고 내 마음대로 되지 않는 외부를 가지고 있는 존재로서 느낄 수 있는 상태에 도달했음을 나타내주기 때문이다.

이 내적 세계 안에서 내사의 기제와 먹는 기능은 밀접하게 연결되어 있다. 또한 투사는 배설 및 침뱉기, 땀흘리기, 변보기, 오줌누기, 소리지르기, 발로 차기 등의 신체 기능과 관련을 가지고 있다.

이런 식으로 분석 자료는 아동의 대상관계 또는 내사 및 투사 기제를 보여주었고 따라서 대상관계란 용어는 내적 및 외적 대상과의 관계를 의미할 수 있게 되었다. 이처럼 아동은 투사와 내사를 통해 자신과 세상에 대한 인식을 풍부한 것으로 만들어 감으로써 성장과정을 진행시킨다. 이때 투사와 내사의 자료는 전역사(pre-history)를 가지고 있는 것으로 간주된다. 왜냐하면 근본적으로 아동의 내적 구성물은 처음에는 먹는 행동으로 나타나는 신체 기능과 관련되어 있기 때문이다. 이렇게 투사 및 내사의 관점을 계속 밀고 나간다면, 변화는 근본적으로 먹는 것, 즉 구강기적 성애와 구강기적 가학과 관련해서 생기는 것으로 드러난다.

주말이 되거나 휴일의 문제와 관련된 전이가 일어날 때, 아동이 화가 나서 깨무는 것은 박해적 요소를 지닌 내적 대상의 힘을 증가시키게 되며, 그 결과 아동은 고통을 느끼거나 내부로부터 위협 당한다고 느끼거나 또는 실제로 아프게 된다. 또는 투사기제를 사용함으로써 외부로부터 위협 당한다고 느끼는 아동은 공포증을 발달시키거나, 깨어 있을 때 및 잠들어 있을 때 자신을 위협하는 환상을 갖게 되거나, 아니면 의심에 사로잡히게 된다.

이와 같은 클라인의 통찰들은 나에게 아주 풍부한 분석의 세계를 열어주었고, 나의 사례 자료는 그녀의 이론을 확인시켜주었다. 이 생각들은 프로이트의 '애도와 우울'(1917)에서 어렴풋이 나타났고, 아브라함(1916, 베를린에서 클라인을 지도했던 스승)에 의해 가능성 있는 분야로 확인되었으며, 멜라니 클라인에 의해 구체화되었다.

나는 클라인의 작업이 오이디푸스 콤플렉스의 중요성을 전혀 침해하지 않고서 전성기기적 욕동과 관련된 불안의 문제들을 다루고 있다는 점을 중요시한다. 순수한 정신신경증적 사례에서 전성기기적 자료는 퇴행적인 것이며, 그 역동은 4세 시기에 속한다. 그러나 많은 경우 4세보다 더 초기에 속한 질병과 방어의 조직화가 존재하며, 실제로 많은 유아들은 오이디푸스 콤플렉스 단계에 결코 도달하지 못한다.

30년대 초반에 나는 두 번째 아동분석 훈련 사례로서 세 살

된 소녀를 맡게 되었다. 그 아동은 음식을 거절하는 식욕장애를 증상을 갖고 있었는데, 이것은 그녀의 첫 번째 생일날 시작된 것이었다. 분석 자료에 나타난 그 아동의 증상은 원색 장면(primal scene)에 대한 반동과 관련된 오이디푸스적인 성질을 띤 것이었으며, 아동에게 결코 정신병적인 문제가 있는 것은 아니었다. 그 후로 그녀는 건강이 좋아졌고, 지금은 결혼해서 행복하게 자신의 가족을 돌보고 있다. 그녀의 오이디푸스적 갈등은 그녀의 첫 생일날 부모와 식사하려고 자리에 앉았을 때 처음으로 시작되었다. 그 전에는 아무런 증상이 없었던 그 아동은 음식을 집으려고 손을 뻗으면서 부모를 뚫어지게 바라보다가 손을 다시 움츠렸다. 그리고는 심각한 식욕장애가 시작되었다. 분석을 통해서 그 아동에게는 음식을 먹는 것과 원색 장면이 동일한 것을 의미한다는 사실이 드러났다. 그 아동은 때때로 부모가 자신을 먹는다고 생각했기 때문에 그런 부모를 공격하기 위해서 식탁(침대)을 망쳐 놓곤 했다. 그 아동의 분석은 잠재기가 시작되기 전인, 성기기적 오이디푸스 콤플렉스 시기에 종결되었다.

이 사례는 이미 구식에 속하는 것이다. 클라인의 통찰로 인해 나는 성인 및 아동 환자의 유아기적 갈등과 불안 그리고 원시적 방어들을 치료적으로 다룰 수 있게 되었다. 그리고 점차 반응성 우울증(프로이트에 의해 시작된) 이론과 박해 기대의 특징을 보이는 정신적 상태를 이해하게 되었으며, 우울증과 박해 망상, 그리고 강박적 방어 사이를 왕복하는 임상적 상황을 이해하게 되었다.

클라인과 작업하는 동안 나는 그녀가 항상 프로이트 학파의 원칙을 엄격하게 따르고 있으며 그 원칙에서 조금도 벗어나고 있지 않다고 느꼈다. 그녀의 기법은 주로 전이의 해석에 의존했다. 내게 있어서 이것은 자연스러운 것이었다. 왜냐하면 나의 분석가는 엄격한 정통파에 속해 있었기 때문이다. (나중에 나는 존 리비에르[Joan Riviere] 여사에게서 다시 분석을 받았다.)

나는 차츰 환자가 제공한 자료를 아주 풍부하게 이해할 수 있게 되었다. 특히 정신 실재를 내부와 외부로 나누어 생각하는 것이 가치 있는 것임을 알게 되었으며, ph철자를 사용해서 보다 더 '모호한 환상(weaker fantasy)'이란 용어를 자유롭게 말할 수 있게 되었다.

나는 클라인의 노선을 따라 작업하면서 그녀가 '우울적 자리'라고 불렀던 복잡한 발달단계를 이해하게 되었다. 나는 그녀가 붙인 명칭이 적절하지 않다는 생각을 갖고 있다. 임상적 정신분석 치료에서 이 자리에 도달하는 것은 환자가 우울해지는 것과 관련되어 있다. 이때 환자가 우울해지는 것은 하나의 성취이며 고도의 인격적 통합을 암시한다. 그리고 삶과 본능적 삶 그리고 좌절에 대한 분노와 관련된 모든 파괴성에 대해 책임을 지는 것을 의미한다.

클라인은 환자들이 제공한 자료에서 드러나는 관심의 능력과 죄책감이 어째서 하나의 성취인지를 분명히 밝혀주었으며, 자라나는 아기와 아동이 도달하는 것은 우울증이 아니라 바로 이러한 성취라는 사실을 깨닫게 해주었다.

이 단계에 도달하는 것은 복구 및 회복의 개념과 관련되어 있다. 실제로 인간은 자신의 공격성에 의해 상처 입은 대상을 회복(reparation)시켜주는 경험이 없이는 자신의 본성 안에 파괴적이고 공격적인 생각들을 감당해낼 수 없다. 이런 이유로 이 단계에서 사랑하는 대상의 지속적인 현존이 필수적이다. 그래야만 회복의 기회를 가질 수 있기 때문이다.

내 견해로는 이 우울적 자리 개념이 클라인의 가장 중요한 공헌이다. 나는 이것이 프로이트의 오이디푸스 콤플렉스 개념과 동등한 위치를 갖는다고 생각한다. 후자는 세 몸 관계와 관련되어 있고, 클라인의 우울적 자리는 두 몸 관계, 즉 어머니와 유아 사이의 관계에 관련되어 있다. 여기에서 주된 문제는 아기나 어린 아동에게 어느 정도의 자아 조직화와 자아의 힘이 있는가의 문제이다. 이런 이유 때문에 우울적 자리는 8-9개월 또는 1년 이전에 시작된다고는 보기 어렵다. 그러나 정확한 시점이 중요한 문제는 아니라고 본다.

이러한 이론적 발달은 두 차례에 걸친 세계대전 사이의 시기에 이루어졌다. 그 시기에 정신분석적 사고는 영국 사회에서 급격하게 성장하였고, 클라인은 이 사고를 비옥하게 만든 원동력이었다. 폴라 하이만(Paula Heimann)과 수잔 아이작(Susan Isaacs)이 클라인을 지원해주었으며, 또한 나의 두 번째 분석가인 존 리비에르도 그녀를 지원했다.

당시에는 아주 많은 일이 일어났기 때문에, 나는 클라인의 견해가 어떤 것이었는지를 그녀가 동의할 수 있을 만큼 정확하게 제시할 수 있다고 생각하지는 않는다. 나는 그녀의 견해와 다른 독자적인 견해를 갖기 시작했다. 나는 그녀가 나를 클라인 학파에 포함시키지 않았다는 것을 알았지만, 이것은 내게 별 문제가 되지 않았다. 왜냐하면 나는 결코 누군가를, 심지어 프로이트까지도 추종할 수 없었기 때문이다. 오히려 프로이트는 비판하기가 쉬웠다. 왜냐하면 그는 항상 자신에게 비판적이었기 때문이다. 예를 들면, 나는 그의 죽음 본능에 대한 생각에서 아무런 가치를 발견하지 못했다.

클라인은 간과할 수 없는 중요한 업적을 많이 남겼다. 그녀는 환자의 정신 기제 속으로 점점 더 깊이 들어갔고, 자라나는 아동에게 자신의 개념을 적용하였다. 나는 여기서 그녀가 한 가지 실수를 범했다고 생각한다. 그것은 그녀가 보다 초기의 정신기제를 더 심층적인 것으로 간주했다는 점이다. 그러나 심리학에서 더 심층적인 것이 항상 더 초기를 의미하는 것은 아니라고 말할 수 있다.

생애의 아주 초기까지 거슬러 올라가는 편집-분열적 자리에 대한 가정은 클라인 이론의 중요한 부분이 되었다. 이 편집-분열적 자리라는 개념이 그렇게 적절한 것으로 보이지는 않지만, 그럼에도 불구하고 우리는 이 개념이 아주 중요한 다음의 두 가지 기제를 설명해준다는 사실을 간과할 수 없다.

(1) 보복에 대한 공포(눈에는 눈, 이에는 이로 보복)

(2) '좋은' 대상과 '나쁜' 대상의 분열

클라인은 유아가 위의 두 기제를 사용하여 발달을 시작한다고 생각했다. 그녀의 이러한 생각은 자아 조직화를 이룩한 아기가 대상을 통제하고 투사와 내사 기제들을 사용할 수 있을 때까지 충분히 좋은 어머니가 있다면, 위의 두 기제들은 상대적으로 중요하지 않다는 사실을 간과하고 있는 것 같다. 만일 충분히 좋은 어머니가 없다면, 그 결과는 보복에 대한 공포와 '좋거나 나쁜' 대상으로 분열되기보다는 오히려 혼돈으로 나타날 것이다.

나는 좋고 나쁜이라는 말이 유아가 박해적 내적 대상과 좋은 내적 대상을 가려낼 수 있기 전에 사용될 수 있는 것인지 의심스럽다.

지난 20년 동안 클라인은 많은 삶의 결실들을 맺었다. 그녀는 정신 기제들이 나타나는 시기를 점점 더 초기로 밀어 올리는 경향성을 보였는데, 이것은 일종의 약점이었다. 심지어 그녀는 태어난지 불과 몇 주밖에 안된 유아에게서 우울적 자리를 발견하기까지 했다. 또한 그녀는 환경 제공에 대해서는 말로만 관심을 보였다. 그녀는 초기 유아기의 의존성과, 유아가 자기(self)로부터 분리시킬 수 없는 어머니를 묘사하지 않고서는 유아를 묘사하는 것이 불가능한 시기가 실제로 존재한다는 사실을 분명하게 인식하지 못했다. 클라인 자신은 환경적 요소에 충분히 관심을 기울이도록 요구했다고는 하지만, 내 견해로 볼 때 그녀는 성격적으로 이것이 불가능했다. 아마도 이러한 그녀의 성격이 오히려 어떤 것을 성취할 수 있게 하는 힘이 되었을 것이다. 왜냐하면 그녀는 분명히 정서발달의 맨 밑바닥에 있는 개인의 정신 기제 안으로 더 깊이 들어가려는 강한 충동을 가지고 있었기 때문이다.

중요한 것은 지난 20년 동안에 클라인의 관점에 대해 어떤 비판을 하든지 간에, 그녀의 작업이 영국의 정통 정신분석에 끼쳤던 그리고 세계 정신분석에 끼치게 될 아주 커다란 영향력을 무시할 수 없게 되었다는 사실이다.

클라인과 안나 프로이트 사이의 그리고 각각의 추종자들 사이의 논쟁 그 자체는 중요한 것이 아니다. 왜냐하면 그것은 지엽적인 문제이기 때문이다. 오직 중요한 것은 정신분석학이 아무리 프로이트 이론에 확고하게 기초해 있다 하더라도, 다음과 같은 클라인의 공헌을 간과할 수는 없다는 점이다.

아동분석에 정통 정신분석적 기술을 엄격하게 적용한 점.

첫 단계에서 작은 장난감을 사용한 기술.

2세 반된 유아로부터 그보다 나이가 든 모든 아동에 대한 분석 기술.

아동(또는 성인)의 자기(self)의 내부와 외부에 자리잡고 있는 환상의 존재를 인식한 것.

좋은 내적 세력과 박해적 세력 및 좋은 내적 대상과 박해적 대상에 대한 이해와, 그것들이 본능 경험의 만족이나 불만족(본래적으로 구강기 가학적인)에서 기인한다는 사실에 대한 이해.

흡입하고 배설하는 신체적 기능에 대한 아동 경험에서 발달해 나온 투사와 내사라는 정신 기제의 중요성을 인식한 것.

좌절에서 오는 분노와는 별도로, 대상관계 속에 존재하는 파괴적 요소의 중요성에 대한 강조.

개인의 관심 능력 성취에 대한 발달이론(우울적 자리).

우울적 자리와 건설적 놀이의 관계.

우울적 자리와 일의 관계.

우울적 자리와 성적 능력 및 출산의 관계.

우울증의 부인(조적방어)에 대한 이해.

내적 심리적 실재 안에 있는 위협적인 혼돈과 그것과 관련된 방어(강박적 신경증 또는 우울적 기분)에 대한 이해.

유아기적 충동, 보복에 대한 공포 그리고 양가감정을 획득하기 전에 대상이 분열된 상태가 존재한다는 가정.

환경 제공의 질에 대한 언급 없이 유아의 심리를 언급하고자 한 한결같은 시도.

이외에도 좀더 의심스러운 공헌들도 있다.

생명본능과 죽음본능에 대한 이론을 보유한 점.

유아의 파괴성을

    (a) 유전

    (b) 시기심으로 설명하려고 시도했던 점.

17
의사소통과 비의사소통 사이에 존재하는 역설에 대한 연구[1] (1963)

모든 사고(思考)는 지적 세계의 중심이다.
— 키이츠

이 논문을 시작하면서 키이츠의 싯귀를 인용한 것은 이 논문이 담고 있는 하나의 분명한 생각을 드러내기 위해서이다. 나는 이 논문에서 유아의 초기 정서발달 단계에 대한 이론의 맥락에서 의사소통의 주제를 다루고자 한다.

이 논문은 정신분석학 이외의 다른 학문분야의 학자들을 위해 준비한 글이다. 그런데 놀랍게도 나는 이 논문에서 사람에게는 의사소통하지 않을 권리가 있다는 주장을 하게 되었다. 이러한 나의 주장은 마음의 핵이 누군가에 의해 끊임없이 파헤쳐지는 끔찍스런 환상에 대한 나의 항변이기도 하다. 이것은 마치 먹히거나 삼켜지는 환상과도 같은 것이다. 그것은 발견되는 것에 대한 환상(fantasy of being found)이다. 정신분석 환자의 침묵에 대

---

1 이 논문의 다른 판은 1962년 10월 샌프란시스코 정신분석학회에 그리고 1963년 5월 영국 정신분석 학회에 제공되었다.

한 문헌은 상당히 많이 있지만, 여기서 이런 문헌을 연구하거나 요약하지는 않겠다. 또한 의사소통의 주제를 포괄적으로 다루지도 않을 것이다. 다만 그 주제를 개방적으로 다룰 것이다. 그보다 나는 보조적인 주제, 즉 의사소통과 비의사소통 사이의 역설적인 개념들에 관해 다룰 것이다. 이 주제로 들어가기 전에 먼저 초기 대상관계에 대한 나의 견해를 다시 요약하고자 한다.

대상관계

의사소통의 문제와 의사소통할 수 있는 능력은 대상관계와 밀접하게 관련되어 있다. 대상관계는 복잡한 현상이며 대상과 관계할 수 있는 능력의 발달은 결코 단순한 성숙과정의 문제가 아니다. 항상 그렇듯이 성숙은 (심리학에서) 촉진적 환경의 질적 요소를 필요로 하고 또 촉진적 환경에 의존되어 있다. 가장 초기의 발달단계에서 절대 박탈(privation)이나 박탈(deprivation)을 경험하는 일없이 촉진적 환경이 충분히 제공될 때, 개인의 대상은 본질적인 변화를 거친다. 즉, 처음에 주관적 현상이던 대상은 객관적으로 지각되는 대상이 된다. 이 과정은 시간을 필요로 한다. 대상관계의 본질적인 과정을 왜곡하는 일없이 개인이 절대박탈과 박탈을 수용할 수 있으려면, 몇 달 또는 몇 해가 지나야 한다.

이 초기 단계에서 제공되는 촉진적 환경을 통해서 유아는 전능성을 경험한다. 전능성을 경험한다는 것은 마술적 통제 이상으로 경험의 창조적인 면을 포함하는 것이다. 이 전능성의 경험, 즉 주관적인 대상과의 관계 경험을 통해서 현실원리에 대한 적응능력이 발달한다.

내 생각에 이 문제를 논의한 마가렛 리블(Margaret Ribble, 1943)

은 한 가지 중요한 사실, 곧 어머니가 유아와 동일시(내가 일시
적인 일차적 모성 몰두라고 부른 것)한다는 사실을 놓치고 있다.
그녀는 이렇게 쓰고 있다.

> 유아는 생의 첫 해에 좌절이나 절대박탈을 경험해서는 안된다.
> 왜냐하면 이런 요소들은 즉시 과도한 긴장을 불러일으키며 잠
> 재되어 있는 방어활동을 자극하기 때문이다. 아동의 이러한 경
> 험의 결과들을 주의 깊게 돌보지 않는다면, 그 아동에게는 행
> 동 장애가 나타날 것이다. 아기에게는 쾌락원리가 우세해야 한
> 다. 그리고 우리가 할 수 있는 일은 아기의 자아 기능들이 균
> 형을 이룰 수 있도록 돕는 것이며, 그 과제를 무난하게 성취할
> 수 있도록 돕는 것이다. 상당한 정도로 성숙한 후에야 유아는
> 현실원리를 받아들일 수 있다.

리블은 대상관계나 원본능-만족의 문제를 말하고 있는데, 내
생각에 그녀는 자아 관계성에 대한 보다 현대적인 견해를 고려
하지 않고 있다.

촉진적 환경의 지원 아래 전능성을 경험한 유아는 대상을 창
조하고 재창조한다. 그리고 그 과정은 기억 흔적들을 끌어 모으
면서 점차 내적 능력으로 확립된다.

이 요소는 마침내 지능으로 발달하며, 주관적 대상과의 관계
에서 객관적으로 지각되는 대상과의 관계에로 옮겨가는 과정에
영향을 미친다. 내 생각에 지능은 결국 환경의 상대적 실패를 살
아남는 개인의 능력에 영향을 미친다.

건강한 경우에 유아는 자신의 주변에 놓여있는 것을 창조한
다. 따라서 건강한 경우에 대상은 발견되는 것이 아니라 창조된
다. 나는 정상적인 대상관계의 이 매혹적인 면에 대하여 '중간대

상과 중간현상'(1951)을 비롯한 여러 논문에서 논의했다. 유아가 창조한 대상은 그 유아에게 좋은 대상이 된다. 필요에서부터 창조가 이루어진다고 말할 수도 있을 것이다. 그러나 대상은 창조되기 위해 발견되어야 한다. 이것은 역설로서 받아들여야 한다. 그리고 지식으로 역설을 제거시킬 수 있다고 생각해서는 안된다.

대상의 위치를 고려할 때 여기에는 또 하나의 고려사항이 있는데, 그것은 '주관적인' 대상에서 '객관적으로 지각되는' 대상으로의 변화는 만족에 의해서보다는 불만족에 의해서 더 효과적으로 진행된다는 것이다. 대상관계 확립의 측면에서 볼 때, 수유에서 얻는 만족 경험은 대상이 만족스럽지 못한 경험보다 적은 가치를 갖는다. 본능만족은 유아에게 개인적인 경험을 제공할 뿐 대상의 자리를 만들지는 못한다. 내가 아는 분열성 환자는 만족 경험이 대상을 제거한다고 믿었기 때문에 상담용 소파에 누워있을 수 없었다. 그에게 있어서 소파에 눕는 행동은 외적 실재 또는 대상의 외적 성질을 제거시킨 유아기 만족 경험을 반복하는 것으로 간주되었다. 나는 그 환자에게 그것은 유아가 만족스런 수유에 의해 속았다고 느꼈기 때문이라고 설명했다. 그리고 젖을 주는 어머니의 불안은 만일 유아가 수유에 만족하지 못한다면 자신을 공격하고 파괴할 것이라는 두려움에 기초해 있고, 유아는 젖을 먹은 후에 만족한 상태에서 몇 시간 동안 편히 존재하며, 이때에는 대상에 대한 관심 자체를 잃어버린다는 사실을 말해주었다.

이러한 본능만족의 측면과는 대조적으로, 유아는 근육 성애와 움직임 그리고 움직이지 않는 대상과 부딪치고 싶은 충동으로 나타나는 공격성의 경험을 통해서 자신의 자기를 하나의 실체로서 출현시킨다. 그리고 이와 보조를 맞추어 대상을 자기로부터 분리된 곳에 위치시킨다.

    융합을 성취하기 이전의 발달 단계에서는 촉진적 환경이나 환
경 어머니의 실패에 반동적으로 반응하는 유아의 행동이 허용되
어야 한다. 그 반동적인 유아의 행동은 공격성처럼 보일 것이며
실제로 그 행동을 허용해주는 것은 힘든 일이다.

    건강한 경우에 유아는 융합을 성취하게 된다. 그리고 만약 이
때에 대상이 유아를 좌절시킬 경우, 그것은 유아에게 나-아닌 세
계가 존재한다는 사실을 알게 해준다는 점에서 유아 교육을 위
한 가치를 갖는다. 적응의 실패는 유아가 대상을 미워할 수 있을
때, 즉 만족스럽게 행동하지 못한 대상의 실패를 인식하면서 잠
재적으로 만족을 주는 대상에 대한 생각을 보존할 수 있을 때,
가치 있는 것이 된다. 내가 아는 한 이것은 훌륭한 정신분석 이
론에 속한다. 이런 이론에서는 종종 적응의 실패가 유아의 융합
을 성취할 수 있도록 무한한 발달을 가져오며, 따라서 환경의 실
패는 유아로 하여금 거절된 세상, 즉 객관적인 세상을 알게 해준
다는 점에서 긍정적인 역할을 가질 수 있다. 나는 여기서 의도적
으로 외적인 세상이라는 표현 대신 거절된 세상이라는 표현을
사용한다.

    건강한 발달에는 중간 단계가 있다. 중간 단계에서 좋거나 또
는 잠재적으로 만족을 주는 대상과 관련된 환자의 가장 중요한
경험은 대상에 대한 거부이다. 대상에 대한 환자의 거부는 대상
을 창조하는 과정의 일부이다. (신경성 식욕장애 환자일 경우에
거부는 치료자가 해결하기 쉽지 않은 문제를 야기한다.)

    분석가는 이런 것들을 환자들에게서 배운다. 마치 그 견해가
나 자신의 것인 것처럼 환자들에게 제시해야 하는 것이 내게는
고통스러운 일이다. 모든 분석가들은 이런 어려움을 겪는다. 그
리고 어떤 의미에서 한 분석가가 다른 분석가보다 더 독창적이
기는 어렵다. 왜냐하면 분석가가 말하는 모든 것은 서로의 논문

발표를 경청하고 관련된 주제들을 토론하는 것과는 달리, 이미 모든 분석가들이 알고 있는 것이기 때문이다. 분석가는 분석 작업에서, 특히 정신신경증적 성격의 분석 작업보다는 분열성 성격의 분석 작업에서, 자신이 알고 있다 하더라도 환자가 분석가에게 말할 때까지 기다릴 수 있어야 한다. 그래야만 환자는 스스로 창조적인 해석을 할 수 있게 된다. 만일 분석가가 자신의 지식과 경험을 토대로 해석을 해버린다면, 그때 환자는 틀림없이 그 해석을 거절하거나 파괴시켜버릴 것이다. 이러한 내 견해는 식욕장애 환자의 사례에서 확인할 수 있었다.

의사소통 이론

나는 이런 문제들을 대상관계적 측면에서 설명했지만, 그것들은 의사소통의 연구에도 영향을 미치는 것 같다. 왜냐하면 아동이 살아있는 경험으로서의 전능성에서 점차 벗어날 때, 즉 대상이 주관적인 대상에서 객관적으로 지각되는 대상으로 변화할 때 의사소통의 목적과 방법 또한 당연히 변화하기 때문이다. 대상이 주관적 대상일 때 그 대상과의 의사소통은 아직 명백한 것일 필요가 없다. 한편 대상이 객관적으로 지각된다면 의사소통은 명백해야 하며 그렇지 않다면 그는 벙어리로 취급될 것이다. 여기서 두 가지 새로운 현상이 나타나는데, 하나는 개인이 의사소통의 형태를 사용하고 즐기는 것이고, 다른 하나는 개인이 의사소통하지 않는 자기 또는 진정으로 고립된 자기라는 개인적인 핵을 갖게 되는 것이다.

이 주장에 담겨있는 까다로운 문제는 유아가 두 종류의 관계, 즉 환경 어머니와의 관계와 대상 어머니와의 관계를 동시에 발달시킨다는 사실에 있다. 환경 어머니는 인간으로 간주되지만, 대상 어머니는 비록 그것이 어머니이거나 어머니의 일부이더라도 일종의 사물로 간주된다.

유아와 환경 어머니 사이의 상호 의사소통은 분명 어느 정도 미묘한 요소를 갖고 있으며, 이 의사소통에 대한 연구는 유아에 대한 연구가 그러하듯이 어머니에 대한 연구도 포함시켜야 할 것이다. 나는 여기서 다만 이 점을 지적하는 것으로 만족할 것이다. 아마도 유아는 신뢰할 수 없는 어머니를 경험할 때에 환경 어머니와 의사소통을 시도할 것이다. 그때 유아는 산산이 부서지는 경험을 한다. 이때 어머니가 유아의 상태를 공감하고, 유아의 부서진 상태를 이해해줌으로써 이 부서진 상태의 유아를 담아줄 수 있다. 어머니를 신뢰할 수 있을 때, 유아는 계속해서 존재하고 개인적인 성숙과정에 따라 계속 발달함으로써 단순히 누군가와 의사소통하고 있는 것이다. 그러나 물론 이것을 의사소통에 대한 일반적인 설명이라고 할 수는 없다.

대상관계 측면으로 돌아가서 말하자면, 아동이 대상을 객관적으로 지각할 때 우리는 비로소 그러한 의사소통을 그 반대의 것과 의미 있게 대비시킬 수 있게 된다.

객관적으로 지각된 대상

객관적으로 지각된 대상은 점차 부분 대상들을 지닌 한 사람이 된다. 의사소통의 두 가지 극단들은 아래와 같다.

(1) 단순히 의사소통하지 않는 상태.
(2) 적극적 또는 반동적으로 의사소통하지 않는 상태.

첫 번째 상태는 이해하기가 어렵지 않다. 단순히 의사소통하지 않음은 쉬는 것과 같다. 그것은 스스로 존재하는 상태이다. 그리고 그것은 의사소통의 상태로 옮겨갔다가 자연스럽게 다시 나타난다. 두 번째 종류의 의사소통에 대해서는 병리적인 경우와 건강한 경우를 생각할 필요가 있다. 먼저 병리적인 경우부터 살펴보자.

나는 지금까지 성숙과정에서 유아의 욕구에 적응해주는 촉진적 환경을 당연한 것으로 여겨왔다. 병리적인 경우에 촉진적 환경이 어떤 면에서 어느 정도 실패함으로써 유아는 그의 정신 안에 분열(split)을 발달시킨다. 이때 유아는 분열된 반쪽으로 대상과 관계를 맺게 되는데, 이를 위해 거짓자기 또는 순응적 자기를 발달시킨다. 유아는 분열된 다른 반쪽으로 주관적 대상 또는 몸의 경험에 기초한 단순한 현상과 관계를 맺는데, 이런 것들은 객관적으로 지각된 세상의 영향을 거의 받지 않는다. (예를 들면, 임상적으로 신체를 흔드는 자폐적인 움직임에서 그리고 일반적인 타당성을 갖지 못하는 자폐아의 추상적인 그림에서 이런 현상을 찾아볼 수 있다. 이 자폐아의 그림은 의사소통의 막다른 골목을 나타낸다.)

이런 식으로 나는 주관적인 대상과의 의사소통이라는 생각과 함께 유아에 의해 객관적으로 지각된 대상과의 적극적인 비의사소통이라는 생각을 도입하고 있다. 관찰자의 관점에서는 무익해 보임에도 불구하고, 막다른 골목의 의사소통(주관적 대상과의 의사소통)이 어떤 생생한 감각을 갖고 있다는 것은 의심의 여지가 없다. 이에 반해 거짓자기를 통한 세상과의 의사소통은 생생하게 느껴지지 않는다. 그것은 진정한 의사소통이 아니다. 왜냐하면 그것은 자기의 핵, 즉 참자기가 그 의사소통에 참여하고 있지 않기 때문이다.

극단적으로 심각한 질병인 유아 정신분열증을 살펴보자. 사실 이 정신병리는 보다 정상적인 개인, 즉 발달과정에서 촉진적 환경의 실패에 따른 심각한 왜곡을 경험하는 일없이 성숙을 이룩한 개인에게서도 발견된다는 점에서 이 병리의 모든 유형은 조사될 필요가 있다.

어느 정도 병리적이면서 동시에 어느 정도 건강을 지니고 있는 보다 경미한 증상을 보이는 질병의 사례에서, 의사소통이 너무 쉽게 거짓 대상관계 또는 순응적 대상관계로 간주될 때에 환자는 스스로 의사소통을 포기하게 될 것이다(임상적으로 철수하는 현상). 이것은 환자로 하여금 생생한 감정을 느끼게 하는 주관적 대상과의 침묵의 혹은 비밀스러운 의사소통을 통해 균형을 회복하기 위한 것이며, 그에게는 이것이 정기적으로 필요하다.

나는 건강한 (즉 성숙한 대상관계의 발달을 이룩한) 사람의 경우, 그의 분열된 성격의 한 부분이 주관적 대상과 조용히 의사소통해야 할 필요가 있으며, 이것은 분열성 환자의 어떤 측면과 상응하는 것이라고 생각한다. 여기에서 침묵을 통한 의미 있는 관계와 의사소통이 이루어진다고 생각할 수 있다.

진정한 건강은 사람에게 질병이 있는가 라는 관점에서만 서술되어서는 안된다. 우리는 진정한 느낌을 형성하는데 있어서 의사소통하지 않음이 건강하게 사용될 수 있는 것에 대해 긍정적으로 진술할 수 있어야 한다. 또한 우리는 성인의 건강을 말하면서 유아기와 초기 아동기의 중간현상과 같은 의미를 갖는 인간의 문화적 삶을 말하는 것이 필요하다. 그런 중간현상의 영역에서는 주관적인 대상인지 객관적으로 지각되는 대상인지를 묻지 않은 채 의사소통이 이루어진다. 정신분석가는 문화적 현상을 설명할 수 있는 언어를 갖고 있지 않다. 정신분석가는 예술가의 정신 기제에 대해 말할 수는 있지만, 유아기의 중간대상에서 발달해 나온 중간영역에 발을 들여놓지 않고는 예술과 종교에서의 의사소통 경험에 대해서 말할 수 없다.

모든 예술가에게서는 두 가지의 경향, 즉 의사소통 하려는 절박한 욕구와 발견되지 않으려는 훨씬 더 절박한 욕구가 공존하는 본래적인 딜레마가 탐지된다. 이것이 예술가의 작업에서 완성이란 있을 수 없다는 생각에 대한 설명이 될 수 있을 것이다. 예술가에게 있어서 완성이란 곧 그의 본성 전체를 점유당하는 것을 의미하기 때문이다.

정서발달의 초기 단계에서 침묵의 의사소통은 대상의 주관적인 측면과 관련되어 있다. 내 생각에 이것은 프로이트가 말하는 정신 실재 및 절대로 의식될 수 없는 무의식이라는 개념과 연결되어 있다. 나는 건강한 경우에 이런 침묵의 의사소통으로부터 멜라니 클라인이 명확하게 설명한 내적 경험으로 가는 직접적인 발달이 있다고 덧붙일 수 있다. 클라인의 사례 묘사에서 아동 놀이의 어떤 면들은 '내부의' 경험들을 보여준다. 즉 아동의 내적 정신 실재가 대대적으로 투사됨으로써 방과 탁자와 장난감들은 주관적인 대상이 되며, 아동과 분석가 모두는 아동의 내적 세계의 표본이 된다. 이때 방 바깥에 있는 것은 아동의 바깥에 있는 것이다. 비록 묘사하는 방식은 분석가들에 따라 다르지만, 이것은 정신분석학에서는 친숙한 개념이다. 또한 그것은 분석 초기 '밀월 기간'의 개념과 첫 몇 시간 동안에 특별히 명확하게 드러나는 현상과 관련되며 또 전이에서 나타나는 의존과도 관련된다. 그것은 또한 내가 반사회적 아동들(그들에게 철저한 분석은 소용이 없으며 심지어 항상 타당한 것도 아니다)을 위한 단기 치료에서 초기의 면담 시간들을 이용하여 그들의 내적 세계를 이해하는 작업과 연결되어 있다.

이 글의 목적은 임상 상황을 설명하려는 것이 아니라 클라인이 '내적'이라고 언급했던 아주 초기의 개념을 설명하려는 것이다. 클라인 학파에서 말하는 이 '내적'이란 말은 초기 개념으로서 적절한 용어가 아니다. 왜냐하면 아직 자아의 경계를 확립하지 못한 유아는 투사와 내사의 정신 기제를 자유롭게 사용할 수 없기 때문이다. 이 초기 단계의 '내적'이라는 용어는 한 개인이 발달과정에서 자기(自己)를 지닌 인간 존재에 도달할 때에만 의미를 갖는다. 이 시기에 유아의 미숙한 자아를 지원해주는 촉진적 환경과 어머니의 자아 지원은 여전히 아동으로 하여금 생명력이 있는 피조물로서 존재할 수 있게 해주는 본질적인 요소들이다.

신비주의 심리학을 생각해본다면, 신비주의자가 정교화된 내사물로 구성된 개인적인 내면 세계로 철수하는 것은 흔히 있는 일이다. 우리는 신비주의자가 비밀스럽게 주관적인 대상들 및 현상들과 의사소통할 수 있는 위치로 후퇴하는 현상, 즉 생생한 느낌을 갖는 대가로서 공유된 현실 세계와의 접촉을 상실하는 현상에 대해서 충분한 관심을 기울이지 못한 것 같다.

한 여자 환자는 다음과 같은 꿈을 꾸었다. 그녀는 다른 두 여자 친구들과 함께 세관 직원으로 일하고 있었다. 그 친구들은 그 환자와 동료들의 물건을 지나칠 정도로 세심하게 검사하고 있었다. 그때 그 환자는 우발적으로 차를 몰아 유리창을 들이받았다.

꿈에서 이 두 친구들은 그와 같이 세밀하게 검사할 권리가 없었을 뿐 아니라 모든 것을 샅샅이 살펴봄으로써 스스로를 바보로 만들고 있었다. 환자는 이 두 여자들을 조롱하고 있었음이 분명했다. 그 친구들은 실상 비밀스런 자기에 도달하지 못했다. 여기서 그 친구들은 어린 시절에 환자 자신의 비밀을 지켜주지 못했던 어머니를 상징하고 있었다. 환자는 아홉 살 때에 시와 격언을 적어 놓았던 일기장을 도둑맞았는데, 그 표지에는 '나만의 책'이라고 쓰여 있었다. 책의 첫 페이지에 그녀는 '마음속에서 생각하는 것이 바로 그 사람 자신이다'라고 썼다. 그녀의 어머니는 그녀에게 이렇게 물었다. '이 격언을 어디서 알았니?' 이것은 어머니가 그녀의 일기를 읽었다는 것을 의미했기 때문에 나쁜 것이었다. 설령 어머니가 그 책을 읽었더라도, 아무 말도 하지 말았어야 했다.

여기에 의사소통하지 않으면서 동시에 의사소통하고 또한 발견되기를 원하는, 개인적인 자기를 확립하려는 한 아동의 모습이 있다. 그것은 숨어있는 것은 기쁨이지만 발견되지 않는 것은 재앙인 정교화된 숨바꼭질 게임이다.

또 하나의 사례는 열 일곱 살 된 소녀를 진단하기 위해 면담한 사례인데, 내가 깊이 관련된 것이 아니었다. 그녀의 어머니는 집안의 정신분열증 내력으로 인해 딸에게 정신분열증이 나타날까봐 걱정하고 있었다. 이때에 그녀는 청소년기의 특징인 우울한 시기를 거치고 있었다.

다음은 나의 면담 기록에서 발췌한 것이다.

X는 아동기의 무책임성에 대해 계속 이야기하였다. 그녀는 이렇게 말했다. '당신은 지금 고양이 한 마리와 함께 있어요. 그러나 그것은 주체이지 객체가 아니에요'

나는 소녀에게 '너는 마치 주관적 대상세계에 살고 있는 것 같구나'라고 말했다.

그녀는 '그것은 훌륭한 표현이에요. 주관적 대상세계가 바로 내가 시를 쓰는 이유예요. 그것은 시의 근원에 속해요'라고 말하였다.

그녀는 다음과 같이 덧붙였다. '물론 이것은 나의 시시한 이론일 뿐이지만, 적어도 어째서 여자들보다 남자들이 더 시를 즐겨 쓰는지를 설명해주지요. 여자들은 아기들을 임신하고 아동들을 돌보는 일로 마음을 뺏기기 때문에 상상력이 있는 삶과 무책임할 수 있는 가능성은 아동들에게로 넘어가요.'

그리고 나서 우리는 상상 속의 삶과 일상적인 삶 사이에 교량이 있어야 한다는 것에 관해 이야기를 나누었다. 그녀는 열두 살 때와 열네 살 때에 각각 7개월 동안 날마다 일기를 썼다.

그녀는 '저는 시를 쓸 때 제가 느끼는 것들만 써요. 시를 쓸 때는 무엇인가가 생겨나는 것 같아요.' 라고 말했다. 그리고 우리는 이것을 자서전과 비교했는데, 그녀는 자서전은 노년기에나 해당되는 것이라고 생각하고 있었다.

그녀는 '노년기와 아동기 사이에는 유사성이 있어요' 라고 말했다.

아동기 상상력과 연결될 필요가 있을 때 그녀는 시를 매개로 사용했다. 그녀에게 자서전 쓰는 일은 지루한 일이었을 것이다. 그녀는 자신의 시들을 발표하지도 않았고 다른 사람들에게 보여주지도 않았다. 왜냐하면 그녀는 시를 무척 좋아했지만 잠시 동안뿐이었고 곧 시에 대한 흥미를 잃었기 때문이었다. 그녀는 시적 재능을 타고났기에 항상 친구들보다 더 쉽게 시를 쓸 수 있었다. 그러나 그녀는 다음과 같은 질문에는 흥미가 없었다. 시들은 정말로 좋은 것인가? 아니면 그렇지 않은가? 다른 사람들이 시를 좋다고 생각하는가?

나는 건강한 개인은 성격의 핵을 가지고 있으며 이는 분열된 성격(split personality)의 참자기와 같은 것이라고 생각한다. 그리고 이 핵은 지각된 대상세계와는 결코 의사소통하지 않으며, 설령 외적 실재와 의사소통하더라도 외적 실재의 영향을 받아서는 안된다고 생각한다. 이것이 나의 주요 논지이다. 건강한 사람들은 의사소통을 하고 그것을 즐기지만, 또 한편 그들 각 개인은 고립되고, 영원히 의사소통되지 않으며, 영원히 알려지지 않고 실제로 발견되지 않는 존재라는 것이다.

이 확고한 사실은 문화적 경험의 전 범위에 속하는 삶의 영역에서 쉽게 수용되고 있다. 각 사람의 중심에는 의사소통되지 않는(incommunicado) 요소가 있으며, 이것은 신성한 것으로서 철저히 보호되어야 할 가치가 있다는 것이다. 아주 초기에 환경 어머니의 실패로 인해 유아는 산산이 부서지는 외상적 경험을 하게 되며, 이로 인해 원시적 방어기제를 조직화하게 된다. 이러한 환경 어머니의 실패로 인한 외상은 개인의 고립된 핵이 발견되고 변형되며 의사소통되는 것과 관련된 위협적인 경험이라고 할 수 있다. 이런 위협에 대한 방어는 비밀스런 자기를 더 깊이 숨기는 것이며, 극단적으로는 그것을 투사하고 끝없이 확장하는 것이다. 강간과 식인종에게 잡아먹히는 것조차도 자기의 핵이 침해받는 것, 즉 방어를 관통하는 의사소통으로 인해 자기의 중심 요소가 변형되는 것과 비교하면, 사소한 일에 지나지 않는다. 나는 이러한 침범을 자기(自己)에 대한 죄라고 생각한다. 우리는 비밀스럽게 고립되고자 하는 욕구를 갖고 있는 개인에게 위협을 가하며, 인간의 성격 깊은 곳을 뚫고 들어가는 정신분석을 사람들이 왜 증오하는지를 이해할 수 있다. 여기에서 중요한 문제는 어떻게 단절되지(insulation) 않으면서 고립(isolation)을 성취할 것인가라는 것이다.

그 문제에 대한 답은 어떤 것인가? 우리는 인간을 이해하려는 시도를 중단해야 하는가? 그 대답은 어머니들이 유아들의 주관적 대상으로 남아있는 한 그들과 의사소통하지 않는다는 사실에서 찾을 수 있다. 어머니들이 객관적으로 지각되는 대상으로 되어가는 동안 유아들은 간접적인 의사소통을 위한 여러 기술들(가장 명확한 의사소통의 기술은 언어를 사용하는 것이다)을 숙달하게 된다. 여기에는 특별히 내가 관심을 갖고 있는 중간대상과 중간현상이 자리하고 있으며, 유아가 상징을 사용하기 시작하는 중간 단계가 존재한다.

자아 발달의 중심적인 기초는 개인의 주관적 현상과 의사소통하는 이 영역에 존재하며, 그것만이 개인에게 삶에 대한 생생한 느낌을 제공한다.

아동은 최적의 환경에서 순조롭게 성장하며, 세 가지 의사소통인 영원한 침묵의 의사소통, 명백하고 간접적이며 즐거운 의사소통 그리고 놀이를 통해 모든 종류의 문화적 경험으로 발달해가는 중간 형태의 의사소통을 사용할 수 있게 된다.

침묵의 의사소통은 일차적 자기애 개념과 관련이 있는가?

임상가는 분석 과정에서 환자가 의사소통하지 않는 것을 긍정적인 의미로서 받아들이고 그것을 허용해야 한다. 분석가는 스스로에게 이런 질문을 해야 한다. 나의 기술은 환자에게 의사소통하지 않는 방식으로 의사소통하는 것을 허용하는가? 나는 이런 일이 실제로 일어나기 때문에, 분석가는 '나는 의사소통하지 않고 있다'는 환자의 신호를 알아볼 수 있어야 한다고 생각한다. 그리고 그런 신호와 의사소통하지 못하는데서 발생하는 고통의 신호 사이를 구별할 수 있어야 한다. 이 문제는 아동의 삶에서 최초로 발생하는 자연스런 사건인, 누군가가 있는 상태에서 홀로 있는 경험과 연결되어 있으며, 나중에 동일시를 상실하지 않고서 철수할 수 있는 능력을 획득하는 문제와 연결되어 있다. 또한 이것은 개인이 일에 집중할 수 있는 능력으로 나타나기도 한다.

나의 주된 논지가 이미 제시된 셈이지만, 나는 의사소통의 반대 개념이 어떤 것인지에 대해서 좀더 논의하고자 한다.

의사소통하지 않음의 두 가지 상반된 의미

의사소통에 대한 두 가지 상반된 의미가 있다. 하나는 단순히 의사소통하지 않는 것이요, 다른 하나는 적극적으로 의사소통하지 않는 것이다. 달리 말하자면, 의사소통은 의사소통하지 않음으로부터 자연스럽게 발생할 수도 있고, 또는 침묵에 대한 부정, 즉 의사소통하지 않음을 적극적으로 또는 반동적으로 사용하는 것에 의해서 발생할 수도 있다.

명백한 정신신경증 사례에서는 분석 전체가 언어라는 매개를 통해 이루어지기 때문에 별 어려움이 없다. 환자와 분석가 모두 분석이 그렇게 진행되기를 원한다. 그러나 성격 안에 분열적 요소가 숨어 있는 환자일 경우, 환자는 비의사소통을 부정하기 위해 말을 하고, 분석가는 이러한 환자의 방어 행동과 끝없이 공모하기 쉽다. 이런 경우 분석 작업이 잘 진행됨에도 불구하고 결과가 없기 때문에 지루해지게 된다. 그런 분석 과정에서 환자가 기여할 수 있는 가장 긍정적인 공헌은 침묵일 것이며, 그때 분석가는 기다리는 게임을 하게 된다. 물론 우리는 환자의 움직임과 몸짓 그리고 모든 종류의 행동들을 해석할 수 있다. 그러나 이런 종류의 사례에서 나는 분석가가 기다리는 것이 더 좋다고 생각한다.

더 위험스러운 것은 주관적 대상으로서의 분석가의 위치 때문에 또는 분석가에 대한 환자의 의존 때문에 분석가가 분석과정에서 환자 성격의 가장 깊은 층까지 도달하게 되는 것이다. 그 순간에 분석가가 환자 스스로가 그 의미를 창조적으로 발견할 때까지 기다리지 않고 해석할 경우, 거기에는 매우 위험한 상황이 발생한다. 분석가가 주관적 대상에서 객관적으로 지각되는 대상으로 변화하지 않을 때, 정신분석은 위험할 수 있다. 그러나 그때에 우리가 어떻게 행동해야 하는지 안다면, 그 위험은 피할 수 있을 것이다. 이때 분석가는 환자 자신의 속도에 따라 객관적으로 지각될 때까지 기다려야 한다. 그러나 만일 분석가가 환자의 분석 과정(유아와 아동의 성숙과정과 같은)을 촉진시키는 방식으로 행동하지 못한다면, 환자는 분석가를 갑자기 '나-아닌' 것으로 경험하게 된다. 그리고 그때 분석가는 환자에 대해서 너무 많이 알고 있으며, 환자의 고요한 자아 조직의 중심과 너무 가까운 곳에서 의사소통하고 있기에 지극히 위험한 존재가 된다.

이런 이유로 분석가는 단순한 정신신경증 사례에서조차도 분석 상황 바깥에서의 접촉을 피하는 것이 바람직하다. 분열성 또는 경계선 장애 환자의 분석 작업에서 분석가가 전이 이외의 접촉을 어떻게 관리해야 하는가에 대한 문제는 아주 커다란 부분을 차지한다.

여기서 분석가가 해석을 하는 목적에 대해 논의할 수 있을 것이다. 나는 해석의 중요한 기능은 분석가가 이해하고 있는 한계를 보여주는 것이라고 생각한다.

고립되어 있는 존재로서의 개인

나는 개인의 영원한 고립성이라는 개념을 제안하며, 그 중요성을 강조하고자 한다. 그리고 개인의 핵 속에 '나-아닌' 세계와의 의사소통은 어떤 방식으로도 존재하지 않는다고 주장한다. 여기서 고요함은 정적과 관련되는데, 이것은 세계의 사상가들의 글 속에서 이미 드러나 있다. 이런 맥락에서 융의 자기(Self) 개념에 관한 마이클 포드햄(Michael Fordham)의 흥미로운 평론을 살펴 볼 수 있다. 포드햄은 이렇게 말한다. '근원적 경험이 고독에서 발생한다는 것은 잘 알려진 사실이다.' 이것은 윅스(Wickes)의 '인간의 내면 세계(1938)'에서도 발견된다. 그러나 이런 글들에서 병리적 철수와 중심적 자기의 건강한 의사소통 사이의 차이가 항상 확실하게 드러나는 것은 아니다(Laing, 1961 참조).

정신분석적 문헌 중에 성격의 중심에 있는 '고요한 침묵'과 고독에서 발생하는 근원적 경험에 대한 글들은 많다. 그러나 대부분의 분석가들은 삶의 이 측면에 별 관심을 갖지 않는다. 우리의 가까운 동료들 중에는 아마 로날드 렝(Ronald Laing)이 자신을 드러내는데 수반되는 자신 없음의 느낌과 함께 '잠재적 자기의 특성'에 대해 가장 성실하게 설명한 분석가일 것이다(Laing, 1961, p. 117 참조).

개인을 고립된 단위로 보는 이 주제는 유아와 정신병 연구에 있어서 매우 중요하다. 또한 그것은 청소년에 대한 연구에서도 중요하다. 사춘기의 소년과 소녀의 특성을 여러 면에서 설명할 수 있는데, 그 가운데 하나는 고립된 존재로서의 청소년에 관심을 갖는 것이다. 개인적인 고립을 보존하는 것은 개인의 정체성 형성과 중심적 자기를 침범하지 않는 개인적인 의사소통의 기술을 확립하는데 필수적인 요소이다. 이것은 대부분의 청소년들이 정신분석 이론에 관심을 갖고 있으면서도 정신분석 치료를 기피하는 현상을 설명할 수 있는 한 가지 방식일 수도 있다. 그들은 정신분석으로 인해 자신들이 성적으로가 아니라 영적으로 강간 당할 것이라고 생각한다. 분석가는 이러한 청소년의 공포가 사실로 확인되는 불상사를 피할 수 있어야 한다. 청소년을 담당하고 있는 분석가는 그 청소년이 자신을 시험할 것에 대해 대비 해야 하며, 또한 간접적인 종류의 의사소통과 단순한 비의사소통을 사용하는 것을 인정할 준비가 되어 있어야 한다.

사춘기의 변화를 겪고 있는 아직 성인 공동체의 일원이 될 준비가 되어 있지 않은 청소년기 동안에는, 발견될 준비가 되어 있지 않기 때문에 발견되는 것에 대한 방어가 강화된다. 그에게 진정으로 개인적이며 생생하게 느껴지는 것은 반드시 방어되어야 한다. 심지어 그것이 일시적으로 절대로 타협할 줄 모르고 맹목적이 되는 것을 의미할지라도 그것은 방어되어야 한다. 청소년들은 집단보다는 무리를 형성하고, 외형상으로 똑같아지려는 경향성을 보인다. 내가 보기에 이것은 각 개인의 본질적인 외로움을 감추기 위한 것이다.

이 모든 것은 정체성 위기와 관련되어 있다. 정체성 문제를 연구해 온 휠리스(Wheelis, 1958)는 분석가라는 직업을 선택하는 문제를 분명하고도 사실적으로 진술하면서, 이것을 고독 및 친밀함의 욕구와 연결시킨다. 그러나 이러한 욕구는 분석가라는 그의 직업을 통해서 결코 충족될 수 없다. 내 생각에 이런 문제들을 가장 깊이 다룬 분석가는 에릭 에릭슨(Erik Erikson)이다. 그는 이 주제에 대하여 자신의 저서 「청년 루터」(1958)의 맺는 말에서, '평화는 (외부 세계의 탐험과 그 모든 것에서 오는 것이 아니라) 내면에서 온다' 라고 결론짓고 있다.

이 논의를 끝내기 전에 부정(negation)에 관해 다시 한번 언급하겠다. 멜라니 클라인은 조적 방어(manic defence)의 개념에 부정을 포함시켰다. 이것은 우울한 사실을 부정하기 위한 것이다. 비온(Bion, 1962a)은 사고에 대한 자신의 논문에서 특정한 종류의 부인(denial)을 언급했으며, 몬쇼(Monchaux, 1962)는 비온의 논문에 대해 언급하면서 그 주제를 계속 다루었다.

살아있음(liveliness)에 대해 고려하기 위해서는 적어도 두 가지의 반대 개념을 언급해야 할 것이다. 하나는 조적 방어에 의해 방어되는 죽음의 상태이고, 다른 하나는 단순히 생기발랄함이 없는 상태이다. 이 후자에서 침묵은 의사소통과 같은 것으로, 그리고 고요함은 움직임과 같은 것으로 간주된다. 이런 생각을 통해서 나는 생명본능 및 죽음본능 이론에 대한 깊이 있는 반론에 도달할 수 있었다. 내가 받아들일 수 없는 것은, 임상적으로 조울증적인 동요와 우울이 부정되고 거부된다는 조적 방어의 개념을 제외하고는, 생명이 자체 안에 그것과 반대되는 죽음을 갖고 있다는 생각이다. 유아 발달에서 삶은 삶이 아닌 것에서 발생하고 확립되며, 의사소통이 침묵에서 발생하는 것처럼 존재는 비존재로부터 확립된다. 유아의 삶의 과정에서 죽음은 유아가 증오를 알게 될 때, 즉 훨씬 후에만 의미를 가질 수 있다. 그리고 이것은 내가 공격성의 뿌리에 관한 이론을 설명할 때 사용했던 현상과는 멀리 떨어진 현상이다.

따라서 나는 본능이란 말과 죽음이란 말을 결합시키는 것은 별 가치가 없다고 생각한다. 그리고 증오와 분노를 죽음 본능으로 언급하는 것도 적절치 못하다고 본다.

공격성의 뿌리에 도달하는 것은 어려운 일이다. 그러나 미성숙한 단계에서 아무런 의미를 갖지 못하는 생명과 죽음 같은 정반대 개념을 사용하는 것은 도움이 되지 않는다.

이 글의 마지막 부분에 내가 덧붙이고자 하는 것은 살아있음이나 생기발랄함과는 전적으로 반대되는 개념에 관한 것이다. 이것은 대부분의 사례에서 적용되고 있지 않다. 대체로 유아의 어머니는 살아있는 내적 대상들을 갖고 있으며, 유아는 살아있는 아동에 대한 어머니의 전이해에 자신을 맞춘다. 정상적인 어머니는 우울하지 않다. 그러나 어떤 사례들에서 매우 중요한 시기인 유아기 초기에 어머니의 중심적인 내적 대상은 죽어 있고 그녀는 우울한 기분에 사로잡혀 있을 수 있다. 이때 유아는 죽은 대상의 역할에 자신을 맞추든지, 아니면 어머니가 아동의 죽음에 대한 생각에 몰두하는 것을 중화시키기 위해 더욱 생기발랄한 존재가 되어야 한다. 유아의 생기발랄함과 반대되는 것은 어머니의 우울증에서 나오는 반-생명적 요소(anti-life factor)이다. 그런 경우에 유아가 해야 하는 과제는 살아있는 것이며 살아있는 것처럼 보이고 살아있음을 의사소통하는 것이 된다. 실제로 보다 운이 좋은 유아와는 달리 삶이 가져다주는 즐거움을 누릴 수 없는 개인에게 있어서, 살아있는 것처럼 보이는 것은 그의 삶의 궁극적인 목표가 된다. 즉 그에게는 살아있는 것이 전부가 된다. 그의 삶은 출발점에 도달하고자 하는, 그리고 그 출발점에 머무르고자 하는 끊임없는 투쟁으로 채워진다. 존재하는 것 자체가 특별한 과제이며 심지어 그것을 종교로 삼는 사람들이 있다는 것은 놀라운 일이 못된다. (로날드 렝의 두 권의 저서[1960, 1961]는 비정상적인 환경 때문에 투쟁하는 많은 사람들의 비극적 상태를 진술하려는 시도였다.) 건강한 발달에서 유아는 단순히 존재할 수 있음으로 해서 고요한 상태에서 시작하며 차츰 실제로 살아있는 존재가 된다.

내가 앞부분에서 이미 말했듯이, 이 살아있음은 건강한 유아가 어머니 인물(mother-figure)과 나누는 초기 의사소통이다. 물론 유아가 그것을 의식하는 것은 아니다. 어머니의 우울증을 부인하는 생기발랄함은 기대에 부응하기 위한 의사소통에 해당된다. 우울한 어머니를 가진 아동의 살아있음은 어머니를 안심시켜주기 위한 의사소통에 속한다. 그것은 타고난 과정에 따라 통합하며 성숙해 가는 미성숙한 자아에게 있어서 부자연스럽고 감당할 수 없는 장애이다.

나는 이 글에서 주로 의사소통의 주제를 다루었다. 그러나 나는 마음이 끌리는 대로 여러 가지 문제를 자유롭게 다루어왔음을 인정한다.

요 약

나는 건강의 한 측면, 즉 현실원리를 영원히 면제받으며 영원한 침묵의 상태에서 의사소통하지 않는 중심적 자기가 존재한다는 사실을 인정해야 한다고 주장했다. 여기서 말하는 의사소통은 언어적인 것이 아니다. 그것은 마치 우주공간의 음악처럼 절대적으로 개인적인 것이다. 그것은 살아있음에 속한다. 그리고 건강한 경우에, 그것에서부터 자연스럽게 의사소통이 발생한다.

명백한 의사소통은 즐거운 것이며, 그것은 언어의 기술을 비롯해서 매우 흥미로운 기술들이 사용된다. 이 의사소통의 두 가지 극단들, 즉 간접적인 명백한 의사소통과 고요하며 생생하게 느껴지는 개인적인 의사소통, 이것은 모두 그 자체의 자리를 갖고 있으며, 그 중간에 문화적 영역이 존재한다. 그리고 이 중간 영역 안에 전부는 아니지만, 많은 사람들에게 가장 가치 있는 의사소통의 양태가 존재한다.

18
소아 정신의학을 위한 훈련[1]
(1963)

이 주제는 내게 매우 어려운 주제였다. 왜냐하면 이 논의의 주제가 과학적인 진실과도, 시적인 진실과도 관계가 없는 것이기 때문이다.

실제로 내가 말하고자 하는 것은 틀림없이 나 자신의 발달 역사에 영향을 받았을 것이며, 그것은 분명히 어떤 핵심적인 문제에 대한 나의 편견이 개입되었을 것이다. 또한 그것은 한 인간의 제한된 경험에서 나온 진술에 지나지 않을 것이다.

아주 단순하게 나는 소아 정신의학을 하나의 전문분야로 보고자 한다. 이처럼 '소아 정신의학'을 하나의 전문분야로 독립시키려면 소아 정신의학이 일반 정신의학의 일부가 아니라는 것을 아주 명백히 밝혀야 할 것이다.

나는 인접 전문분야의 연구 작업과 우리 분야의 연구 작업의

---

1 아동 심리학과 정신의학지 제 4호, pp. 85-91에 처음 인쇄된 심포지엄 기고문임.

관계를 탐구함으로써 몇 가지 적극적인 제안을 할 것이다.

소아 정신의학을 위한 훈련은 소아 정신의학에 대한 우리의 견해에 기초해 있다. 그리고 나는 이 분야에 입문할 수 있도록 여러 가지 다양한 경로를 열어놓는 것이 바람직하다고 생각한다. 특히 소아의학을 통해 소아 정신의학으로 입문할 수 있는 가능성을 배제시켜서는 안된다고 생각한다.

나는 아동 상담 훈련센터, 타비스톡 의료원 그리고 모드슬리 소아 정신과 등에서 이 글에서 제기하는 것과 동일한 질문을 받았다. 최근 타비스톡 의료원에서 이 문제에 대한 논의가 있었다. 아마도 토론에 참석했던 사람들은 그 토론에서 이 주제에 대한 충분한 논의가 이루어졌다는 데 모두 동의할 것이다.

소아 정신의학이란 무엇인가?

먼저 '소아 정신의학이란 무엇인가?'라는 질문이 제기된다. 특히 소아 정신의학에서 이루어지는 작업은 본질적으로 실제적이다. 분석가는 모든 사례를 통해서 항상 어떤 도전을 받게 된다. 분석가는 임상 작업에서 치료에 실패할 수도 있고 성공할 수도 있다. 진정한 실패란 다만 그 사례가 제기하는 도전에 응답하지 못하는 것을 말한다. 이런 이유 때문에 여러 전문분야가 함께 하는 공동 작업과는 달리 개인적으로 이루어지는 분석 작업은 한 사람이 다른 한 사람을 심층적인 수준에서 깊이 만나는 일이라고 할 수 있다. 사례 평가(case conference)에서 얻은 새로운 이해를 후에 개인적인 분석 작업에 적용시키지 못한다면, 그 사례 평가는 아무런 가치가 없다는 것이 일반적인 견해이다. 새로운 이해는 그 자체만으로는 아무런 의미가 없는 것이다.

소아 정신의학자의 작업은 많은 부분 아동과의 심리치료 면담에 기초하고 있다. 만일 그가 심리치료 기술이 없거나 아동과 접촉하는데 적합한 사람이 아니라면, 그는 고착된 상황을 어떻게 변화시켜야 하는지 또는 자신과 한 팀을 이루고 있는 환자가 무엇을 하고 있는지를 이해하기는 커녕 진단조차 할 수 없다. 소아 정신의학을 위한 훈련 계획은 이점을 고려해야 한다.

소아 정신의학자는 아동과 작업하는 것과 같은 방식으로 부모와도 작업한다. 또는 어머니나 아버지 또는 부모 역할을 하는 누군가로 하여금 어려움을 겪는 아동에게 적합한 환경을 제공할 수 있도록 돕기 위한 방안을 강구해야 할 경우도 있다. 이와 같은 생각은 적절한 환경 제공이 내적인 성숙과정을 촉진시킨다는 이론에 바탕을 두고 있다.

종종 성장하는 아동의 자기(self), 부모, 가족 단위 그리고 환경과의 관계 안에 확실한 병리적 증상이 있음에도 불구하고, 그 아동을 건강하거나 정상이라고 진단을 내린다. 건강은 그 연령에 맞는 성숙이라는 말과 거의 같은 의미이다.

분류

나는 우리가 하고 있는 작업을 포괄적으로 논의하는 것은 불가능하다고 생각한다. 따라서 포괄적인 논의 대신에 대략적으로 분류(classification)해보고자 한다.

사례의 종류

(a) 개인이 선천적으로 타고난 정서 발달의 어려운 문제
   무익하거나 해로운 환경 요소들.
   환경의 실패와 선천적으로 타고난 어려운 문제가 함께 얽혀 있는 방어 조직에 바탕을 둔 증상.
   방어의 실패와 새로운 방어들의 재조직화에 기초한 병.
(b) 신체적 질병과 관련이 있거나 그 질병과 이차적으로 관련된 병.
(c) 소아의학, 신경학, 성인 정신의학, 조산학 등과 관련된 문제들.
(d) 사회와 관련된 병: 반사회적 경향성.
   법적 절차에 따른 협력문제.
(e) 교육 전문가와 협력해야 하는 문제들.

소아 정신의학자는 환자의 삶과 죽음에 대해 그리고 종종 환자의 자살에 대해 책임져야 하기 때문에 자격이 있고, 훈련받은 의사이어야 한다. 그 외에 필요한 것은 무엇인가? 그 첫 번째는 물론 경험할 수 있는 기회라고 하겠다. 이 점에서 나는 운이 좋은 사람이었다. 그것은 10년 동안 퀸즈 아동병원(현 퀸 엘리자베스 병원)에서, 그리고 1923년부터 현재까지는 패딩톤 그린 아동병원에서 의사로 일하면서, 내가 원하는 대로 탐구할 수 있었기 때문이다. 천천히 그리고 자연스럽게 소아 정신의학에 입문하게 되는 것은 흔한 일이 아니다. 여기서 우리가 해야 할 일은 이 분야에서 전문적으로 일하고 싶은 사람들에게 자연스럽게 과정을 밟을 수 있는 기회를 제공하는 것이다. 한편, 이제 막 소아 정신과 의사가 된 사람에게 당장 가르치라고 요구하면, 그 의사는 자기 스스로 발견한 것이 아니라 다른 사람이 말한 것을 가르칠 것이며, 이것은 불행한 일이다.

소아 정신의학에 대한 지원

나는 다음과 같은 접근 방식으로 주요 주제를 논의할 것이다. 교육 심리학자는 교육계의 지원을 받는다. 나는 이것이 바람직하다고 생각한다. 교육계에서 교육 심리학자의 연구 과정을 지원하며, 그에게 지위를 주고, 그의 재정을 뒷받침해준다. 그러면 임상 분야에서 일할 사람들은 누가 후원할 것인가? 대학은 인간의 문제에 대해서, 특히 도움이 필요한 개인에게 심리학이 실제적인 도움을 줄 수 있는지 의심한다. 또한 대학은 심리학이 학문적인 길을 유지하면서 무의식을 다루는 역동적인 작업을 피할 것을 기대한다.

여러 분야에서 활동하고 있는 사회사업가들은 전문적인 활동가로서 자신들의 입지를 굳히기 위해 분투하고 있다. 소아 정신과 의사들은 어떠한가? (의사 자격을 획득함으로써 자동적으로 얻게 되는 것을 제외하고) 누가 그들을 지원해줄 것인가?

우리는 단지 두 분야, 즉 소아의학과 정신의학계의 지원을 고려해볼 수 있다. 그러나 우리가 이 두 분야의 지원을 기대하기란 거의 불가능하기 때문에, 이제 우리는 스스로 길을 찾는 방법밖에 없다. 현재 소아 정신의학회 의장이 소아의학과 의사라는 사실은, 소아 정신의학이 하는 일에 우호적일 뿐 아니라 적극적으로 지원해주는 소아 정신과 의사들이 있다는 사실을 분명히 보여준다. 나는 패딩톤 그린 병원에서 그리고 그 이후에는 성 마리아 병원에서 아주 따뜻한 대우를 받았다. 그러나 나의 행운만 생각하고 소아 정신의학이 처한 일반적인 상황을 모른 척 할 수 없다. 소아의학은 소아 정신의학의 부모 역할을 제대로 해내지 못하고 실패했으며, 이점에서는 정신의학도 마찬가지이다.

나는 우선 성인 정신의학에 대해 언급하고 난 후에 소아의학

을 다룰 것이다. 그리고 마지막으로 어떤 긍정적인 대안을 제시
하기 위해 노력할 것이다.

정신의학

일반 정신의학이 소아 정신의학을 얼마나 잘 대표하고 있는
가? 나는 일반 정신과 의사는 대체로 소아 정신과 의사가 무엇을
하며, 어떤 사람인지 알지 못한다고 생각한다. 만일 그렇다면, 일
반 정신과 의사는 소아 정신의학을 어떻게 대표할 수 있을까? 물
론 일반 정신의학과 소아 정신의학 사이에는 중복되는 영역이
많이 있다. 정신적 결함이 의학적인 것인지, 정신의학적인 것인
지, 신경학적인 것인지, 아니면 소아과적인 것인지를 누가 구분
할 수 있는가? 여기에는 선을 그을 필요가 없다. 또한 청소년기가
점차 성인기로 융합되어 가듯이, 환자들이 십대 우울증을 정상적
으로 해결하지 못하고 고착될 때에 소아 정신의학은 성인 정신
의학과 중복된다. 또한 부모와 대리 부모는 종종 정신의학적 의
미에서 병을 가지고 있는 것으로 드러나기도 한다. 그리고 성인
에게 나타나는 정신의학적 증후들은 예외 없이 소아 정신의학
임상에서도 나타난다. 대부분의 소아 정신과 의사들은 먼저 성
인 정신의학을 졸업하고 나서 소아 정신의학에 입문한 사람들
이며 나는 이 순서가 바뀌는 것을 원치 않는다. 어쨌든 정신이
쇠약해질 때 보살펴 줄 성인 정신과 의사가 필요하다. 그러나 나
는 소아 정신의학과 성인 정신의학은 서로 다른 두 전문 분야
라고 생각한다. 소아 정신의학을 공부하고 싶어하는 사람에게 먼

저 정신과 의사가 되라고 조언한다면, 그가 소아 정신과 의사로서 더 보람있게 보낼 수도 있는 많은 시간을 낭비하게 만드는 것이 된다.

성인 정신의학이 뇌에 질환이 있거나 신체적 또는 선천적 장애를 가지고 있다고 추정되는 사람에 대한 관심에서 나왔다는 것은 사실이 아닌가? 성인 정신의학은 역동 심리학과의 협력을 통해 이룰 수 있는 성과를 희생시키면서까지 정신장애에 대한 생화학적 및 신경 생리학적 관점을 고집해왔다는 것도 사실이 아닌가? 이것은 성인 정신과 의사가 치료하기 매우 어려운 퇴행된 광인을 돌보아야 하는 엄청난 부담을 짊어지고 있다는 사실을 고려한다면, 어느 정도 이해할 수 있다. 그러나 이와 같은 사실은 소아 정신의학에도 똑같이 적용되며, 그럴수록 소아 정신의학을, 특히 훈련 문제와 관련해서, 성인 정신의학으로부터 독립시켜야 할 필요가 있다.

관심 영역들

성인 정신의학은 두 가지 문제에 관심을 가지고 있다.

(a) 선천적인 경향성, 뇌조직 결함, 뇌조직 질환, 우발적으로 뇌에 영향을 미치는 동맥경화증 등 일반적인 퇴행성 질환에 의한 정신장애
(b) 초기 정서적 고통이 후기에 증상으로 나타나는 정신장애

성인 정신의학 사례가 위의 두 번째 범주에 속해 있음에도 불구하고, 성인 정신과 의사는 항상 초기 정서적 고통으로 인한 정

신 장애에 대해 너무 뒤늦게 관심을 갖는다. 이 후자에 속한 모든 정신 장애들은 환자의 유아기나 초기 아동기에 질병이 시작된다. 소아 정신과 의사는 자연히 가장 고통이 큰 이 시기와 직접적으로 관련되어 있는데 반해 성인 정신과 의사는 운 좋게도 그것을 알지 못한다. 만일 그 의사가 그것을 안다면, 그때 그는 소아 정신과 의사에게 도움을 청할 것이다. 그리고 성인 정신과 의사의 일상적인 사례 중 상당수가 소아의학과 소아 정신의학과의 협력이 실패한데 따른 결과에 해당된다. 소아 정신의학이 성공한다면 성인 정신의학으로 넘어가는 것을 피할 수 있다.

소아 정신의학이 관심하는 것은 다음과 같다.

(a) 건강한 개인의 인격과 성격발달 그리고 다양한 가족 유형과 사회 유형
(b) 생의 시작 또는 초기 단계에서 나타나는 정서발달 장애들. 이 시기에 방어들이 증후로 굳어지며, 이 방어들은 환경 제공의 실패 및 그에 따른 반동으로 인해 장애를 만들어 낸다.

대다수의 사례는 (임상적으로) 만족스러운 결과를 얻을 수 있으며, 소아정신과 의사의 향상된 능력은 보다 더 향상된 성장으로 확장될 수 있다. 왜냐하면 소아정신과 환자들은 미숙하며 성장과정을 향해 자유롭게 열려있기 때문이다. 소아정신과 의사는 신체조직의 퇴행으로 인한 장애를 만나는 일은 거의 없다. 이것이 소아정신과 의사가 성인 정신과 의사와 다른 점들 중의 하나이다. 게다가 소아정신과 의사는 대체로 가정이나 정신병원에서 병든 아동의 욕구에 적응해주고 돌봐주는 부모들의 도움을 필요로 한다.

정신의학과 성격발달 이론

내가 이 분야를 탐구하면서 개인적으로 느낀 점은 성인 정신의학이 이루어 놓은 인격의 성장과 성격형성에 대한 연구 결과가 그리 대단한 것이 못된다는 것이다. 정신의학의 실제는 지난 30년 동안 대단히 진보해왔다고들 한다. 어떤 측면에서는 그렇게 말할 수 있는 부분도 있다. 여기서 나는 개인적인 나의 견해를 밝히고자 한다. 요즘에는 종교단체에서 운영하는 기도원들 외에는 환자가 요양소를 찾아가는 일은 거의 없어졌으며, 요양소(asylum)라는 단어도 사라졌다. 또한 임상 분야의 발전으로 말미암아 전에는 불가능했던 많은 사례들의 치료가 가능해졌다. 그러나 그러한 질병이 어떻게 발병하는지, 어떻게 치료의 변화가 일어나는지를 이해하는데 무엇 하나 더해준 것이 있는가? 정신과에서 전기충격을 가하는 일이 환자를 실제로 죽이려고 하는 것은 아니지만, 그것은 일종의 영적인 자살행위가 아닌가? 이런 전기충격 치료과정에서 나타나는 환자의 증오는 해체된 환자의 성격을 통합시킬 수 있는 가치 있는 요소로 사용될 수도 있을 것이다. 이러한 가치 있는 치료이론들은 정신의학에서 나온 것이 아니다. 나는 뇌전엽 절제술(leucotomy)에 의한 정신의학적 치료 방법은 매우 부적절한 것이라는 생각을 가지고 있다. 이로 인해 나는 성인 정신의학에 대해 쉽게 떨쳐버릴 수 없는 의구심을 갖게 되었다. 다행히 지금은 더 이상 사용하지 않는 이 뇌전엽 절제술에서, 나는 환자의 병적인 망상을 대하는 의사의 망상을 본다.

이와 같은 나의 개인적 견해에 동의하는 사람은 아마도 많지 않을 것이다. 개는 개고기를 먹지 않듯이 의료인도 동료 의료인을 비판하려고 하지 않는다. 그러나 때로는 우리가 비판해야 하고 비판받기를 기대하는 순간들이 있을 수 있다. 그리고 우리는 인간으로서 서로를 존중하는 기본적인 틀 안에서 이 일을 할 수 있다.

내가 이러한 옳지 않은 일을 하는 정신병원에서 일하지 않았다는 것은 다행스러운 일이다. 나에게 그러한 임무가 주어졌더라면 나는 아마 그런 일들을 하지 못했을 것이고, 내가 아주 즐겁게 일할 수 있는 소아정신과로 기꺼이 되돌아갔을 것이다. 그러나 그랬더라면, 후에 소아 정신의학의 실제에서 가치 있는 것으로 판명된 많은 것들을 배울 수 있는 기회를 잃어버렸을 것이다.

소아의학

나는 이제 소아의학의 주제를 다룰 것이다. 나는 소아의학이 소아 정신의학 훈련의 자연스러운 토대가 된다고 생각한다. 소아의학은 학생과 의사가 실제로 아동 환자와 부모를 알게 되는 아주 좋은 기회를 제공한다. 만일 소아의학과 의사들이 원한다면, 자신들도 모르는 사이에 소아정신과 의사가 될 수도 있다. 소아의학과 의사는 어떤 위급한 상황도 다룰 수 있도록 잘 훈련받아야 한다. 이로 인해 그는 의사-부모 관계를 관리하는데 있어서 아주 유리한 위치에 있을 수 있다. 소아의학과 의사는 자신이 원한다면, 어머니가 유아에게 수유하는 과정에서 아기에게 세상을 소개하고 미래의 정신건강을 보장해주는 일에 동참할 수 있다. 실제 현장에 있는 소아정신과 의사로서 나는 사례 수집이 단지 사실을 모으기 위한 것만이 아니라는 것을 알게 되었고, 사례 수

집의 치료적 가치를 깨달았으며, 이것이 치료를 위한 훌륭한 기회를 제공한다는 사실을 발견했다. 내 견해에 의하면 정신분석은 사례 수집의 확장을 통해 이루어진 것이며 치료학도 그 부산물로서 함께 발전한 것이다.

나는 일생동안 소아의학이 소아 정신의학의 진정한 뿌리라고 믿었다. 이 논문의 요지는 소아정신과 의사를 위한 훈련 계획이 소아의학을 통해 소아 정신의학을 공부하고 싶어하는 의사에게 문호를 개방해야 한다는 것이다. 이 제안은 십 년 이상 소아의학 분야에서 현장 경험을 한 의사들을 위한 것이다. 만일 그가 성인 정신의학 훈련과정을 통해 심리치료사 자격증(D. P. M)[2]을 취득하게 된다면, 그는 엄밀한 의미에서 소아정신과 의사가 되는 것을 포기할 수밖에 없다. 소아의학 현장에서 배우고 경험할 것이 아주 많은데, 유아나 아동들에 별로 관심을 보이지 않는 정신의학과 다른 전공을 습득하는 것은 매우 어려운 일이기 때문이다.

소아의학이 소아 정신의학과의 관계를 맺는데 실패했다는 사실에도 불구하고, 나는 소아 정신의학이 소아의학에 뿌리를 두어야 한다는 생각에는 추호의 의심도 없다. 우리 나라에서 소아 정신의학적 주제가 소아의학의 주제를 절반 가량 차지한다는 생각을 소아의학 분야의 책임자들이 수용하는 데에는 25년이 걸렸다. 소아의학은 아주 의도적으로 이 문제를 피해왔다. 이제 소아정신의학이 신체를 다루는 소아의학과 쌍벽을 이룬다는 사실을 받아들이지 않고 회피할 때 얻어지는 것은 아무것도 없다. 그러나 어떤 사람들은 아직도 여전히 이 사실을 받아들이지 않고 회피하고 있다.

---

2 Diploma of Psychological Medicine(심리치료사 자격증)

그 자체로서 권위를 지닌
소아 정신의학

그러나 소아의학에 우선권을 줄 것인가 그리고 소아정신과 의사로 하여금 소아의학적인 훈련과 경험을 쌓도록 할 것인가 등의 문제는 소아 정신의학의 선택에 달려있다. 이 문제의 해결책은 소아 정신의학이 그 자체의 권위를 지니며 그 자체의 훈련과정을 만들어내는 것이다. 나는 소아의학 교수가 정신의학 교수를 만나서 언젠가 소아 정신의학 교수가 되는 문제에 관해 논의해 본 적이 있는지를 묻고 싶다.

그러나 때로는 소아과 의사들은 '소아의학'에서 '아동 건강'으로 명칭을 바꾸듯이, 소아의학에서 소아 정신의학으로 쉽게 전환할 수 있다고 믿는 경향이 있다. 물론 이것은 가능하지 않다. 만일 소아과 의사들이 소아정신과로 전환하려면, 그들이 주로 신체를 돌보는 소아과 의사로서 발휘했던 능력 가운데 많은 부분을 포기할 준비가 되어 있어야 한다.

정신분석학의 위치

이것은 소아 정신의학과 정신분석학 사이의 관계의 문제로 이끌어 간다. 이것은 피할 수 없는 문제이지만, 나는 이 문제가 이 토론의 주된 주제가 아니기 때문에 가급적 간결하게 언급하겠다. 나는 소아의학이 소아 정신의학을 위한 준비과정으로서 적합하다고 생각하기 때문에, 소아 정신의학 훈련을 위해 (소아정신과 의사이든 성인정신과 의사이든) 정신분석 훈련을 받는 것이 필수

적이라고 주장한다. 중요한 점은 이러한 나의 견해가 몇 년 전에
는 매우 혁명적이었던 것이었지만, 지금은 일반적인 견해로 받아
들여지고 있다는 사실이다. 현재 나의 경험으로 볼 때, 분석가나
정신분석 연구소의 학생이 소아 정신의학 분야에 지원할 경우
그것은 유리한 조건이 된다. (이 논의를 위해 정신분석 학파와
융 학파의 훈련과정 사이에 중요한 차이점이 있음에도 불구하고,
나는 여기서 융 학파의 훈련과정을 포함시킨다.) 오늘날 임상을
책임지고 있는 많은 소아정신과 의사들은 이런 훈련과정들 중
하나를 마친 사람들이다. 이것은 물론 정신분석 훈련이 소아정
신과 의사의 자격을 부여하는 과정을 의미하는 것은 아니다. 그
것은 소아정신과 의사가 되기 위해서는 성인과 아동 정신분석
가가 받는 훈련을 필요로 한다는 것을 의미한다. 여기에는 역동
적인 아동발달 이론을 가르치는 것이 포함된다. 예를 들면, 소아
정신의학을 가르치는 타비스톡(Tavistock) 연구소와 같은 연구소
들은 소아정신과 의사가 되려면 정신분석 훈련을 받아야 한다
고 주장한다. 안나 프로이트의 이론을 따르는 햄스테드(Hams-
tead) 연구소와 같은 또 다른 곳에서는 일반 심리치료사들이 정
신분석 훈련을 받을 수 있는 프로그램을 제공하고 있다.

　나의 요점은 자신의 사례에 책임을 질 수 있는 소아과 의사가
신체적인 측면에서 경험을 쌓는 동시에 정신분석 훈련을 받을
수 있다면, 소아정신과 의사가 될 수 있는 아주 좋은 기회를 갖
게 된다는 것이다.

선발

이 모든 것은 어떻게 훈련생을 선발할 것인가의 문제를 고려하도록 만든다.

정신분석 훈련에서 중요한 것은 지원자의 개인 분석이다. 나는 개인 분석을 선발 요건 중의 하나로 간주한다. 정신분석 훈련은 선발 후에 거치게 되는데, 이 선발 과정은 아주 신중하게 이뤄진다. 먼저 자기 결정이 있은 다음, 선발이 되고, 마지막으로 환자를 치료하는 실제 과정을 통해서 스스로 판단하는 과정이 뒤따른다. 소아정신의학과 관련해 볼 때, 성격과 건강 그리고 성숙에 따른 선발 과정은 책임 있는 기관에 의해 시행되는 것이 필수적이다. 이 문제의 난점은 '누가 선발할 것이며, 소아 정신의학 지망자를 심사할 권리를 누가 가지고 있는가?' 라는 것이다. 지금까지는 정신분석 연구소가 이 일을 맡았는데, 이 점은 정신분석 연구소의 중요한 공헌이다. 그러나 신체적으로 위급한 상황에 있는 당신의 유아를 맡은 의사나 또는 당신의 어머니나 형제를 맡은 정신과 의사가 과연 소아정신과 의사를 지망할 것인지는 확실치 않다. 이것은 많은 어려움을 가지고 있는 문제이다. 그러나 의사라면 누구나 선별과정 없이 소아 정신의학에 입문할 수 있다는 생각은, 심리치료사 자격증을 취득하지 못했거나 정신병원에서 일한 경험이 없어도 소아정신과 의사가 될 수 있다는 생각보다도 훨씬 더 잘못된 생각이다.

결 론

우선 소아 정신의학이 그 자체로서 권위를 지닌 분야로 자리를 잡아야 할 것이다. 그 후에 성인 정신과 의사들이 유아와 아동의 신체적, 정서적 발달을 연구하고, 선발 절차와 개인 분석을 포함한 정신분석 훈련을 거쳐 소아 정신의학 분야에서 일할 수 있도록 문호를 개방해야 할 것이다. 또한 소아과 의사에게도 동일한 기회를 허용해야 할 것이다. 그리고 이런 것들은 정신분석 훈련을 위한 재정적 도움을 필요로 하기 때문에 정신의학과 소아의학의 공식적이고 적극적인 협조 없이는 이루어질 수 없다. 그러므로 소아과 의사와 정신과 의사, 또 소아정신과 의사는 전일제 직업을 가진 채 정신분석 훈련에 임할 수 있도록 보장해주어야 한다.

요 약

소아 정신의학은 그 자체의 가치를 지닌 독립적인 전문 분야이다. 일반 정신의학은 보통의 소아 정신의학 분야에서는 중요하게 여기지 않는 붕괴 과정들과 신경학적 현상에 관심을 갖는다. 반면, 소아 정신의학은 개별 아동의 정서발달에 관심을 가지며, 환경과의 관계에서 그리고 아동 내면의 갈등에서 비롯되는 성숙 과정의 장애에 관심을 갖는다. 이것이 소아 정신의학을 소아의학의 한 부류로 만드는 요소이다.

　　일반 정신과 의사나 소아과 의사는 정신분석학과 분석심리학에서 제공하는 부가적인 훈련을 받을 필요가 있다. 이 연구소들은 또한 훈련생 선발을 위한 제도적 장치도 제공한다.

　　일반 정신의학에서 소아 정신의학으로 입문하는 사람은 꾸준히 계속 있을 것이다. 그리고 소아의학을 거쳐서 소아 정신의학으로 들어올 수 있도록 문을 열어두는 것 또한 중요한 일이다.

19
성격장애의 심리치료[1]
(1963)

'성격장애(character disorder)의 심리치료'에 관한 논의에 앞서, '성격장애'란 용어의 의미를 먼저 생각해보자. 페니켈(Feni-chel, 1945, p. 539)은 다음과 같이 말한다.

'성격분석이 아닌 정신분석이 있는가'라는 질문이 제기될 수 있다. 모든 증상은 분석에서 저항으로 나타나는 특정한 자아 태도의 산물이며 또한 그러한 자아의 태도는 유아기의 갈등 과정에서 기인한다. 실제로 모든 분석은 어느 정도 성격분석이다.

그는 다시 말한다.

성격장애는 질병의 분류학적 단위에 포함되지 않는다. 성격장애의 기저에 있는 기제들은 신경증의 기저에 있는 기제들만큼

---

1 1963년 5-6월 로마에서 열린 제11회 유럽 소아 정신의학 협회에서 강독됨.

이나 다양할 수 있다. 따라서 히스테리적 성격은 강박적 성격보다, 그리고 강박적 성격은 자기애적 성격보다 다루기가 더 쉬울 것이다.

성격장애라는 용어는 그 의미가 너무 광범위하기 때문에 특별한 방식으로 사용해야만 한다. 그래서 나는 먼저 이 글에서 사용되는 성격장애라는 용어의 의미를 정의하는 것이 좋다고 생각한다.

우선 혼란을 줄이기 위해서 성격, 좋은 성격 그리고 성격장애라는 세 용어는 세 가지의 아주 다른 현상들을 가리킨다는 사실을 인식할 필요가 있다. 이 세 가지가 서로 관련되어 있긴 하지만, 이것들을 하나로 취급하는 것은 적절하지 않다.

프로이트(1905b)는 '진정으로 신뢰할 수 있는 성격'이 성공적인 분석의 전제조건들 중 하나라고 기술했다(Fenichel, 1945, p. 537). 그러나 우리는 성격 안에 있는 신뢰할 수 없음의 문제를 어떻게 치료할 것인가를 숙고하고 있다. 페니켈은 '이러한 신뢰할 수 없음이 정신분석학적 치료의 대상인가?'라고 묻는다. 아마도 이때 그가 물은 것은 '그것의 원인은 무엇인가?'일 것이다.

성격장애의 문제를 바라볼 때 나는 전체로서의 인간을 보고 있는 것이다. 이 용어는 그 자체가 정신 건강을 나타내는 어느 정도의 통합을 내포하고 있기 때문이다.

나보다 먼저 쓴 학자들의 글은 나에게 많은 것을 가르쳐 주었으며, '성격이란 통합된 그 무엇'이라는 생각을 확고하게 해주었다. 즉 성격은 성공적인 통합을 드러내는 것이며, 성격장애는 비록 자아구조는 왜곡되어 있지만 통합된 상태를 유지하고 있음을 의미한다. 그리고 통합은 시간적 요소를 가지고 있다는 것을 기억해야 한다. 아동의 성격은 일관된 발달과정의 토대 위에서 형성되며, 이와 같은 일관성을 경험한 아동은 과거와 미래를 가지게 된다.

성격장애는 발달에서의 비정상이나 결함에 대처하고자 하는 아동의 시도로 인한 결과라고 말할 수 있다. 성격장애에서 우리는 항상 성격구조가 상당한 긴장을 견딜 수 있을 정도로 튼튼하다고 가정한다. 아동은 환경의 요구 및 기대와 관련해서 불안이나 강박증 또는 기분(mood)이나 의심 등의 개인적 유형을 형성했어야 했다고 추측할 수 있다.

내 생각에 이 용어는 특히 아동이 어느 정도의 반사회적 경향성을 갖고 있을 때 발생하는 성격의 왜곡과 관련되어 있다. 이말은 이 용어에 대한 나의 정의와 직접적으로 연결되어 있다.

나는 이 용어들을 정상 행동과 비행 사이의 전체 영역을 포함하는 행동의 근원적인 문제에 관심을 집중시키기 위하여 사용할 것이다. 반사회적 경향성은 두 살 때 어머니의 손가방에서 동전을 꺼내는 당신의 건강한 아동에게서도 보여질 수 있다.

반사회적 경향성은 항상 박탈(deprivation)에서 생기며, 모든 것이 잘되고 있던 박탈 이전의 상태로 되돌아가고 싶어하는 아동의 요구를 나타낸다. 나는 여기서 이 박탈의 주제를 더 깊이 다루지 않을 것이다. 다만 반사회적 경향성에 관해서만 언급하고자 한다. 그 까닭은 성격장애를 면밀히 조사할 때 이 반사회적 경향성이 흔히 발견되기 때문이다. 아동은 자신의 반사회적 경향성을 숨길 수도 있으며, 그것에 대한 반동형성으로서 까다롭거나 항상 불평이 많은 성격으로 나타날 수도 있다. 그리고 그 외에도 백일몽, 거짓말하기, 만성적 자위행동, 오줌싸기, 강박적인 엄지 손가락 빨기, 허벅지 비비기 등의 행동을 수반할 수 있다. 또는 반사회적 경향성을 행동장애를 통해서 주기적으로 드러낼 수도 있다. 내가 보기에 행동장애로 나타나는 반사회적 경향성은 항상

희망과 관련되어 있으며, 그것은 강박적인 훔치기나 공격적 및
파괴적 행동으로 나타난다.

내가 조사해본 결과에 따르면, 성격장애는 본래 온전했던 성격
이 반사회적 요소를 갖게 됨으로써 심각하게 왜곡된 것을 말한다.
이 반사회적 요소가 그가 사회와 어떻게 관련을 맺는가를 결정한
다. 아동이 반사회적인 요소를 드러낼 때, 사회(아동의 가족 등)는
아동의 도전에 맞서야 하고 그의 성격장애와 씨름해야 한다.

다음과 같은 설명이 가능하다.

성격장애는 정신분열증이 아니다. 성격장애는 질병이 온전한
성격 속에 숨어 있는 문제이다. 성격장애는 어떤 방식으로든
지 그리고 어느 정도는 적극적으로 사회와 관련된다.

성격장애는 다음과 같이 분류할 수 있다.

개인이 전체 인격 안에 질병 요소를 숨기려는 시도에서 성공하
는지 실패하는지의 문제가 있다. 이 시도에서 성공한다면, 그의
성격은 황폐화되지만 그는 이차적 습득을 형성하거나 또는 왜
곡된 성격을 사회화함으로써 사회적 관습에 적응하기도 한다.
여기서 실패한다면, 그는 숨겨진 질병요소로 인한 성격의 황
폐화 때문에 전반적으로 사회와 관계를 맺는데 실패한다.

사실, 사회는 성격장애를 가진 사람의 운명을 결정하는데 다
양한 방식으로 영향을 끼친다. 예를 들면,

사회는 어느 정도 개인적 질병을 관용한다.
사회는 개인이 사회에 기여하지 못하는 실패를 관용한다.

사회는 왜곡된 양태로 나타나는 개인적 기여를 관용해주기도 하고 심지어 그것을 즐기기도 한다.

또는 사회는 개인의 반사회적 경향성과 맞서준다. 이때 사회의 반응은 다음과 같은 동기에 의해 자극된다.

(1) 복수
(2) 개인을 사회화하려는 소망
(3) 개인의 행동을 이해하는 것과 그 이해를 예방에 적용하는 것

성격장애를 지닌 개인은 다음의 요소들로 인해 고통받을 수 있다.

(1) 성격의 황폐화, 불만스런 느낌, 비현실성, 진지한 목적을 결여하고 있다는 느낌 등
(2) 사회화의 실패

심리치료는 이럴 때 필요하다. 왜냐하면 심리치료는 개인적인 고통을 덜어주고자 하기 때문이다. 그러나 이러한 성격장애의 고통은 개인적인 질병의 초기에만 해당된다. 왜냐하면 곧 이차적인 습득이 자리를 잡게 되기 때문이다. 이차적인 습득은 그의 고통을 감소시키고, 따라서 도움을 추구하거나 도움을 받아들이려는 욕구를 방해한다.

성격장애는 질병을 숨기고 사회화하는데 '성공'한 것이라는 점에서, 심리치료는 우선 개인의 질병을 노출시키는데 초점을 둔다. 왜냐하면 그의 질병은 방어 뒤에 숨겨져 있기 때문이다. 이와 대조적으로 성격장애를 숨기는데 '실패'한다면, 그는 일찍 도움

을 요청하는 셈이 된다. 그러나 많은 경우, 이러한 문제에 대한 사회의 반응 때문에 환자의 보다 깊은 질병을 치료하기가 매우 어렵다.

성격장애를 치료하기 위한 실마리는 환경이 담당하는 역할에 있다. 의존 단계에서 자아-지원과 보호를 제공하지 못한 환경의 실패로 인한 성격장애는 새로운 환경을 제공받음으로써 '치료'가 가능해진다. 이것은 성격장애를 지닌 아동에게 좋은 가정생활을 제공함으로써 초기의 성격장애를 대부분 치료할 수 있다는 것을 의미한다. 아동이 크게 의존하고 있는 가장 초기 단계에서 부모가 아동을 관리하는 일에 불가피하게 실패하더라도, 그 실패를 복구할 수 있는 두 번째와 세 번째 기회가 있다는 것이다. 따라서 가정생활은 성격장애의 원인을 연구하기 위한 최적의 기회를 제공한다. 그리고 실제로 가정생활에서 또는 가정을 대신할 수 있는 곳에서 아동의 성격이 긍정적으로 형성되는 현상을 확인할 수 있다.

성격장애의 원인

성격장애의 원인을 밝히기 위해서는 아동의 성숙과정, 자아의 갈등 없는 영역(하트만), 불안 충동의 추진 작용(클라인) 그리고 성숙과정을 촉진시키는 환경의 기능 등 모든 요소들을 고려하여야 한다. 성숙은 항상 충분히 '좋은 환경적 제공이 있는 곳에서만 일어난다'

이러한 통찰을 토대로, 우리는 성숙과정에 두 가지 극단적인 왜곡이 있으며, 이것들은 개인의 특정한 성숙단계와 관련되어 있다고 말할 수 있다. 그리고 이 단계 동안에 발생하는 환경적

실패는 방어를 조직화하는 자아의 능력에 과도한 긴장을 주게
된다.

> 한쪽 극단에는 정신신경증적 증상(오이디푸스 콤플렉스에 속
> 하는 불안과 관련해서 생긴)을 숨기고 있는 자아가 있으며, 여
> 기에는 개인의 무의식 안에 있는 갈등의 문제가 나타난다. 다
> 른 쪽 극단에는 정신병적 증상(분리, 해리, 현실의 왜곡, 신체와
> 정신의 분리, 퇴행, 그리고 전능적 의존 등)을 숨기고 있는 자
> 아가 있으며, 여기에는 자아 구조의 문제가 나타난다.

그러나 본질적으로 사회적인 문제는 그 '숨겨져 있는 질병이
정신신경증적인가 아니면 정신병적인가?' 라는 질문과는 상관이
없다. 사실, 성격장애는 초기 유년기에 모든 것이 잘 진행되다가
후에 모든 것이 잘못되는 경우에 생긴다. 다른 말로 하면, 어떤
시기에 또는 발달의 어떤 기간에 개인의 정서발달을 정지시킬
만한 실제적인 자아-지원의 실패가 있었다는 것이다. 이런 방해
에 대한 개인의 반응이 자연스런 성장을 대신하게 된 것이다. 이
때 성숙과정은 촉진적 환경의 실패 때문에 중단된다.

성격장애의 원인에 대한 이러한 설명이 옳다면, 우리는 성격
장애의 근원에 대해 전적으로 새롭게 진술하는 것이 가능하다.
성격장애의 범주에 해당하는 개인은 두 가지의 부담을 지니고
있다. 그 중 하나는 성숙과정이 방해받거나 지연되는 것 때문에
지게 되는 부담이다. 다른 하나는 환경이 저지른 실패를 인식하
고 문제를 해결해줄 수 있을 것이라는 결코 포기될 수 없는 희
망 때문에 짊어지는 부담이다. 거의 대부분의 사례에서 문제 아
동의 부모나 가족 그리고 상담자들은 (종종 불가피하게) '실망
(let-down)' 을 경험한다. 그러나 버릇없이 구는 아동의 행동을

다루는 특별한 관리 기간을 통하여 그들은 그 아동이 외상에서 회복되는 것을 발견하기도 한다.

　가족이 그들의 실패를 개선하지 않을 때, 아동은 다음과 같은 두 가지 장애를 갖게 된다.

(1) 정서적으로 마비된 삶
(2) 희망을 느끼는 순간, 즉 환경이 치료를 가져오도록 만들 수 있다고 여겨지는 순간에 행동화하기

　이처럼 상처 입은 아동이 정서발달과 사회화를 회복하기 위해서는 사회가 그 상처를 인정하고 보상해주어야 한다. 아동의 부적응 행동 배후에는 항상 상대적 의존기 동안에 절대적으로 중요한 아동의 욕구에 적응해주지 못한 환경의 실패가 있다(최초의 실패는 수유와 관련된다). 그리고 그러한 실패의 결과를 치유하지 못하는 가족의 실패가 덧붙여지고, 그 후에 다시 가족의 역할을 대신해주지 못하는 사회의 실패가 더해진다. 이러한 유형의 사례에서 최초의 상처는 아동이 자신의 환경이 실패했다는 사실과 그 실패가 어떤 것이었는지를 막 지각할 수 있게 되는 시기에 발생하는 것임을 강조할 수 있다.

　아동이 드러내는 반사회적 경향성은 (내가 말했던 바) 이차적 습득이 발달하기 전까지는 항상 희망을 의미한다. 이 반사회적 경향성은 보통 두 가지 형태로 나타난다.

(1) 사람들의 시간, 관심, 돈 등을 요구하기(훔치기로 나타남).
(2) 구조적이고 조직화된 강한 힘으로 자신을 버텨주기를 바라는 기대, 즉 만일 아동이 환경 안에서 쉴 수 있고 이완되며 해체되고 안정감을 느낄 수 있는지를 확인하기 위해서 꼭

필요한 말썽부림(강력한 관리를 가져오도록 자극하는 파괴
행위로 나타남).

성격장애의 병인에 대한 이러한 이론이 심리치료를 위해 어떤
의미를 갖는지에 대해 논의해보자.

심리치료를 위한 함의

성격장애 심리치료의 세 가지 목표는 다음과 같다.

(A) 숨은 질병과 성격왜곡을 깊이 해부한다.
　　이를 위한 예비단계는 개인이 환자가 되는 것이다. 즉, 그
　　는 병을 감추는 대신에 병을 앓는 기간이 필요하다.
(B) 치료자는 환자의 반사회적 경향성을 희망의 증거라는 관
　　점을 가지고 응해준다. 즉 그것을 도움을 청하는 긴급 신
　　호(s.o.s)로서, 내면의 외침(a cri de coeur)으로서, 또는 고
　　통의 표현으로서 인식한다.
(C) 정신분석 시에 환자가 스스로 치료를 시도하는 동안 환자
　　의 자아 왜곡과 원본능-욕동의 과도한 사용 모두를 고려
　　한다.

환자의 반사회적 경향성을 다루려는 시도는 다음과 같이 두
측면을 지닌다.

인간의 사랑과 신뢰성을 요구하는 환자의 권리주장을 허용하
는 측면

상대적으로 파괴될 수 없는 자아-지원적인 구조를 제공하는
측면

환자는 때때로 행동화를 나타낼 것이다. 그리고 이것이 전이
에서 나타나는 한 관리될 수 있고 해석될 수 있다. 치료의 어려
운 점들은 전체적인 치료적 상황 바깥에 있는, 즉 사회가 관련된
반사회적인 행동화에서 발생한다.

숨겨진 질병과 자아 왜곡에 대한 치료라는 점에서 성격장애
환자들에게는 심리치료가 요구된다. 그러나 성격장애의 문제가
나타날 때에는 반드시 반사회적 경향성의 문제가 동시에 다루어
져야 한다. 이 부분의 치료 목적은 본래의 외상에 도달하는 것에
있다. 이것은 심리치료 과정에서 이루어져야 한다. 그러나 만일
심리치료를 받을 수 없는 상황이라면, 특수한 관리가 제공되는
환경에서 이루어져야 한다.

이러한 작업에서 치료자나 아동의 생활을 관리하는 사람의 실
패는 현실적인 것이며, 그 실패는 본래의 실패가 다른 형태로 재
생산된 것이다. 이런 실패들을 겪은 환자는 치료과정에서 어린
시절의 의존상태로 퇴행하든지 또는 그 시절의 기억으로 돌아감
으로써 정말로 실감나는 상황을 연출하게 된다. 그러나 분석가나
보호자가 자신의 실패를 인정할 때, 환자는 본래의 상처를 반복
하는 대신 적절한 분노를 경험하게 된다. 환자는 전이에서 반복
되는 외상 경험을 통해서 외상을 입기 전의 상태로 되돌아 갈
필요가 있다. (어떤 경우에는 첫 면담부터 박탈의 외상에 도달하
기도 한다.) 현재의 실패에 대한 반응은 아동기에 발생했던 본래
의 환경적 실패에 대한 반응으로 이해할 수 있다. 치료과정에서
환자가 적절한 분노와 함께 본래의 환경적 실패를 재 경험할 때,
환자의 성숙과정들은 자유로워진다. 우리는 이러한 치료 상황에

서 환자는 의존상태에 있으며 자아-지원과 환경적 관리(안아주기)를 필요로 한다는 사실을 기억해야 한다. 이것을 통해서 환자는 정서적으로 성장함으로써 긍정적인 성격을 형성하고 왜곡으로부터 벗어나게 된다.

치료과정이 순조롭게 진행되는 경우, 환자의 행동화는 전이에 한정되거나 또는 전치, 상징 그리고 투사의 해석에 의해 생산적인 것으로 변할 수 있다. 치료의 한쪽 극단에는 아동이 자신의 가정생활을 통해서 저절로 치료되는 일반적인 '자연' 치료가 있고, 다른 쪽 극단에는 심각하게 장애를 입은 환자들을 위한 전문적인 치료가 있다. 그런가 하면 이러한 심각한 환자들의 행동화는 그들의 훔치는 행동이나 파괴성에 대한 사회의 반응으로 인해 정신분석적인 치료가 불가능하게 될 수도 있다.

덜 심각한 사례에서, 행동화는 치료자가 그것의 의미와 중요성을 이해하기만 한다면 적절하게 관리될 수도 있다. 환자의 행동화는 절망적인 상황에서 취하는 대안이라고 말할 수 있다. 대부분의 시간 동안 환자는 본래의 외상으로부터 회복하는 것에 대해 절망적이며, 따라서 항상 위협적인 혼돈상태를 감추어 주는 상대적인 우울상태 또는 해리(dissociation)상태에서 살아간다. 그러다가 환자가 대상과 관계를 맺거나 어느 한 사람에게 리비도를 부여하기 시작하면 반사회적 경향성이 드러나기 시작한다. 그리고 이 반사회적인 경향성은 자신의 박탈 당한 권리를 주장하거나(훔치기) 파괴적 행동을 함으로써 가혹하거나 징벌적인 관리를 가져오는 강박적인 충동으로 나타난다.

어떤 사례든지 심리치료가 성공하려면, 환자는 반사회적 행동이 드러나는 이러한 힘든 단계들을 거쳐야 한다. 그리고 아주 종종 치료는 이 어려운 시점에서 방해를 받는다. 이 사례의 치료가 중간에 포기되는 것은 상황을 감당할 수 없기 때문이 아니라, 이 행동화 기간이 지닌 본래적인 긍정적 가치를 치료자들이 알지 못하기 때문이다.

심각한 사례의 경우, 관리나 치료 중에 나타나는 어려움이 너무 커지게 되면 법(사회)이 문제를 떠맡게 되고 심리치료는 중단된다. 이때에는 사회의 보복이 동정이나 연민을 대신하게 되며, 개인은 고통 당하는 환자이기를 중단하고 대신에 박해망상을 가진 범죄자가 된다.

나는 성격장애의 긍정적 요소에 대해 관심을 기울이고자 한다. 개인은 반사회적 경향성의 문제를 해결하기 위해 성격장애를 형성하고자 한다. 이 시도가 실패할 때, 그것은 정신병적 붕괴의 가능성을 시사한다. 성격장애는 개인의 자아구조가 정신 에너지를 사로잡음으로써 성숙과정이 정지되고, 아동과 가족간에 상호 비정상적인 작용을 형성한다. 이차적 습득이 성격의 특징으로 자리잡기 전까지 성격장애는 항상 편집증, 조울증, 정신병, 또는 정신분열증으로 붕괴되기 쉬운 상태에 머물러 있게 된다.

요약하면, 성격장애의 치료는 다른 심리적 장애의 치료, 즉 정신분석 치료를 필요로 하며, 여기에는 다음의 사항들이 수반된다.

(1) 정신분석이 성공하기 위해서 분석가는 환자가 전이 속에서 행동화를 나타낼 것임을 기대해야 한다. 그는 이 행동화의 의미를 이해하고 그것에 긍정적인 가치를 부여할 수 있어야 한다.

(2) 만약 환자의 숨겨진 질병이 정신병적인 특성을 가지고 있다면, 분석과정은 매우 힘들 수도 있다. 따라서 환자는 호전되기에 앞서서 병(정신병적, 분열증적)을 앓아야 한다. 그리고 이때 나타나는 모든 원시적인 방어기제들을 다루기 위

해서 분석가는 자신의 모든 자원들을 사용하지 않으면 안된다.

(3) 분석이 성공적으로 진행되고 있다 하더라도, 만일 환자의 행동화가 전이 관계에 한정되지 않고 그 바깥에까지 확장된다면, 환자의 행동에 대한 사회의 반응이나 법적 조치가 개입하게 되고, 그렇게 되면 그 사례는 분석가의 능력 범위에서 벗어날 수 있다. 이때 사회의 반응은, 환자에게 보복하는 미숙한 대응으로부터 환자를 사회화시키려는 성숙한 대응에 이르기까지 아주 다양하게 나타난다.

(4) 많은 경우에, 초기의 성격장애는 특별한 관리(버릇없이 굴기)를 허용하는 기간을 통해 또는 그 아동을 사랑하는 사람이 특별히 돌보아주거나 엄격하게 통제해줌으로써 가정에서 성공적으로 치료될 수 있다. 그리고 한 걸음 더 나아가 아동의 가족이 제공할 수 없는 것을 제공해주는 특별한 집단에서 생활하는 것을 통해서, 전문적인 심리치료를 받지 않고도 초기의 성격장애를 치료받을 수 있다.

(5) 환자가 치료를 받으러 올 때에 이미 고착된 반사회적 경향성을 지닌 상태일 수 있으며, 특히 이차적 습득에 의해 길들여진 환자일 수가 있다. 이런 환자의 경우에 정신분석적 치료는 적절하지 않다. 이런 경우는 법정의 명령에 의해 강제 처분이 내려지기 전에 그 환자를 이해해주는 사람들이 환자를 엄격하게 관리해주는 방식이, 그리고 가능하다면 여기에다 개인적 심리치료를 첨가하는 것이 가장 바람직하다.

(6) 마지막으로 성격장애 사례는 행동화에 따른 사회의 반응의 결과로 집행유예 판결이나 소년원, 또는 징벌기관에 맡겨지는 등의 법정 사례로 나타날 수 있다.

이런 환자에게 처음부터 법정이 개입함으로써 환자의 사회화 과정에 긍정적인 효과를 가져오기도 한다. 이것은 일반적으로 환자의 가정에서 발생하는 자연적인 치료와 같은 것이다. 이때 사회의 반응은 환자에게 사회가 그를 '사랑'하고 있음을 실제적으로 보여주는 것과 같다. 즉 이것은 사회가 환자의 통합되지 않은 자기를 기꺼이 안아주고, 엄격하게 공격성과 만나주며, (조적 증상들의 행동을 제한하는) 적절하고 통제된 증오를 가지고 환자의 증오를 기꺼이 직면해주는 것이 된다. 어떤 박탈된 아동들에게는 이러한 법적 조치에 의한 관리를 통해서만 최상의 결과를 얻을 수 있으며, 구치소의 엄격한 관리방식을 통해서만 부산하고 반사회적인 많은 아동들이 교육이 가능한 건강한 아동으로 변화될 수 있다. 그러나 여기에는 또 다른 하나의 위험이 존재하는데, 그것은 반사회적인 아동들이 독재적인 분위기에서 성장함으로써 훗날 독재자들이 될 수도 있다는 것이다. 교육자들이 아동의 하루를 전적으로 통제하는 엄격한 훈련 분위기가 정상적 아동들에게도 좋은 교육적 치료가 된다고 생각할 때, 거기에는 바로 이러한 위험 요소가 깃들 수 있다.

소녀들

대체로, 이 글에서 언급한 모든 내용은 소년과 소녀 모두에게 똑같이 적용된다. 그러나 청소년기에 나타나는 성격장애의 양상에는 분명한 성적 차이가 있다. 예를 들면, 청소년기의 소녀는 자신의 반사회적 경향성을 매춘으로 나타내는 경향이 있으며, 행동화의 위험들 중 하나는 사생아를 낳는 것이다. 그리고 매춘에는 이차적 습득이 수반된다. 이런 소녀들은 자신이 매춘을 함으로써 사회에 공헌한다는 생각을 갖는다. 그들은 외로운 남자들이 많이 있음을 발견한다. 그런 남자들은 성교보다는 관계를 원하고, 그것을 위해 기꺼이 값을 지불한다. 또한 본래 외로운 이 소녀들은 다른 외로운 소녀들과 접촉한다. 반사회적 소녀들이 매춘이 주는 이차적 습득을 경험한 후에는 치료가 매우 힘들어진다. 아마 이런 경우는 치료하겠다는 생각조차 무의미한 것이 될 것이다. 그것은 이미 치료하기에는 너무 늦은 경우가 대부분이다. 매춘을 치료하려는 모든 시도들을 포기하고, 대신에 이 소녀들에게 음식과 은신처를 제공하며 건강과 청결을 유지할 수 있도록 돕는 일에 집중하는 것이 최선일 것이다.

임상적 설명

일반적인 사례 유형

10세 때에 처음으로 면담을 시작했던 후기 잠재기의 한 소년이 나에게 정신분석 치료를 받고 있었다. 그의 초조함과 격노의 표출은 아주 초기인 출생 직후부터 그리고 젖을 뗀 시기인 8개월 때보다 훨씬 전부터 시작되었다. 소년의 어머니는 신경증적이었고 그녀의 삶은 대체로 우울했다. 그는 도벽을 갖고 있었고 공격성을 분출하곤 했다. 그의 분석은 잘 진행되었고, 1년 동안 매일 상담하면서 상당한 진전이 있었다. 그러나 그는 나와의 관계가 의미 있게 되자, 크게 흥분하여 병원 지붕 위로 기어올라갔고 아주 시끄러운 소음을 내는 행동을 했다. 나는 때때로 그 소년 때문에 위험에 처하게 되었다. 그는 병원밖에 있던 내 차에 침입해서 자동 시동장치를 사용하여 시동을 걸고 기어를 1단에 둔채 차를 몰았다. 동시에 그는 다시 훔치기 시작했으며 치료 상황 바깥에서 아주 공격적이 되었다. 나는 그의 치료를 중단할 수밖에 없었다. 정신분석적 치료가 한창 진행되다가 중단하자 소년 법정은 그를 특수학교로 보냈다. 내가 보다 더 강했더라면 나는 이 기간을 버틸 수 있었을 것이며 분석을 끝낼 수 있었겠지만, 나는 당시에 치료를 포기해야 했다.

(이 소년은 비교적 좋아졌다. 그는 트럭 운전수가 되었는데, 그것은 그의 부산스러움에 맞는 직업이었다. 그는 14년 동안 그 일을 계속하였다. 그는 결혼해서 3명의 자녀를 두었으나 아내와 이혼하였다. 그는 어머니와 계속해서 연락을 유지했고, 나는 그녀에게서 그에 관한 추후 소식을 들을 수 있었다.)

세 개의 다행스런 사례들

다른 한 소년은 8세 때에 훔치기 시작했다. 그는 2세 경에 (그의 좋은 가정 환경에서) 상대적인 박탈을 겪었다. 그때 그의 어머니는 임신한 상태였고 병적으로 불안한 상태였다. 그 후 부모들은 이 소년의 특수한 욕구들에 응해줄 수 있었고, 따라서 그를 자연스럽게 치유할 수 있었다. 나는 그들이 해야 하는 과제를 설명해줌으로써 오랜 기간 동안 그들을 도왔다. 그 소년이 8세 때 어느 면담에서 나는 소년의 박탈의 감정과 접촉할 수 있었고, 그래서 그는 자신의 유아기에 가졌던 원래의 좋은 어머니와의 대상관계로 되돌아갈 수 있었다. 이렇게 해서 그의 훔치는 행동은 사라졌다.

8세 된 소녀가 도벽으로 인해 나에게 왔다. 그녀는 4-5세 때에 좋은 가정에서 상대적 박탈을 경험했다. 한 심리치료 면담에서 그녀는 자신이 초기 유아기에 가졌던 좋은 어머니와의 접촉으로 되돌아갈 수 있었고, 그로 인해 그녀의 훔치는 행동은 사라졌다. 다만 오줌을 싸고 토하는 등의 가벼운 반사회적 경향성은 한동안 지속되었다.

13세 된 소년이 집에서 멀리 떨어진 공립학교에 다니면서 심한 도벽 증세를 보였고, 칼로 시트를 찢거나 남자아이들과 싸움을 벌이거나 화장실에 음란한 말을 써놓는 등 학교를 시끄럽게 했다. 치료 면담에서 그는 6세 때 집을 떠나 먼 기숙학교에서 지내는 동안 견딜 수 없을 정도로 불안했다고 말했다. 나는 이 소년(세 아이 중 가운데인)이 가정에서 '마음을 돌볼 수 있는' 기간을 가질 수 있도록 조처해주었다. 그는 이 기간 동안 퇴행할 수 있었고, 그리고 나서 학교에 통학할 수 있게 되었으며, 나중에는 자신의 집 근처에 있는 기숙학교에 다닐 수 있게 되었다. 그의 반사회적 증상들은 나와의 단 한번의 면담으로 사라졌으며, 추후 상담은 그가 잘 지내고 있음을 보여주었다. 그는 이제 대학을 마쳤으며 훌륭한 남자가 되어 있었다. 이 사례에서는 환자가 자신의 상황을 이해하고 있었던 점이 특이했다. 그는 필요한 것을 인식했고, 가정에서 원래의 환경적 실패를 고치려고 시도했다.

논평

위에 제시된 세 개의 사례는 이차적 습득이 형성되기 전에 도움이 주어진 경우들이다. 나는 정신과 의사로서 이들 아동들로 하여금 자신들이 겪었던 상대적 박탈에 관해 말할 수 있도록 도왔다. 그리고 아동들은 이 박탈의 사실을 진실된 현실로서 받아들였기 때문에, 자신들의 심리내부에 생긴 틈새를 극복하고 상처가 생기기 이전의 상태로 돌아가 좋은 대상과의 관계를 새롭게 맺을 수 있었다.

성격 장애와 정신병의 경계에 해당하는 사례

한 소년이 몇 년 동안 나의 돌봄을 받았다. 나는 그를 단 한번 만났다. 그가 위기에 처할 때마다 그의 어머니는 나에게 연락을 해서 도움을 청했고, 나는 이제 스무 살이 된 그에게 직접적인 도움을 주고자 많은 노력을 했다. 그러나 그는 매우 비협조적이었다.

이 소년은 지능 지수가 높았으며, 그를 가르쳤던 모든 사람들은 그가 장래에 훌륭한 배우, 시인, 예술가, 음악가로서 성공할 것이라고 말했다. 그는 어떤 학교에도 오래 다니지 못했다. 그는 독학으로 또래들보다 상당히 앞서 있었고, 초기 청소년기에 친구들의 학교공부를 지도해주는 것으로 그들과의 접촉을 유지했다.

그는 잠재기에 입원하였으며, 정신분열증이라는 진단을 받았다. 병원에서 그는 다른 소년들을 '치료'하는 과제를 떠맡았으며, 결코 자신을 환자로 인정하지 않았다. 결국 그는 집에서 도망쳤으며 오랜 기간 동안 학교에 가지 않았다. 그는 우울한 음악을 들으면서 침대에 누워 있거나 아무도 접근하지 못하도록 집의 문을 잠그곤 했다. 그는 주로 격렬한 애정문제로 끊임없이 자살하겠다고 위협했다. 그는 주기적으로 파티를 열었으며, 이로 인해 많은 재산을 낭비하기도 했다.

작은 아파트에서 이 소년과 함께 살고 있던 어머니는 걱정이 끊일 날이 없었다. 그가 집을 떠나 학교나 병원에 가는 것을 싫어했기 때문에 그를 도울 수 있는 다른 방도가 없었다. 그는 정확하게 자신이 원하는 것을 할 만큼 충분히 영리했으므로 결코 범죄자가 되지 않았으며, 따라서 사법권의 영향권 바깥에 머물러 있었다.

나는 그의 어머니가 경찰, 보호 관찰소 그리고 다른 사회 봉사 기관의 도움을 받을 수 있도록 도왔다. 그리고 마침내 그가 어떤 중학교에 가겠다고 했을 때, 나는 그가 그 중학교에 갈 수 있도록 조처해주었다. 그는 또래보다 훨씬 앞서 있었고, 교사들은 그의 탁월함을 인정했주었고, 그를 많이 격려해주었다. 그러나 그는 학교를 마치지 않고 떠났고, 연극을 전문으로 하는 좋은 대학에서 장학금을 받았다. 이 시점에서 그는 자신의 코가 못생겼다는 이유로 어머니를 졸라서 들창코를 똑바로 만드는 성형외과 수술을 받았다. 후에 그는 자신이 성공할 수 없는 다른 이유들이 있다는 사실을 발견했지만, 그 누구도 자신을 도울 수 있도록 허용하지 않았다. 이런 상황이 계속되어 그는 현재 정신병원의 관찰 병동에 입원해 있다. 그러나 그는 여기에서 벗어날 방법을 발견할 것이며, 다시 가정에서 안정을 찾을 것이다.

이 소년의 초기 역사를 살펴보면 그에게 반사회적 성격장애가 발생할 수밖에 없었던 이유를 가늠할 수 있다. 사실 그의 불행은 불행하게 시작한 결혼생활의 결과였다. 아버지는 어머니와 헤어진 직후에 편집증 환자가 되었다. 비극적 사건이 있은 직후에 이루어진 부모의 결혼은 실패할 수밖에 없었다. 소년의 어머니는 친구의 과실로 인한 사고로 사랑했던 약혼자를 잃었고, 그 상실감에서 회복하지 못한 상태에서 자신의 약혼자를 죽게 한 그 친구와 결혼했다.

이 소년은 정신과 의사를 처음 만났던 여섯 살 때에 도움을 받았을 수도 있었을 것이다. 그때 소년은 정신과 의사와 자신이 겪은 상대적 박탈의 자료를 나눌 수 있었을 것이고, 소년의 어머니가 지닌 개인적인 문제와 그녀가 소년에 대해 왜 양가감정을 갖고 있는지 의사로부터 들었을 수도 있었을 것이다. 그러나 이 소년은 정신병동으로 보내졌고, 그 이후로 성격장애 진단이 굳어졌다. 그리고 강박적으로 자신의 어머니와 교사들 및 친구들을 괴롭히는 사람이 되어갔다.

이러한 일련의 짤막한 사례를 제시하는 것은 정신분석적인 치료과정을 묘사하기 위한 것이 아니다.

전문적인 심리치료 없이 관리에 의해서 치료된 사례들은 수없이 많다. 이런저런 방식으로 박탈을 경험한 많은 아이들이 입양되거나 다른 가정에서 양육되거나, 또는 치료기관이나 개인이 경영하는 작은 가정에 보내져서 건강하게 잘 자라난다. 이런 범주에 속한 하나의 사례를 묘사하는 것은 잘못된 인상을 심어줄 수 있다. 실제로 초기의 성격장애는 심리치료와는 상관없이 특히 가정에서, 그리고 모든 종류의 사회 집단에서 성공적으로 치료되고 있다는 사실을 주목할 필요가 있다.

그럼에도 불구하고, 비록 소수이지만 집중적인 치료작업의 사례들은 성격장애의 문제에 빛을 던져준다. 세계 여러 나라의 정신분석가들의 작업은 이러한 성격장애를 위한 이론적 진술의 토대를 놓았을 뿐만 아니라 특수한 치료집단의 성공 사례를 밝혀줌으로써, 성격장애의 예방과 치료에 크게 공헌했다.

20
사회사업가들과
정신장애를 가진 사람들[1]
(1963)

금세기 초 이후로 정신의학을 침체에서 구하기 위한 시도들이 점증해왔다. 그 동안 정신과 의사들의 커다란 과제는 정신적으로 병든 사람들을 비인간적으로 다루는 방식으로부터 인도주의적인 방법으로 그들에게 돌봄과 치료를 제공하는 방식으로 변화시키는 것이었다. 이런 배경에서 정신의학에 역동적 심리학이 도입되었다. 정신분석가들과 역동적 심리학의 입장에 서있는 사람들의 관심은 정신적 질병에 대한 심리학을 발달시키는 것이었다. 그리고 이 범주에는 많은 사회사업가들이 포함된다. 나는 이 논의에서 세부적인 사항을 일일이 증명하는 일없이 정신적인 질병과 개인의 정서발달 단계를 연결시키고자 한다.

먼저 정신과 의사가 정신장애를 어떻게 생각하는지 간단히 언급해보자. 그 견해에 따르면, 정신장애란 뇌의 물리적인 이상으

---

1 런던의 사회사업가 협회에서 제공된 대담으로서 1963년 사회사업가 협회에서 발행한 변화하는 욕구들을 위한 새로운 생각에 인쇄됨.

로 인해 생기는 장애이며, 뇌란 마음의 기능이 의존해 있는 일종의 전자장치이다. 이 장치는 다양한 이유, 즉 유전, 선천성, 감염성 질병, 종양 혹은 동맥경화증과 같은 퇴화과정으로 인해 잘못 작동할 수 있다. 또한 점액수종, 폐경과 관련된 호르몬 불균형과 같은 일반적인 신체장애들도 이 전자장치에 영향을 준다. 물론 이러한 요소들이 모두 중요하다. 그러나 나는 심리학, 역동적 심리학 그리고 정서적 미성숙에서 오는 정신장애의 문제를 다루기 위해서 그와 같은 것들은 일단 제쳐 놓을 필요가 있다고 생각한다.

나는 또한 신체적 질병과 그 위협이 정신 상태에 영향을 끼친다는 사실을 당연하게 받아들인다. 암이나 심장 질환은 한 사람의 정신에 커다란 영향을 미친다. 이런 요소들이 심리학에 끼치는 영향력은 다음의 세 범주로 분류될 수 있다.

(a) 정신장애를 일으키게 되는 뇌 질환들
(b) 정신적 태도에 영향을 미치는 신체 질환들
(c) 뇌나 다른 신체 질환에 의한 것이 아닌 본래적 정신장애들

정신장애를 정신신경증과 정신병으로 나누어 생각해볼 수 있다. 이때 정신신경증은 정신병보다 병이 가볍다는 결론으로 비약해서는 안된다. 이점에서 '아프다'라는 말이 무엇을 의미하는지를 검토할 필요가 있다. 나의 친구였던 고(故) 존 리크만의 정의에 의하면, '마음의 병이란 당신을 지탱해줄 수 있는 누군가를 발견할 수 없음을 뜻한다'. 다른 말로 하면, '아프다'라는 용어는 사회적인 의미의 차원을 가지고 있다. 그리고 어떤 정신신경증적인 사람들의 경우, 그들과 더불어 살기란 지극히 어렵다. 그러나 그들은 일반적으로 알아보기 어렵다. 이것이 내가 나중에 말하게 될 또 다른 어려운 점이다.

건강은 개인의 정서적 성숙을 가리킨다. 정신신경증은 아주 어린 시절에 경험한 긍정적 또는 부정적인 환경의 제공과 관련되어 있으며, 이것은 잠재기를 거치면서 완화되기도 하고 강화되기도 한다. 그리고 이것은 청소년기 동안에 발생하는 본능적 욕동의 변화로 인해 재구성되며, 또한 불안에 대한 방어들이 어린 시절에 형성된 방어기제의 유형을 따라 새롭게 조직화됨으로써 완성된다.

정신신경증은 오이디푸스 콤플렉스 단계, 즉 세 사람의 전체 인간들 사이의 관계를 경험하는 단계에서 발생한 질병을 일컫는다. 이 관계들로부터 발생하는 갈등은 방어적인 조치들을 야기하는데, 이 조치들이 경직되게 조직화됨으로써 정신신경증이 된다. 이러한 방어들은 다른 학자들에 의해 명료하게 설명되었다. 그 방어들이 세워지고 고정되는 방식은 전체 인격들 사이의 삼각관계 단계에 도달하기 이전의 경험에 어느 정도로 혹은 때로는 크게 달려있다.

정신신경증은 무의식의 특수한 측면인 억압된 무의식과 관련되어 있다. 무의식은 일반적으로 인간의 풍성한 저장고인 반면, 억압된 무의식은 개인적 경험의 일부로서 수용될 수 없는 것들(정신 경제적으로 엄청난 대가를 치르는)이 축적된 저장고이다. 본래의 무의식은 꿈에서 만날 수 있으며, 근본적으로 개인의 가장 중요한 경험들을 위해 기여 한다. 이와는 대조적으로, 억압된 무의식은 자유롭게 사용할 수 없으며, 반동형성을 일으키는 위협 또는 원천으로 드러난다(예를 들면, 억압된 증오를 의미하는 감상주의로). 이 모든 것이 역동적 심리학이 취급하는 자료이다. 인격의 분열이 정신병에 속하는 것처럼, 억압은 정신신경증에 속한다.

정신신경증은 정말로 심각할 수 있다. 이러한 유형의 질병은 사회사업가에게 절망감을 안겨주는데, 왜냐하면 억압된 무의식은 정신분석가의 영역이기 때문이다. 다른 한편, 나는 정신병 또는 광증으로 명명된 질병의 영역은 사회사업가에게 더 넓은 활동 범위를 제공한다는 사실을 지적하고자 한다. 이런 장애들은 정신 분석가가 잠시 자신의 역할에서 벗어나 사회사업가의 역할을 해 주지 않는 한, 정신분석가가 담당할 적절한 범주가 아니다(이 주 제는 나의 논의에서 서서히 발전될 것이다).

내가 말했듯이, 정신신경증의 방어들 중 하나는 퇴행과 관련 되어 있다. 퇴행에서 환자는 성기적 성과 전인격적 인간으로서의 삼각관계에서 후퇴하여 대인관계에서 이성적 혹은 동성적인 단 계 이전 상태로 되돌아간다. 이 퇴행이 도달하는 지점인 고착점 들은 어느 정도 초기 발달단계에서 가졌던 환경적 요소들의 경 험에 의존한다.

정신병은 대인관계에서 발생한 긴장을 처리하기 위해서 억압 적인 방어를 사용하는 정신신경증과는 달리, 보다 초기의 경험과 관련된 질병으로 볼 수 있다. 정신병 환자에게 진정한 오이디푸 스 콤플렉스란 없다. 왜냐하면 그 개인은 순수한 삼각관계 경험 이전의 발달단계에 사로잡혀 있기 때문이다.

물론 여러분은 오이디푸스 콤플렉스와 관련된 요소들과 초기 정서발달 단계에 고착된 정신병적 요소들이 혼합된 사례들을 발 견할 것이다. 그러나 여기서는 이런 혼합된 사례들을 다루기보다 는 가능한 한 단순한 사례들을 설명하고자 한다.

정신신경증은 비교적 정상적인 사람들, 즉 오이디푸스 콤플렉 스 단계에 도달한 사람들의 불안과 갈등을 중심으로 조직된 방 어들과 관련되어 있다. 정신분석 치료에서 분석가는 억압의 정도 를 감소시킬 수 있으며, 환자의 대인관계는 보다 온전하게 표현 되고 경험된다. 그리고 그의 전성기기적 요소는 줄어든다.

정신신경증을 제외한 모든 정신적 질병은 유아기와 초기 유년기 동안에 개인의 성숙과정을 촉진시키는 환경의 기능이 실패한 데 따른 것이다. 이러한 정신적 질병은 사회사업가의 활동과 중요하게 관련되어 있다. 왜냐하면 그것은 개인의 조직화된 방어보다는 그러한 방어를 형성하게 하는 자아의 힘과 성격 통합을 달성하지 못한 개인의 실패와 관련되어 있기 때문이다.

나는 정신신경증이 정통 프로이트 학파의 영역이라면, 광증(madness)은 사회사업가의 영역이라는 견해를 피력했다. 나는 이제 정신의학적 유형의 질병에 관해 언급하고자 한다. 사실 광증은 일상적인 생활과 관련되어 있다. 광증에서 우리는 억압 대신에 성격 형성과 자기-분화(self-differentiation)의 과정이 역으로 진행되는 것을 발견한다. 이것이 내가 묘사하려고 하는 광증의 본질이다. 물론 성숙과정(그 자체가 유전적 문제인)의 실패는 종종 병리적인 유전적 요소들과 관련된다. 그러나 중요한 사실은 이러한 실패들이 촉진적 환경의 실패와 더 많이 관련되어 있다는 것이다. 광증을 형성하는 원인으로서 환경적 요소가 특별한 의미를 가지고 있기 때문에, 사회사업가의 개입이 요청된다. 여기에는 기본적인 가정이 포함되어 있다. 그것은 개인의 정신건강은 유아와 아동 돌봄의 영역에서 유지되며, 이러한 돌봄은 사회사업가의 과제에 속한다는 것이다. 본질적으로 내적 갈등(즉 성격의 통합과 대상관계적인 자기를 성취한 사람이 겪는 갈등)의 문제인 정신신경증의 심리치료에서는 유아와 아동 돌봄에서 생긴 이러한 현상들이 전이신경증으로 나타난다.

이제 나는 정신신경증 외의 다른 질병들을 정신의학적으로 분류하려 했던 본래의 과제로 돌아가고자 한다. 만일 정신질환의 한 쪽 극단에 정신신경증을 그리고 다른 쪽 극단에 정신분열증을 위치시킨다면, 분류는 훨씬 단순해질 것이다. 그러나 그렇게

하는 것은 정동장애 때문에 불가능하다. 정신신경증과 정신분열
증 사이에는 우울증이라는 말로 망라되는 또 하나의 커다란 영
역이 있다. 내가 그 사이라는 말을 사용할 때 그것은 실제로 그
둘 사이를 의미하는데, 그 이유는 이 우울증 장애가 정신신경증
과 정신분열증 사이에 그 기원점을 가지고 있기 때문이다. 나는
또한 이 분류들 사이에는 온갖 정도의 중간 단계들이 있으며, 이
것들 사이를 명확하게 나눌 수는 없다고 본다. 즉, 정신의학적 질
병에서는 신체 의학에서 분류하는 것과 같은 방식으로 명칭을
붙일 수 없다(여기서 물론 나는 이차적으로 심리적 결과를 가져
오는 뇌 질환을 배제하고 있다).

　우울증은 아주 광범위한 정신장애를 포함하는 개념이다. 정신
분석의 발달에 따라 우울증의 역동이 많이 밝혀졌고, 우울증은
본질적으로 건강한 것, 즉 애도할 수 있고 관심을 가질 수 있는
능력과 관련된 것으로 이해되었다. 우울증은 거의 정상인으로부
터 정신병 환자에 이르기까지 모두가 가지고 있는 증상이라는
것이다. 정상적인 우울증은 개인의 성숙과 어느 정도의 자기의
통합을 의미한다. 이 우울증의 치료에서도 정신신경증과 마찬가
지로 사회사업가보다는 오히려 정신분석가가 필요하다. 그러나
우울한 감정을 억압하지 아니하고 표현하도록 돕는 사회사업가
의 역할은 매우 중요하다. 사회사업가는 심리치료적인 개입없이
우울증의 자기표현을 허용함으로서 많은 것을 할 수 있다. 여기
에는 그 개인이 과거에 우울증의 긴장을 감당할 수 있을 정도로
성격의 통합을 이루었는지, 그리고 그 우울증을 통해서 특정한
종류의 갈등을 극복할 수 있었는지에 대한 평가가 요구된다. 이
갈등은 포괄적으로 말해서, 자신의 공격성과 파괴적 충동을 조절
해야 하는 개인의 인격적 과제를 말한다. 사랑하던 누군가가 죽
었을 때 겪는 애도 과정은 그의 죽음에 대한 책임이 자신에게

있다고 느껴지는 감정을 극복하는 과정이다. 그리고 이것은 사랑하던 사람이 죽음으로써 그를 향한 사랑에 포함되었던 파괴적인 생각과 충동이 자신에게 되돌아옴으로써 발생한다. 이처럼 건강과 가까운 우울증은 애도 현상에서 보다 더 명백한 양태로 드러난다. 이것과 다른 우울증에서는 보다 심한 억압이 행해지고 있으며, 그 과정들은 애도 과정보다 더 무의식적인(억압되고 있다는 의미에서) 수준에서 일어난다.

정신분석가의 관점에서 볼 때, 우울증의 심리치료는 전이에서 드러나는 가장 강력한 역동성이 본래 유아와 어머니의 두 몸 관계에 기초한다는 사실을 제외하고는 정신신경증과 다르지 않다. 우울증 치료에서 분석가는 환자를 지배하는 파괴적인 생각들이 사라질 때까지 살아남아 있어야 하는 중요한 치료적 역할을 담당한다. 여기서 우울증 환자를 관심과 사랑으로 대하는 사회사업가는 단지 계속해서 하나의 사람으로 존재하고 살아남음으로써, 그를 치료하고 있는 것이다.

이러한 우울증은 폐경기 또는 건설적이며 창조적으로 공헌할 수 있는 기회의 감소에 따른 반응성 우울증으로 나타나기도 한다.

우울증의 다른 쪽 극단에 정신분열증과 연결된 정신병적 우울증이 있다. 거기에는 어느 정도 신체와 정신의 분리 현상 또는 비현실적인 느낌이 있을 수 있다. 여기서 우울증은 상실과 관련될 수 있지만, 그 상실은 반응성 우울증에서보다 더 모호하며 개인의 발달과정에서 더 이른 시기에서 비롯된 것이다. 예를 들면, 그 상실은 유아가 상실을 다룰 수 있는 장치를 갖게 되는 발달 단계에 도달하기 이전 시기에 발생한 것이며, 상실된 그것은 유아의 관점에서 본다면 어머니의 젖가슴일 수 있고 또는 그 젖가슴이 사라지는 것과 동시에 사라진 자신의 입일 수도 있다. 만약 이와 똑같은 상실이 몇 개월 후에 있었다면, 그것은 주체의 일부

분을 상실하는 경험이 아니라 전체 대상을 상실하는 경험이 되
었을 것이다.

따라서 우울증을 반응성 우울증과 분열성 우울증 두 가지로
범주화할 필요가 있다. 후자에서 극단적일 경우에 임상적 특성은
정신분열증과 비슷하며 실제로 그 사이에 뚜렷한 경계가 없을
수도 있다. 그리고 정신신경증적 증상과 정신병적인 질병(예컨대
우울증 상태로 붕괴되었다가 다시 회복되는 강박신경증) 사이에
속해 있는 개인의 경우, 수많은 종류의 혼합과 변형이 가능하다.
정신적 질병은 폐결핵이나 류마티즘, 혹은 괴혈병 같은 질병이
아니다. 그것들은 개인의 정서발달에서의 성공과 실패에 따른 유
형들이다. 따라서 정신건강은 정서적 성숙, 즉 연령에 적절하게
발달하는 성숙이며, 정신적 불건강의 배후에는 항상 정지된 정서
발달의 문제가 있다. 성숙을 향한 경향성은 끈질기게 지속되며,
이것은 아무런 도움 없이도 스스로 치료하고자 하는 치유의 원
동력으로 나타나기도 한다. 이것은 촉진적 환경이 제공될 때, 즉
인간의 성숙 단계에서 필요한 욕구에 잘 적응해줄 때 발달을 진
행시키는 힘이기도 하다. 여기서 사회사업가는 이 과정에 건설적
인 방식으로 참여할 수 있다. 그리고 사실 사회사업가는 정신분
석가가 정신신경증 치료에 필요한 초기 무의식적 요소를 해석하
는 작업에 한정되어 있는 것과는 달리, 더욱 광범위하게 환자를
도울 수 있는 가능성을 가지고 있다.

정신적 질병은 일반적인 의미에서의 질병들과 다르다. 그것들
은 개인의 미성숙과 현실의 사회적 반응 사이에서 발생하는 타
협의 결과이다. 사회적 반응은 도움이 될 수도 있고 보복적인
것일 수도 있다. 이처럼 정신적으로 병든 사람의 임상적 특성은
환경의 태도에 따라 다양하게 나타나며, 심지어 환자의 질병이
기본적으로 바뀌지 않은 채 남아 있는 동안에도 다양한 모습으

로 변할 수 있다. 예를 들면, 13세의 한 소녀는 집에 있는 동안에는 음식을 거절함으로써 차츰 죽어가는 모습을 보였으나, 다른 환경에서는 정상적인 모습을 보였고 심지어 행복해 보일 정도였다.

분열성 우울증의 범위를 넘어서면 거기에는 본래적인 정신분열증이 있다. 여기에서는 성격 건설의 특정한 실패가 강조된다. 이 실패들을 열거하기 전에 분명히 밝힐 것은, 임상적으로 심각한 분열성 사례에서조차 정상적으로 기능하는 성격 영역이 있기 때문에 자칫하면 잘못 판단할 수 있다는 사실이다. 이러한 문제는 거짓자기의 주제 하에 다루어질 것이다.

정신분열증 유형의 질병을 이해하기 위해서는 정서발달의 초기 단계 동안에 유아 및 어린 아동에게서 어떤 일이 있었는지를 조사할 필요가 있다. 이제 막 많은 발달이 시작되려 하는, 아직은 아무것도 완성되지 않은 이 초기 단계 동안에는 성숙과 의존이라는 두 가지 요소가 가장 중요하다. 환경은 처음엔 본질적인 것이었으나 차츰 덜 본질적인 것으로 바뀐다. 유아는 절대 의존 상태에서 상대 의존 상태로 변해 가는 과정에 있다.

환경이 유아를 성장시키거나 그 성장의 방향을 결정하는 것은 아니지만, 충분히 좋은 환경은 성숙과정을 촉진시킨다. 이러한 일이 일어나려면, 환경이 아주 미묘한 방식으로 성숙과정에서 발생하는 변화하는 욕구에 적응해주어야 한다. 변화하는 욕구에 대한 이러한 미묘한 적응은 다른 어떤 일에 몰두하지 않고 있는 한 사람, 즉 '유아와 동일시되어' 자연스럽게 유아의 욕구를 감지하고 부응해주는 사람에 의해서만 주어질 수 있다.

촉진적 환경에서 유아는 다음과 같은 세 가지 발달 과제를 이룩하게 된다.

자아의 통합

신체와 정신의 통전(personalization)

대상관계의 확립

자아의 통합은 빠르게 복잡해지며, 곧 시간 개념을 포함한다. 그 반대는 해체 과정이다. 그리고 해체는 정신적 질병의 한 유형, 곧 인격의 해체를 묘사하는데 사용되는 용어이다. 덜 심한 경우에 통합의 반대는 분열이다. 이 분열은 정신분열증을 특징짓고 따라서 그것의 이름이 된다.

신체와 정신의 통전이라는 용어는 정신과 신체 사이의 밀접한 관계를 묘사하는 데 사용할 수 있다. 프로이트는 자아(ego)는 본질적으로 신체-기능의 토대 위에 세워지는 신체-자아(즉 지적인 문제가 아닌)라고 말했다. 현재의 맥락에서 우리는 각 개인이 정신과 신체 사이의 연결을 성취하는 문제를 다루고 있다. 정신-신체적 질병은 때때로 정신-신체적 연결이 깨어지는 위험에 직면했을 때, 정신-신체적 연결을 강조하는 현상에 지나지 않는다. 이 연결이 깨어질 때 임상적으로 신체와 정신의 분리(depersonalization)가 발생한다. 여기서 다시 의존 상태에 있는 유아에게서 나타나는 발달의 역행은 신체와 정신의 분리 또는 이것을 숨기는 정신-신체적 장애로 드러나는 정신적 질병이라고 말할 수 있다.

만일 우리가 대상관계와 본능적 삶의 문제를 조사한다면, 우리는 동일한 것을 발견할 것이다. 유아는 대상과 관계를 맺을 수 있게 되고, 대상에 대한 생각과 어머니라는 전체 인간에 대한 지각을 결합할 수 있게 된다. 대상과 관계할 수 있는 이런 능력은 충분히 좋은 모성적 적응을 통해서만 발달한 결과이다. 나의 다른 논문(위니캇, 1951)은 이 복잡한 과정에 대하여 설명하고 있다. 이 능력은 성숙과정만으로는 다 설명할 수 없다. 여기에는 어머니의 충분히 좋은 적응이 필수적이고, 그것은 충분히 오랜 기간에 걸쳐서 지속되어야 한다. 그리고 대상과 관계할 수 있는 능력은 부분적으로나 전체적으로 상실될 수 있다. 처음의 대상관계는 주관적 대상과의 관계이고, 이때부터 객관적으로 지각된 독립적 존재, 즉 개인의 전능적 통제밖에 있는 대상과 관계할 수 있는 능력이 발달하기까지는 일련의 긴 여정이 기다리고 있다.

이 발달에서의 성공은 자기 자신과 삶을 생생하게 느낄 수 있는 개인의 능력과 밀접히 연결되어 있다. 그리고 이것은 세상 안에서 세상을 생생하게 느끼는 것과 연결되어 있다. 정상적인 사람은 현실과의 관계에서 정신분열증 환자가 자신의 절대적인 사적 세계 안에서 주관적 대상과 관계 맺는 것을 통해서 얻는 것과 같은 느낌을 가질 수 없다. 정상적인 사람들은 문화적 영역에서만 이런 느낌에 접근할 수 있다. 대상관계를 향한 성숙의 경향성을 역행한다면, 그것은 탈현실화(de-realization)를 가져오고, (공유된) 현실과의 접촉을 상실하게 된다. 이것은 곧 정신적 질병으로 나타난다.

이 모든 것 외에, 성격 안에 건강염려증 상태를 가져옴으로써 우울증을 복잡하게 만드는 편집증과 박해적 요소라는 커다란 질병의 범주가 있다. 여기서 이 문제에 대해 상세히 서술하는 것은 불가능하다. 다만 편집증 그 자체는 질병이 아니지만 우울증이나 정신분열증을 일으키는 요인으로 작용할 수 있다는 한마디로 간략하게 진술할 수밖에 없다. 최종적인 분석에 의하면 우울증을 복잡하게 만드는 박해적 요소의 기원은 환자의 정신 안에 있는 구강기적 가학성이며, 이것은 환자의 정신-신체적 자기 안에 어떤 상상적인 개념을 발생시킨다는 것을 보여준다. 그러나 편집증에는 자아의 통합과 하나의 단위로서의 자기(unit self), 즉

'나는 이다'의 확립과 관련된 더 깊은 기원이 있을 수 있다.

여기서 참자기와 거짓자기의 개념이 중요해질 수 있다. 대부분의 정신분열증의 경우, 드러난 임상적 특성을 이해하기 위해서는 이 개념이 필수적이다. 거짓자기는 개인 환경의 다양한 층들이 요구하는 기대에 적응하는 자기이다. 사실상 거짓자기 또는 순응적 자기는 건강한 인격이 사회적으로 적응하기 위해 수행하는 예의바른 태도의 병리적인 측면이다. (나는 다른 논문에서 [위니캇, 1952] 거짓자기는 유아가 대상과 관계 맺는 초기 단계의 환경이 부적절한 적응을 제공할 경우에 비롯되는 것이라고 설명했다.)

이때 개인은 여러 형태의 병리적 증상을 나타내는데, 이는 궁극적으로 거짓자기를 파괴하고 참자기를 되찾고자 하는 시도이다. 그는 설령 그것이 삶에서 어려움을 가져온다 할지라도 또는 심지어 생명에 위협이 있을지라도 결코 그 시도를 포기하지 않는다. 따라서 종종 정신적인 붕괴는 환자가 진정된 감정을 느낄 수 있는 존재의 토대를 재확립하기 위해서 환경을 이용할 수 있는 능력을 가지고 있음을 나타낸다는 점에서 '건강의' 신호일 수 있다. 그러나 그런 시도가 항상 성공하는 것은 아니다. 그리고 사회적인 관점에서 볼 때, 이런 개인이 순응적이고 성공적인 거짓자기를 단순히 생생한 현실감을 되찾기 위해 포기함으로써 모든 명백한 이익과 많은 사람들의 기대를 저버리는 모습은 아주 당혹스러운 일이다.

또 다른 형태의 정신병리인 반사회적 성격에 관해 설명해야겠지만, 이것은 의존 상태에서 개인이 경험하는 정서적 성장과정이라는 맥락에서 살펴보는 것이 더 바람직하다.

나의 견해에 의하면, 발달적 미성숙과 상관없는 정신적 질병이란 존재하지 않는다. 그리고 이 발달적 미성숙은 아마도 스스

로를 치료하기 위해 환경을 사용하고자 하는 시도에 따른 왜곡
을 포함할 것이다.

의존과 관련해서 서로 비교할 수 있는 두 극단이 있으며, 그
사이에 또 하나의 문제영역이 있다. 한 쪽 극단, 즉 의존의 욕구
가 적절하게 충족되는 곳에서 아동은 전체 인격들과 관계 맺을
수 있는 능력을 성취한다. 그리고 그는 자신의 정신적 실재에 속
해 있거나 내적 세계 안에 있는 개인적인 갈등을 겪으며, 이것을
다룰 수 있을 정도로 건강해지거나 성숙을 이룬다. 여기서 질병
은 정신신경증이라 불리며, 그것은 개인의 꿈 안에 있는 불안을
다루기 위해 조직화된 개인적 방어들이 경직된 정도에 따라 결
정된다.

다른 쪽 극단에는 절대 의존 단계에서 성숙과정을 촉진시키지
못하는 환경의 실패에서 비롯된 정신병이 있다. 절대 의존이란
용어는 본질적으로 환경의 제공이 전적으로 유아의 지각 바깥에
있다는 것을 의미한다. 여기서의 실패는 절대 박탈(privation)로
불린다.

이 두 극단 사이에는 성공에 가까운 실패, 즉 아동이 환경의
실패를 지각할 수 있는 시기에 발생한 실패가 있다. 이러한 아동
은 처음에는 충분히 좋은 환경을 제공받았으나 그 후에 이 제공
을 상실했다. 이때 그는 환경의 실패에 반동적으로 반응한다. 그
리고 이런 반응은 삶의 의미를 깨뜨린다. 이런 상태를 박탈(depri-
vation)이라 칭한다.

여기에 반사회적 경향성의 뿌리가 있으며, 아동이 희망을 가
질 때마다 그 희망을 깨뜨리는 것이 바로 여기에서 나온다. 그리
고 누군가가 환경의 실패를 인식하고 이를 고치려고 시도할 때
까지 반사회적인 활동은 계속된다. 이것은 아동의 초기 역사에
서 실제로 돌봄의 실패가 발생했고, 아동의 본질적인 욕구에 환

경이 제대로 적응해주지 못했다는 것을 의미한다. 자신들이 상실했던 적응을 되찾겠다는 이런 주장을 사회를 향해 반복하는 아동들을 사회가 부적응 아동이라고 부르는 것은 모순이 아닐 수 없다.

경미한 형태의 반사회적 경향성은 자연스런 일반적 현상에 속한다. 왜냐하면 모든 부모는 본질적인 욕구들에 부응해주는데 있어서 어느 정도 실패하지 않을 수 없기 때문이다. 그러나 이런 경미한 적응의 실패들은 아동과 함께 가족 안에서 살아가는 부모에 의해 교정된다. 그러나 부모가 계속해서 아동을 실망시킨다면(자아-지원의 실패와 같은), 아동은 반사회적인 경향성을 갖게 되고 성격장애와 비행으로 발달하기 쉽다. 이런 아동의 방어가 굳어지고 환멸이 심각해질 때, 그는 폭력이나 절도로 나타나는 정신병리를 갖게 된다. 그리고 반사회적 행동은 이차적인 습득을 얻게 된다. 그 결과 아동은 정상으로 되고자 하는 의욕 자체를 상실한다. 그러나 이차적 습득이 문제를 복잡하게 하기 전인 초기 단계에서 치료가 행해진다면, 많은 경우 좋은 결과를 가져올 수 있다. 우리는 아동의 반사회적 경향성이 드러날 때 거기에는 사회가 갚아야 할 빚이 있으며, 아동의 충동적 행동은 환경이 실패하기 이전에 그랬던 것처럼 한번 더 안전하고 수용될 수 있는 환경을 제공해달라고 사회에 보내는 조난신호라고 이해할 수 있다.

정신의학적인 문제들을 이처럼 개인의 정서발달이라는 측면에서 살펴보았으므로, 이제 나는 정신적인 질병을 도움에 대한 반응이라는 측면에서 서술해보고자 한다. 우리는 치료할 수 없는 사례가 있다는 것을 인정해야 한다. 우리는 도움을 줄 수 없을 때 많은 스트레스를 받기 쉽다. 한편 정신과 의사들과 정신분석가들은 그들이 아무것도 할 수 없기 때문에 사례들을 정신의료

사회사업가에게 떠넘긴다. 사실 나도 그렇게 한다. 이것은 어떤 의미가 있는가?

나의 견해로 볼 때, 사회사업가들은 이런 사례들을 떠맡을 수 있는 특수한 위치에 있다. 사회사업가의 기능에 관한 클레어 위니캇(1962)의 진술에 주의를 기울여보자. 예컨대, 사회사업가가 박탈을 경험한 아동들의 문제와 관련하여 그리고 정신건강 조례나 가정문제와 관련하여 공적 기관을 대표하고 있다는 점에서, 그리고 실제로 이런 방면에서 많은 실천을 행하고 있다는 점에서, 사회사업가는 독특한 위치를 갖는다. 이러한 위치는 사회사업가에게 정신신경증이 아닌 정신적으로 아픈 사람들과 반사회적 경향성을 보이는 초기 사례들이라는 특별한 범주에 속한 환자들을 담당할 수 있는 특권을 제공한다.

사회사업가의 기능은 유아 돌봄과 관련해서, 즉 촉진적 환경 및 성숙과정의 촉진과 관련해서 논리적으로 검토될 수 있다. 자아의 통합은 이러한 의미에서 아주 중요하다. 사회사업가의 작업은 개인들과 가족들 그리고 지역사회의 구성원들 안에 있는 통합을 가로막는 세력들과 맞서는 것이다.

나는 사회사업가가 비록 시기 적절하고 정확한 해석을 통해서 전이의 의미를 밝혀주는 심리치료사는 아닐는지 모르지만, 나름대로 병든 사람을 치료하는 치료자라고 생각한다. 사회사업가는 자신이 원한다면 치료사의 일을 할 수 있다. 그러나 사회사업가가 가진 보다 중요한 기능은 환경의 제공에서 발생한 상대적인 실패를 교정하는 것, 즉 부모들에 의해 항상 실행되고 있는 그런 종류의 치료이다. 그런 부모들은 무엇을 하는가? 반사회적 문제를 가진 자녀들은 부모가 감당할 수 있는 한계 이상으로 부모에게 한없는 인내를 요구하며, 마침내 그를 전문기관에 넘기게 되기 직전까지 이런 행동을 계속한다. 그러나 일단 이 시기를 넘기고 나면 그런 곳으로 보내려 했다는 생각은 어처구니 없었던 일로 간주된다.

예컨대, 당신이 하나의 인간 바구니 역할을 하는 사례를 생각해보라. 내담자들은 자신들의 모든 달걀들을 당신(당신의 상담소)이라는 바구니에 담는다. 그들은 모험을 한다. 먼저 그들은 당신이 민감하며 신뢰할 만한지, 또는 당신이 그들의 과거의 외상적 경험들을 반복하게 만드는지를 알아보기 위해 당신을 시험할 것이다. 어떤 의미에서 당신은 프라이 팬이며, 당신은 이 요리과정을 거꾸로 진행시켜서 섞은 계란을 섞기 이전의 상태로 만들 것을 요구받는다.

유아 돌봄은 안아주기와 관련해서 묘사될 수 있다. 이 안아주기는 아주 단순하게 시작해서 꾸준히 복잡해지는 것이지만 여전히 같은 안아주기로 남는다. 다른 말로, 사회사업가의 일은 개인의 성숙과정을 촉진시키는 환경적 제공에 그 토대를 갖는다. 이 일은 단순한 것이지만, 유아의 발달과정에서 빠르게 복잡해진다. 뿐만 아니라 이 일은 가족과 작은 사회적 단위의 돌봄을 위한 환경을 제공해야 하기 때문에 보다 복잡해진다. 사회사업의 목표는 항상 개인의 삶과 발달의 방향을 지시하는 것이 아니라, 개인 안에서 작용하는 경향성을 촉진시키는 것이다. 이 경향성이야말로 성장과정에 따른 자연적인 발달로 이끄는 요소이다. 따라서 지연되고 왜곡되었던 정서적 성장이 이제 적절한 상황 아래서 얽힌 매듭을 풀고 다시 성장을 향해 나아갈 수 있게 된다.

사회사업가가 만나는 어려움들 중 한 가지에 대해 좀더 고찰해보겠다. 환자가 당신의 돌봄 안에서 신뢰할 수 있는 환경을 발견했기 때문에, 즉 당신의 돌봄이 실제로 내담자의 정신적 붕괴를 초래했기 때문에 임상적으로 병적 상태가 나타났다고 생각해보자. 이것은 비행(박탈과 관련된 반사회적 경향성)의 영역에서 문제를 가진 내담자가 당신 또는 당신의 기관을 신뢰할 때, 강하게 버텨줄 수 있는 당신의 능력을 사용하기 위해 훔치기나 파괴적 행동을 한다는 것을 의미한다. 또한 이것은 광증의 영역에서 문제를 가진 내담자가 유아기에 해당하는 통합되지 않고 통제되지 않은 상태로 되돌아가기(의존 상태로 퇴행하기) 위해서 당신이 제공하는 특별한 환경을 사용하는 것을 의미한다. 즉, 내담자는 안전한 환경 안에서 미친 상태로 되돌아 갈 수 있게 되는 것이다.

이것은 그 안에서 치유의 싹을 틔운다. 이것은 사회사업가의 도움을 필요로 하는 자기-치료의 과정이다. 그리고 어떤 사례들에서 그것은 매우 효과적이다. 치료를 가져오는 것은 사회사업가가 제공하는 전문적인 영역 안에서 주어지는 편히 쉼(relaxation)의 요소이다. 그렇지만 사회사업가는 이런 경우와는 달리, 자아의 통합과 정서적 성장을 성취하고 유지하는데 실패한 결과로 붕괴를 경험하는 사례들을 알아내기가 어렵다는 점을 발견하게 될 것이다. 그러나 전체적인 맥락에서 볼 때 이것을 알아내는 일이 불가능한 것은 아니다.

여러분은 내가 이 논의에서 왜 정신신경증과 억압된 무의식에 대해 먼저 언급했는지를 알게 되었을 것이다. 대체로 억압은 환경적 제공이 아무리 좋은 기술과 함께 지속적으로 주어진다고 해도 쉽게 제거되지 않는다. 그때 필요한 사람은 정신분석가이다.

그러나 보다 정신병에 가까운 심각한 장애들은 환경적 제공의 실패와 관련되어 있다. 그리고 이들은 새로운 환경적 제공에 의해 종종 성공적으로 치료될 수 있다. 이 분야는 정신의료 사회사업이 주로 담당해야 할 사례가 될 것이다. 이런 환자들을 위해서 사회사업가가 제공할 수 있는 것들은 다음과 같다.

사례에 자기 자신을 적용하기

내담자의 느낌을 이해하기

전문적인 책임성의 영역에서 신뢰할 만한 사람이 되기

전문가로서 행동하기

내담자의 문제에 진심으로 관심을 갖기

자신의 토대 위에 굳게 서 있으면서도 동시에 내담자를 위한 주관적 대상이 되어주기

위축되거나 자신의 반응을 행동화하지 않으면서 내담자에 대한 사랑 또는 심지어 사랑에 빠지기

증오를 수용하며 보복하기보다는 힘을 가지고 그것을 버텨주기

내담자의 비논리성, 신뢰할 수 없음, 의심스러움, 혼란상태, 무기력함, 못됨 등을 참아내며, 이 모든 불유쾌한 것들을 내담자의 증상으로 인식하기(사생활에서라면 이와 같은 상황으로부터 가능한 거리를 두고자 할 것이다)

내담자가 미친다거나, 해체되며, 잠옷바람으로 거리로 뛰쳐나가고, 자살을 시도한다해도 놀라지 않으며 또는 어쩌면 그가 자살에 성공한다 해도 죄책감에 압도되지 않기

내담자가 살인을 하겠다고 위협할 때 자신뿐 아니라 내담자를 돕기 위해 경찰에게 전화하기

이 위급한 상황에서 내담자가 도움을 요청하는 외침, 또는 도움을 받을 수 있다는 희망을 상실하는데서 오는 절망의 외침을 인식하기

이런 여러 측면에서 볼 때 사회사업가는 제한된 전문적 영역에서 내담자의 감정에 깊이 참여하는 사람이며, 동시에 내담자의 질병에 대한 직접적인 책임을 지고 있는 사람이 아니라는 사실

을 알고 있을 뿐만 아니라, 위기 상황을 바꿀 수 있는 힘의 한계를 알고 있다는 점에서, 내담자들과 감정적으로 분리되어 있는 사람이다. 만일 사회사업가들이 이러한 가능성을 붙든다면, 많은 경우 위기는 해소될 것이며, 이것은 사회사업 분야의 커다란 성취가 될 것이다.

21
유아의 성숙과정에서 본 정신장애[1]
(1963)

이 논의에서 내가 목표로 삼는 것은 정신신경증의 원인을 이해하기 위해서 오이디푸스 콤플렉스, 즉 걸음마 아동시기에 경험하는 세 사람 관계를 살펴보아야 한다는 프로이트의 일반적인 논제를 추적하는 것이다. 나는 이 이론을 의심 없이 받아들였으며, 지난 40년 동안 이 이론에 기초해서 환자들을 치료해왔다. 그리고 대부분의 정신분석가들이 믿고 있듯이, 정신분석가의 훈련과정은 고전적 기술, 즉 정신신경증 분석을 위해 고안된 기술을 중심으로 이루어져야 한다고 나는 생각한다.

수련생들을 지도하는 감독자는 수련생이 상담한 사례가 어떤 것인가에 의해 크게 영향받는다. 그리고 실제로 분석은 사례가 적당한 것일 때만 훌륭하게 이루어질 수 있다. 만일 좋은 (정신신경증) 사례가 아니라면, 수련생이 기본적인 기술을 배우는 과정에서 잘하고 있다거나 잘못하고 있다고 말하기가 어려울 것이다.

---

1 1963년 10월 필라델피아의 펜실베니아 병원 연구소에서 필라델피아 정신

적용이 가능한 사례 유형

그러나 우리는 실제 작업에서 정신신경증 환자만을 분석할 수는 없다. 우선 우리의 치료 작업이 더 깊고 보다 철저하게 진행될 때, 정신신경증 환자에게서 정신병적 요소가 드러나는 것을 발견한다. 결론부터 말하자면, 정신신경증 환자의 전성기기적 고착은 때때로 오이디푸스 콤플렉스에 속하는 불안을 방어하기 위해 조직된 퇴행 현상이 아니라 그 자체로 독립적인 현상이라는 것이다.

우리는 항상 시작부터 정확하게 진단할 수 있는 것은 아니다. 어떤 반응성 우울증은 우리가 추측했던 것보다 더 심각한 것으로 판명되기도 하고, 히스테리 환자의 경우 분석이 진행됨에 따라 결국 정신병적인 환자로 드러나기도 한다. 그리고 마치 허깨비처럼 살아가는 마치-인양 성격을 지닌 환자들도 있다. 나는 개인적으로 이런 개인을 거짓자기 인격이라고 부르는데, 그런 개인은 세상에서는 그럴듯하게 보이지만 그러한 그의 겉모습 뒤에는 부정된 붕괴가 자리잡고 있는 사람이다. 이런 거짓자기 사례들을 치료할 때 우리는 소위 겉보기에 성공적인 사람들을 아프게 할 수도 있고, 때때로 그들을 병든 상태에 머물러 있게 해야 할 경우도 있다. 그들은 치료자가 없다면 더 이상 나빠지지 않을 것이다. 그렇게 하여 그들은 아마도 자살을 하거나, 아니면 사회적으로 훨씬 더 크게 성공할 수 있겠지만, 그들 자신들의 삶은 점점 더 비현실적으로 느껴지게 될 것이다. 그리고 그때 심리치료자는 이러한 정신병적인 사람들에게 솔직해질 것을 요청받게 된다. 이런 환자들은 연구할 만한 가치가 있다. 그러나 우리가 이들에게 무엇을 할 것인가? 과연 이들에게 정신분석적 기술을 적용할 수 있을 것인가?

의학회가 주최했던 도로시 헤드 추모 가연에서 발표한 논문.

정신분석 기술의 광범위한 적용

나는 개인적으로 우리가 정신 장애의 원인론에 대한 새로운 견해를 받아들인다면, 이런 거짓자기 환자들을 치료할 수 있다고 믿는다. 우리가 항상 치료에 성공하는 것은 아니지만, 적어도 우리는 정직하게 작업하고 있다는 느낌을 가질 수 있을 것이다.

해석 작업의 심화

나의 견해를 짤막하게 위해서 내가 극복하지 않으면 안되는 커다란 난제는 고전적 기술을 사용함으로써, 즉 정신 기제들에 대해 더 많이 알고 이 지식을 적용함으로써 해석 작업이 더욱 깊어질 수 있다는 사실을 증명해내는 것이다. 나는 단순히 이것을 정신분석 작업의 연장이라고 말하기보다는 그것이 의미하는 것이 무엇인지를 설명하고 싶다.

고전적인 정신분석은 잘 선택된 정신신경증 사례에서 전이가 나타날 때 단순히 양가감정을 해석하는 것을 통해서 이루어질 수 있다. 그러나 적어도 영국에서는 이런 유형의 사례가 점점 드물게 되었다. 왜냐하면 소설과 희곡 및 예술의 거장들인 셰익스피어, 레오나르도 다빈치, 베토벤 등에 대한 현대적 재평가 과정에서 정신신경증과 관련된 심리적 사실들이 이미 공개적으로 드러났기 때문이다. 환자들은 독서를 통해서 그리고 일반적인 문화적 경향을 통해서 이미 이런 작업을 스스로 수행한 것처럼 보인다.

그 다음에 생각해야 할 것은 우울증의 문제이다. 우울증으로 진단된 개인은 어느 정도의 자아 조직을 이루었고 비교적 힘있는 자아를 가지고 있는 사람이다. 우울증을 분석하기 위해서는 내사의 정신 기제를 이해해야 하며, 뱃속이나 머릿속에 또는 이런 저런 방식으로 자기(自己) 안에(환자의 환상에) 자리잡고 있는 내적 심리실재에 관한 이론을 이해해야 한다. 상실된 대상은 이 내부 장소로 들어오게 되고, 증오의 감정이 사라질 때까지 그것은 증오의 대상으로 머문다. 그리고 애도 또는 우울증을 통하여 자발적인 회복이 일어난다. 이러한 이론의 확장은 실제에 있어서 내면세계 현상에 대한 연구로부터 발달해나온 것이다. 그리고 이 우울증은 변비로 축적된 대변을 보거나 종양을 수술로 제거하거나 또는 다른 상징적 형태의 꿈을 통하여 해소된다.

내면에 위치한 개인의 심리적 실재

우울증과 건강염려증의 분석은 창자를 포함한 신체 기능 전체에 관한 연구인 음식물의 섭취와 배설에 토대를 둔 내사와 투사라는 상상적 구성물에 관한 연구에로 인도한다.

프로이트와 아브라함 그리고 클라인은 이 점에서 분석가에게 새로운 지평을 열어주었으나 분석 기술에는 별로 영향력을 미치지 못했다.

이제 분석가는 증오와 공격성에 관해서 뿐만 아니라 이것들이 환자의 심리적 실재 안에 가져다준 결과물에 관해서도 연구하게 되었다. 이 결과들은 좋은 요소와 박해적 요소라고 이름 붙여졌고, 그것은 깊은 내면세계 안에서 관리되어야 한다. 그리고 이때 우울한 기분은 일시적으로 모든 내적 현상을 뒤덮는 것과 같은 임상적 특징이 된다. 내면세계 여기저기에서 좋은 요소와 박해적인 요소가 서로 만나 안전하게 경쟁할 수 있을 때, 우울증 증상은 조심스럽게 통제되고 마침내 사라지게 된다.

투사와 내사 기제

이제 내적인 심리 실재와 외적인(또는 공유된) 실재의 상호교류를 이해할 수 있게 됨으로써, 해석 작업을 위한 새로운 영역이 열리게 되었다. 이것은 개인이 세상과 맺는 관계의 중요한 측면을 구성하며, 그 중요성에 있어서도 원본능-기능에 기초한 대상관계들의 중요성과 견줄 만하다.

더욱이 우울증과 박해적 요소를 지닌 망상은 내사와 투사 형태에 따라 결정되며, 이 내사와 투사는 개인의 내면세계 안에 있는 박해적 요소들을 통제하려는 시도와 그 실패를 설명해준다.

여기에서 분석가는 고전적인 기술을 유지하면서도, 본래적으로 만족스럽거나 불만족스러운 본능적 만족에 기초해서 형성된 좋거나 박해적인 내적 요소들의 의미를 해석할 수 있게 된다.

대상과 관계하기

같은 방식으로 분석가는 개인의 대상관계에 대한 좀더 깊은 해석을 제공할 수 있다. 이 대상관계에는 양가감정을 피하기 위해 대상을 분열시키는 원시적인 기제에 포함되어 있다. 그리고 대상의 분열과 함께 성격의 분열이 일어난다. 또한 본능적 욕동이 부분 대상과 맺은 관계는 원초적 보복공포를 불러일으킴으로써, 개인으로 하여금 대상관계로부터 철수하게 만든다. 이러한 현상은 정신병적 특성을 드러내는 정신병 환자와 '경계선' 환자의 분석 자료에서 보여진다.

우리는 고전적 분석 기술을 사용하면서도 이 모든 것들을 충분히 이해하고 있어야 한다. 그래야만 환자에게 이런 문제가 나타날 때 적절한 해석을 제공할 수 있을 것이다.

환자의 자아 상태

이러한 나의 견해 때문에 임상가들은 어떤 긴장감을 느낄 수도 있다. 물론 여기에는 그럴 만한 이유가 있다.

이 시점에서 다음과 같은 질문이 제기된다. 환자의 자아는 어떤 상태에 있는가? 그는 자아-지원에 어느 정도 의존하고 있는가? 분석가는 특정한 순간에 제공되는 이런 종류의 해석이 어느 정도의 지적 반응—감정적 반응보다는—을 일으킬 것인지를 어떻게 아는가? 만일 이때 어떤 이유에서이든 제공된 해석이 이해할 수 없는 것이라면, 환자는 절망적으로 느끼고, 심지어 자신이 공격을 받아 파괴되고 멸절된다고 느낄 수도 있다.

여기에서 우리는 자아-구조와 자아의 힘, 또는 자아의 경직성이나 유연성 그리고 자아-의존성의 문제에 대한 평가를 다루는 자아 심리학의 영역으로 넘어가게 된다.

돌봄을 받고 있는 유아

아마도 경계선 사례들의 분석에 대해 우리는 좀더 깊은 해석을 제공하게 될 것이다. 그러나 그렇게 함으로써 우리는 유아로서의 환자의 상태와 더 멀어질 수 있다. 왜냐하면 유아는 돌봄을 받는 의존적인 존재이며 처음에는 절대적으로 의존하는 존재이기 때문이다. 유아 돌봄과 어머니에 관해 동시에 말하지 않고서는, 유아에 관해 말할 수 없다.

유아 돌봄과 정신건강

이 주제는 내가 말하고자 하는 요점과 직접적으로 연결된다. 즉 우리가 초기 유아기(즉 절대적 의존 상태에서 돌봄 받고 있는 시기)를 보다 원시적인 정신장애들, 즉 정신분열증적 증상들과 직접적으로 연결시키는 것은 프로이트의 생각을 따른 것이라는 주장이다. 정신분열증의 원인은 오이디푸스 콤플렉스(결코 적절하게 또는 전적으로 도달하지 못하는)에 해당되는 세 몸 관계가 아니라 두 몸 관계, 즉 아버지나 다른 세 번째 인물이 상황에 등장하기 전인 유아와 어머니의 관계에서 비롯된다.

사실 우리는 부분 대상과 관계 맺는 삶에 의존되어 있으면서도 그 의존에 대해 알지 못하는 유아와 만나게 된다. 정신병적 질병으로부터 자유로운 개인의 정신건강의 토대는 유아의 성장과 돌봄의 초기 단계에서 유아와 어머니에 의해서 형성된다.

유아기의 자아

처음 몇 주와 몇 달 사이에 유아의 정서적 성장과정(나중에 공고화되는)에서 발생하는 주된 것들은 다음의 세 가지이다.

자아의 통합
신체와 정신의 통전
대상관계

유아의 자아는 매우 강하다. 그러나 그것은 충분히 좋은 어머니에 의해 자아-지원이 제공되는 한에서만 그렇다. 이 충분히 좋은 어머니는 유아의 욕구에 부응하기 위하여 자신의 전부를 헌신할 수 있고, 유아가 점차 어머니와 거리를 유지하려고 할 때 유아로부터 철수할 수도 있는 그런 어머니이다. 이런 자아-지원이 없다면 유아의 자아는 형성될 수 없으며, 형성된다고 해도 성숙과정의 흐름에 맞추어 성장할 수 없을 뿐만 아니라 붕괴될 가능성이 많은 약한 자아가 된다.

정신장애의 본질

정신질환은 일반적으로 어렸을 때 유아의 심리적 자리를 확립하지 못한 것과 같은 특별한 실패를 가리킨다. 환자들의 인격은 '해체되고' '자신의 신체 안에 거할 수 있는 능력과 자신의 피부를 경계로 받아들일 수 있는 능력을 상실한다'. 또 그들은 '대상들과 관계 맺는 능력을 상실한다.' 그들은 '환경과의 관계에서 현실감을 갖지 못하며, 환경이 비현실적이라고 느낀다.'

내가 묻고 싶은 물음은 이것이다. 과연 정신과 의사들은 발달과정에서 발생하는 상대적인 실패가 정신장애를 가져온다는 사실을 얼마나 분명하게 느끼고 있는가?

나의 개인적인 견해는 어디에서 왔는가?

발달에 대한 이런 나의 견해는 여러 유형의 경험이 하나로 모여지는 것을 통해서 형성된 것이다. 나는 소아 정신과 의사로서 어머니들과 유아들을 관찰할 수 있는 기회들을 많이 가졌으며, 어머니들이 유아와 갖는 친밀한 접촉으로부터 벗어나기 전에 자신의 유아들의 초기 단계의 삶에 대해 묘사하는 많은 이야기들을 들을 수 있었다. (만일 내게 충분한 시간이 있었다면, 조숙한 유아들에 관해 연구했을 것이다.) 그리고 후에 나는 개인분석을 받았는데, 이것은 나로 하여금 유아기로 되돌아가게 해주는 것이었다. 그리고 나는 이어서 정신분석가로서의 훈련을 받았으며, 이 훈련과정을 통하여 꿈과 증상에서 표현되는 초기 유아기의 정신기제들과 만나게 되었다. 이후에 아동들을 분석한 경험들은 나로 하여금 아동이 유아기를 어떻게 바라보는지를 이해할 수 있게 해주었다.

그 다음에 나는 경계선 장애로 판명되거나, 정신병적 문제를 가진 환자들을 분석하게 되었다. 경계선 환자들과의 작업을 통하여 (나의 선호 여부와는 상관없이) 나는 인간의 초기 상황에 관심을 기울이게 되었다. 이때 내가 말하는 초기 상황이란 유아의 정신 기제보다는 유아의 초기 삶이다.

임상적 설명

토론을 위해서 나는 하나의 사례를 제시하겠다. 어느 월요일에 나의 젊은 여성 환자는 식료품을 잔뜩 사들고 상담을 받으러 왔다. 그녀는 나의 상담실 근처에서 상점들을 발견하고는 기뻐했는데, 이것은 그녀가 전이에서 나에 대한 관계를 발전시키고 있음을 상징적으로 보여주는 자연스런 모습이었다. 그녀는 심지어 분석 받으러 오는 것을 식사하러 오는 것이라고 말하기도 했다. 잘 요리되고 잘 차려진 식사에 대한 욕구와 식욕부진이 번갈아 일어나는 현상을 환자가 말할 수 있을 때까지는 오랜 준비 기간이 필요했다.

화요일에 X양은 평상시처럼 무릎 덮개를 발끝에서 목까지 덮은 채, 나를 향해 상담 의자에 누웠다. (그녀를 분석할 때 나는 보통 옆에 있는 쿠션 위에 앉았다.) 아무 일도 일어나지 않았다. 그러나 그녀는 불안해하지 않았고, 나 또한 마찬가지였다. 우리는 산만하게 몇 가지를 이야기했고, 어떤 주제도 일관되게 진전되지 않았다. 그럼에도 불구하고 X양은 그 상담을 즐겼고 만족스러워하며 돌아갔다.

이 사례에서 치료과정은 지속적으로 진전되고 있었으며, 나는 비록 무슨 일이 일어나고 있는지 정확히 알 수는 없었지만, 결코 방향감각을 잃거나 당황하지 않았다.

수요일인 다음날 X양은 여느 때처럼 무릎 덮개를 덮었고, 분석할 자료가 없다는 말을 시작으로 많은 이야기를 했다. 우리는 말의 장애물 넘기(horse-jumping) 경주에 대해 이야기했는데, 우연히도 우리는 둘다 TV에서 말의 장애물 경주 프로그램을 시청했었다. 나는 무슨 일이 발생할지에 대한 생각 없이 자연스럽게 대화에 참여했다. 그녀는 영국 사람들은 말이 점프할 수 있도록 내버려두며, 말이 점프에 성공하면 그 말이 훌륭했기 때문이라고 말한다고 했다. 다른 한편, 독일 사람들은 말이 장애물을 뛰어넘을 때에 그 앞에서 몇 걸음이 필요한지 등의 모든 일을 계산한다고 했다. 결국 말 장애물 경주에서 가장 인상적이었던 것은 말을 훈련시키는 방식이었다.

나는 X양이 분석가의 훈련에 많은 관심을 가지고 있다는 사실을 알고 있었기 때문에, 이 점에 주의를 기울였다. 그녀는 몇 년 동안 지속되었던 이전의 분석에서 분석가가 훈련받지 않았다는 것을 알게 되었고, 두 번째 상담가로 나를 선택하기 전에 그녀는 이 분야의 책을 많이 읽었다. 나는 그녀가 나의 책을 정독했으며, 일단 나에게 분석을 받겠다고 결정한 후에는 다른 사람에게 가지 않고 자신의 순서가 올 때까지 오랜 동안 기다렸다는 사실을 알고 있었다.

상담이 시작된지 45분이 지났으며, 그녀의 경우 흔히 그러했듯이, 이 면담의 중요한 작업은 마지막 몇 분 동안에 이루어졌다.

그녀는 한 주전에 나에게 꿈 이야기를 했는데, 그 꿈은 얼마 전에 이야기했던 어떤 작품을 그린 화가에 대한 것이었다. 그는 아직 인정받고 있지 못했지만 그의 그림은 아주 훌륭했다. 꿈에서 그녀는 그림 한 장을 사 갔고, 그 그림은 아마도 최초의 전시회에서 그녀가 보았던 것들 중 하나인 것 같았다. 그러나 그는 이제 많은 그림들을 그렸으며 그는 변해 있었다. 그의 본래의 그림들은 아이가 그린 그림들 같았다. 그녀는 차라리 아동의 그림을 사고 싶었다. 그러나 나중에 그린 그림들은 모두 치밀했고 정교했으며 그 예술가는 본래의 그림들을 기억할 수조차 없었다. 그녀 자신도 그것들 중 하나를 그렸지만, 그는 그것을 기억해내지 못했다.

내가 이 꿈은 말 장애물 뛰어넘기에 관한 기술 및 훈련, 그리고 자율성 상실 등의 주제를 계속해서 보여주고 있다고 말했을 때, 그녀는 즉각 그 생각을 즐겁게 받아들였다. 그녀는 그 주제를 더 발전시켰다. 그것은 초기에 보여주는 가능성의 문제 및 실제로 최종적인 결과를 산출하는 기술의 문제와 관련된 내용이었다.

이것은 그녀가 계속해서 정말로 중요하다고 말했던, 전날의 면담에서 있었던 내용에 대한 새로운 이해의 차원을 열어주었다. 전날 저녁에 그녀는 자신이 말한 것에 대해 줄곧 생각했으며 이제 그것을 기억해냈다.

지난 번 분석에서 그녀는 나와 함께 한참을 걸려 도달한 이 지점에 아주 빨리 도달할 수 있었다. 그러나 예전 분석가는 치료 과정이 자연스럽게 발달할 수 있도록 허용해주지 못했다. 예컨대, 그는 그녀가 그냥 조용히 누워있을 때 그녀에게 일어나라고 하거나 다른 조치를 취하곤 했다. 그래서 그녀는 자신에게서 시작된 자발적인 과정을 상실하곤 했다. 그녀가 그 분석가의 기술이 자신에게 적절하지 않다는 사실을 깨닫게 되기까지는 몇 년의 세월이 필요했으며, 결국에 그녀는 그가 훈련받은 분석가가 아니라는 사실을 발견했다. 설령 그가 훈련받은 분석가였다 하더라도, 그는 정신병 환자인 그녀의 욕구를 충족시켜주지 못했을 것이다(비록 그녀가 알고 있고 함께 살고 있으며 도우려고 했던 많은 정신분열증 환자들처럼 심각한 환자가 아니었음에도 불구하고).

조용히 이루어진 전날의 면담에서 그녀는 자신의 자발성과 접촉할 수 있게 되었고 그 과정에서의 어려움을 잘 극복했다. 그러나 한편 그녀는 잘 시작되었던 나와의 분석이 실패할 수도 있다는 생각에 오히려 마음이 놓이는 것을 경험했다. 즉 그것은 너무 나쁜 일이고 결국 자살로 끝날 것이라는 것을 그녀는 자신의 경험을 통해서 알고 있었다. 그녀는 자신의 기대 속에서 비극적인 상황을 경험하면서도 무감각해지고 고통을 피할 수 있었다. 그녀는 이와 같은 진실을 미리 앎으로써 심지어 자신을 힘있는 존재로 느낄 수 있었다.

그 면담시간에 그녀는 자신의 분석이 평상시처럼 실패하지 않을 것이며, 더 나아가 모든 위험을 감수하고 감정이 드러나는 것을 허용할 수 있을 것이라고 느꼈다. 그리고 그로 인해 자신이 깊이 고통받게 될 것이라는 사실을 깨달았다. 이렇게 해서 그녀는 이번 화요일 면담에 대하여 매우 만족스러워했고, 감사한 마음을 가졌다.

이런 특별한 통찰이 생기자, 그녀는 이제 자신이 때때로 하던 것을 계속해서 할 수 있게 되었다. 그녀는 해체 공포를 지닌 환자들의 치료에서 분석가가 어떤 역할을 갖는지에 대해 유용한 힌트를 제공했다. 그녀는 그런 환자들은 절대적으로 전능한 분석가를 요구한다고 지적했다. 이런 면에서 그들은 정신신경증 환자들과 다르다. 그들은 자신들이 무언가를 두려워하고 있다는 것을 알고 있고, 그것에 대해 말해주는 분석가를 필요로 한다. 중요한 것은 그들 자신이 항상 알고 있는 그것에 대해 분석가가 알고 말해주어야 한다는 것이다. 환자는 분석가가 듣지 않고서도 중요한 점을 볼 수 있는 능력이 있는지를 시험하기 위해서, 분석가가 전혀 알 수 없는 것을 말하거나 행동할 수도 있다.

나는 분석가가 환자의 전지 전능함을 떠맡을 때, 환자가 안심하고 붕괴되고 해체될 수 있으며, 더 심한 정도의 해체 또는 멸절의 불안을 경험할 수 있다고 생각한다.

당연히 분열성 환자는 잘 속는다. 분열성 환자는 돌팔이 의사, 신앙 치료사, 엉터리 분석가 등을 쉽게 믿는다. 사기꾼이 나는 '당신이 지금 어떤지 알고 있으며 치료할 수 있다'고 말하기만 하면, 그 말 한마디에 그에게 빠진다. 이렇게 말하는 사람은 전혀 훈련받지 않았으며, 실제로 무식하거나 허풍쟁이일 것이다. 이것이 첫 단계이다. 그리고 나서 현실검증이 따라오고 그 뒤에 환멸과 희망 없음으로 철수되는데, 그것은 분석가들에게 아주 친숙한 것일 뿐만 아니라, 상당히 환영할 만한 것이기도 하다. 환자를 다음 단계로 발달시키기 위해 분석가는 적절하게 훈련받아야 하고, 체계적인 이론과 성숙한 인격을 가지고 있어야 하며, 환자와 치료에 대하여 일관된 태도를 가지고 있어야 한다. 자신의 영리함을 드러내기를 원하는 분석가들이 있다면, 아마도 그들은 이런 식의 작업을 좋아하지 않을 것이다.

목요일인 다음날 X양은 약속 시간보다 15분 늦게 왔다. 그녀는 면담에 늦은 적이 거의 없었다. 그녀는 차가 제시간에 오지 않았다고 말했으나 사실 그것이 적절한 이유는 아니라고 했다. 그녀는 전날 밤 상담에 늦는 꿈을 꾸었고, 그것이 오늘 지각한 것과 관련되어 있다고 여기는 듯했다. 나는 그녀가 약간 변하였고, 현재 나의 관계와 분석 자체에 대해서 양가감정을 나타내고 있는 것 같다고 해석했다. 그녀는 이 해석에 동의하면서 사실 자신은 지난 며칠동안의 분석이 정말로 만족스러웠기 때문에 특히 면담시간이 기다려졌다고 말했다. 여기에는 면담에 오고싶어 하는 그녀의 소망을 가로막는 다른 요소가 있는 것이 명백했다.

그 일은 앞으로 있을 어려움에 대해 말해주는 것이었다. 즉, 그것은 그녀가 극도로 탐욕적일 수 있음을 보여주는 것이었다. 우리는 이것에 대해 이야기를 나누었고, 나는 그녀의 욕망 안에 강박적 요소가 있다고 해석했다. (우리는 이미 이 문제에 대한 분석 작업을 마쳤다.) 그녀는 자신이 내가 가진 모든 것을 갖겠다고 주장하면, 내가 이 분석 과정을 감당하기가 어려울 것이라고 생각하고 있었다. 이때 훔치는 행동이 나타났고, 그녀는 지난 월요일에 나의 책 한 권을 슬며시 가져갔다.

다른 한편, 내가 지적했듯이 그녀는 어제 내게 분열성 환자들의 분석에서 분석가가 해야 할 역할에 대한 유용한 힌트를 제공함으로써 내게 진 빚을 현장에서 갚은 셈이었다.

그녀는 분석가(식료품 가게 등)를 먹어치우는 것과 관련된 유용한 자료들을 많이 제공했지만, 나는 이 초기 단계에서 구강기 가학성을 해석하지 않았는데, 그것은 다행스런 일이었다. 왜냐하면 나중에 드러난 환자의 핵심적인 문제는 반사회적 경향성 안에 담겨있는 강박적 탐욕이었기 때문이다. 그리고 이것은 박탈의 경험과 관련되어 있었다.

의존 상태에 있는 유아

나는 유아의 경험을 의존이라는 측면에서 다시 이론화해야 한다고 생각한다. 사실 나는 어머니의 행동과 태도에 밀접하게 연결되어 있는 유아를 고려하지 않는, 모든 초기 정신기제들에 관한 진술들에 의구심을 가지고 있다.

선천적 경향성

이러한 생각은 나로 하여금 초기 유아기에 대해 진술하지 않을 수 없게 한다. 유아기의 성장과정은 유아가 가지고 태어난 선천적인 경향성들을 표현하며 여기에는 성숙과정이 포함된다. 성숙과정은 오로지 촉진적 환경이 있는 곳에서만 온전히 전개된다. 초기의 촉진적 환경에 대한 연구는 개인의 성숙과정에 대한 연구만큼 중요하다. 성숙과정의 가장 두드러진 특성은 통합을 향해 나아가고자 하는 욕동이며, 이것은 유아가 성장함에 따라 더욱더 복잡한 존재가 되는 것을 의미한다. 촉진적 환경의 특성은 적응이며, 이 적응은 처음에는 거의 백퍼센트에 가깝게 환경에 의존하는 것으로 시작해서 독립을 향해 점진적으로 발달해 가는 과정에 맞추어, 거의 완벽한 적응으로 시작해서 차츰 적응에서 벗어나는 경로를 거친다.

충분히 좋은 촉진적 환경이 제공될 때(이것은 항상 처음에 유아 돌봄을 자신의 일로 받아들이고 나서 아주 점진적으로 독립된 인간으로서의 자기 자신을 되찾아 가는 어머니의 존재를 의미한다), 성숙과정을 위한 기회가 주어진다. 그리고 어머니의 자아-지원(어머니의 적응) 아래 유아의 성격은 어느 정도 통합을 성취하며, 적당한 시기에 더 많은 것들을 성취한다.

내가 이미 말했듯이, 몇 주, 몇 달, 몇 년이란 시간이 지나면서 유아는 대상과 관계할 수 있게 되고 자신의 정신과 신체를 통합해낸다. 그리고 '나는-이다'의 감정을 경험하며, 자신의 인생을 살아갈 수 있는 준비를 갖추게 된다.

성숙과정에 기초하여 형성된 이런 개인의 발달은 건강한 정신을 만들어 낸다. 그러나 이러한 발달의 과정들이 역행된다면, 거기에는 분열성 유형의 성격장애가 발생하게 된다.

분석 기술의 수정

경계선 사례에 속한 환자를 치료할 때 수정된 분석 기술을 사용하는 것은 매우 중요하다. 치료시 기본적으로 사용하는 것은 고전적인 정신분석 기술이지만, 정신신경증의 정신분석에서 당연히 여겨지는 것들이 여기에서는 수정될 필요가 있다.

정신분석에서 상담환경(setting)은 커다란 중요성을 갖는다. 이 환경 안에서 분석가는 분석가로서의 태도를 유지하며, 분석시간 동안 전이에서 나타나는 세부사항들 외에는 모든 것으로부터 자유로운 상태에서 환자에게 자신을 내어준다. 그는 환자를 믿으며, 환자가 자신을 속인다 해도 환자가 분석가를 속이게 된 동기를 믿어준다.

정신신경증 환자가 전이를 형성할 때, 분석가는 환자가 과거에 이미 경험했던 신뢰할 수 있는 요소를 분석환경에서 발견하고 있다는 사실을 직감하게 된다. 정신신경증 환자는 자신의 경험을 토대로 분석과정을 신뢰할 수 있게 되며, 그의 의심은 양가감정에서 비롯된다.

여기에서 논의된 정신신경증 환자에 관한 진술들은 우울증 환자가 분열성 특징을 드러낼 경우를 제외하고는, 우울증 환자들에게도 마찬가지로 적용된다.

정신분석가가 분열성 환자들과 작업하고 있을 때(그것을 정신분석이라 부르건 그렇지 않건 간에), 통찰을 주는 해석보다는 자아-적응적인 환경을 제공하는 것이 더 중요해진다. 이때 그들은 분석가의 기술을 통하여 상담환경에 대한 신뢰성을 기억하고 재연하는 것이 아니라 최초로 신뢰를 경험하는 것이다.

의존의 위험들

이런 환자들에게서 볼 수 있는 분석가에 대한 의존은 유아가 어머니에 대해 의존하는 것과 같다고 할 수 있다. 이들은 좋지 않은 경험들을 가지고 있기 때문에 분석가에게 의존하기 전에 먼저 그를 시험해본다. 따라서 의존상태에 도달하는 것은 시간이 꽤 걸린다. 실제 유아가 아닌 경우 누군가에게 의존적이 된다는 것은 매우 고통스러운 일이라는 것을 우리는 이해할 수 있다. 그리고 의존상태로 퇴행할 때 감수해야 하는 위험은 실제로 엄청나게 크다. 그 위험은 분석가가 죽을지 모른다는 불안보다는 환자 자신이 경험하는 원초적인 불안, 해체공포, 자기멸절의 공포, 또는 영원히 떨어지는 것 같은 느낌 등의 생생하고 강렬한 공포를 분석가가 믿지 못할 것이라는 불안이다.

안아주기가 갖는 기능

분석가는 환자를 안아준다. 이것은 종종 경험되고 있거나 경험되기를 기다리고 있는 가장 깊은 불안을 분석가가 알고 있고 이해하고 있음을 보여주는 것이며, 그것은 적절한 순간에 말을 통하여 전달되기도 한다. 때때로 안아주기는 신체를 안아주는 것으로 보여지기도 한다. 그러나 일반적으로 신체적 안아주기는 분석가로 하여금 자신의 이해를 언어화하는 과정을 지연시킨다.

귀앓이를 하는 자녀를 달래기 위해 말을 하는 것은 소용이 없다. 아마도 정신병 환자에게 신체적인 안아주기가 필요할 수가 있다. 그러나 결국 최종적으로 필요한 것은 이해와 공감이다.

분석 기술의 비교

정신신경증 사례에서, 사랑과 증오가 전이로 나타날 때 분석가는 그것을 해석해준다. 전이의 출현은 환자가 아동기로 돌아가고 있는 것을 말해주며, 이것은 환자의 대상관계와 관련되어 있다.

우울증적 사례에서, 분석가는 공격성에서 살아남는 과제를 갖는다. 그 공격성은 사랑을 수반하고 있다. 반응성 우울증은 정신신경증과 마찬가지로 전이에 대한 해석을 필요로 하는데 반해, 우울증은 분석가가 환자의 공격성에 살아남는 것을 필요로 한다. 이것은 우울증 환자에게 자신의 내적 실재의 요소들을 다시 모을 수 있는 시간을 줌으로써 환자의 내면에 있는 분석가를 되살려내게 한다. 이것은 우울증 환자가 자아능력을 가지고 있기 때문에 가능하다. 즉 우울증 환자는 죄책감과 양가감정을 다룰 수 있고, 인격이 붕괴되는 일 없이도 개인적인 공격적 욕동을 수용할 수 있는 잠재적인 능력을 갖고 있다.

분열성 환자들의 치료에서 분석가는 제공된 자료에 대한 가능한 모든 해석을 알아야 하지만, 부적절한 해석 때문에 빗나가지 않도록 자제할 수 있어야 하며, 해석보다는 환자에게 단순한 자아-지원과 안아주기를 제공할 수 있어야 한다. 이 '안아주기'는 유아 돌봄에서 어머니가 담당하는 역할과 마찬가지로, 환자가 해체되고, 존재의 연속성이 끊기며, 영원히 떨어지는 느낌을 갖는 경향성을 공감적으로 이해해주는 것이다.

적응과 원본능 욕동의 만족

여기에는 오해의 소지가 있다. 그것은 분열성 환자의 치료와 유아 돌봄에서 '욕구에 적응한다'는 말이 원본능 욕동을 충족시 켜주는 것이라고 잘못 생각하는 것이다. 이 맥락에서 중요한 것은 원본능 욕동들을 충족시키는 것이나 그것들을 좌절시키는 것이 아니다. 보다 중요한 것은 자아의 발달을 위해 자아-지원을 제공 하는 것이다. 한 개인이 만족 또는 좌절과 상관없이 원본능 욕동 들을 경험하기 위해서는 그 경험을 감당할 수 있는 적절한 자아 상태에 있어야 한다.

요 약

정신분열증적 질환들은 초기 유아기의 성숙과정들이 역 방향 으로 진행된 결과이다.

22
청소년 심리치료를 위해
병원이 제공할 수 있는 돌봄[1]
(1963)

청소년기는 성인이 되어가고 있는 시기를 의미하며, 이는 건강한 성장과정의 한 단계이다. 이것은 사춘기를 포함하며, 또한 소년과 소녀가 사회화되어 가는 과정을 포함한다. 여기서 사회화라는 말은 적응이나 순응을 의미하는 것이 아니다. 건강한 경우, 사회화란 성숙한 성인이 되는 과정에서 개인적 충동을 지나치게 희생시키지 않고서 부모 상과 사회의 어떤 면을 동일시할 수 있으며, 반사회적이지 않으면서 본질적으로 자기 자신이 될 수 있는 것을 의미한다. 건강한 경우에 소년과 소녀는 책임을 질 수 있으며, 지난 세대의 유산을 유지하거나 수정할 수 있고, 심지어 그것을 완전히 바꿀 수도 있다. 소년과 소녀들이 결국 성인이 되어 인류의 유산을 다음 세대에게 물려줄 때 인류의 역사는 영원히 이어지게 된다.

---

1 1963년 10월 '개인과 공동체 갱생에 대한 현재의 전망'이라는 주제로 열린 임상 심포지움의 일부로서 미국 메사츄세츠 벨몬트의 맥린 병원에서 강의했음.

청소년기는 모든 소년 소녀가 성장과정에서 거쳐가는 단계이다. 청소년에 관해 이론적으로 고찰을 한다거나 청소년의 정신과적 질병의 문제를 다룰 때 우리는 항상 이 사실을 명심해야 한다.

청소년기에 대한 간략한 서술

청소년기는 폭풍의 시기일 수 있다. 이 시기에 나타나는 의존심과 혼합된 도전적 태도는 부모에게 크게 의존해 있는 청소년기의 상황을 광적이고 엉망진창인 것으로 만들어 버리기 쉽다. 이 시기에 부모들은 자신들의 역할에 당혹스러워 하기 쉽다. 그들은 자녀들을 위해 돈을 들이지만, 결국 자신들이 헛된 기대를 걸었다는 것을 알게 된다. 또는 자신의 청소년 자녀들이 조언을 구하려고 친구를 찾거나 아줌마와 아저씨들 그리고 심지어 낯선 사람들을 찾아가는 모습을 보면서, 자신들이 더 이상 쓸모 없는 존재들이 되었다는 느낌을 갖기도 한다. 가정이 없는 청소년과 병든 청소년의 경우, 사회가 이들을 위한 가정의 기능을 떠맡아야 한다. 극단적인 경우 청소년들은 성인의 범죄기술을 사용하기도 한다. 그리고 이때에는 아주 복잡한 문제가 야기된다. 오이디푸스 갈등으로 인해 고통받는 네 살 짜리 소년은 아버지가 죽는 꿈을 꾸지만, 열 네 살 된 청소년은 아버지를 죽일 수 있는 힘을 가지고 있다. 뿐만 아니라 그는 자살을 할 수도 있고 마약을 구하는 방법을 배우기도 한다. 네 살 된 소녀는 어머니와 동일시하고 또한 임신할 수 있는 어머니의 능력에 대한 질투 때문에 도둑이 등장하는 꿈을 꾸거나 어머니가 죽는 꿈을 꾼다. 그러나 이 소녀가 열 네 살이 된다면, 그녀는 임신을 할 수도 있고, 돈을 받고 자신의 신체를 팔 수도 있다. 그녀는 자신이 사랑하는 사람의 아기를 낳고 싶다거나 아기를 돌보는 일에 헌신하고 싶다는 생각이 전혀 없을지라도 그렇게 할 수 있다. 이 모든 것은 청소년기 자체가 도무지 쉬운 시기가 아니라는 사실을 우리에게 상기시켜준다(위니캇, 1962 참조).

만일 청소년이 공격적 욕동과 밀접하게 연결되어 있다는 견해에 동의한다면, 공격성의 문제가 핵물리학의 발달로 인해 더욱 심각한 것이 되었다는 생각에도 동의할 수 있을 것이다. 우리들 대부분은 이제 어떤 전쟁이라도 전면전이 될 것이라고 생각하거나, 또는 전면전은 있을 수 없다고 생각하기 때문에 어떤 국지전도 일어나서는 안된다고 생각한다. 여기서 우리는 전쟁의 가치가 사람을 죽일 수 있는 면허를 주는 기능에 있다는 점에 대해 고려하지 않을 수 없다. 나는 이 '가치'라는 말에 강조점을 둔다. 왜냐하면 우리 정신의학자나 사회 심리학자는 영구적인 평화가 공동체의 정신건강에 끼치는 영향을 진지하게 고려하지 않으면 안되기 때문이다. 영구적인 평화라는 생각은 정서적으로 성숙한 사람 몇을 제외하고는 모든 사람들에게 심각한 스트레스를 준다. 과연 청소년들은 그들의 모든 공격성을 경쟁적인 스포츠를 통해서 충분히 발산할 수 있는가? 어쩌면 사회는 이처럼 위험성 있는 스포츠를 탄압하거나, 그것을 떳떳하지 못한 것으로 여기거나, 아니면 심지어 반사회적인 것으로 간주하지 않을까? 우리는 이러한 광범위한 질문에 대한 답을 아직 알지 못하지만, 우리가 알 수 있는 것은 당사자들에게 엄청난 비극을 가져다주는 국지전은 편집증을 잠재적 상태에 머무르게 하고, 평화시에는 삶에 대해 현실감을 갖지 못했던 사람들에게 생생한 현실감을 갖게 해줌으로써, 개인의 긴장을 완화시키는데 긍정적인 기여를 한다는 사실이다. 특히 소년들의 경우, 안락한 삶이 비현실적인 느낌을 가져다주는 반면, 폭력은 그들에게 생생한 느낌을 가져다준다.

성장과정 안에 본래적으로 내재되어 있는 이런 문제들에 대해 여러분은 많은 생각을 하게 될 것이며, 특히 이런 청소년을 둔 부모들은 가정이 지닌 역할의 중요성에 대해 많은 생각을 하게 될 것이다. 여러분의 기관은 가정의 대체기관으로서 종종 매우 만족스럽기도 하지만, 오랜 기간동안 한 사람의 병든 가족을 돌보아야 하는 특정한 긴장을 충분히 버텨내기에는 역부족일 것이다.

청소년기에 대한 간략한 진술을 계속해보면, 다음과 같다. 청소년기를 위한 유일한 치료는 시간이 경과하여 청소년이 성인이 되는 것이다. 우리는 청소년들을 마치 그들이 정신과적 장애로 고통받고 있는 것처럼 치료하려 하면 안된다. 나는 청소년 개인에게 무엇이 일어나고 있는지를 알지 못한 채 기다려야 하고, 기다리는 일 외엔 다른 출구가 없는 그 기간을 일컬어 '청소년기 답답증'(adolescent doldrums)이란 말로 묘사했다. 이 기간 동안에 청소년은 자신이 동성애인지 이성애인지 또는 자기애적인지 알지 못한다. 그에게는 아직 정체감이 확립되지 않았으며, 미래를 개척하고 졸업시험을 위해 공부하는 일이 어째서 의미 있는 것인지를 깨닫게 해주는 삶의 철학도 없다. 그에게는 아직 개인적인 정체성을 상실하지 않으면서 부모 상과 동일시할 수 있는 능력이 없다.

청소년은 삶의 문제를 거짓으로 해결하는 것에 대해 거세게 반발한다. 만일 우리가 성인으로서 그들에게 어떤 거짓된 해결책을 제공하는 대신에 그들에게 발생하는 강한 욕구들과 구체적인 도전들에 대응해주고 그것들을 다루어준다면, 우리는 청소년을 위해 중요한 공헌을 하는 것이다. 이때 우리는 청소년이 의존으로의 퇴행과 도전적인 독립심을 번갈아 표현하리라는 것을 예상할 수 있다. 우리는 그에게 기분 전환과 치료를 제공하는 대신,

그 자리에 서서 버텨주면서 시간을 주는 방식을 택할 것이다.

청소년기의 질병

당연히 우리는 이 발달 시기에 다음과 같은 모든 종류의 장애가 발생하는 것을 발견한다.

본래적인 정신신경증.
결코 광증으로 분명히 나타나지는 않지만, 숨은 정신병을 가지고 있는 히스테리
근저에 우울증을 지닌 정동장애. 이것은 다음의 것들을 포함한다.
　조울적 변동
　조적-방어(우울증의 부인이나 부정)
　자기팽창 그리고 편집증과 우울증의 복합증세
　시험기간 동안에 붕괴를 위협하는 거짓자기 인격
　분열성 장애 집단. 이것들은 통합과 전반적인 성숙과정들
　　이 해체되는 것을 포함한다. 임상적 증상들은 현실과의
　　접촉 결여, 정신과 신체의 해리, 분열 그리고 정체감 상실
　　을 포함한다.

우리는 지금 사춘기와 청소년기의 환자들을 다루고 있다. 이 단계에서 정상과 질병을 가려내는 것은 어려운 일이다. 또한 이런 사례들에서 돌봄과 관리에 의해서 치료를 제공하는 것이 좋은가, 아니면 심리치료를 제공하는 것이 좋은가 하는 것은 어려운 문제이다. 대개 우리는 심리치료가 필요하다고 판단되는 환자

에게 심리치료를 제공한다. 우리는 환자를 위해 기관의 돌봄과 특별한 정신간호를 제공할 때, 그러한 돌봄이 환자로 하여금 건설적으로 퇴행할 수 있게 하는 시점에 유의하지 않으면 안된다. 우리는 통찰력을 사용할 수 없는 사람들을 위해서는 돌봄이나 정신간호를 제공할 것이고, 마침내 퇴행적 현상이 나타나기를 기대할 것이다. 그리고 어떤 경우에는 심리치료를 추가할 수 있는 적당한 시기를 기다릴 것이다.

병원 상황에서 돌봄과 심리치료의 상호작용을 촉진시킨다는 것은 가장 필요한 것이면서도 동시에 가장 어려운 작업이다. 그것이 왜 그리 어려운가? 간단히 말해서 돌봄을 담당하는 사람들과 치료를 담당하는 사람들이 서로 상대방의 가치를 인식하지 못한 채 서로를 질투할 뿐 아니라, 어떤 환자들은 이 두 집단 사이의 분열을 조장하는 경향이 있기 때문이다. 여기에는 종종 환자 부모들 사이의 긴장이 반영되기도 하며, 또한 부모들이 한편이 되는 것에 대한 환자의 두려움(무의식적인 환상체계에서)이 전치되어 나타나기도 한다.

다양한 장애를 가지고 있는 소년 소녀들의 관리나 돌봄에 대해 많은 것을 말할 수 있겠지만, 여기에서는 특별히 자살의 문제에 대해서만 언급하겠다. 청소년들의 관리를 맡은 사람들은 자살, 무단결석, 이따금씩 광적으로 폭발하는 살기 그리고 유리를 깨뜨리고 물건을 파괴하는 청소년의 행동들과 친숙해질 수 있어야 한다. 정신과 의사가 이런 끔찍한 난동에 협박당한다면, 그는 자신이 돌보는 공동체의 나머지 사람들을 위해 최선을 다할 수 없을 것이다. 이것은 환자의 반사회적인 경향성에 의해 정신과 의사가 협박당하는 것과 마찬가지이다. 물론 실제적인 파괴는 도움이 되지 않는다. 우리의 목적은 그러한 파괴나 자살의 예방에 있다. 여기에서 요구되는 예방은 인격적인 요소를 통해서 이루어질 수 있는 것이지 기계적인 억제를 통해서 이루어질 수 있는 것이 아니다. 그리고 인간이 할 수 있는 것에는 한계가 있으므로 예방에도 실패가 있을 수 있음을 인정할 필요가 있다.

앞에서 제시한 나의 개략적인 분류에는 한 가지 중요한 문제, 즉 소년 소녀를 비행과 상습적인 범행으로 이끌 수도 있는 반사회적 경향성이 제외되었다.

'반사회적 경향성'이란 용어는 초기 발달에서 발생한 박탈의 경험과 연결되어 있으며 동시에 정상적인 아동의 행동과도 연결되어 있다. 이 경향성은 무의미한 충동으로 나타나기도 하는데, 그때 아동에게는 '비행아'라는 꼬리표가 붙게 된다.

이것을 정신신경증 및 정서장애 그리고 정신분열증으로 분류해서는 안된다. 그것은 청소년의 성장 증후 안에 본래적으로 포함되어 있는 장애이다. 바로 이러한 장애에는 특별한 관리의 문제가 요구된다. 여기서 이 주제에 대하여 상세히 논할 수는 없지만, 나의 기본적인 생각은 아동의 반사회적 경향성은 박탈의 상처를 치유할 수 있는 희망(무의식적인)을 나타낸다는 것이다(위니캇, 1956).

성숙과정과 병리적 과정의 상호작용

나는 이제 예방과 치료에 종사하는 모든 사람들이 부딪치게 되는 매우 어려운 문제에 관해 말하겠다. 개인 성장과정의 이 시기에, 건강과 정상상태를 진단하고 그것을 정신과적 장애와 구별하는 것은 분명히 어려운 일이다. 청소년기는 정신과적 질병의 형태를 뒤바꾸기 때문이다.

여기에 스무 명의 청소년이 있다. 그들은 각각 독립된 인격들이지만, 대중가수, 트위스트, 재즈, 유행하는 의상, 답답증과 같은 공통의 관심사가 있을 때 자연스럽게 함께 모여 집단을 구성한다. 이들 청소년 집단들의 한 구석에는 자살을 시도하는 우울한 소년 소녀가 있다. 이에 따라 집단 전체는 함께 우울한 기분에 빠지며, 자살을 시도한 그와 함께 한다. 또는 그 집단의 다른 누군가가 아무런 이유 없이 유리창을 깨뜨리면, 이제 집단의 모든 청소년들은 유리창을 깨뜨린 그와 함께 한다. 또 다른 한 소년이 동네 아이들을 따라 상점에 침입해서 담배를 훔치거나 범법행위를 저지르면, 이제 집단의 모든 구성원들은 함께 범법자가 된다.

그러나 이 모임을 구성하고 있는 대부분의 소년 소녀들은 자살하지도 않고, 살인하지도 않으며, 폭력을 휘두르거나 물건을 훔치는 일없이 이 시기를 잘 극복할 것이다.

다른 말로 하면 답답해하는 시기를 보내고 있는 청소년들은 자신들이 지니고 있는 잠재적 증상을 현실감 있게 느끼기 위해서 집단의 주변에 존재하는 병든 개인을 이용하는 것처럼 보인다. 이제 나는 하나의 사례를 제시함으로써 진단과 관리의 문제를 설명해보겠다.

한 소년의 사례

나는 8세 때 처음 내게 온 한 소년의 사례를 언급하겠다. 그 소년은 그 나이에 벌써 초기 아동기에 심각한 정신질환을 앓았던 어머니의 돌봄에서 비롯된 불만스런 정서를 드러내고 있었다. 치료를 시도했지만, 어머니의 질병 때문에 성공하지 못했다. 그 소년은 15세 때에 다시 나에게 치료받으러 왔다. 면담에서 그는 폭력적인 자신의 공격성에 대한 아주 중요한 단서를 제공해주었다. 실제로 그는 아버지를 죽이려 한 적이 있었다. 이것은 그가 그림을 그려가면서 설명해주었던 꿈에서 드러났다. 그 그림은 그가 여자 친구의 손을 향해 자신의 손을 뻗치고 있는 것이었다. 그 두 사람의 손 사이에는 유리로 된 장벽이 가로막고 있었다. 그가 두려워하고 있는 폭력은 그와 현실세계 사이에 있는 장벽, 즉 그의 본능이 대상-관계에 더 깊이 참여할수록 점점 확실히 느껴지는 장벽을 깨뜨리고자 하는 시도와 관련된 것이었다.

나는 이 소년을 정신병원의 원장으로 있는 나의 동료에게 의뢰했는데, 그는 나의 견해를 따라서 그 소년을 정신분열증 환자로 입원시켰다. 병원은 이 소년을 잘 돌보았고, 그는 곧 병원생활에 적응할 수 있었다. 중요한 것은 그가 일시적이나마 어머니의 심각한 정신적 질병으로부터 보호받을 수 있는 안식처를 찾았다는 것이다. 비록 오래 지속될 수는 없었지만, 이 소년이 갑자기 변할 수 있었던 것은 의심할 여지없이, 그가 대체 가정을 발견할 수 있었기 때문이다. 그는 병원에서 안정감을 되찾고 난 얼마 후, 그가 심하게 의존했던 여자 친구와의 관계를 끊을 수 있었다. 병원으로 오기 전에 그는 이 소녀와 전화로 긴 대화를 나눈 후에 한없이 울곤 했으며, 전화와 전화줄은 꿈 속에서 그와 그 소녀 사이를 가로막았던 유리창과 같은 것이었다. 그는 자신과 그 소녀 사이에 무엇인가가 연결되어 있다고 생각함으로써 자신의 사랑과 그 소녀에 대한 강력한 의존을 온전히 느낄 수 있었다. 그는 이 소녀에게 병든 어머니에 대한 감정을 전치시키고 있었다. 이 여자 친구에 대한 집착을 포기한 후에 그의 건강은 호전되었고 다른 환자들 및 직원들과도 더 잘 지낼 수 있게 되었다.

이 소년의 사례를 지금 이 병원[2]의 강연회에서 소개하는 이유

2 미국 매사추세츠 벨몬트에 있는 맥린 병원

는 무엇이겠는가? 우선 이 사례는 기관이 청소년을 돌보게 될 때 수반되는 어려움을 설명해준다. 병원에서 그 소년은 훌륭한 작업치료와 예술치료를 받았다. 그는 모형을 만들고 그림을 그리는 것과 같은 아주 창조적이고 독창적인 작업을 즐겼다. 그가 행한 모든 것은 놀라운 의미를 가지고 있었다. 따라서 종종 정신병 환자들 또는 그와 유사한 환자들은 자기표현을 통해 재활을 위한 작업을 할 때 깊은 보상을 받는다고 말할 수 있다. 소년이 아주 많이 호전되었고 이 작은 공동체 안에서 새롭게 형성한 세상과의 관계를 많이 즐길 줄 알게 되었기 때문에, 의사들이 그의 진단 명을 바꾸었다는 사실은 매우 중요하다. 의사들은 이제 그가 히스테리 및 약간의 반사회적인 성향을 지닌 성격이라고 진단했고, 그의 병의 주된 원인을 가정환경이라고 생각하게 되었다. 따라서 의사들은 소년이 가진 모든 어려움을 잘 이해할 수 있는 교장 선생님이 있는 좋은 학교를 찾아낸 후에 그를 퇴원시켰다. 그러나 몇 달이 지난 후에 그 소년은 학교에서 다시 증상을 보였고 병원에 입원했다. 그는 폭력적이고 파괴적인 모습을 나타냈고 공부에 전념하지 못했다. 그에게 정신분열증이라는 진단이 다시 적용되었다. 그는 곧 학교에서 제적당했고, 현재 그의 부모는 그가 집에 돌아올 때면 자신의 어려움을 극복하고 집으로 돌아올 수 있기를 바라면서 세계 여러 나라들을 여행할 수 있도록 해주었다. 여행을 하는 동안 그는 물론 심각한 어려움에 빠질 수도 있고, 또는 심지어 누군가에게 해를 입힐 수도 있을 것이다.

성공한 사례가 아님에도 불구하고, 이 사례를 제시하는 이유는 병원의 재활분과가 성공적으로 운영될 때 임상적 상황을 변화시킬 수 있으며, 그리하여 환자가 회복하게 되면 본래의 진단명은 사라진다는 사실을 보여주기 위해서이다. 재활분과에 종사하는 사람들은 이런 위험들을 인식할 필요가 있으며, 겉으로 드

러나는 현상에 쉽게 속아서는 안될 것이다. 예컨대, 실제로 환자
가 잠재적 건강을 암시할 수 있지만, 아직은 건강한 것으로는 볼
수 없는 훌륭한 예술적 산물에 속지 말아야 할 것이다.

요 약

이 글은 청소년기의 몇 가지 특징들과 사춘기에 정신적으로
병든 아동들이 드러내는 특징적인 증상들에 관한 논의이다. 나는
이 연령 집단에 있는 환자들을 관리하는 일의 어려움과 이런 재
활 시설의 제공에 따른 어려움을 설명하기 위해서 위의 사례를
제시했다.

23
유아 및 아동 돌봄과
정신분석 상담에서의 의존[1]
(1963)

개인의 초기 삶이나 정신분석 치료의 전이에서 의존의 개념은 새로운 것이 아니다. 다만 나는 초기 삶의 의존과 정신 분석치료에서의 의존이라는 두 의존 사이의 관계를 재진술하고자 한다.

이를 위해 프로이트를 인용할 필요는 없다. 환자가 분석가에 의존한다는 것은 이미 잘 알려져 있으며, 모두가 전적으로 인정하고 있는 부분이다. 예컨대, 한두 달 정도 계속되는 긴 여름 휴가 동안 분석가는 새 환자 받아들이는 것을 꺼린다. 분석가가 우려하는 것은 분석이 중단되는 것에 대한 환자의 반응이 분석에서 유용하지 않은 깊은 변화들을 가져오는 것이다. 나는 이 주제를 다루는 것으로 이 논의를 시작하겠다.

한 젊은 여성 환자는 나와 상담을 시작하기 전에 몇 달 동안 기다려야 했고, 상담을 하게 되었을 때 나는 그녀를 일주일에 단

---

1 1962년 10월 보스톤 정신분석 학회에서 발표되었으며, 정신분석학회지 44호, pp. 339-44에 실렸음.

한 번만 볼 수 있었다. 얼마 후 내가 한 달 동안 외국에 나가게 되었을 때, 나는 떠나기 전 얼마동안 그녀가 매일 상담을 할 수 있도록 조처했다. 분석에 대한 그녀의 반응은 긍정적이었고 치료의 진전은 빨랐다. 독립심이 강한 이 젊은 여성은 나에게 매우 의존적이 되고 있음을 보여주는 꿈을 꾸었다. 꿈에서 그녀는 거북이 한 마리를 가지고 있었다. 그 거북이는 껍질이 부드러워서 보호받지 못하고 죽을 것 같았다. 그녀는 견딜 수 없는 고통으로부터 구해주기 위해 그 거북이를 죽였다. 그 꿈 속의 거북이는 그녀 자신이었다. 이 꿈은 자살 경향성을 가리키고 있었으며, 사실 그녀가 내게 치료받기 위해 온 것도 바로 이 문제 때문이었다.

문제는 그녀가 아직 분석에서 내가 멀리 떠나는 것에 대한 자신의 반응을 다룰 수 있는 시간을 갖지 못했다는데 있었다. 그래서 그녀는 이런 자살 꿈을 꾸었고, 신체의 어느 부분이 아픈지 잘 모르는 상태에서 막연하게 병을 앓았다. 나는 휴가를 떠나기 전에 가까스로 시간을 내서 그녀의 신체적 반응과 내가 떠나는 것 사이에 어떤 관계가 있음을 그녀가 깨달을 수 있도록 도와주었다. 내가 떠나는 것은 그녀가 아기시절에 겪었던 외상적 경험 또는 경험들을 재연하는 것이었다. 그것은 한 마디로 말해서, 마치 내가 그녀를 안아주고 있다가 다른 어떤 문제로 인해 그녀를 방치하게 되자, 그녀는 자기멸절의 불안을 느끼게 되었다는 것이다. 이것은 그녀가 한 말이었다. 그녀는 자살함으로써 의존적이고 취약한 상태의 멸절 불안에 노출되는 것을 막고 싶어 하는 것이다. 그녀는 삶에 대해 강한 충동을 지닌 건강한 자기(self)와 몸을 소유하고 있었지만, 종종 죽고 싶은 충동을 느꼈다는 기억을 지니고 있었다. 그녀가 지금 앓고 있는 병은 이런 죽음 충동이 몸으로 나타난 것이었다. 그녀는 내가 그녀에게 어떤 일이 일어나고 있는지를 해석하기 전까지는 그 충동에 대해 무기력하게 느꼈지만, 그 후 안정감을 찾았으며 나를 떠나보낼 수 있게 되었다. 그녀의 신체적 질병도 차츰 나았다. 이것은 물론 한편으로 그녀가 적절한 치료를 받고 있었기 때문이기도 했다.

이 사례는 전이 의존을 과소평가할 경우에 생길 수 있는 위험을 보여주는 것이다. 놀라운 사실은 해석이 변화를 가져올 수 있었다는 것이며, 환자에 대한 깊은 이해와 적절한 순간에 주어지는 해석은 신뢰할 만한 적응의 한 형태라는 점이다. 이 사례에서 환자는 나의 부재를 감당할 수 있게 되었다. 그녀는 확신을 가질 수 있었기 때문에 멸절 불안에 압도되지 않았으며, 나의 관심의 대상으로 남아있다는 긍정적인 느낌을 유지할 수 있었다. 그러나 시간이 좀 더 지난 후에, 보다 완전한 의존 상황이 발생한다면, 그때에는 언어적 해석만으로는 충분하지 않거나 소용없을 수도 있다.

나는 이 분석 사례에서 두 가지 방향 중 하나를 택할 수 있었다. 하나는 상실에 대한 반응을 분석하는 것으로서, 정신분석 훈련과정에서 배운 대로 따르는 것이다. 다른 하나는 이 글에서 제시하고자 하는 것으로서, 우리가 분석을 시작한 직후에 멀리 떠나는 것을 피해야 하는 이유와도 연결되어 있는 것이다. 그것은 환자가 능력 있는 자아가 아니라 취약한 자아를 가지고 있음을 인식하는 것이다. 우리는 환자가 느끼고 있는 것을 어느 정도 공감해주고 이해해줌으로써 다양한 방식으로 환자들의 욕구를 충족시켜줄 수 있다. 우리는 투사를 통해서 우리 자신이 가지고 있는 것을 환자 안에서 발견할 수 있다. 이 모든 것은 조용히 이루어지는 것이며, 우리가 잘하고 있는 동안에 환자는 대체로 우리가 무엇을 하고 있는지 알지 못한다. 그는 일이 잘못될 때에만 우리의 역할에 대해 인식하게 된다. 이런 면에서 우리가 실패할 때, 환자는 예측할 수 없음으로 인해 불안으로 반응하게 되고 자신의 존재의 연속성이 깨어지는 어려움을 겪는다. 나는 이 글의 후반부에서 젯젤(Zetzel)이 제네바 학회에서 발표한 논문(1956)에 대한 논의와 관련해서 이 점을 특별히 다룰 것이다.

나의 일반적인 목적은 정신분석적 전이에서 발생하는 의존을 유아 및 아동의 발달과 돌봄 과정에서의 의존과 관련시키는 것이다. 즉 나는 심리내적 요소가 아닌 외적 요소를 평가하고자 한다. 지난 40년의 소아 정신의학 역사에서 정신분석이 견지해왔던 입장을 간략하게 진술한다면, 다음과 같이 말할 수 있을 것이다. 즉, 정신분석은 정신신경증을 개인의 자아를 위협하는 원본능 욕동에서 비롯된 심리내적 긴장의 증거로 보는 관점을 유지해오면서, 개인적 요소들, 즉 개인의 정서적 성장과 관련된 정신기제들, 개인의 방어 조직으로 이끄는 내적 긴장들과 스트레스 등에 관심을 집중해왔다는 것이다. 그러나 우리는 여기서 자아 취약성의 문제 그리고 그와 관련된 의존의 문제로 관심의 초점을 바꾸고자 한다.

정신분석가들이 환경적 요소에 대해 기술하기를 꺼리는 이유는 간단하다. 그것은 소아 정신의학에서 심리내적 긴장의 중요성을 무시하거나 부인하는 사람들이 주로 외적 요소의 나쁜 측면만을 질병의 원인으로 강조해왔기 때문이다. 그러나 이제 정신분석 이론은 훌륭하게 확립되었고, 따라서 외적 요소의 나쁜 측면과 좋은 측면 모두를 조사할 수 있게 되었다.

만일 우리가 의존이라는 개념을 받아들인다면, 우리는 이미 정신분석의 외적 요소에 대한 조사를 시작한 것이다. 그리고 실제로 분석가의 훈련과정이라는 측면에서 볼 때, 정통 정신분석에서 가장 본질적인 요소는 외적인 요소, 즉 충분히 좋은 분석가이다. 이 모든 것은 자명하다. 그러나 여전히 이런 외적 요소의 실제적인 중요성을 무시하거나 또는 분석과정에서 내적 요소들을 무시하면서 항상 외적 요소만을 말하고 있는 사람들을 발견할 수 있다. 젯젤이 최근의 세미나에서 말했듯이, 초기에 프로이트는 모든 신경증 환자들은 아동기의 성적 외상 경험을 가지고 있다고 생각했다. 후에 그는 그러한 외상이 실제 사건이 아니라 환상적 소망 안에서 발생한 것이라고 수정했다. 그 후 몇십 년 동안 이 후기의 견해가 유지되었다. 지금 우리도 이런 견해를 인정하고 있다.

외적 요소를 세심하게 조사하는 것을 통해서, 나는 분석가의 성격, 환자와 동일시할 수 있는 능력, 기술적 방법 등의 주제들을 다양한 아동 돌봄의 내용과 관련시킬 수 있었으며, 또한 분석가의 기본적인 역할을 임신 말기와 출산 후 몇 달 동안에 어머니가 처하게 되는 특별한 상태(아버지도 마찬가지이지만 그에게는 이것을 보여줄 기회가 충분하지 않다) 및 그녀가 유아를 돌보는 특별한 방식과 관련시킬 수 있었다.

우리가 알고 있듯이, 정신분석이 아동 돌봄과 같은 것은 아니다. 사실 아동의 입장에서 볼 때, 부모가 아동들의 무의식을 해석하는 것은 나쁜 부모에 대한 경험에 속한다. 그러나 분석가로서의 우리 작업을 돌이켜 본다면, 아동 돌봄이나 유아 돌봄과 관련되지 않은 부분이 없음을 발견하게 된다. 우리는 실제로 부모가되고 자녀들을 갖는 것을 통해서, 아주 어린 아기를 돌보는 어머니나 출산이 임박한 어머니를 관찰하는 것을 통해서, 그리고 부모가 그러한 돌봄에서 실패하는 것과 그 후에 병든 아동의 임상 상태를 서로 관련시켜보는 것을 통해서, 환자의 치료를 어떻게 해야할지를 배울 수 있다. 우리는 정신신경증이 부모에 의해 발생한 것이 아닌 것을 아는 것처럼, 아동의 정신건강이 충분히 좋은 부모나 어머니의 돌봄 없이 성립될 수 없다는 것 또한 알고 있다. 우리는 또한 나쁜 환경이 질병의 직접적인 원인이 될 수 있듯이, 새롭게 교정된 환경에 대한 경험이 직접적으로 환자를 치료할 수 있다는 것도 알고 있다. 나는 이 점에 대하여 이 글의 끝 부분에서 다시 언급할 것이다.

임상 사례를 살펴보자. 분석의 아주 초기에 이 환자는 종종 허약하고 손상 입은 동물로 나타나는 꿈을 꾸었으며, 그 중에 하나가 부드러운 껍질을 가진 거북이의 꿈이었다.[2] 여러분은 이것이 의존으로의 퇴행이 발생할 것임을 예시해주는 꿈이라는 사실에 주목했을 것이다. 환자는 전에 분석을 받은 경험이 있었는데, 그 분석가는 여러 해 동안 환자의 행동화나 분석가에 대한 의존 현상이 나타날 것을 두려워하여 그에게 퇴행을 허용하지 않았다. 따라서 그녀는 다른 환자와 마찬가지로 그 날에 또는 그 순간에 적합한 해석을 필요로 했으면서도, 특히 퇴행에 대한 강력한 욕구를 가지고 있었다.

만일 내가 이런 사례에서 해석의 문제를 좀 더 깊이 다룬다면, 나는 심리내적 기제와 의존이라는 이 두 가지 요소가 어떻게 연관되어 있는지를 보여줄 수 있다고 생각한다. 이 두 가지 요소는 그 용어의 정의상 환경과 그 태도를 포함하는 개념이다.

나는 위의 사례에서 내가 떠나는 것에 대한 환자의 반응을 (분노에 의해 강화된 사랑에 해당되는) 구강기 가학성의 측면에서 해석할 수도 있었다. 그런 관점에서 본다면, 이때 그녀의 분노는 나에 대한 분노뿐만이 아니라 젖을 뗀 어머니를 포함하여 그녀의 삶에서 그녀를 떠나갔던 모든 사람들에 대한 분노로 강화된 것이었다. 이처럼 나는 환자가 나에게 말한 것을 토대로 하여 사려깊은 해석을 해줄 수 있었을 것이고, 그렇게 함으로써 나는 좋은 해석을 해주는 나쁜 분석가가 되었을 것이다. 여기에서 특

---

2 그녀는 꿈에서 말썽을 부릴까봐 쏘아죽인 말로 나타날 수도 있다.

히 중요한 요소는 자료가 제공되는 방식이다. 분석작업에서 우리는 항상 환자가 지닌 자아의 능력이 어느 정도인지를 평가하는데, 이 사례에서는 특히 이것이 중요한 요소였다. 환자는 내가 자료를 섬세하게 사용할 것이라는 신뢰를 가지고 자신의 자료를 제공했다. 그녀는 모든 약과 질병 그리고 약간의 비판에도 과민하게 반응했다. 만약 내가 그녀의 자아 능력을 평가할 때 조금이라도 실수를 저지른다면, 그녀는 민감하게 반응할 것임을 나는 예측해야만 했다. 그것은 그녀가 너무나 쉽게 자기멸절의 위협을 느꼈기 때문이다. 물론 그녀는 임상적으로 매우 강한 성격의 소유자로 보이는 지극히 독립적이며 방어적인 사람이었으나, 내적으로는 삶에 대한 허망감과 생생하지 않은 느낌으로 고통받고 있었다.

실제로 그녀의 자아는 어떤 강렬한 감정도 담아낼 수 없었다. 증오, 흥분, 공포는 모두 낯선 것으로 느껴졌으며, 너무 쉽게 신체적인 증상으로 전환되어 경련을 일으키거나 생리기능을 왜곡시키곤 했다.

환자에게 퇴행적이고 의존적인 꿈이 나타난 이유는 내가 해석을 자제한 채 적절한 순간에 사용하기 위해 모든 자료들을 모으고 있다는 사실과 이제 곧 나타나게 될 의존에 대한 욕구를 내가 받아줄 것이라는 사실을 환자가 알게 되었기 때문이다. 이런 의존 기간은 환자에게는 몹시 고통스러운 것이었으며, 그녀 자신도 이것을 알고 있었다. 그리고 거기에는 자살의 위험도 있었다. 그러나 그녀가 말했듯이, 그 외에 다른 길은 없다. 다른 하나의 길이 있다면, 그것은 그녀의 분석가가 그녀의 의존 욕구에 대응해주지 못함으로써 퇴행을 경험할 수 없게 되는 것이다. 그때 그녀는 정신 신체적 질병을 앓게 될 것이고, 통찰이나 정신적 돌봄이 아닌 신체적인 돌봄을 필요로 하게 될 것이다. 분석가는 왜 환자

가 자기멸절의 위협 아래에서 살기보다는 오히려 자살을 택하는
지를 알아야 한다.

이런 방식으로 자료를 살펴볼 때, 우리는 분석과 의존욕구가
만나는 지점에 도달하게 된다. 일반적으로 만족스런 상담에서 하
나의 정확한 해석이 분노나 흥분을 산출한다면, 이것은 환자가
아직 이러한 강렬한 정서적 경험들을 다룰 준비가 되어 있지 않
다는 것을 말해준다. 이런 이유로 나는 분석과정의 초기에 환자
와 떨어져 있게 되는 문제를 해석하는 것은 옳지 않다고 말했던
것이다.

위에 제시된 사례에서 나는 앞으로 있게 될 치료과정과 그녀
의 질병의 성질에 대해, 그리고 그녀의 치료과정에 내재되어 있
는 위험에 대해서 의논하면서 이렇게 말했다.[3] '비록 당신이 직접
적으로 인식한 것은 아니지만, 당신의 몸이 이렇게 아픈 것은 신
체적인 질병을 사용해서 내가 멀리 떠나는 것에 대한 당신의 반
응을 숨기고 있는 것입니다. 그러므로 당신은 마치 당신이 아기
였을 때 다른 사람이 당신을 아프게 했었던 것처럼, 내가 당신에
게 병을 주었다고 생각했고, 그래서 당신은 화가 났던 것입니다.'
그녀는 이렇게 말했다. '하지만 나는 그렇게 생각하지 않아요!(실
제로 그녀는 신체를 돌보는 의사를 박해자로 간주하는 경향을
가지고 있었으면서도, 나를 계속해서 이상화된 위치에 남겨두고
싶어했다.)' 따라서 나는 '당신의 증오와 분노를 표현할 수 있는
길은 활짝 열려 있습니다. 그러나 분노는 그 길로 가기를 거절하
고 있군요.' 라고 말해주었다.

환자는 자신이 아주 신속하고 자발적으로 의존적이 되었던 주

---

3 나는 그녀가 자료를 제시하는 방식에 대해 그녀의 지적인 수준에 분명히
　영향을 받았다.

된 이유를 매 순간 새롭게 발생하는 것을 반겨주는 나의 허용적인 태도 때문이었다고 말했다. 실제로 그녀는 상담을 마치 사교적 방문처럼 시작하곤 했다. 그녀는 상담의자에 누워서 자신과 주변에서 일어나는 일들에 대하여 아주 분명히 알고 있음을 보여주었다. 나는 놀이를 즐기듯이 모든 것을 다루었으며, 거기에는 침묵의 순간도 많이 있었다. 매번 상담이 끝날 무렵에 그녀가 우연히 꿈 하나를 기억해내면, 나는 그 꿈을 해석해주곤 했다. 이런 식으로 제시된 꿈들은 그리 모호한 것은 아니었고, 대체로 꿈이 드러내는 환자의 저항은 그 꿈이 생각나기 이전의 45분간의 자료 안에 담겨 있었지만, 해석을 위한 좋은 자료는 아니었다. 이것은 꿈을 꾸고 기억하고 제시하는 것 모두가 자아가 지닌 힘과 구조의 범위 안에서 일어나는 것임을 보여준다.

따라서 이 환자는 얼마 동안 나에게 매우 의존적이 될 것이다. 이 의존은 나를 위해서 뿐만 아니라 그녀 자신을 위해서 전이 안에서, 즉 분석환경과 상담의 테두리 내에서 유지되어야 할 것이다. 그러나 우리가 어떻게 그것을 미리 알 수 있겠는가? 어떻게 우리가 욕구에 대한 평가와 관련된 이런 문제에 대해 진단을 내릴 수 있겠는가?

아동 돌봄의 문제와 관련해서, 자신의 불안 때문에 자녀의 응석을 받아주지 않았던 부모가 때때로 자녀에게 응석을 부릴 수 있는 퇴행의 시기를 허용해줌으로써 자녀의 자아가 성장하는데 필요한 조건을 제공해주었던 예들을 제시하고자 한다. 이 응석받이 기간은 아동으로 하여금 의사나 아동상담 기관의 개입 없이도 스스로 자신의 문제를 극복할 수 있게 해준다. 이것은 가정생활에서 부모가 자녀를 돌볼 때 공통적으로 경험하는 것이기도 하다. 몇 시간 또는 며칠 또는 몇 주 동안 아동은 특별한 상황에서 실제보다 더 어린아이인양 행동한다. 때때로 아동은 자신의

머리를 부딪히거나 손가락을 베기도 한다. 그는 순간적으로 네 살 짜리 아이로부터 두 살 짜리 아이로 변해서 소리를 지르고 어머니의 무릎에 자신의 머리를 비비며 위안을 얻기도 한다. 그리고 나서 즉시, 또는 잠을 자고 난 후에 그는 더 많이 성장하여 그 자신의 연령 또래보다 더 의젓해지는 모습을 보인다.

두 살 된 남자 아동이 있다(위니캇, 1963). 그가 20개월이었을 때 어머니는 다시 임신했으며 매우 불안해했다. 이때 그는 어머니의 불안에 아주 심하게 반응했다. 그의 어머니는 임신했을 때 극히 불안해지는 특성을 지니고 있었다. 그는 갑자기 변기사용을 포기했으며 말을 하지 않았고 다른 모든 성장이 정지되었다. 아기가 태어났을 때, 그는 아기에게 적대감을 보이지는 않았지만 아기처럼 목욕하길 원했다. 어머니가 아기에게 젖을 먹이는 동안 그는 엄지손가락을 빨았다. 이것은 전혀 새로운 행동이었다. 그는 여러 달 동안 부모의 침대에서 자고 싶어하는 등 부모가 자신을 한없이 받아줄 것을 요구하곤 했다. 그의 언어발달은 지체되었다.

부모는 이 모든 아동의 변화와 요구에 잘 적응해주었다. 이런 모습을 보고 이웃들은 부모가 아동의 버릇을 망치고 있다고 말했지만, 결국 그 소년은 퇴행상태에서 빠져 나올 수 있었다. 부모는 소년이 자신들에게서 돈을 훔치는 시기를 거쳐 8세가 되었을 때 모든 문제가 극복되었음을 알 수 있었다.[4]

이것은 소아 정신의학에서 흔히 볼 수 있는 유형이며, 특히 심각하지 않은 문제들로 병원에 오는 아이들에게서 일반적으로 일어나는 일이다. 이런 사례에서 우리가 즉각적으로 아이에게 정신

---

4 안나 프로이트는 메닝거지에 인쇄된 논문(1963)에서 자아-퇴행의 주제를 다루었다.

분석적 치료를 하는 것은 옳지 않다는 것이 나의 중요한 입장이다. 그보다는 이 아이가 아기처럼 구는 행동을 부모가 어떻게 관리할 것인가를 도와주어야 한다. 물론 우리는 부모들이 환자의 이런 퇴행을 받아주는 동안에 정신분석적인 도움을 줄 수 있는 위치에 있을 수도 있을 것이다. 그러나 아이의 퇴행적 욕구를 충족시켜 줄 부모의 돌봄이 없다면, 정신분석으로 그런 사례를 치료하는 것은 쉽지 않은 일이다. 이처럼 퇴행을 받아주는 부모의 돌봄이 없다면, 정신분석가는 환자가 분석가의 가족이 되는 꿈을 꾼다는 사실을 알아야 한다. 그리고 때로는 환자를 실제로 자신의 가정 안에 받아들여야 할 필요가 있다는 것을 알아야 한다.

정통적인 아동 정신분석이 성공적일 때 거기에는 부모의 가정, 친척, 돕는 이, 친구 등이 치료의 반을 담당했다는 사실을 정신분석가는 인정해야 할 것이다. 물론 이런 사실에 대해 요란하게 말할 필요는 없다. 그러나 이론을 정립하기 위해서는 환자의 의존과 관련된 이런 문제들을 정직하게 다룰 필요가 있다.

이제 나는 더 초기의 유아-어머니 관계에 대해 생각해보겠다. 이 주제에 대해서는 많은 문헌들이 있다. 나는 아기가 어머니에게 크게 의존해 있는 초기에 어머니가 하는 역할에 대해 주의를 환기시키고자 한다. 비록 독자들이 이 문제들을 충분히 알고 있다 하더라도, 토론을 위하여 이 문제를 다시 살펴보겠다.

젯젤(1956)이 이 문제에 관해서 쓴 글을 검토할 필요가 있다. 나는 그녀가 말하는 전이에 대한 현대적 개념 전체를 다룰 필요는 없다고 본다. 다만 그녀가 자신의 논문에서 나의 연구에 대해 언급한 내용만을 살펴보고자 한다. 그녀는 이렇게 말한다. '다른 분석가들, 예컨대 위니캇 박사는 정신병을 주로 심각한 외상적 경험, 특히 초기 유아기에 경험한 박탈에서 기인하는 것으로 보았다. 이 관점에 따르면 깊은 퇴행은 발달의 적절한 단계에서 충

족되지 못했던 원초적인 욕구 충족의 기회를 전이 상황에서 제
공한다. 또 이와 유사한 제안이 마골린(Margolin)과 그 외의 다른
사람들에 의해 제시되었다 …'

젯젤은 정신분석의 중요한 관심이 경계선 사례와 정신병적 질
병 특히 정신분열증 치료이론의 확립으로 옮겨졌다는 사실을 분
명히 지적했다. 그녀의 이러한 언급은 내게 이 주제에 관한 나
의 입장을 설명할 수 있는 기회를 준다는 점에서 가치있는 것
이다.

과연, 나는 정신병을 주로 외상 경험들 그리고 부분적으로는
초기 유아기의 박탈경험에 기인한다고 생각하는가? 나는 내가
이러한 인상을 제공했다는 것을 잘 알고 있다. 그리고 지난 십
년 동안 나의 견해를 제시하는 방식을 바꾼 것도 사실이다. 나는
나의 견해의 일부를 수정해야만 했다. 나는 정신병적 질병, 특히
정신분열증의 원인(유전적인 요소에 의한 것을 제외하고)은 전
체적인 유아 돌봄의 실패라고 분명히 말했으며, 어느 논문에서는
'정신병은 환경적 결함으로 인한 질환이다'라고 말할 정도였다.
젯젤은 나의 견해를 소개하면서 '심각한 외상적 경험'이란 용어
를 사용한다. 이 용어들은 나쁜 일이 일어났음을 암시한다. 그 일
이란 관찰자의 관점에서 볼 때 나쁘게 보이는 일이다. 그러나 내
가 말하는 결함들이란 기본적인 것들을 제공하는데 실패한 것들
이다. 이것은 마치 나의 환자가 내가 그를 떠나 미국에 가는 것
을 받아들일 준비가 되어 있지 않은 상태에서 내가 떠나는 것과
같은 것이다. 나는 다른 논문들에서 기본적인 제공의 실패에 어
떤 것들이 포함되어 있는지를 탐구했다. 중요한 것은 이런 실패
들의 예측이 불가능하다는 것이다. 유아는 그것들을 투사를 사용
하여 처리할 수 없다. 왜냐하면 유아는 아직 투사를 사용할 수
있는 자아-구조화 단계에 도달하지 않았기 때문이다. 그래서 유

아는 결과적으로 존재의 연속성이 깨어지는 멸절 불안을 느끼게 된다.

대부분의 건강한 어머니들은 이런 형태의 유아 돌봄에 실패하지 않는다.

'일차적 모성몰두'라는 제목의 글에서 나는 아기를 가진 여성에게 일어나는 많은 변화에 대해 언급한 바 있다. 그리고 이런 현상은 그것을 어떻게 부르던 간에 건강한 유아의 성장을 위해서 필수적이라는 것이 나의 견해이다. 왜냐하면 그것 없이는 유아와 충분히 동일시된 상태에서 유아에게 무엇이 필요한지를 알 수 없으며, 따라서 유아를 위해 적응할 수 있는 기본적인 조건을 상실하기 때문이다. 그리고 내가 말하는 적응은 단지 원본능 욕동의 충족에 국한된 것이 아니다.

기본적인 환경적 제공은 초기 몇 주와 몇 달 동안에 유아에게 발생하는 아주 중요한 성숙과정을 촉진시킨다. 그리고 초기 적응의 실패는 절대적으로 자기의 통합과정을 방해하는 외상적 요인이 된다. 자기의 통합과정은 개인으로 하여금 지속적으로 존재하는 자신에 대한 느낌을 갖게 하고, 생동감 있는 신체감을 성취하게 하며, 대상과 관계하는 능력을 발달시킬 수 있는 자기(self)를 형성하도록 이끈다.

그러므로 나의 견해는 다음과 같이 요약될 수 있다.

(i) 우리는 정신신경증에서 비교적 환경적 요소로부터 자유로운 진정으로 개인적인 갈등을 발견한다. 정신병이 아닌 정신신경증이 나타난다는 것은 개인의 발달과정에서 최소한 걸음마 시기까지 충분히 건강한 발달이 있었음을 말해준다.

(ii) 개인 정신건강의 기초는 초기 단계에서 형성되며, 이것은 다음의 것들을 포함한다.

(a) 타고난 경향성인 성숙과정

(b) 성숙과정이 실제로 일어나기 위해 필요한 환경적 조건

이처럼 초기의 기본적 환경 제공에 실패할 경우 아동의 정서적 성숙을 포함한 성숙과정은 방해받는다. 그리고 이러한 성숙과정 또는 통합에서의 실패는 정신병이라는 심각한 문제를 발생시킨다. 이런 환경적 제공의 실패는 대체로 박탈(deprivation)보다는 절대박탈(privation)과 관련되어 있다. 따라서 나는 나의 견해에 대해 젯젤이 사용한 용어를 수정하고자 한다.

(iii) 환경적 제공은 처음에 좋은 출발을 보였다가 나중에 실패하기도 하기 때문에 위의 진술은 복잡해진다. 이것은 자아가 상당한 정도로 조직화된 이후에, 그리고 개인이 내적 환경을 형성할 수 있기 전인 보다 독립적인 상태로 발달하기 이전 단계에서 실패가 발생한 경우를 말한다. 대체로 '박탈'의 상처로 불리는 이것은 정신병으로 나타나지는 않는다. 그것은 성격장애나 비행소년 또는 상습적인 범죄의 문제, 즉 '반사회적 경향성'의 문제로 나타난다.

위의 진술은 지나칠 정도로 압축된 것이며, 보다 정확한 이해를 위해서는 다른 논문에서 제공된 상세한 설명을 참고해야 할 것이다. 그럼에도 불구하고 나는 정신장애에 대한 몇 가지 결과들을 간략하게 언급하고자 한다.

(i) 환경적 제공을 통한 자기치료는 정신신경증에서가 아니라 정신병에서 발생한다. 친구를 새로 사귀는 등의 환경적 제공의 변화는 기본적인 환경 제공의 실패를 수정할 수도 있을 것이며, 개인은 이를 통해 성숙을 가로막고 있는 올가미

로부터 풀려날 수도 있다. 매우 병이 깊은 아동의 경우, 좋은 환경을 제공해주는 것을 의미하는 심리치료를 통해서 성장할 수도 있지만, 정신신경증 환자의 경우에는 정신분석적 치료를 제공하는 것이 바람직할 것이다.

(ii) 정신장애에 대한 분석치료에서 교정적 경험(corrective experience)을 제공하는 것만으로는 충분하지 않다. 어떤 분석가도 전이에서 교정적 경험을 제공하기 위해서 분석을 시작하는 것은 아니다. 왜냐하면 그것은 그 용어상 모순되기 때문이다. 전이란 철저하게 환자의 무의식적 정신분석 과정을 통해서 발생하는 것이고, 그것의 발생은 제공된 자료에 대한 분석가의 해석에 달려있기 때문이다.

물론 좋은 정신분석 기술을 사용하는 것 자체가 교정적인 경험이 될 수 있을 것이다. 예컨대, 비록 50분간의 상담이긴 하지만, 분석에서 환자는 처음으로 다른 사람으로부터 전적인 관심을 받을 수 있고, 또 처음으로 자신에 대해 객관적일 수 있는 누군가와 접촉할 수 있다.

그러나 설령 그렇다 하더라도, 교정적인 경험의 제공만으로는 결코 충분치 못하다. 그렇다면 환자를 치료할 수 있는 충분한 것은 무엇인가? 결국 환자는 분석가의 실패들, 아마 종종 환자에 의해 조작된 아주 작은 실패들을 사용한다. 또한 환자는 전이에서 망상적인 요소를 만들어내며(Little, 1958), 따라서 우리는 제한된 범위 안에서 오해받을 수 있다는 것을 감수해야 한다. 환자가 본래 환경적 요인으로 인해 발생했던 실패에 대해 느꼈던 증오를 지금 다시 분석가에 대해 느끼게 된다면 환자는 변할 수 있다. 지금 분석가에 대한 전이에서 발생하고 있는 이 증오는 원래 유아가 자신의 전능통제 영역 바깥에 있는 요소에 대해 느꼈던 것과 같은 것이다.

　따라서 결국 우리는 환자의 방식에 따라 실패함으로써 성공하게 된다. 이것은 단순히 교정적인 경험에 의해 치료된다는 이론과는 거리가 멀다. 이런 식으로 분석가가 환자의 퇴행에 대응한다면, 그 퇴행은 자아의 성장을 위해 사용될 수 있다. 그리고 환자는 나쁜 외적 요소를 자신의 전능통제와 투사 및 내사 기제에 의해 관리되는 영역으로 가져오는 새로운 의존을 향해 나아갈수 있다.

　마지막으로, 내가 언급한 환자의 경우 그녀는 치료의 후기 단계에서 자신의 과거 경험에 따라 나로 하여금 실패하도록 만들게 된다. 이 후기 단계에 이를 때까지 나는 그녀를 마치 유아처럼 돌보는 일에 실패해서는 안된다. 어쩌면 나는 한 달 동안 해외를 다녀오려 했던 결정에서 이미 실패했는지도 모른다. 또한 이것이 그녀의 유아기와 유년기의 예상할 수 없었던 변수들과 결합됨으로써, 실제로 유아기의 외적 요인들이 그녀를 아프게 했던 것처럼 다시 한번 그녀를 아프게 했는지도 모른다.

참고 문헌 I

ABRAHAM, KARL (1916). 'The First Pregenital Stage of the Libido.' *Selected Papers of Karl Abraham*. (London: Hogarth, 1927)
(1924). 'A Short Study of the Development of the Libido, Viewed in the Light of Mental Disorders.' *ibid.*
ACKERMAN, N. (1953). 'Psychiatric Disorders in Children—Diagnosis and Aetiology in our Time.' In: *Current Problems in Psychiatric Diagnosis*, ed. Hoch and Zubin. (New York: Grune & Stratton)
AICHHORN, A. (1925). *Wayward Youth*. (New York: Viking, 1935)
BALINT, M. (1951). 'On Love and Hate.' In: *Primary Love and Psycho-Analytic Technique*. (London: Hogarth, 1952)
(1958). 'The Three Areas of the Mind.' *Int. J. Psycho-Anal.*, **39.**
BION, W. (1959). 'Attacks on Linking.' *Int. J. Psycho-Anal.*, **40.**
(1962a). 'The Theory of Thinking.' *Int. J. Psycho-Anal.*, **43.**
(1962b). *Learning from Experience*. (London: Heinemann)
BORNSTEIN, B. (1951). 'On Latency.' *Psychoanalytic Study of the Child*, **6.**
BOWLBY, J. (1958). 'Psycho-Analysis and Child Care.' In: *Psycho-Analysis and Contemporary Thought*, ed. J. D. Sutherland. (London: Hogarth)
(1960). 'Separation Anxiety.' *Int. J. Psycho-Anal.*, **41.**
BURLINGHAM, D., and FREUD, A. (1944). *Infants without Families*. (London: Allen & Unwin; New York: Int. Univ. Press)
ERIKSON, E. (1950). *Childhood and Society*. (London: Imago; New York: Norton)
(1958). *Young Man Luther*. (London: Faber)
(1961). 'The Roots of Virtue.' In: *The Humanist Frame*, ed. J. Huxley. (London: Allen & Unwin)
FENICHEL, O. (1945). *The Theory of Neurosis*. (New York: Norton)
FERENCZI, S. (1931). 'Child Analysis in the Analysis of Adults.' In: *Final Contributions to Psycho-Analysis*. (London: Hogarth, 1955)
FORDHAM, M. (1960). Contribution to Symposium on 'Counter-Transference'. *Brit. J. med. Psychol.*, **33.**
FREUD, A. (1936). *The Ego and the Mechanisms of Defence*. (London: Hogarth, 1937)
(1946). *The Psycho-Analytical Treatment of Children*. (London: Imago)
(1953). 'Some Remarks on Infant Observations.' *Psychoanalytic Study of the Child*, **8.**
(1963). 'Regression as a Principle in Mental Development.' *Bull. Menninger Clinic*, **27.**
FREUD, S. (1905a). *Three Essays on the Theory of Sexuality. Standard Edition*, **7.**
(1905b). 'On Psychotherapy.' *Standard Edition*, **7.**
(1909). 'The Analysis of a Phobia in a Five-Year-Old Boy.' *Standard Edition*, **10.**
(1911). 'Formulations on the Two Principles of Mental Functioning.' *Standard Edition*, **12.**
(1914). 'On Narcissism.' *Standard Edition*, **14.**
(1915). 'Some Character-Types met with in Psycho-Analytic Work.' *Standard Edition*, **14.**

FREUD, S. (1917). 'Mourning and Melancholia.' *Standard Edition*, **14.**
  (1920). *Beyond the Pleasure Principle. Standard Edition*, **18.**
  (1926). *Inhibitions, Symptoms and Anxiety. Standard Edition*, **20.**
  (1937). 'Analysis Terminable and Interminable.' *Standard Edition*, **23.**
GILLESPIE, W. (1944). 'The Psychoneuroses.' *J. ment. Sci.*, **90.**
GLOVER, E. (1949). 'The Position of Psycho-Analysis in Great Britain.'
  British Medical Bulletin, **6.**
  (1956). *On the Early Development of Mind.* (London: Imago)
GREENACRE, P. (1958). 'Early Physical Determinants in the Development of
  the Sense of Identity.' *J. Amer. Psychoanal. Assoc.*, **6.**
GUNTRIP, H. (1961). *Personality Structure and Human Interaction.* (London:
  Hogarth)
HARTMANN, H. (1939). *Ego Psychology and the Problem of Adaptation.* (London:
  Imago, 1958)
  (1954). Contribution to Discussion of 'Problems of Infantile Neurosis'.
  Psychoanalytic Study of the Child, **9.**
HOCH, P., and ZUBIN, J. (1953). *Current Problems in Psychiatric Diagnosis.* (New
  York: Grune & Stratton)
HOFFER, W. (1955). *Psychoanalysis: Practical and Research Aspects.* (Baltimore:
  Williams & Wilkins)
JAMES, H. M. (1962). 'Infantile Narcissistic Trauma.' *Int. J. Psycho-Anal.*, **43.**
KLEIN, M. (1932). *The Psycho-Analysis of Children.* (London: Hogarth)
  (1935). 'Contribution to the Psychogenesis of Manic Depressive States.'
  In: *Contributions to Psycho-Analysis, 1921–1945.* (London: Hogarth)
  (1940). 'Mourning and its Relation to Manic Depressive States.' *ibid.*
  (1946). 'Notes on Some Schizoid Mechanisms.' In: *Developments in Psycho-
  Analysis*, ed. J. Riviere. (London: Hogarth)
  (1948). *Contributions to Psycho-Analysis, 1921–1945.* (London: Hogarth).
  (1961). *Narrative of a Child Analysis.* (London: Hogarth)
KRIS, E. (1950). 'Notes on the Development and on Some Current Problems
  of Psychoanalytic Child Psychology.' *Psychoanalytic Study of the Child*, **5.**
  (1951). 'Opening Remarks on Psychoanalytic Child Psychology.' *Psycho-
  analytic Study of the Child*, **6.**
LAING, R. D. (1960). *The Divided Self.* (London: Tavistock)
  (1961). *The Self and Others.* (London: Tavistock)
LITTLE, M. (1958). 'On Delusional Transference (Transference Psychosis).'
  Int. J. Psycho-Anal., **39.**
MENNINGER, K., *et al.* (1963). *The Vital Balance.* (New York: Basic Books)
MONCHAUX, C. DE (1962). 'Thinking and Negative Hallucination.' *Int. J.
  Psycho-Anal.*, **43.**
RIBBLE, M. (1943). *The Rights of Infants.* (New York: Columbia Univ.
  Press)
RICKMAN, J. (1928). *The Development of the Psycho-Analytical Theory of the
  Psychoses, 1893–1926.* Int. J. Psycho-Anal. Suppl. 2. (London: Baillière)
SEARLES, H. F. (1959). 'The Effort to Drive the Other Person Crazy—An
  Element in the Aetiology and Psychotherapy of Schizophrenia.' *Brit. J.
  med. Psychol.*, **32.**
  (1960). *The Nonhuman Environment.* (New York: Int. Univ. Press)
SECHEHAYE, M. (1951). *Symbolic Realisation.* (New York: Int. Univ. Press)
STRACHEY, J. (1934). 'The Nature of the Therapeutic Action of Psycho-
  Analysis.' *Int. J. Psycho-Anal.*, **15.**
WHEELIS, A. (1958). *The Quest for Identity.* (New York: Norton)
WICKES, F. G. (1938). *The Inner World of Man.* (New York: Farrar & Rine-
  hart; London: Methuen, 1950)

WINNICOTT, C. (1954). 'Casework Techniques in the Child Care Services.' *Child Care and Social Work*. (Codicote Press, 1964)

(1962). 'Casework and Agency Function.' *ibid.*

WINNICOTT, D. W. (1936). 'Appetite and Emotional Disorder.' *Collected Papers*.

(1941). 'The Observation of Infants in a Set Situation.' *ibid.*

(1945). 'Primitive Emotional Development.' *ibid.*

(1947). 'Hate in the Counter-Transference.' *ibid.*

(1948). 'Reparation in Respect of Mother's Organized Defence against Depression.' *ibid.*

(1949a) *The Ordinary Devoted Mother and her Baby*. Nine Broadcast Talks. Republished in: *The Child and the Family*. (London: Tavistock, 1957)

(1949b) 'Birth Memories, Birth Trauma, and Anxiety.' *Collected Papers*.

(1949c) 'Mind and its Relation to the Psyche-Soma.' *ibid.*

(1951). 'Transitional Objects and Transitional Phenomena.' *ibid.*

(1952). 'Psychoses and Child Care.' *ibid.*

(1953). 'Symptom Tolerance in Paediatrics: A Case History.' *ibid.*

(1954a). 'Withdrawal and Regression.' *ibid.*

(1954b). 'The Depressive Position in Normal Emotional Development.' *ibid.*

(1954c) 'Metapsychological and Clinical Aspects of Regression within the Psycho-Analytical Set-up.' *ibid.*

(1956a). 'Primary Maternal Preoccupation.' *ibid.*

(1956b). 'The Antisocial Tendency.' *ibid.*

(1958). *Collected Papers: Through Paediatrics to Psycho-Analysis*. (London: Tavistock)

(1962). 'Adolescence.' *The Family and Individual Development*. (London: Tavistock, 1965)

(1963). 'Regression as Therapy Illustrated by the Case of a Boy whose Pathological Dependence was Adequately Met by the Parents.' *Brit. J. med. Psychol.*, **36**.

ZETZEL, E. (1956). 'Current Concepts of Transference.' *Int. J. Psycho-Anal.*, **37**.

참고문헌 Ⅱ

Section A

Clinical Notes on Disorders of Childhood. (London: Heinemann, 1931)
The Child and the Family: First Relationships. (London: Tavistock, 1957)
includes:
  A Man Looks at Motherhood (1949)
  Getting to Know your Baby (1944)
  The Baby as a Going Concern (1949)
  Infant Feeding (1944)
  Where the Food Goes (1949)
  The End of the Digestive Process (1949)
  The Baby as a Person (1949)
  Close-Up of Mother Feeding Baby (1949)
  Why Do Babies Cry? (1944)
  The World in Small Doses (1949)
  The Innate Morality of the Baby (1949)
  Weaning (1949)
  Knowing and Learning (1950)
  Instincts and Normal Difficulties (1950)
  What About Father? (1944)
  Their Standards and Yours (1944)
  Young Children and Other People (1949)
  What Do We Mean by a Normal Child? (1946)
  The Only Child (1945)
  Twins (1945)
  Stealing and Telling Lies (1949)

Visiting Children in Hospital (1951)
On Adoption (1955)
First Experiments in Independence (1955)
Support for Normal Parents (1944)
The Mother's Contribution to Society (1957)

The Child and the Outside World: Studies in Developing Relationships.
(London: Tavistock, 1957)
includes:
Needs of the Under-Fives in a Changing Society (1954)
The Child's Needs and the Role of the Mother in the Early Stages (1951)
On Influencing and Being Influenced (1941)
Educational Diagnosis (1946)
Shyness and Nervous Disorders in Children (1938)
Sex Education in Schools (1949)
Pitfalls in Adoption (1954)
Two Adopted Children (1953)
Children in the War (1940)
The Deprived Mother (1940)
The Evacuated Child (1945)
The Return of the Evacuated Child (1945)
Home Again (1945)
Residential Management as Treatment for Difficult Children (1947)
Children's Hostels in War and Peace (1948)
Towards an Objective Study of Human Nature (1945)
Further Thoughts on Babies as Persons (1947)
Breast Feeding (1945)
Why Children Play (1942)
The Child and Sex (1947)
Aggression (1939)
The Impulse to Steal (1949)
Some Psychological Aspects of Juvenile Delinquency (1946)

Collected Papers: Through Paediatrics to Psycho-Analysis. (London: Tavistock; New York: Basic Books, 1958)
includes:
A Note on Normality and Anxiety (1931)
Fidgetiness (1931)
Appetite and Emotional Disorder (1936)
The Observation of Infants in a Set Situation (1941)
Child Department Consultations (1942)
Ocular Psychoneuroses of Childhood (1944)
Reparation in Respect of Mother's Organized Defence against Depression (1948)
Anxiety Associated with Insecurity (1952)
Symptom Tolerance in Paediatrics: a Case History (1953)
A Case Managed at Home (1955)
The Manic Defence (1935)
Primitive Emotional Development (1945)
Paediatrics and Psychiatry (1948)

Birth Memories, Birth Trauma, and Anxiety (1949)
Hate in the Counter-Transference (1947)
Aggression in Relation to Emotional Development (1950)
Psychoses and Child Care (1952)
Transitional Objects and Transitional Phenomena (1951)
Mind and its Relation to the Psyche-Soma (1949)
Withdrawal and Regression (1954)
The Depressive Position in Normal Emotional Development (1954)
Metapsychological and Clinical Aspects of Regression within the Psycho-Analytical Set-Up (1954)
Clinical Varieties of Transference (1955)
Primary Maternal Preoccupation (1956)
The Antisocial Tendency (1956)
Paediatrics and Childhood Neurosis (1956)

The Child, the Family, and the Outside World. (Harmondsworth: Penguin Books, 1964. Pelican Book A668)
includes:
A Man Looks at Motherhood (1949)
Getting to Know your Baby (1944)
The Baby as a Going Concern (1949)
Infant Feeding (1944)
Where the Food Goes (1949)
The End of the Digestive Process (1949)
Close-Up of Mother Feeding Baby (1949)
Breast Feeding (1945)
Why Do Babies Cry? (1944)
The World in Small Doses (1949)
The Baby as a Person (1949)
Weaning (1949)
Further Thoughts on Babies as Persons (1947)
The Innate Morality of the Baby (1949)
Instincts and Normal Difficulties (1950)
Young Children and Other People (1949)
What About Father? (1944)
Their Standards and Yours (1944)
What Do We Mean by a Normal Child? (1946)
The Only Child (1945)
Twins (1945)
Why Children Play (1942)
The Child and Sex (1947)
Stealing and Telling Lies (1949)
First Experiments in Independence (1955)
Support for Normal Parents (1944)
Needs of the Under-Fives (1954)
Mother, Teacher, and the Child's Needs (1953)
On Influencing and Being Influenced (1941)
Educational Diagnosis (1946)

Shyness and Nervous Disorders in Children (1938)
Sex Education in Schools (1949)
Visiting Children in Hospital (1951)
Aspects of Juvenile Delinquency (1946)
Roots of Aggression (1964)

The Family and Individual Development. (London: Tavistock, 1964)
includes:

The First Year of Life: Modern Views on the Emotional Development (1958)
The Relationship of a Mother to Her Baby at the Beginning (1960)
Growth and Development in Immaturity (1950)
On Security (Broadcast 1960)
The Five-Year-Old (Broadcast 1962)
Integrating and Disruptive Factors in Family Life (1957)
The Family Affected by Depressive Illness in one or both Parents (1958)
The Effect of Psychotic Parents on the Emotional Development of the Child
     (1959)
The Effect of Psychosis on Family Life (1960)
Adolescence (1961)
The Family and Emotional Maturity (1960)
Theoretical Statement of the Field of Child Psychiatry (1958)
The Contribution of Psycho-Analysis to Midwifery (1957)
Advising Parents (1957)
Casework with Mentally Ill Children (1959)
The Deprived Child and How He Can Be Compensated for Loss of Family Life
     (1950)
Group Influences and the Maladjusted Child: The School Aspect (1955)
Some Thoughts on the Meaning of the Word Democracy (1950)

The Maturational Processes and the Facilitating Environment (this volume).

Section B

1926
(1) Varicella Encephalitis and Vaccinia Encephalitis. *Brit. J. Children's Dis.*, **23.**

1928
(2) The Only Child. In: *The Mind of the Growing Child* (Lectures to the National Society of Day Nurseries) ed. Viscountess Erleigh. (London: Faber)

1930
(3) Short Communication on Enuresis. *St Bartholomew's Hosp. J.*, April 1930.
(4) Pathological Sleeping (Case History). *Proc. Roy. Soc. Med.*, **23.**

1931
(5) Pre-Systolic Murmur, Possibly Not Due to Mitral Stenosis (Case History). *Proc. Roy Soc. Med.*, **24.**

(6) *Clinical Notes on Disorders of Childhood.* (London: Heinemann) (See Section A)
 (7) Fidgetiness. In (6), (116).
 (8) A Note on Normality and Anxiety. In (6), (116).

1934
 (9) The Difficult Child. *J. State Medicine*, **42.**
 (10) Papular Urticaria and the Dynamics of Skin Sensation. *Brit. J. Children's Dis.*, **31.**

1936
 (11) Discussion (with R. S. Addis and R. Miller) on Enuresis. *Proc. Roy. Soc. Med.*, **29.**

1938
 (12) Skin Changes in Relation to Emotional Disorder. *St John's Hosp. Derm. Soc. Report*, 1938.
 (13) Shyness and Nervous Disorders in Children. *The New Era in Home and School*, **19.** Also in (108), (158).
 (14) Notes on a Little Boy. *The New Era in Home and School*, **19.**
 (15) Review: *Child Psychiatry* by Leo Kanner (Baltimore, Md: Thomas, 1935; London: Baillière, 1937). *Int. J. Psycho-Anal.*, **19.**

1939
 (16) The Psychology of Juvenile Rheumatism. In: *A Survey of Child Psychiatry* ed. R. G. Gordon. (London: Oxford Univ. Press)

1940
 (17) Children in the War (Broadcast 1939). *The New Era in Home and School*, **21.** Also in (108).
 (18) The Deprived Mother (Broadcast 1939). *The New Era in Home and School*, **21.** Also in (108).
 (19) Children and their Mothers. *The New Era in Home and School*, **21.**

1941
 (20) The Observation of Infants in a Set Situation. *Int. J. Psycho-Anal.*, **22.** Also in (116).
 (21) On Influencing and Being Influenced. *The New Era in Home and School*, **22.** Also in (108), (158).

1942
 (22) Child Department Consultations. *Int. J. Psycho-Anal.*, **23.** Also in (116).
 (23) Why Children Play. *The New Era in Home and School*, **23.** Also in (108), (158).

1943
 (24) Delinquency Research. *The New Era in Home and School*, **24.**
 (25) The Magistrate, the Psychiatrist and the Clinic (Correspondence with R. North). *The New Era in Home and School*, **24.**

1944

(26) (with Clare Britton) The Problem of Homeless Children. *Children's Communities* Monograph No. 1. Also in: *The New Era in Home and School*, **25.**

(27) Ocular Psychoneuroses. *Trans. Ophthalmological Soc.*, **44.**

1945

(28) *Getting to Know Your Baby* (Six Broadcast Talks). (London: Heinemann) Also in: *The New Era in Home and School*, **26 ;** and in (100), (158).

(29) Getting To Know Your Baby. In (28), (100), (158).

(30) Why Do Babies Cry? In (28), (100), (158).

(31) Infant Feeding. In (28), (100), (158).

(32) What about Father? In (28), (100), (158).

(33) Their Standards and Yours. In (28), (100), (158).

(34) Support for Normal Parents. In (28), (100), (158).

(35) Talking about Psychology. *The New Era in Home and School*, **26.** Reprinted under the title 'What is Psycho-Analysis?' *The New Era in Home and School* (1952), **33.** Also under the title 'Towards an Objective Study of Human Nature' in (108).

(36) Thinking and the Unconscious. *The Liberal Magazine*, March 1945.

(37) Primitive Emotional Development. *Int. J. Psycho-Anal.*, **26.** Also in (116). Spanish trans: 'Desarrollo emocional primitivo'. *Rev. de Psicoanal.* (1948), **5.**

(38) *Five Broadcast Talks* in (108).

(39) The Evacuated Child. In (38), (108).

(40) The Return of the Evacuated Child. In (38), (108).

(41) Home Again. In (38), (108).

(42) The Only Child. In (38), (100), (158).

(43) Twins. In (38), (100), (158).

1946

(44) What Do We Mean by a Normal Child? *The New Era in Home and School*, **27.** Also in (100), (158).

(45) Some Psychological Aspects of Juvenile Delinquency. *The New Era in Home and School*, **27.** Also in (108) and as 'Aspects of Juvenile Delinquency' in (158).

(46) Educational Diagnosis. *Nat. Froebel Foundation Bull.* No. 41. Also in (108), (158).

1947

(47) The Child and Sex. *The Practitioner*, **158.** Also in (108), (158).

(48) Babies Are Persons. *The New Era in Home and School*, **28**. Reprinted as 'Further Thoughts on Babies as Persons' in (108), (158).
(49) Physical Therapy of Mental Disorder. *Brit. med. J.*, May 1947.
(50) (with Clare Britton) Residential Management as Treatment for Difficult Children. *Human Relations*, **1**. Also in (108).

1948
(51) Children's Hostels in War and Peace. *Brit. J. med. Psychol.*, **21**. Also in (108).
(52) Obituary: Susan Isaacs. *Nature*, **162**.
(53) Pediatrics and Psychiatry. *Brit. J. med. Psychol.*, **21**. Also in (116).

1949
(54) Sex Education in Schools. *Medical Press*, **222**. Also in (108), (158).
(55) Hate in the Counter-Transference. *Int. J. Psycho-Anal.*, **30**. Also in (116).
(56) Young Children and Other People. *Young Children*, **1**. Also in (100), (158).
(57) Leucotomy. *Brit. med. Students' J.*, **3**.
(58) *The Ordinary Devoted Mother and Her Baby* (Nine Broadcast Talks. Privately published). Reprinted in (100), (158).
(59) Introduction to (58). Republished as 'A Man Looks at Motherhood' in (100), (158).
(60) The Baby as a Going Concern. In (58), (100), (158).
(61) Where the Food Goes. In (58), (100), (158).
(62) The End of the Digestive Process. In (58), (100), (158).
(63) The Baby as a Person. In (58), (100), (158). Also in *Child-Family Dig.*, Feb. 1953.
(64) Close-Up of Mother Feeding Baby. In (58), (100), (158).
(65) The World in Small Doses. In (58), (100), (158).
(66) The Innate Morality of the Baby. In (58), (100), (158).
(67) Weaning. In (58), (100), (158).
(68) Review: *Art versus Illness* by Adrian Hill (London: Allen & Unwin). *Brit. J. med. Psychol.*, **22**.

1950
(69) Review: *Infancy of Speech and the Speech of Infancy* by Leopold Stein (London: Methuen, 1949). *Brit. J. med. Psychol.*, **23**.
(70) Some Thoughts on the Meaning of the Word Democracy. *Human Relations*, **3**. Also in (163).

1951
(71) The Foundation of Mental Health. *Brit. med. J.*, June 1951.

참고 문헌 Ⅱ / 393

(72) Review: *Papers on Psycho-Analysis* by Ernest Jones, 5th edn (London: Baillière, 1948). *Brit. J. med. Psychol.*, **24.**
(73) Review: *Infant Feeding and Feeding Difficulties* by P. R. Evans and R. MacKeith (London: Churchill). *Brit. J. med. Psychol.*, **24.**
(74) *The Times* Correspondence on Care of Young Children. *Nursery Journal*, **41.**
(75) Critical Notice: *On Not Being Able to Paint* by Joanna Field (London: Heinemann, 1950). *Brit. J. med. Psychol.*, **34.**

1952
(76) Visiting Children in Hospital (Two B.B.C. Broadcasts, 1951). *Child-Family Digest*, Oct. 1952; *The New Era in Home and School*, **33.** Also in (100), (158).

1953
(77) Psychoses and Child Care. *Brit. J. med. Psychol.*, **26.** Also in (116).
(78) Symptom Tolerance in Paediatrics. *Proc. Roy. Soc. Med.*, **46.** Also in (116).
(79) Transitional Objects and Transitional Phenomena. *Int. J. Psycho-Anal.*, **34.** Also in (116). French trans.: 'Objets transitionnels et phénomènes transitionnels'. In: *La Psychanalyse*, Vol. 5 (Paris: Presses Univ., 1959)
(80) Review: *Psycho-Analysis and Child Psychiatry* by Edward Glover (London: Imago). *Brit. med. J.*, Sept. 1953.
(81) Review: *Maternal Care and Mental Health* by John Bowlby (Geneva: W.H.O., 1951). *Brit. J. med. Psychol.*, **26.**
(82) Review: *Direct Analysis* by John N. Rosen (New York: Grune & Stratton). *Brit. J. Psychol.*, **44.**
(83) Review: *Twins: A Study of Three Pairs of Identical Twins* by Dorothy Burlingham (London: Imago, 1952). *The New Era in Home and School*, **34.**
(84) Review (with M. M. R. Khan): *Psychoanalytic Studies of the Personality* (London: Tavistock, 1952). *Int. J. Psycho-Anal.*, **34.**
(85) (with other members of the group) The Child's Needs and the Role of the Mother in the Early Stages (UNESCO No. 9 in series 'Problems in Education'). Also in (108) and as 'Mother, Teacher and the Child's Needs' in (158).

1954
(86) Review: *Aggression and its Interpretation* by Lydia Jackson (London: Methuen). *Brit. med. J.*, June 1954.
(87) Pitfalls in Adoption. *Medical Press*, **232.** Also in (108).
(88) Two Adopted Children (Talk given to Assoc. Child Care Officers 1953). *Case Conference*, **1.** Also in (108).

(89) Mind and its Relation to the Psyche-Soma. *Brit. J. med. Psychol.*, **27**. Also in (116).
(90) The Needs of the Under-Fives in a Changing Society. *The Nursery Journal*, **44**. Also in (108) and as 'The Needs of the Under-Fives' in (158).
(91) Review: *Clinical Management of Behavior Disorders in Children* by H. and R. M. Bakwin (Philadelphia: Saunders, 1953). *Brit. med. J.*, Aug. 1954.

1955
(92) Régression et repli. *Rev. franç. psychanal.*, **19**. German trans.: 'Zustände von Entrückung und Regression'. *Psyche* (1956), **10**. In English, 'Withdrawal and Regression', in (116).
(93) Foreword to *Any Wife or Any Husband* by Joan Graham Malleson. (London: Heinemann)
(94) Metapsychological and Clinical Aspects of Regression within the Psycho-Analytical Set-Up. *Int. J. Psycho-Anal.*, **36**. Also in (116).
(95) Childhood Psychosis: A Case Managed at Home. *Case Conference*, **2**. Also in (116).
(96) The Depressive Position in Normal Emotional Development. *Brit. J. med. Psychol.*, **28**. Also in (116).
(97) Adopted Children in Adolescence. (Address to Standing Conference of Societies Registered for Adoption.) *Report of Residential Conference*, July 1955.

1956
(98) On Transference. *Int. J. Psycho-Anal.*, **37**. Republished as 'Clinical Varieties of Transference' in (116).

1957
(99) The Contribution of Psycho-Analysis to Midwifery. *Nursing Mirror*, May 1957. Also in (163).
(100) *The Child and the Family. First Relationships.* (London: Tavistock) (See Section A.) American edition: *Mother and Child* (*A Primer of First Relationships*). (New York: Basic Books)
(101) Knowing and Learning (Broadcast 1950). In (100).
(102) Instincts and Normal Difficulties (Broadcast 1950). In (100), (158).
(103) Stealing and Telling Lies (1949). In (100), (158).
(104) On Adoption (Broadcast 1955). In (100).
(105) First Experiments in Independence (1955). In (100), (158).
(106) The Mother's Contribution to Society. In (100).
(107) Health Education through Broadcasting. *Mother and Child*, **28**.

(108) *The Child and the Outside World. Studies in Developing Relationships.*
(London: Tavistock) (See Section A.)
(109) The Impulse to Steal (1949). In (108).
(110) Breast Feeding (1945—revised 1954). In (108), (158).
(111) Aggression (1939). In (108).

1958

(112) Twins (Broadcast 1945). *Family Doctor*, Feb. 1958.
(113) Review: *The Doctor, His Patient and The Illness* by Michael
Balint (London: Pitman, 1957). *Int. J. Psycho-Anal.*, **39.**
(114) Child Psychiatry. In: *Modern Trends in Paediatrics* ed. A. Holzel
and J. P. M. Tizard. (London: Butterworth). Modified as
'Theoretical Statement of the Field of Child Psychiatry.' In
(163).
(115) The Capacity to be Alone. *Int. J. Psycho-Anal.*, **39.** Also in
(176). German trans.: 'Über die Fähigkeit, allein zu sein'.
Psyche (1958), **12.** Spanish trans.: 'La capacidad para estar
solo'. *Rev. de Psicoanal.* (1959), **16;** *Rev. Uruguaya de Psicoanal.*
(1963), **5.**
(116) *Collected Papers. Through Paediatrics to Psycho-Analysis.* (London:
Tavistock; New York: Basic Books) (See Section A.)
(117) Appetite and Emotional Disorder (1936). In (116).
(118) Reparation in Respect of Mother's Organized Defence against
Depression (1948—revised 1954). In (116).
(119) Anxiety Associated with Insecurity (1952). In (116).
(120) The Manic Defence (1935). In (116).
(121) Birth Memories, Birth Trauma, and Anxiety (1949). In (116).
(122) Aggression in Relation to Emotional Development (1950-55).
In (116).
(123) Primary Maternal Preoccupation (1956). In (116). German
trans.: 'Primäre Mutterlichkeit'. *Psyche* (1960), **14.**
(124) The Antisocial Tendency (1956). In (116).
(125) Paediatrics and Childhood Neurosis. In (116).
(126) Ernest Jones. *Int. J. Psycho-Anal.*, **39.**
(127) New Advances in Psycho-Analysis. Turkish trans.: 'Psikana-
lizde Ilerlemeler'. *Tipta Yenilikler*, **4.**
(128) Child Analysis. *A Criança Portuguesa*, **17.** Also, under the title
'Child Analysis in the Latency Period', in (176).
(129) Modern Views on the Emotional Development in the First
Year of Life. *Medical Press*, March 1958. Republished as 'The
First Year of Life' in (163). Ital. trans.: 'Il Primo Anno di
Vita'. *Infanzia Anormale* (1959), **30.** German trans.: 'Über
die emotionelle Entwicklung im ersten Lebensjahr'. *Psyche*
(1960), **14.** French trans.: 'La Première année de la vie'. *Rev.
franç. psychanal.* (1962), **26.** Turkish trans.: 'Hayatin Ilk.
Yili'. *Tipta Yenilikler* (1962), **7.** Spanish trans.: 'Primeiro Ano

de Vida—Desenvolvimento Emocional'. *J. de Pediatria* (1961), **7.**

(130) Discussion sur la contribution de l'observation directe de l'enfant à la psychanalyse. *Rev. franç. psychanal.*, **22.** In English: 'On the Contribution of Direct Child Observation to Psycho-Analysis' in (176).

(131) Psycho-Analysis and the Sense of Guilt. In: *Psycho-Analysis and Contemporary Thought* ed. J. D. Sutherland. (London: Hogarth) Also in (176).

1959

(132) Review: *Envy and Gratitude* by Melanie Klein. (London: Tavistock, 1957) *Case Conference*, **5.**

1960

(133) Counter-Transference. *Brit. J. med. Psychol.*, **33.** Also in (176).

(134) String. *J. Ch. Psychol. Psychiat.*, **1.** Also, as 'String: A Technique of Communication', in (176).

(135) The Theory of the Parent-Infant Relationship. *Int. J. Psycho-Anal.*, **41.** Also in (176). French trans.: 'La Théorie de la relation parent-nourisson'. *Rev. franç. psychanal.* (1961), **25.**

1961

(136) Integrating and Disruptive Factors in Family Life. *Canad. Med Assoc. J.*, April 1961. In (163).

(137) Review: *The Purpose and Practice of Medicine* by Sir James Spence (London: Oxford Univ. Press, 1960). *Brit. med. J.*, Feb. 1961.

(138) The Effect of Psychotic Parents on the Emotional Development of the Child. *Brit. J. Psychiatric Soc. Work*, **6.** In (163).

(139) The Paediatric Department of Psychology. *St Mary's Hosp. Gaz.*, **67.**

1962

(140) Review: *Psychologie du premier age* by M. Bergeron (Paris: Presses Univ., 1961). *Arch. Dis. Childhood*, **37.**

(141) Review: *Un Cas de psychose infantile* by S. Lebovici and J. McDougall (Paris: Presses Univ., 1960). *J. Ch. Psychol. Psychiat.*, **3.**

(142) The Child Psychiatry Interview. *St Mary's Hosp. Gaz.*, **68.**

(143) The Theory of the Parent-Infant Relationship: Further Remarks. *Int. J. Psycho-Anal.*, **43.** French trans.: 'La Théorie de la relation parent-enfant: remarques complémentaires'. *Rev. franç. psychanal.* (1963), **27.**

(144) Review: *Letters of Sigmund Freud 1873–1939* ed. E. Freud (London: Hogarth). *Brit. J. Psychol.*, **53.**

(145) Adolescence. *The New Era in Home and School,* **43.** Also in (163). Republished in modified form under title 'Struggling through the Doldrums', *New Society,* April 1963.

1963

(146) Review: *Schizophrenia in Children* by William Goldfarb (Cambridge, Mass.: Harvard Univ. Press, 1961). *Brit. J. Psychiatric Soc. Work,* **7.**

(147) Dependence in Infant-Care, in Child-Care, and in the Psycho-Analytic Setting. *Int. J. Psycho-Anal.,* **44.** Also in (176).

(148) The Young Child at Home and at School. In: *Moral Education in a Changing Society* ed. W. R. Niblett. (London: Faber) Also in (176) as Morals and Education.

(149) The Development of the Capacity for Concern. *Bull. Menninger Clin.,* **27.** Also in (176).

(150) Regression as Therapy Illustrated by the Case of a Boy whose Pathological Dependence was Adequately Met by the Parents. *Brit. J. med. Psychol.,* **36.**

(151) The Mentally Ill in Your Caseload. In: *New Thinking for Changing Needs.* (London: Assoc. Social Workers) Also in (176).

(152) A Psychotherapeutic Consultation: a Case of Stammering, wrongly named: 'The Antisocial Tendency Illustrated by a Case'. *A Criança Portuguesa,* **21.**

(153) Training for Child Psychiatry. *J. Ch. Psychol. Psychiat.,* **4.** Also in (176).

(154) Review: *The Nonhuman Environment* by Harold F. Searles (New York: Int. Univ. Press, 1960). *Int. J. Psycho-Anal.,* **44.**

1964

(155) Review: *Heal the Hurt Child* by Hertha Riese (Chicago Univ. Press, 1963). *New Society,* Jan. 1964.

(156) Correspondence: Love or Skill? *New Society,* Feb. 1964.

(157) Review: *Memories, Dreams, Reflections* by C. G. Jung (London: Collins and Routledge, 1963). *Int. J. Psycho-Anal.,* **45.**

(158) *The Child, The Family, and the Outside World.* (Harmondsworth: Penguin Books. Pelican Book A668) (See Section A.)

(159) The Roots of Aggression (1964). In (158).

(160) The Value of Depression (1963). *Brit. J. Psychiatric Soc. Work,* **7.** (Shortened version entitled: Strength out of Misery, *The Observer,* 31.5.64.)

(161) Youth Will not Sleep. *New Society,* 28.5.64. *Atlas* **8.**

(162) Deductions drawn from a Psychotherapeutic Interview with an Adolescent. *Report of the 20th Child Guidance Inter-Clinic Conference, 1964.* National Association for Mental Health.

1965)
(163) *The Family and Individual Development.* (London: Tavistock, 1965) (See Section A.)
(164) The Relationship of a Mother to Her Baby at the Beginning (1960). In (163).
(165) Growth and Development in Immaturity (1950). In (163).
(166) On Security (1960). In (163).
(167) The Five-Year-Old (1962). In (163).
(168) The Family Affected by Depressive Illness in one or both Parents (1958). In (163).
(169) The Effect of Psychosis on Family Life (1960). In (163).
(170) The Family and Emotional Maturity (1960). In (163).
(171) Theoretical Statement of the Field of Child Psychiatry (1958). In (163).
(172) Advising Parents (1957). In (163).
(173) Casework with Mentally Ill Children (1959). In (163).
(174) The Deprived Child and how he can be Compensated for Loss of Family Life (1950). In (163).
(175) Group Influences and the Maladjusted Child: The School Aspect (1955). In (163).
(176) *The Maturational Processes and the Facilitating Environment.* (This volume) (See Section A).
(177) Ego Integration in Child Development (1962). In (176).
(178) Providing for the Child in Health and Crisis (1962). In (176).
(179) From Dependence towards Independence in the Development of the Self (1963). In (176).
(180) Classification: Is there a Psycho-Analytic Contribution to Psychiatric Classification? (1959). In (176).
(181) Ego Distortion in Terms of True and False Self (1960). In (176).
(182) The Aims of Psycho-Analytical Treatment (1962). In (176).
(183) A Personal View of the Kleinian Contribution to the Theory of Emotional Development at Early Stages (1962). In (176).
(184) Communicating and Not Communicating Leading to a Study of Certain Opposites (1963). In (176).
(185) Psychotherapy of Character Disorders (1963). In (176).
(186) Psychiatric Disorder in Terms of Infantile Maturational Processes (1963). In (176).
(187) Hospital Care Supplementing Intensive Psychotherapy in Adolescence (1963). In (176).
(188) Child Therapy. In: *Modern Perspectives in Child Psychiatry.* Ed. J. Howells. (Oliver & Boyd).
(189) The Value of the Therapeutic Consultation. In: *Foundations of Child Psychiatry.* Ed. E. Miller. (Pergamon Press).
(190) The Antisocial Tendency. In: *Criminal Behaviour and New Directions in Criminal Law Administration.* (Ed. R. Slovenko. (Charles Thomas Publishing Co, U.S.A.)

색 인

현대정신분석연구소 수련 과정 안내

이 책을 혼자 읽고 이해하기 어려우셨나요? 그렇다면 함께 공부합시다!
현대정신분석연구소에서 이 책의 내용에 대한 강의를 들으실 수 있습니다.

현대정신분석연구소는 1996년에 한국심리치료연구소라는 이름으로 창립되어, 국내에 정신분석 및 대상관계이론을 전파하는 선구자적 역할을 해왔습니다.

정신분석을 연구하고 교육하는 기관으로서 주요 정신분석 도서 130여 권을 출판 하였으며, 정신분석전문가 및 정신분석가를 양성하고 있습니다. 또한 부설기관인 광화문심리치료센터에서는 대중을 위한 정신분석 및 정신분석적 심리치료를 제공하고 있습니다.

현대정신분석연구소에서는 미국 뉴욕과 보스턴 등에서 정식 훈련을 받고 정신분석 면허를 취득한 교수진 및 수퍼바이저들로 구성되어 있으며, 뉴욕주 정신분석가 면허 기준에 의거한 분석가 및 정신분석전문가 프로그램을 운영하고 있습니다. 프로그램에서는 프로이트부터 출발하여 대상관계, 자기심리학, 상호주관성, 모던정신분석, 신경정신분석학, 애착 이론, 라깡 이론 등 최신 정신분석의 이론에 이르는 다양한 이론들을 연구하는 포용적eclectic 관점을 채택하고 있습니다.

프로그램에서 요구하는 요건들을 모두 충족하고 프로그램을 졸업하게 되면, 사단법인 한국정신분석협회에서 공인하는 'Psychoanalyst'와 'Psychoanalytic Psychotherapist' 자격을 취득하게 됩니다. 이와 동시에 현대정신분석연구소와 결연을 맺은 미국 모던정신분석협회Society of Modern Psychoanalysts, SMP에서 수여하는 'Psychoanalyst'와 'Applied Psychoanalysis Professional' 자격증을 신청할 수 있습니다.

국내에서 가장 정통있는 정신분석 기관 중 하나로서 **현대정신분석연구소**는 인간에 대한 보다 심층적인 이해를 통해 한국사회의 정신건강에 기여하고자 합니다.

■ 졸업 요건

구분	PSYCHOANALYST	PSYCHOANALYTIC PSYCHOTHERAPIST
번호	· 등록민간자격 2020-003430	· 등록민간자격 2020-003429
임상	· 개인분석 300시간 이상 · 개인수퍼비전 200시간 · 임상 1,000시간 이상	· 개인분석 150시간 이상 · 개인수퍼비전 25시간 · 임상 150시간 이상
교육	· 졸업이수학점 72학점 · 기말페이퍼 12과목 · 종합시험 5과목 · 졸업 사례발표 2회 · 졸업논문	· 졸업이수학점 48학점 · 종합시험 5과목 · 졸업 사례발표 1회
입학 자격	석사 혹은 그에 준하는 학력이상	

※상기 자격은 자격기본법 규정에 따라 등록한 민간자격으로, 국가로부터 인정받은 공인자격이 아닙니다.

■ 문의 및 오시는 길

서울시 종로구 새문안로 5가길 28(적선동, 광화문플래티넘) 918호

- Tel: 02) 730-2537~8 / Fax: 02) 730-2539

- E-mail: kicp21@naver.com

- 홈페이지: www. kicp.co.kr (홈페이지를 통해 인터넷 강의도 수강이 가능합니다)

* 정신분석에 관한 유용한 정보들을 한눈에 보실 수 있는 **정신분석플랫폼 몽상**의
SNS 채널들과 **현대정신분석연구소** 유튜브 채널을 팔로우 해보세요!

💬 네이버 블로그: blog.naver.com/kicp21

📷 인스타그램: @psya_reverie

▶ 유튜브 채널: 현대정신분석연구소KICP

f 페이스북 페이지: 정신분석플랫폼 몽상

QR코드로 접속하기